智能

INTELLIGENT
MARKETING

方兵 著

营销

大模型如何为运营与产品经理赋能

清华大学出版社
北　京

内 容 简 介

这是一本关于如何利用人工智能大模型来进行数字化营销并驱动业绩增长的书。人工智能大模型是指那些具有超大规模的参数和数据的人工智能模型,它们能够在各种复杂的任务上表现出惊人的能力。在本书中,你将学习到如何在电商、广告和用户增长等数字化营销业务上应用大模型,具体包括选择、训练、部署、分析、推荐、生成、画像、预测、增长、激励等方面。你还将了解到大模型的优势和不足,以及如何应对大模型的挑战和风险。本书不仅介绍了大模型的原理,还提供了大量的工具和案例,让你能够更好地理解大模型的应用方法。本书的目标读者包括想要在数字化营销领域提升自己能力和业绩的产品经理和运营人员,以及那些想要了解大模型的潜力和价值的学习型人才。

本书封面贴有清华大学出版社防伪标签,无标签者不得销售。

版权所有,侵权必究。举报:010-62782989,beiqinquan@tup.tsinghua.edu.cn。

图书在版编目(CIP)数据

智能营销:大模型如何为运营与产品经理赋能 / 方兵著. -- 北京:清华大学出版社, 2024.9. -- ISBN 978-7-302-67170-1

Ⅰ. F713.365.2-39

中国国家版本馆CIP数据核字第2024ZF0967号

责任编辑:施 猛 张 敏
封面设计:熊仁丹
版式设计:方加青
责任校对:马遥遥
责任印制:丛怀宇

出版发行:清华大学出版社
网　　址:https://www.tup.com.cn,https://www.wqxuetang.com
地　　址:北京清华大学学研大厦A座　　邮　编:100084
社 总 机:010-83470000　　邮　购:010-62786544
投稿与读者服务:010-62776969, c-service@tup.tsinghua.edu.cn
质 量 反 馈:010-62772015, zhiliang@tup.tsinghua.edu.cn
印 装 者:天津鑫丰华印务有限公司
经　　销:全国新华书店
开　　本:185mm×260mm　　印　张:23.25　　字　数:523千字
版　　次:2024年9月第1版　　印　次:2024年9月第1次印刷
定　　价:99.00元

产品编号:106904-01

前言

我们正生活在一个数字化的时代，营销市场也随之发生了翻天覆地的变化。在这个充满机遇和挑战的市场中，如何让我们的产品或服务脱颖而出，赢得用户的喜爱呢？作为产品经理和运营人员，我们需要不断地思考这个问题。而人工智能作为当今最具创造性的技术，就是我们的"最强队友"，能够让我们以全新的视角，优化和创新营销业务，实现智能营销的目标。

本书将介绍人工智能大模型的概念、原理、发展和应用，让您能够深入了解人工智能的核心、掌握人工智能的使用技巧，为产品和运营赋能。人工智能大模型是指那些拥有超大规模的参数和数据的人工智能模型，它们能够通过深度学习的方法，从海量的信息中提取知识和规律，从而完成各种复杂的任务，例如自然语言处理、计算机视觉、语音识别、自然语言生成等。人工智能大模型，为数字化营销业务带来了前所未有的变革，它能够让我们更好地理解用户的需求和行为，更精准地匹配产品或服务，更高效地优化营销策略和活动，更智能地评估和提升营销效果。

本书的内容涵盖了数字化营销业务的各个方面，包括用户画像、流量分析、商品属性画像、召回模型、过滤模型、排序模型、创意优化。在拟出版的后续图书中，会进一步介绍定价策略、广告匹配、广告竞价、推荐策略、用户增长、营销活动、营销效果评估等，以及推荐系统、营销活动系统、用户关系维护系统、广告系统等。本书将理论和实践结合起来，既有对人工智能大模型原理和方法的详细解释，又有人工智能大模型在数字化营销业务中应用的丰富案例，为产品运营提供有效的指导。

关于大模型如何为运营与产品经理赋能的内容，我将通过三本书详细介绍。

- 基础策略篇(即本书所写内容)：介绍人工智能大模型在用户画像、流量分析、商品属性画像、召回模型、过滤模型和排序模型等基础策略中的应用方法，让读者掌握数字化营销业务的核心要素和技巧。
- 业务优化篇(后续出版的图书)：介绍人工智能大模型在定价策略、广告匹配策略、广告竞价策略、推荐策略、用户增长策略、营销活动策略和营销效果评估等业务优化操作中的应用方法，提升数字化营销业务的效率和效益。
- 营销系统篇(后续出版的图书)：介绍人工智能大模型在推荐系统、营销活动系统、用户维护平台和广告系统等营销系统中的应用方法，帮助读者打造智能化的营销系统，提升用户的体验和忠诚度。

出于对人工智能大模型的热情和探索，也基于多年的产品设计和业务专家的经验和见解，通过本书，我将与您分享我在这个领域的心得和感悟，希望与您一起学习和进步,共同推动智能营销的发展和创新。本书的受众是从事数字化营销业务的产品经理和运营人员,以及对人工智能大模型感兴趣的读者。无论您是想了解人工智能大模型的基本概念和原理,还是想掌握人工智能大模型的应用和实践方法,或是想探索人工智能大模型的前沿应用,本书都能为您提供有价值的信息,让您在智能营销的领域中,找到方向和目标,实现您的梦想。

人工智能大模型飞速发展,几乎每天都有新的大模型出现。在写作本书的半年多时间里,我尽自己最大的努力介绍最新的大模型版本,但难免存在信息更新不及时、数据不一致的情况,书籍再版时,会——改正。

最后,我要感谢清华大学出版社的编辑,他们给了我很多的支持和帮助,让本书能够顺利出版。我也要感谢本书的所有读者,您的阅读和反馈是我最大的动力,期待与您交流和互动,让我们一起成长和进步。祝您阅读愉快,工作顺利,生活幸福!

作者
2024年3月1日

目 录

第1章 人工智能大模型：数字化营销业务的新引擎 1
- 1.1 大模型入门：初识人工智能大模型 1
- 1.2 回顾人工智能大模型的历史：它是如何改变数字化营销业务的 9
- 1.3 解码大模型：智能营销的未来 22
- 1.4 AI 大模型：从助手到合作者的演变 26
- 1.5 AI 大模型：在营销领域的利与弊 37
- 1.6 智能营销：AI 大模型的革命 39

第2章 打造个性化的用户体验：AI 用户画像的神奇力量 45
- 2.1 用户画像：了解你的用户，优化你的业务 45
- 2.2 人工智能大模型，让你的用户画像数据更丰富 53
- 2.3 如何用人工智能大模型进行用户画像分析 61
- 2.4 用人工智能大模型打造精准的用户画像 74
- 2.5 如何利用人工智能大模型打造高效的用户画像应用 84

第3章 揭秘流量：应用人工智能的流量分析方法 95
- 3.1 流量来源分析：用人工智能大模型揭开流量的秘密 95
- 3.2 用人工智能大模型发现流量质量的真相 107
- 3.3 流量魔法书：AI 大模型促进数字化营销转化 123
- 3.4 如何用人工智能大模型玩转流量策略优化 130

第4章 精准定位你的产品：用大模型构建商品工业属性画像 143
- 4.1 商品工业属性画像：让你的商品更智能、更高效、更有价值 143
- 4.2 人工智能大模型在商品工业属性画像中的作用 149
- 4.3 如何应用人工智能大模型做商品工业属性画像 156
- 4.4 商品工业属性画像应用场景的价值最大化 168

第5章 如何革新召回策略：人工智能大模型留住用户的秘诀 175
- 5.1 召回模型优化：数字化营销业务的核心竞争力 176
- 5.2 人工智能大模型的应用实践：优化召回模型的流程和技巧 185
- 5.3 用户需求的预测者：常见召回策略解析 208
- 5.4 人工智能大模型召回模型在数字化营销业务中的应用与优势 224

5.5	评估方法全解析：人工智能大模型如何让召回模型更优化	233
第6章	**打造坚实盾牌：如何应用人工智能优化过滤模型**	**243**
6.1	风控过滤模型：数字化营销业务的安全保障	243
6.2	从数据收集到模型部署，人工智能大模型优化风控过滤模型的全过程	249
6.3	智能风控：AI 助力常见过滤策略	263
6.4	风控过滤模型的应用案例：人工智能大模型的魔力和挑战	275
第7章	**让排序更智能：人工智能优化排序模型的方法与实践**	**287**
7.1	排序模型：数字化营销业务的核心武器	287
7.2	排序模型优化的方法：人工智能大模型的魔法	295
7.3	AI 赋能数字营销：常见的排序模型及其优化策略	308
7.4	排序模型的应用案例：大模型在数字化营销业务中的魔力	320
第8章	**出色的广告创意让用户目不转睛：AI 大模型优化创意之路**	**331**
8.1	如何利用人工智能大模型激发无限创意	331
8.2	AI 洞察：数字化营销中的创意评估	342
8.3	用人工智能大模型做营销创意测试，轻松提升广告效果	346
8.4	优化的艺术：AI 在创意中的作用	353
后记		**364**

第1章
人工智能大模型：数字化营销业务的新引擎

在当今的数字化时代，营销业务面临着前所未有的挑战和机遇。随着互联网的普及和移动设备的发展，消费者的行为和需求变得更加多样化和复杂化，同时也产生了海量的数据。如何有效地利用这些数据，提高营销效率和效果，创造更多的价值和收益，是每一个产品经理和运营人员都必须思考并解决的问题。

人工智能，作为一种能够模拟和扩展人类智能的技术，为营销业务提供了新的思路和方法。特别是近年来，人工智能的一个重要分支——人工智能大模型，引起了广泛的关注和讨论。人工智能大模型在多个领域和任务中表现出惊人的能力，已经在语言、视觉、音频、游戏等领域取得了令人瞩目的成果。

那么，什么是人工智能大模型？它们是如何工作的？它们是如何改变数字化营销业务的？它们有哪些优势和劣势？它们又将如何影响未来的智能营销？作为产品经理和运营人员，我们应该如何利用人工智能大模型来优化我们的产品和业务？本章将探讨这些内容。

1.1 大模型入门：初识人工智能大模型

人工智能是当今时代最重要的技术之一，它正在深刻地改变着我们的生活和工作。人工智能的核心是人工智能模型，它们是由人工神经网络构成的复杂的数学函数，能够从大量的数据中学习和提取知识，从而智能地完成各种任务，如语音识别、图像识别、自然语言理解、机器翻译、情感分析、对话生成、文本摘要、知识图谱等。

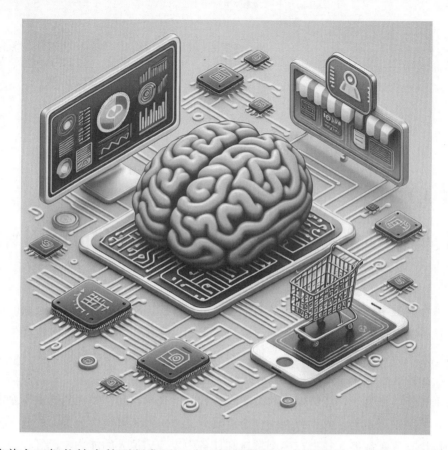

随着人工智能技术的不断发展，人工智能模型也变得更大、更强、更智能。近年来，出现了一些具有超大规模的参数和数据以及超强计算能力的人工智能模型，它们被称为人工智能大模型。这些人工智能大模型能够在多个领域和任务上展现出惊人的性能和泛化能力，甚至超越了人类的水平。例如，GPT-3是一个拥有1750亿个参数的自然语言处理大模型，它能够根据任意的文本输入生成各种类型的文本输出，如文章、对话、代码、诗歌、歌词等。又如，AlphaFold 2是一个用于蛋白质结构预测的人工智能大模型，它能够准确地预测出蛋白质的三维结构，从而为生物医学研究提供巨大帮助。

人工智能大模型不仅在科学研究上具有重要的意义，在商业领域上也具有广泛的应用。特别是在电商、广告和用户增长等数字化营销业务上，人工智能大模型能够帮助企业提升用户体验、增加用户转化率和留存率、提高用户价值、降低运营成本等。例如，淘宝是一个使用了人工智能大模型的电商平台，它利用自然语言处理、计算机视觉、推荐系统等人工智能大模型来实现商品搜索、商品推荐、商品评价、商品图片生成、商品视频生成、商品直播等功能，从而为用户提供了丰富的购物场景和个性化的购物体验。

在这些数字化营销业务中，产品经理和运营人员是不可或缺的角色，他们需要掌握人工智能大模型的概念和原理，以及如何利用人工智能大模型来优化产品和运营策略。本节将从产品经理的视角介绍人工智能大模型的特点，以及几类典型的人工智能大模型。本节还将探讨人工智能大模型在电商、广告和用户增长等数字化营销业务上的应用，以及产品经理和运营人员在其中所起的作用。

1.1.1 人工智能大模型的特点

人工智能大模型的特点主要表现在以下几个方面。

- 参数规模增长。参数是人工智能模型的基本组成部分，决定了模型的复杂度和表达能力。参数越多，模型越能够拟合复杂的数据分布，模型的性能越强。人工智能大模型的参数规模通常以亿或者万亿为单位，远远超过了传统的人工智能模型。例如，GPT-3拥有1750亿个参数，是目前最大的自然语言处理模型；OpenAI DALL-E拥有120亿个参数，是目前最大的图文生成模型；Google Big Transfer拥有13亿个参数，是目前最大的图像分类模型。

- 数据规模增长。数据是人工智能模型的学习源泉，决定了模型的洞察力和处理能力。数据越多，模型越能够学习到丰富的语义信息，模型的泛化能力越强。人工智能大模型的数据规模通常以亿或者万亿为单位，远远超过了传统的人工智能模型。例如，GPT-3使用了45TB的文本数据，包括互联网上各种类型的文本，如新闻、社交媒体、百科、文学、论文等；OpenAI DALL-E使用了12亿个图像文本对，包括各种类型，如动物、食物、建筑、艺术等；Google Big Transfer使用了13亿张图片数据，包括ImageNet等公开的数据集，以及Google自己的数据集。

- 计算能力增强。计算能力是人工智能模型的运行基础，决定了模型的训练速度和效率。计算能力越强，模型越能够快速地处理大量的参数和数据，模型的质量和稳定性越高。人工智能大模型的计算能力通常以百万亿次浮点运算来衡量，远远超过传统的人工智能模型。例如，GPT-3的训练需要使用45万个GPU核心，耗费35亿美元的计算成本；OpenAI DALL-E的训练需要使用64个TPU Pod，每个Pod包含2048个TPU核心；Google Big Transfer的训练需要使用4096个TPU核心。

- 涉及领域和任务增多。领域和任务是指人工智能模型的应用范围，决定了模型的功能和价值。涉及的领域和任务越多，模型越能够适应不同的场景和需求，模型的通用性和灵活性越强。人工智能大模型的应用领域通常涵盖多个学科，如自然语言处理、计算机视觉、推荐系统、生物医学、物理化学、社会科学等。人工智能大模型的任务通常涵盖多个层次，如分类、回归、生成、预测、推理、优化等。例如，GPT-3能够在自然语言处理领域完成多个任务，如文本摘要、文本分类、文本生成、文本翻译、文本问答；OpenAI DALL-E能够在计算机视觉和自然语言处理领域完成多个任务，如图文生成、图文检索、图文理解、图文编辑等；Google Big Transfer能够在计算机视觉领域完成多个任务，如图像分类、图像检测、图像分割、图像增强、图像风格迁移等。

综上可知，人工智能大模型是一种具有超强的性能、泛化能力、通用性和灵活性的人工智能模型，能够在多个领域和任务上展现惊人的能力，甚至超越人类的水平。接下来，我们将介绍几类典型的人工智能大模型，如自然语言处理、计算机视觉、推荐系统等。

1.1.2 典型的人工智能大模型

1. 自然语言处理的人工智能大模型

自然语言处理(natural language processing，NLP)是人工智能的一个重要分支，主要研究如何让计算机理解和生成自然语言，即人类日常使用的语言。自然语言处理涉及多个任务，如文本摘要、文本分类、文本生成、文本翻译、文本问答、对话系统等。自然语言处理的应用场景非常广泛，如搜索引擎、社交媒体、教育、娱乐、医疗、法律等。

自然语言处理的人工智能大模型主要基于深度学习的预训练模型进行训练，利用大量无标注的文本数据，通过自监督的方式学习文本的语义和结构，具有强大的语言表示能力。这些预训练模型可以在不同的自然语言处理任务上进行微调，实现高效的迁移学习和多任务学习。目前，自然语言处理的人工智能大模型主要有以下几种。

- BERT：BERT(bidirectional encoder representations from transformers)是由Google在2018年提出的一种自然语言处理的预训练模型，它基于Transformer的编码器结构，采用掩码语言模型(masked language model，MLM)和下一句预测(next sentence prediction，NSP)两种预训练任务，来学习文本的双向语义表示。BERT曾在多个自然语言处理任务上都表现出最佳性能，如GLUE、SQuAD、CoLA等。BERT的参数有1.1亿个，数据规模为33GB，计算能力高达40万亿次浮点运算。

- GPT：GPT(generative pre-trained transformer)是由OpenAI在2018年提出的一种自然语言处理的预训练模型，它基于Transformer的解码器结构，使用自回归语言模型(autoregressive language model，ALM)一种预训练任务，来学习文本的单向语义表示。GPT在多个自然语言处理任务上都表现出优秀性能，如ROCStories、LAMBADA、WikiText等。GPT的参数有1.17亿个，数据规模为82GB，计算能力为35万亿次浮点运算。

- GPT-2：GPT-2是由OpenAI在2019年提出的一种自然语言处理的预训练模型，它是GPT的升级版，使用了与GPT相同的模型结构和预训练任务，但是增加了参数规模和数据规模，提高了计算能力，模型的性能和泛化能力明显提高。GPT-2在多个自然语言处理任务上取得了惊人的成效，如文本生成、文本摘要、文本翻译、文本问答等。GPT-2的参数有15亿个，数据规模为400GB，计算能力为256万亿次浮点运算。

- GPT-3：GPT-3是由OpenAI在2020年提出的一种自然语言处理的预训练模型，它是对GPT-2的进一步扩展，使用了与GPT-2相同的模型结构和预训练任务，但是大幅度地增加了参数规模、数据规模，提高了计算能力，达到了当时最大的自然语言处理模型的规模。GPT-3在多个自然语言处理任务上展现出了惊人的性能和泛化能力，如文本生成、文本摘要、文本翻译、文本问答、对话系统、代码生成、知识图谱等。GPT-3的参数有1750亿个，数据规模为45TB，计算能力为314万亿次浮点运算。

- XLNet：XLNet是由Google和CMU在2019年提出的一种自然语言处理的预训练

模型，是对BERT的改进，其基于Transformer-XL的结构，使用置换语言模型(permutation language model，PLM)一种预训练任务，来学习文本的双向语义表示。XLNet在多个自然语言处理任务上的表现都超越了BERT，如GLUE、SQuAD、RACE等。XLNet的参数有3.4亿个，数据规模为126GB，计算能力为50万亿次浮点运算。

- RoBERTa：RoBERTa是由Facebook在2019年提出的一种自然语言处理的预训练模型，是对BERT的优化。RoBERTa使用了与BERT相同的模型结构和预训练任务，但是增加了数据规模，提高了计算能力，调整了一些超参数和训练策略，从而提高了模型的性能和稳定性。RoBERTa在多个自然语言处理任务上的表现都超越了BERT，如GLUE、SQuAD、RTE等。RoBERTa的参数有3.55亿个，数据规模为160GB，计算能力为256万亿次浮点运算。

- ALBERT：ALBERT(a lite BERT)是由Google和Toyota Technological Institute在2019年提出的一种自然语言处理的预训练模型，是对BERT的简化。ALBERT使用了与BERT相同的模型结构和预训练任务，但是采用了参数共享和因式分解技术，在减少参数规模，降低计算能力的同时，保持了模型的性能和泛化能力。ALBERT在多个自然语言处理任务上的表现与BERT相当或者更好，如GLUE、SQuAD、RACE等。ALBERT的参数有1.2亿个，数据规模为30GB，计算能力为18万亿次浮点运算。

- ELECTRA：ELECTRA是由Google在2020年提出的一种自然语言处理的预训练模型，是对BERT的改进。ELECTRA使用了与BERT相同的模型结构，但是采用了一种新的预训练任务，即替换标记检测(replaced token detection，RTD)，利用一个生成器和一个判别器来区分原始的文本和被替换的文本，从而提升了模型的效率和效果。ELECTRA在多个自然语言处理任务上的表现都超越了BERT，如GLUE、SQuAD、RTE等。ELECTRA的参数有1.1亿个，数据规模为33GB，计算能力为40万亿次浮点运算。

这些自然语言处理的人工智能大模型都基于Transformer的结构和不同的预训练任务来学习文本的语义表示。这些模型能够利用大量的无标注的文本数据，泛化能力和通用性较强。但是训练这些模型需要使用大量的参数、数据和计算资源，模型训练成本和部署难度增加。同时，使用这些模型还会带来数据偏见、模型可解释性、模型安全性等方面的挑战。

2. 计算机视觉的人工智能大模型

计算机视觉(computer vision，CV)是人工智能的另一个重要分支，主要研究如何让计算机理解和生成图像，即人类日常使用的视觉信息，如照片、视频、绘画等。计算机视觉涉及多个任务，如图像分类、图像检测、图像分割、图像增强、图像风格迁移、图像生成、图像描述、图像问答、人脸识别、目标跟踪、行为识别等。计算机视觉的应用场景非常广泛，如安防、医疗、教育、娱乐、游戏、艺术、电商、广告等。

计算机视觉的人工智能大模型主要基于深度学习的卷积神经网络(convolutional

neural network, CNN)进行训练, 它们利用大量的有标注或者无标注的图像数据, 通过卷积、池化、全连接等操作, 学习图像的特征和结构, 具有强大的图像表示能力。这些卷积神经网络可以在不同的计算机视觉任务上进行微调和组合, 实现高效的迁移学习和多任务学习。目前, 计算机视觉的人工智能大模型主要有以下几种。

- ResNet：ResNet(residual network)是由微软在2015年提出的一种计算机视觉的卷积神经网络, 它使用残差连接(residual connection)技术来解决深层网络的退化问题, 提高了网络的深度和性能。ResNet曾在多个计算机视觉任务上表现出最佳性能, 如ImageNet、COCO、PASCAL VOC等。ResNet的参数有2500万个, 数据规模为14.2GB, 计算能力为3.6万亿次浮点运算。

- DenseNet：DenseNet(densely connected network)是由Facebook和清华大学在2016年提出的一种计算机视觉的卷积神经网络, 它使用密集连接(dense connection)技术来增强网络的特征传递和特征复用, 提高了网络的效率和效果。DenseNet在多个计算机视觉任务上的表现都超越了ResNet, 如ImageNet、CIFAR、SVHN等。DenseNet的参数有2700万个, 数据规模为14.2GB, 计算能力为5.2万亿次浮点运算。

- MobileNet：MobileNet是由Google在2017年提出的一种计算机视觉的卷积神经网络, 它使用深度可分离卷积(depthwise separable convolution)技术来减少网络的参数和计算量, 提高了网络的轻量化和移动化。MobileNet在多个计算机视觉任务上都表现与ResNet相当或者更好, 如ImageNet、COCO、PASCAL VOC等。MobileNet的参数有420万个, 数据规模为14.2GB, 计算能力为5.7亿次浮点运算。

- YOLO：YOLO(you only look once)是由华盛顿大学在2015年提出的一种计算机视觉的卷积神经网络, 它是一种用于图像检测的端到端的模型, 将图像分割成多个网格, 然后对每个网格进行分类和定位, 实现了快速和准确的目标检测。YOLO在多个计算机视觉任务上都表现出优秀性能, 如COCO、PASCAL VOC、KITTI等。YOLO的参数有6200万个, 数据规模为18.1GB, 计算能力为3.4万亿次浮点运算。

- YOLOv2：YOLOv2是由华盛顿大学在2016年提出的一种计算机视觉的卷积神经网络, 是YOLO的升级版, 使用多尺度训练、批归一化、锚框等技术来提高YOLO的性能和泛化能力。YOLOv2在多个计算机视觉任务上的表现都超越了YOLO, 如COCO、PASCAL VOC、KITTI等。YOLOv2的参数有5000万个, 数据规模为18.1GB, 计算能力为6.2万亿次浮点运算。

- YOLOv3：YOLOv3是由华盛顿大学在2018年提出的一种计算机视觉的卷积神经网络, 它是对YOLOv2的进一步扩展, 使用残差连接、多尺度预测、特征金字塔等技术来增加YOLOv2的深度和宽度, 性能和稳定性较强。YOLOv3在多个计算机视觉任务上都展现惊人的实力, 如COCO、PASCAL VOC、KITTI等。YOLOv3的参数有6200万个, 数据规模为18.1GB, 计算能力为2.1万亿次浮点运算。

- Faster R-CNN：Faster R-CNN是由微软和MIT在2015年提出的一种计算机视觉的卷积神经网络, 它是一种用于图像检测的两阶段的模型, 将图像检测分为区域建议(region proposal)和区域分类(region classification)两个步骤, 实现了高精度和高效率的目标检测。Faster R-CNN曾在多个计算机视觉任务上都表现出最佳性能，如COCO、PASCAL VOC、KITTI等。Faster R-CNN的参数有6000万个，数据规模为18.1GB，计算能力为1.5万亿次浮点运算。

- Mask R-CNN：Mask R-CNN是由Facebook在2017年提出的一种计算机视觉的卷积神经网络，它是Faster R-CNN的升级版，在Faster R-CNN的基础上增加了一个分割分支(segmentation branch)，具有同时进行图像检测和图像分割的功能。Mask R-CNN曾在多个计算机视觉任务上都表现出最佳性能，如COCO、PASCAL VOC、Cityscapes等。Mask R-CNN的参数有9500万个，数据规模为18.1GB，计算能力为2.5万亿次浮点运算。
- Big Transfer：Big Transfer是由Google在2020年提出的一种计算机视觉的卷积神经网络，它使用自监督的方式，利用大量的无标注的图像数据来预训练一个通用的模型，实现了高效的迁移学习和多任务学习。Big Transfer在多个计算机视觉任务上都展现出惊人实力，如ImageNet、COCO、PASCAL VOC、Oxford Flowers等。Big Transfer的参数有13亿个，数据规模为13亿张图片，计算能力为4096个TPU核心。
- OpenAI DALL-E：OpenAI DALL-E是由OpenAI在2021年提出的一种计算机视觉和自然语言处理的卷积神经网络，它使用类似于GPT-3的模型结构和预训练任务来学习图文的联合表示，具有根据任意的文本输入生成任意的图像输出的功能。OpenAI DALL-E在多个图文生成任务上都展现出了惊人的创造力和泛化能力，如生成动物、食物、建筑、艺术、梗图等。OpenAI DALL-E的参数有120亿个，数据规模为12亿对图文，计算能力为64个TPU Pod。

这些计算机视觉的人工智能大模型都基于卷积神经网络的结构和不同的预训练任务来学习图像的特征表示。这些模型能够利用大量的有标注或者无标注的图像数据，模型的泛化能力和通用性较强。但是训练这些模型需要使用大量的参数、数据和计算资源，模型训练成本和部署难度增加。同时，使用这些模型还会带来数据偏见、模型可解释性、模型安全性等方面的挑战。

3. 推荐系统的人工智能大模型

推荐系统(recommender system，RS)是人工智能的又一个重要分支，它主要研究如何根据用户的历史行为、兴趣偏好、社交关系等信息，为用户推荐合适的商品、内容、服务等。推荐系统涉及多个任务，如评分预测、排名优化、多目标优化、多样性增强、解释性提升等。推荐系统的应用场景非常广泛，如电商、视频、音乐、新闻、社交、游戏、教育、广告等。

推荐系统的人工智能大模型主要是基于深度学习的推荐模型进行训练，它们利用大量的用户行为数据、用户特征数据、商品特征数据等，通过嵌入、注意力、自编码器、生成对抗网络等操作，学习用户和商品的隐含表示，进行精准推荐。这些深度推荐模型可以在不同的推荐场景和推荐任务上进行微调和组合，实现高效的迁移学习和多任务学习。目前，推荐系统的人工智能大模型主要有以下几种。

- YouTube DNN：YouTube DNN是由Google在2016年提出的一种推荐系统的深度推荐模型，它是YouTube视频推荐系统的核心，使用多层感知机(multi-layer perceptron，MLP)结构和负采样(negative sampling)技术来学习用户及视频的隐含表示，实现高效、精准的视频推荐。YouTube DNN在YouTube视频推荐系统上取得了巨大的成功，如提高了用户的观看时长、点击率、满意度等。YouTube DNN的参数有1000万个，数据规模为10亿个用户和视频，计算能力为10万亿次浮点运算。
- DeepFM：DeepFM是由华为在2017年提出的一种推荐系统的深度推荐模型，它是一种用于点击率预测的端到端的模型，将因式分解机(factorization machine，FM)和多层感知机(MLP)结合在一起，实现同时学习低阶和高阶的特征交互，提高了模型的性能和效率。DeepFM在多个点击率预测任务上的表现都超越了FM和MLP，如Criteo、Avazu等。DeepFM的参数有100万个，数据规模为4.2GB，计算能力为1.2万亿次浮点运算。
- DIN：DIN(deep interest network)是由阿里巴巴在2018年推出的一种推荐系统的深度推荐模型，它是一种用于电商广告推荐的模型，使用注意力机制(attention mechanism)技术来动态地捕捉用户的兴趣，实现高效、精准的广告推荐。DIN在阿里巴巴的电商广告推荐系统上取得了巨大的成功，如提高了广告的点击率、转化率、收益等。DIN的参数有1000万个，数据规模为5亿个用户和广告，计算能力为50万亿次浮点运算。
- DIEN：DIEN(deep interest evolution network)是由阿里巴巴在2019年提出的一种推荐系统的深度推荐模型，它是DIN的升级版，使用兴趣演化层(interest evolution layer)和辅助损失(auxiliary loss)技术来动态地捕捉用户的兴趣演化，实现更高效、更精准的广告推荐。DIEN在阿里巴巴电商广告推荐系统上的表现超越了DIN，如提高了广告的点击率、转化率、收益等。DIEN的参数有2000万个，数据规模为5亿个用户和广告，计算能力为100万亿次浮点运算。
- NCF：NCF(neural collaborative filtering)是由中国香港科技大学在2017年提出的一种推荐系统的深度推荐模型，它是一种评分预测模型，使用多层感知机(MLP)和矩阵分解(matrix factorization，MF)来学习用户及商品的隐含表示，实现高效、准确的评分预测。NCF在多个评分预测任务上的表现都超越了MF和MLP，如MovieLens、Netflix、Amazon等。NCF的参数有100万个，数据规模为2.6GB，计算能力为1.2万亿次浮点运算。
- AutoRec：AutoRec是由中国香港科技大学在2015年提出的一种推荐系统的深度推荐模型，它是一种评分预测模型，使用自编码器(autoencoder)的结构和均方误差(mean squared error，MSE)的损失函数来学习用户及商品的隐含表示，实现高效、精准的评分预测。AutoRec在多个评分预测任务上都表现出优秀性能，如MovieLens、Netflix、Amazon等。AutoRec的参数有50万个，数据规模为2.6GB，计算能力为6000亿次浮点运算。
- NeuMF：NeuMF(neural matrix factorization)是由中国香港科技大学在2017年提

出的一种推荐系统的深度推荐模型,它是一种评分预测模型,使用多层感知机(MLP)和矩阵分解(MF)来学习用户及商品的隐含表示,实现高效、精准的评分预测。NeuMF在多个评分预测任务上的表现都超越了MF、MLP和NCF,如MovieLens、Netflix、Amazon等。NeuMF的参数有100万个,数据规模为2.6GB,计算能力为1.2万亿次浮点运算。

这些推荐系统的人工智能大模型都基于深度学习的深度推荐模型和不同的评分预测任务来学习用户及商品的隐含表示。这些模型能够利用大量的用户行为数据、用户特征数据、商品特征数据等,模型的泛化能力和通用性较强。但是训练这些模型需要使用大量的参数、数据和计算资源,模型训练成本和部署难度增加。同时,使用这些模型还会带来数据偏见、模型可解释性、模型安全性等方面的挑战。

1.2 回顾人工智能大模型的历史:它是如何改变数字化营销业务的

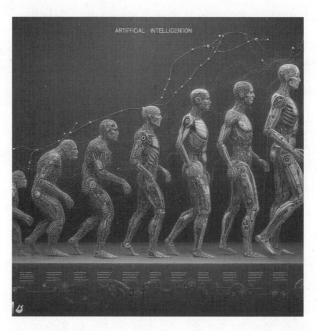

人工智能让机器具有类似人类智能的能力,如感知、理解、推理、决策和创造等。人工智能的发展可以分为三个阶段:符号主义阶段、连接主义阶段和混合主义阶段。符号主义人工智能是基于逻辑和规则的人工智能,强调人工智能的推理能力,但忽略了人工智能的感知和学习能力。连接主义人工智能是基于神经网络和机器学习的人工智能,强调人工智能的感知和学习能力,但忽略了人工智能的理解和创造能力。混合主义人工智能是基于知识图谱和深度学习的人工智能,试图整合人工智能的推理、感知、学习、理解和创造能力,实现了人工智能的全面发展。

人工智能大模型是混合主义人工智能的代表,它能够处理海量数据,具有强大的自然语言理解和生成能力以及多模态交互能力。人工智能大模型的出现,标志着人工智能从窄智能向广智能的转变,从单一任务向多任务的转变,从单一模态向多模态的转变。

人工智能大模型的发展也为数字化营销业务带来了巨大变化，如提升用户体验、优化内容创作、增强营销效果、提高用户留存率等。

作为产品经理和运营人员，我们需要了解人工智能大模型的历史，以及其在数字化营销业务上的应用，从而更好地利用人工智能大模型提升业务效率和效果。本节将从以下三个方面介绍人工智能大模型的历史。

- 萌芽期：提出人工智能大模型的概念和原理，第一代人工智能大模型诞生。
- 探索沉淀期：对人工智能大模型的技术和方法进行探索，第二代人工智能大模型出现。
- 迅猛发展期：人工智能大模型的性能和应用迅猛发展，第三代人工智能大模型涌现。

1.2.1 萌芽期(1950—2005年)

这一阶段是以CNN为代表的传统神经网络模型阶段，是人工智能和机器学习的起源和发展阶段，也是大模型的基础阶段。在这一阶段，人工智能的研究主要集中在基于规则和逻辑的专家系统，以及基于统计和概率的机器学习方法，如决策树、支持向量机、隐马尔可夫模型等。这些方法虽然在一些特定的任务上取得了一定的效果，但是也存在着很多局限性，如缺乏通用性和可扩展性，依赖于大量的人工特征工程，难以处理高维度和非线性的数据等。

在这一阶段，神经网络作为一种受到生物神经系统启发的机器学习方法，开始引起人们的关注。神经网络可以自动地从数据中学习特征，而不需要人工干预和设计，也可以处理非线性和复杂的数据。神经网络的基本单元是神经元，它可以接收多个输入信号，经过加权和激活函数的处理后产生输出。神经元之间可以通过连接权重来构成不同层次和结构的网络，实现不同的功能和任务。

迄今，神经网络的发展经历了多次的兴衰，其中最具有代表性的算法模型是卷积神经网络(convolutional neural network，CNN)。CNN是一种特殊的神经网络结构，它主要用于处理图像等具有空间结构的数据。CNN的特点是利用卷积层和池化层来提取数据的局部特征和全局特征，同时减少参数的数量和计算的复杂度。CNN的雏形可以追溯到1980年由日本学者福岛邦彦提出的神经认知机(neocognitron)。1998年，法国学者Yann LeCun等人提出了现代卷积神经网络的基本结构LeNet-5。LeNet-5是为了解决手写数字识别的问题而设计的，也是第一个成功应用于实际问题的神经网络模型。LeNet-5的结构如图1.1所示。

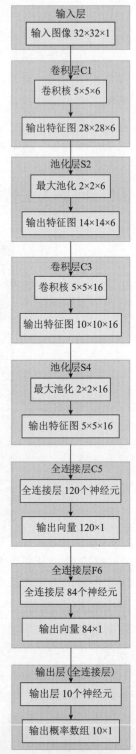

图1.1 LeNet-5 结构

示,它由两个卷积层、两个池化层和三个全连接层组成,共有约60万个参数。

CNN的提出,为自然语言生成、计算机视觉等领域的深入研究奠定了基础,对后续深度学习框架的迭代及大模型发展具有开创性的意义。

1.2.2 探索沉淀期(2006—2019年)

这一阶段是以Transformer为代表的全新神经网络模型阶段,是深度学习的兴起阶段。在这一阶段,深度学习作为一种基于多层神经网络的机器学习方法,得到了广泛的应用,同时也取得了许多创新成果。深度学习可以利用多层网络结构从数据中学习更深层次、更抽象的特征,从而提高模型的表达能力和泛化能力。深度学习的发展受益于多方面的因素,如大数据的提供、算力的提升、算法的改进、框架的完善等。

在这一阶段,神经网络的类型出现了多样化和复杂化的趋势,如循环神经网络(recurrent neural network,RNN)、长短期记忆网络(long short-term memory,LSTM)、门控循环单元(gated recurrent Unit,GRU)、自编码器(auto-encoder,AE)、变分自编码器(variational auto-encoder,VAE)、生成对抗网络(generative adversarial network,GAN)、注意力机制(attention mechanism)等。这些神经网络模型在不同的领域和场景中展现了不同的特点,如循环神经网络适用于处理具有时序结构的数据,如语音和文本;生成对抗网络适用于处理具有高维度和复杂分布的数据,如图像和视频;注意力机制适用于处理具有长距离依赖和全局信息的数据,如机器翻译和阅读理解等。

在这一阶段,大模型的概念开始出现并发展,主要体现在以下两个方面。

(1) 基于无监督预训练语言模型的出现并发展。无监督预训练语言模型是一种利用大量的无标注的自然语言文本数据,通过预训练的方式,学习语言的通用规律和知识,形成一个通用的语言模型,然后根据不同的任务需求,通过微调或零样本学习的方式,适应特定的领域和场景,生成符合任务目标的自然语言输出的方法。无监督预训练语言模型的优势在于,它不需要针对每个任务单独设计和训练模型,而是利用一个统一的模型框架,实现多任务的跨领域的迁移学习,大大降低了模型开发的成本和难度,同时提高了模型的性能和效率。

无监督预训练语言模型的雏形可以追溯到2003年由加拿大学者本吉奥(Bengio)等人提出的神经概率语言模型(neural probabilistic language model,NPLM)。NPLM是一种基于前馈神经网络的语言模型,可以从大规模的文本语料中学习词的分布式表示,从而提高语言模型的质量和效率。2008年,斯坦福大学的科洛伯特(Collobert)等人提出了一种基于卷积神经网络的语言模型,它可以从大规模的文本语料中学习词、短语和句子的表示,从而实现多种自然语言任务,如词性标注、命名实体识别、语义角色标注等。2013年,谷歌的米列夫斯基(Mikolov)等人提出了词向量(Word2Vec),它是一种基于简单的神经网络的语言模型,可以从大规模的文本语料中学习词的低维度的稠密的向量表示,从而捕捉词的语义和语法信息。2014年,谷歌的Quoc V. Le等人提出了段向量(Doc2Vec),它是一种基于词向量的扩展,可以从大规模的文本语料中学习段落或文档的向量表示,从而实现文本分类、文本相似度、文本摘要等任务。2015年,斯坦福大学的杰米·基罗斯(Jamie Kiros)等人提出了句向量(Skip-Thought Vectors)，它是一种基于循环神经网络的语言模型，可以从大规模的文本语料中学习句子的向量表示，从而实现文本生成、文本蕴含、文本情感分析等任务。

这些基于无监督预训练的语言模型，虽然在一定程度上提高了自然语言处理的性能，但是也存在着一些问题，如缺乏对长文本的处理，缺乏对上下文的理解，缺乏对多模态数据的融合等。为了解决这些问题，2017年，谷歌的瓦斯瓦尼(Vaswani)等人提出了一种全新的神经网络结构，即Transformer。Transformer是一种基于注意力机制的神经网络结构，它主要用于处理具有序列结构的数据，如文本和语音。Transformer完全摒弃了循环神经网络和卷积神经网络的结构，而是只使用了注意力机制来建立序列之间的依赖关系，从而提高了模型的并行性和效率。Transformer由编码器和解码器两部分组成，每部分又由多个相同的层组成，每层又由多头自注意力子层和前馈神经网络子层组成，中间还有残差连接和层归一化的操作，如图1.2所示。

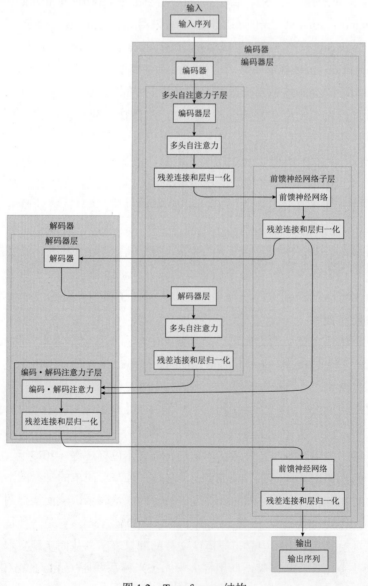

图 1.2　Transformer 结构

Transformer 的提出，为自然语言生成、机器翻译等领域的深入研究奠定了基础，对后续大模型的发展具有重要的意义。基于 Transformer 的无监督预训练语言模型的代表作有以下几个。

- 2018 年，OpenAI 的莱德福 (Radford) 等人提出了 GPT(generative pre-trained transformer)，它是一种基于 Transformer 解码器的语言模型，可以从大规模的文本语料中学习语言的通用规律和知识，处理多种自然语言任务，如文本生成、文本摘要、文本分类等。GPT 使用自回归的方式，即只使用文本的左侧上下文来预测文本的下一个词，保证了文本的连贯性和一致性。GPT 的结构如图 1.3 所示。GPT 由 12 层的 Transformer 解码器组成，共有 1.1 亿个参数。

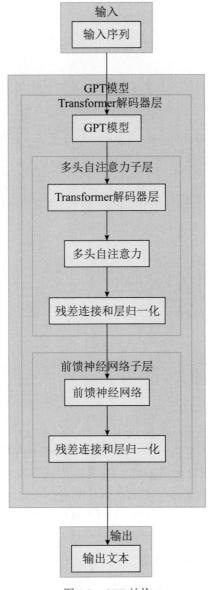

图 1.3　GPT 结构

- 2018年，谷歌的德维林(Devlin)等人提出了BERT(bidirectional encoder representations from transformers)，它是一种基于Transformer编码器的语言模型，可以从大规模的文本语料中学习语言的通用规律和知识，处理多种自然语言任务，如机器翻译、问答系统、命名实体识别等。BERT使用双向方式，即同时使用文本的左侧和右侧的上下文来预测文本的某个词，提高了文本的理解能力和表达能力。BERT的结构如图1.4所示。BERT由12层或24层的Transformer编码器组成，分别有1.1亿或3.4亿个参数。

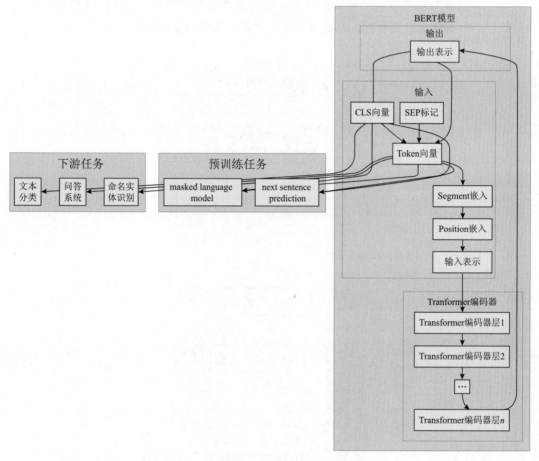

图1.4　BERT 结构

- 2019年，微软的李东等人提出了UniLM(unified language model)，它是一种基于Transformer编码器-解码器的语言模型，可以从大规模的文本语料中学习语言的通用规律和知识，处理多种自然语言任务，如文本生成、文本摘要、机器翻译等。UniLM使用了三种不同的注意力掩码，即自回归的掩码、双向的掩码和序列到序列的掩码，实现了不同的预测模式，如生成模式、理解模式和混合模式。UniLM的结构如图1.5所示。UniLM由12层或24层的Transformer编码器-解码器组成，分别有1.1亿或3.4亿个参数。

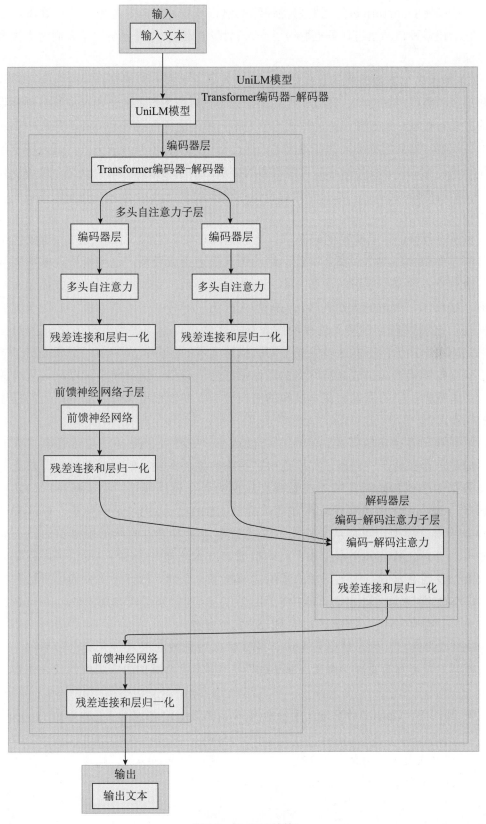

图 1.5 UniLM 结构

这些基于Transformer的无监督预训练的语言模型，标志着大模型的正式出现和发展，它们在多种自然语言任务上取得了令人瞩目的成就，同时也引发了人们对大模型的更多探索。

(2) 基于多模态数据的语言模型的出现和发展。多模态数据是指同时包含了不同类型和形式的数据，如文本、图像、视频、音频等。多模态数据的语言模型是一种利用大量的多模态数据，通过预训练的方式，学习不同模态之间的关联和互补，形成一个通用的语言模型，然后根据不同的任务需求，通过微调或零样本学习的方式，适应特定的领域和场景，生成符合任务目标的自然语言的方法。多模态数据的语言模型不仅可以处理单一模态的数据(如文本)，还可以处理多模态的数据(如图文)，提高了模型的表达能力和泛化能力。

多模态数据的语言模型的起源可以追溯到2015年。当时，微软的Fang等人提出了一种基于卷积神经网络和循环神经网络的图像描述生成模型，这种模型可以从大规模的图像和文本数据中学习图像和文本之间的对应关系，完成根据图像生成描述文本的任务。2016年，谷歌的维纽斯(Vinyals)等人提出了一种基于注意力机制的图像描述生成模型，这种模型可以从大规模的图像和文本数据中学习图像和文本之间的对齐关系，完成根据图像的不同区域生成不同的描述文本的任务。2017年，百度提出了一种基于变分自编码器和生成对抗网络的图像描述生成模型，这种模型可以从大规模的图像和文本数据中学习图像和文本之间的潜在分布，完成根据图像生成多样化的描述文本的任务。

这些基于多模态数据的语言模型，虽然在一定程度上提高了自然语言生成的性能，但是也存在着一些问题，如缺乏对多模态数据的深层次的理解和融合、缺乏对多模态数据的生成和转换、缺乏对多模态数据的交互和反馈等。为了解决这些问题，2019年，OpenAI的莱德福(Radford)等人提出了GPT-2。GPT-2是一种基于Transformer解码器的语言模型，可以从大规模的文本数据中学习语言的通用规律和知识，处理多种自然语言任务，如文本生成、文本摘要、文本分类等。GPT-2使用了自回归的方式，即只使用文本的左侧上下文来预测文本的下一个词，保证了文本的连贯性和一致性。GPT-2的结构如图1.6所示。GPT-2由12层、24层、36层或48层的Transformer解码器组成，分别有1.5亿、3.5亿、7.7亿或15.5亿个参数。

GPT-2的提出，为自然语言生成、图像生成等领域的深入研究奠定了基础，对后续大模型的发展具有重要的意义。基于GPT-2的多模态数据的语言模型的代表作有以下几个。

- 2019年，OpenAI的罗万·泽勒斯(Rowan Zellers)等人提出了GROVER(generating realistic outputs for video and enhanced reality)，它是一种基于GPT-2的语言模型，可以从大规模的文本数据中学习语言的通用规律和知识，处理多种自然语言任务，如文本生成、文本摘要、文本分类等。

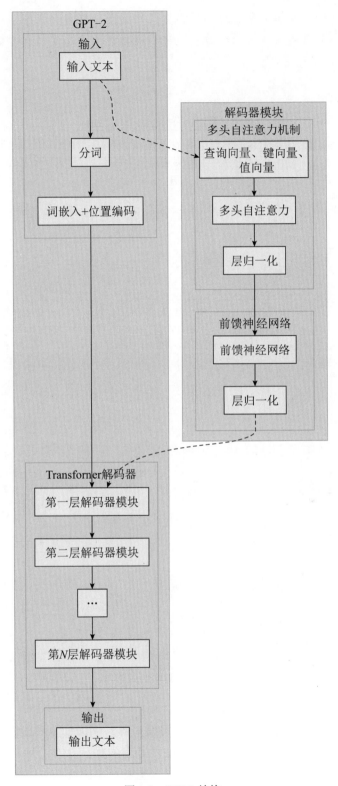

图 1.6　GPT-2 结构

GROVER的结构如图1.7所示。它由12层、24层、36层或48层的Transformer解码器组成，分别有1.5亿、3.5亿、7.7亿或15.5亿个参数。GROVER的应用场景是生成和检测新闻文章,可以根据给定的标题、作者、日期、内容等信息,生成符合新闻风格和逻辑的文章;还可以检测文章的真实性和可信度,防止和对抗虚假新闻的传播。

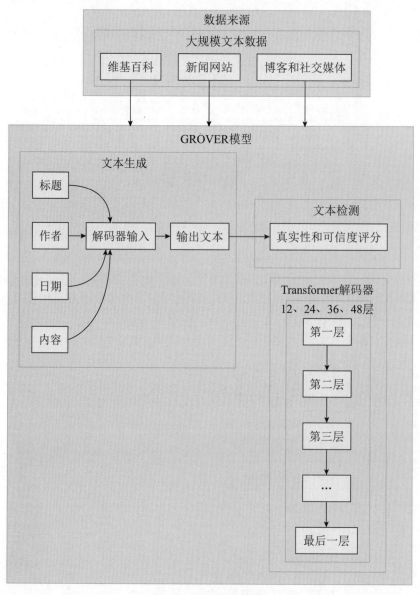

图1.7 GROVER结构

- 2019年,OpenAI的马克·陈(Mark Chen)等人提出了Image GPT(iGPT),它是一种基于GPT-2的语言模型,可以从大规模的图像数据中学习图像的通用规律和知识,处理多种图像任务,如图像生成、图像分类、图像分割等。iGPT使用了自回归的方式,即只使用图像的左侧上下文来预测图像的下一个像素,保证了图像的连贯性和一致性。iGPT的结构如图1.8所示。iGPT由12层、24层、36层或48层的Transformer解码器组成,分别有1.5亿、3.5亿、7.7亿或15.5亿个参数。iGPT的应用场景是生成和处理图像,可以根据给定的图像的一部分,生成图像的另一部分，实现图像的补全和修复；还可以根据给定的图像生成图像的类别和标签，实现图像的分类和分割。

- 2019年，OpenAI的阿迪蒂亚·拉梅什(Aditya Ramesh)等人提出了DALL·E(Dali + WALL·E)。DALL·E是一种基于GPT-3的语言模型，可以从大规模的图文数据中学习图文的通用规律和知识，处理多种图文任务，如图文生成、图文理解、图文检索等。DALL·E使用了自回归的方式，即只使用图文的左侧上下文来预测图文的下一个词或像素，保证了图文的连贯性和一致性。DALL·E的结构如图1.9所示。DALL·E由12层、24层、36层或48层的Transformer解码器组成，分别有1.5亿、3.5亿、7.7亿或15.5亿个参数。DALL·E的应用场景是生成和理解图文，可以根据给定的文本生成符合文本描述的图像，实现图文的生成；还可以根据给定的图像生成符合图像内容的文本，实现图文的理解。

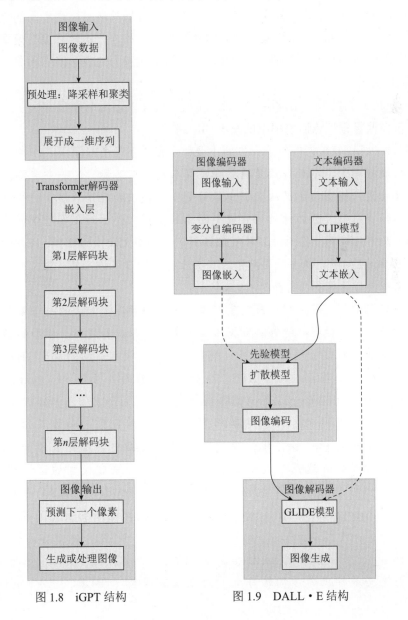

图1.8　iGPT 结构　　　　　图1.9　DALL·E 结构

这些基于GPT-2的多模态数据的语言模型，标志着大模型的发展和创新。它们在多种图文任务上取得了令人惊叹的效果，同时也引发了人们对大模型的更多探索。

1.2.3 迅猛发展期(2020年至今)

这一阶段是大模型的迅猛发展和广泛应用阶段，也是挑战和机遇并存的阶段。在这一阶段，大模型的参数规模和数据规模达到了前所未有的水平。大模型可以利用海量的数据，从中学习更多的知识和规律，从而提高模型的智能和通用性。大模型的发展得益于多方面的因素，如算力的突破、数据的丰富、算法的优化、框架的支持等。

在这一阶段，神经网络的结构和类型出现了更多的变化和创新，如稀疏注意力(sparse attention)、卷积注意力(convolutional attention)、局部敏感哈希(locality sensitive hashing)、自适应注意力(adaptive attention)、反向注意力(reverse attention)、对抗注意力(adversarial attention)等。这些神经网络模型在不同的领域和场景展现不同的优势，如稀疏注意力等机制的改进，可以降低注意力的计算复杂度和内存消耗，提高模型的效率和可扩展性；又如卷积注意力等机制的扩展，可以增加注意力的表达能力和灵活性，提高模型的性能和效果。

在这一阶段，大模型开始发展并创新，主要体现在以下两个方面。

(1) 基于自监督预训练语言模型的发展和创新。

自监督预训练语言模型的发展和创新主要体现在以下几个方面。

- 参数规模增长。参数规模是衡量模型复杂度和表达能力的一个重要指标，参数规模越大，模型越能够从数据中学习更多的知识和规律，模型的智能化和通用性越强。自监督预训练的语言模型的参数规模从最初的几百万级别，逐渐增长到了几十亿级别，甚至达到了万亿级别。这些超大规模的模型，如GPT-3、T5、Megatron-LM等，在多种自然语言任务上，都取得了惊人的效果，同时也引发了人们对模型的更多期待和探索。

- 数据规模增长。数据规模是衡量模型学习能力和泛化能力的一个重要指标，数据规模越大，模型越能够从数据中学习更多的知识和规律，模型的智能化和通用性越强。自监督预训练的语言模型的数据规模从最初的几十GB，逐渐增长到了几百GB，甚至达到了几TB。这些超大规模的数据集，如Common Crawl、Wikipedia、BooksCorpus等，为模型提供了丰富的语言信息和知识信息。

- 预训练目标多样化。预训练目标是衡量模型学习目的和方式的一个重要指标，预训练目标越多样化，模型越能够从数据中学习更多的知识和规律，模型的智能化和通用性越强。自监督预训练的语言模型的预训练目标从最初的单一的掩码语言模型(masked language model，MLM)或自回归语言模型(autoregressive language model，ALM)，逐渐发展到了多种预训练目标，如下一句预测(next sentence prediction，NSP)、对比学习(contrastive learning)、多任务学习(multi-task learning)、知识蒸馏(knowledge distillation)等。这些多样化的预训练目标，为大语言模型(如ELECTRA、ALBERT、

DeBERTa)等的训练，提供了更多的学习信号和反馈信号，同时也为模型带来了更多的优化和改进空间。
- 预训练模式多样化。预训练模式是衡量模型学习过程和结果的一个重要指标，预训练模式越多样化，模型越能够从数据中学习更多的知识和规律，模型的智能化和通用性越强。自监督预训练语言模型的预训练模式从最初的单向的自回归模式或双向的掩码模式，逐渐发展到了多种预训练模式，如序列到序列模式(sequence-to-sequence mode)、生成-判别模式(generative-discriminative mode)、编码-解码模式(encoder-decoder mode)、编码-聚合-解码模式(encoder-aggregator-decoder mode)等。这些多样化的预训练模式，如BART、T5、PEGASUS等，为模型提供了更多的学习能力和表达能力，同时也为模型带来了更多的应用和创新空间。

(2) 基于多模态数据的语言模型的发展和创新。

多模态数据的语言模型的发展和创新主要体现在以下几个方面。

- 模态类型增加。模态类型是衡量模型处理数据的多样性和复杂性的一个重要指标，模态类型越多，模型越能够从数据中学习更多的知识和规律，模型的智能化和通用性越强。多模态数据的语言模型的模态类型从最初的单一的文本或图像，逐渐增加到了文本、图像、视频、音频、表格等。这些多种模态的数据集，如COCO、VQA、VG、SQuAD等，为模型提供了丰富的语义信息和视觉信息。
- 模态融合改进。模态融合是衡量模型处理数据的协同性和互补性的一个重要指标，模态融合越好，模型越能够从数据中学习更多的知识和规律，模型的智能化和通用性越强。多模态数据的语言模型的模态融合从最初的简单拼接或相加，逐渐发展到了复杂的注意力或变换。这些复杂的模态融合，为大语言模型(如ViLBERT、LXMERT、VL-BERT)等的训练，提供了更多的模态间的交互和对齐，为模型带来了更多的优化和改进空间。
- 预训练目标多样化。多模态数据的语言模型的预训练目标从最初的单一的掩码语言模型(masked language model, MLM)或自回归语言模型(autoregressive language model, ALM)，逐渐发展到了多种预训练目标，如图像-文本匹配(image-text matching, ITM)、图像区域分类(image region classification, IRC)、视觉问答(visual question answering, VQA)、视觉推理(visual reasoning, VR)等。这些多样化的预训练目标，为模型(如UNITER、OSCAR、CLIP)提供了更多的学习信号和反馈信号，同时也为模型带来了更多的优化和改进空间。
- 预训练模式的多样化。多模态数据的语言模型的预训练模式从最初的单向的自回归模式或双向的掩码模式，逐渐发展到了多种预训练模式，如序列到序列模式(sequence-to-sequence mode)、生成-判别模式(generative-discriminative mode)、编码-解码模式(encoder-decoder mode)、编码-聚合-解码模式(encoder-aggregator-decoder mode)等。这些多样化的预训练模式，如DALL·E、DINO、ALIGN等，为模型提供了更多的学习能力和表达能力，同时也为模型带来了更多的应用和创新。

1.3 解码大模型：智能营销的未来

大模型是一种人工智能技术，它的目标是让计算机能够像人类一样做各种各样的事情，比如说话、看图、听音乐、玩游戏等。为了实现这个目标，大模型需要有很多参数，参数就是计算机用来存储和处理信息的变量。大模型的参数有数十亿甚至数万亿个，相当于很多记忆单元。大模型还需要有很多数据，数据就是计算机用来学习和模仿的样本。大模型的数据有数百亿甚至数万亿个，相当于很多很多的教材和练习题。大模型还需要有很多算力，算力就是计算机用来运行和优化的能力。大模型的算力有数千亿甚至数万亿次，相当于很多计算器和老师。

人工智能大模型有很多优点，它们可以让计算机变得更聪明、更灵活。大模型有很多参数，它们可以记住和表达很多信息，比如文字、图片、声音、视频等；大模型有很多数据，它们可以学习和模仿很多规律，比如语法、逻辑、风格、情感等；大模型有巨大的算力，它们可以运行和优化很多任务，比如写作、识别、理解、推理等。大模型可以在很多领域和场景中，做出很好表现，甚至超过人类的水平。

人工智能大模型也有很多缺点，它们可以让计算机变得更贵和更危险。大模型有很多参数，它们需要占用和消耗很多的空间和电力，比如硬盘、内存、电池等；大模型有很多数据，它们需要收集很多隐私信息，比如姓名、地址、照片、视频等；大模型有巨大的算力，它们需要避免很多的错误和风险，比如偏见、欺诈、攻击、破坏等。大模型可以在很多领域和场景造成影响，甚至威胁人类的安全。

因此，人工智能大模型并不是对模型的简单扩展，而是需要权衡和创新的。我们不能只看到大模型的好处，也不能只看到大模型的坏处。我们需要在大模型的参数、数据和算力之间，找到一个合适的平衡点，让大模型既能够发挥它的优势，又能够避免它的缺点。我们也需要在大模型的技术和伦理之间，找到一个合理的规范，让大模型既能够遵守它的原则，又能够承担它的责任。我们还需要在大模型的应用和创新之间，找到一个有效的方法，让大模型既能够解决问题，又能够创造价值。

那么，人工智能大模型的本质是什么呢？人工智能大模型的本质是在超高维空间上对人类全部知识的高度压缩和映射。我们可以把人类的知识想象成一座规模巨大的图书馆，里面有很多很多的书，每本书都记录了一些知识和信息，比如语言、图像、音频、视频、逻辑、规则等。我们也可以把人工智能大模型想象成一个盒子，里面有很多很多的格子，每个格子都存储了一个数字，每个数字都代表了一个特征或关系，比如文字、图片、声音、视频等。大模型的本质就是把图书馆里的所有的书，都压缩到盒子里的所有的格子里，让每本书都对应一个格子，每个格子都对应一个数字。这样，大模型就可以用盒子里的数字来表示图书馆里的书，从而实现对人类知识的压缩和映射。

我们可以借鉴一些数学和物理的概念，来理解大模型的本质。下面我们就来看几个例子，看看大模型是如何工作的。

第一个例子是傅立叶变换(见图1.10)。这是一种数学方法，它可以把任何复杂的信号(如声音、光波、电波等)分解成一系列的简单的正弦波。借助傅立叶变换，我们可以用简单的波来表示复杂的信号，实现对信号的压缩和重构。比如，我们可以用一些正弦波来表示一首歌曲，或者用一些正弦波来表示一张图片。大模型可以被看作一种高维的傅立叶变换，它可以把人类知识的复杂信号，如语言、图像、音频、视频等，分解成一系列简单的数字，用简单的数字表示复杂的信号，实现对人类知识的压缩和映射。

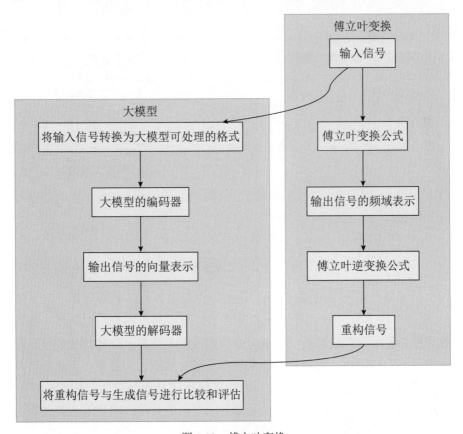

图1.10　傅立叶变换

第二个例子是主成分分析(见图1.11)。这是一种统计方法，它可以把一些多维的数据(如表格、图表、矩阵等)降维到一个低维的子空间，进行简化表示。这样，我们就可以用少量的数据来表示大量的数据，还保留了数据的主要特征和关系。比如，我们可以用颜色和形状来表示花的种类和特征。大模型可以被看作一种高维的主成分分析，它可以把人类知识的多维数据，比如语言、图像、音频、视频等，降维到一个低维的子空间，用少量的数字表示大量的数据，还保留了人类知识的主要特征和关系。

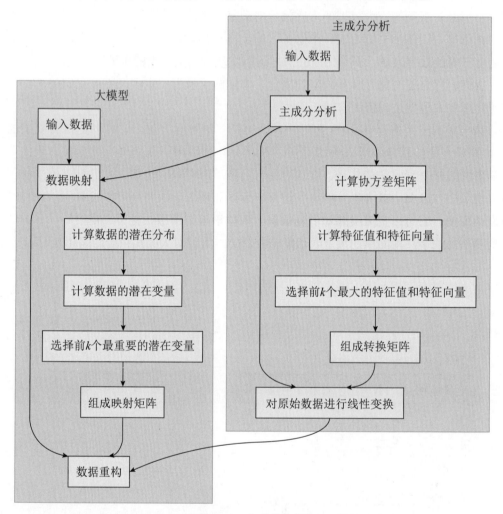

图1.11 主成分分析

第三个例子是张量网络(见图1.12)。这是一种物理方法，它可以把一些多体的系统(如分子、原子、粒子等)用一组小的张量来表示，形成高维的数组。这样，我们就可以用简单的张量来表示复杂的系统，实现对系统的压缩和模拟。比如，我们可以用张量来表示水分子的结构和运动，或者用张量来表示量子态的演化和测量。大模型可以被看作一种高维的张量网络，它可以把人类知识的多体系统，比如语言、图像、音频、视频等，用一组小的张量来表示，用简单的张量表示复杂的系统，实现对人类知识的压缩和映射。

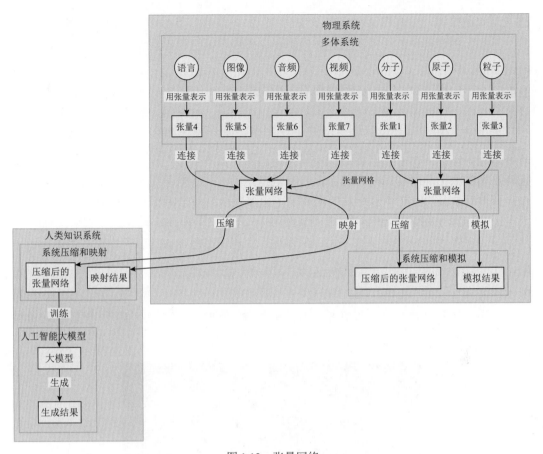

图 1.12 张量网络

这些数学和物理的概念都可以帮助我们理解大模型的本质，但是，这些概念也有一些局限性，它们不能完全地描述人类知识的本质。因为人类知识是一种不确定的、非线性的、动态的和不可逆的信号或数据，它们不像声音或光波那样，用确定的、线性的、静态的和可逆的正弦波就能表示；人类知识是一种随着时间和环境的变化而变化的信号或数据，它们不像表格或图表那样，用固定的和简单的数据就能表示；人类知识是一种由很多元素相互作用而形成的系统，它们不像分子或原子那样，用小的和简单的张量就能表示。因此，大模型也需要更加先进的数学和物理的工具来更好地捕捉人类知识的本质。比如，我们可以用量子计算把人类知识的不确定性和非线性用一些概率和复数来表示；我们也可以用混沌理论把人类知识的动态性和不可逆性用一些敏感和复杂的方程来表示；我们还可以用复杂系统把人类知识的多体性和相互性用某种模式来表示。

在数字化营销业务中，大模型发挥着巨大作用。下面以一些例子来说明大模型是怎么应用的。比如，我们可以用大模型来生成文本，创建吸引人的产品描述、标题、标签等；我们也可以用大模型来识别图像，选择合适的广告素材、位置、尺寸等；我们还可以用大模型来理解语音，与潜在用户进行有效的沟通、引导、激励等。这些都是大模型在数字化营销业务中的应用场景，当然还有更多的可能性等待我们探索和发现。

总之，大模型在本质上是一种在超高维空间上对人类知识的高度压缩和映射，它可以让人工智能更加接近人类的智能。大模型也是一种在数字化营销业务中发挥巨大作用的人工智能技术，它可以让我们更好地设计产品、投放广告、增加用户数量等。大模型是一种创新的颠覆性的技术，也是一种需要权衡和创新的复杂系统。

1.4 AI大模型：从助手到合作者的演变

人工智能是当今时代最重要的技术之一，它已经渗透到了各个领域和行业，给人类的生活和工作带来了巨大的影响。随着人工智能技术的不断发展，人工智能模型的规模在不断扩大，从最初的几百万个参数和数据，到现在的数百亿甚至数万亿个参数和数据。这些具有超大规模的参数和数据的人工智能模型，就是人工智能大模型。

人工智能大模型的出现，为人工智能的应用带来了新的机遇和挑战。一方面，人工智能大模型具有强大的通用性和可迁移性，可以在不同的领域和任务上进行微调和适配，实现跨领域的知识和技能的传递和共享，为人工智能的应用和创新提供了更多的可能性和灵活性。另一方面，人工智能大模型也带来了一些挑战，需要引起高度重视和警惕。例如，如何有效地训练和部署人工智能大模型，如何保证人工智能大模型的可靠性和安全性，如何与人工智能大模型进行有效的交互和协作，等等。

因此，如何利用人工智能大模型提升产品和业务的价值，是一个值得探讨的问题。本节将介绍应用人工智能大模型的三种模式：嵌入(embedding)模式、副驾驶(copilot)模式和智能体(agent)模式。这三种模式分别代表了人工智能大模型的应用方式和层次，从低到高，从简单到复杂，从被动到主动，从单一到多元。本节将比较这三种模式的优缺点和适用场景，并重点介绍智能体模式的架构、运行流程。

1.4.1 副驾驶(copilot)模式

副驾驶(copilot)模式是指将人工智能大模型作为辅助工具，为用户提供指导或建议，帮助用户完成某些任务或提高某些能力的一种应用模式。例如，将人工智能大模型作为编程、写作、设计、教育、娱乐等领域或任务的助手，实现人机协作，完成代码生成、文本生成、图像生成、知识传授、内容推荐等任务。

人工智能大模型副驾驶模式的交互流程如图1.13所示。

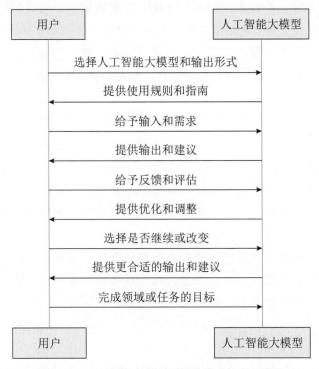

图1.13 人工智能大模型副驾驶模式的交互流程

人工智能大模型与用户之间存在一定的距离和界限，不是完全融合到产品或业务中，而是作为一个独立的模块或平台，用户需要主动调用或访问人工智能大模型，通过人工智能大模型的界面或接口，获取人工智能大模型提供的指导或建议。人工智能大模型在副驾驶模式下，通常可以负责多个领域或任务，因此，人工智能大模型不需要针对特定的领域或任务进行过多的微调和适配，而是保持其在多个领域或任务上的通用性和可迁移性。人工智能大模型在副驾驶模式下，通常可以提供多种输出形式，例如文本、图像、音频、视频等，因此，人工智能大模型可以根据用户的需求和场景，选择合适的输出形式，增加用户的选择。

副驾驶模式的优点有如下几个。
- 副驾驶模式可以充分发挥人工智能大模型的创新性和灵活性，为用户提供多样化和个性化的指导或建议，激发用户的灵感和兴趣，提升用户的作业能力和效率。
- 副驾驶模式可以增强用户和人工智能大模型的交互、协作，提高用户的参与度和满意度，建立用户和人工智能大模型的互信、互动，形成用户和人工智能大模型的共同学习、共同成长。
- 副驾驶模式可以保持人工智能大模型的通用性和可迁移性，减少人工智能大模型训练和部署的时间、成本，拓宽人工智能大模型的应用范围和输出形式，实现人工智能大模型跨领域的知识传递和共享。

副驾驶模式的缺点有如下几个。

- 副驾驶模式需要用户和人工智能大模型进行有效的沟通、协调，增加了使用过程中的复杂度和难度，增加了使用成本和风险。
- 副驾驶模式可能导致用户对人工智能大模型的理解和控制不足，也可能导致用户对人工智能大模型的过度依赖，影响用户的自主性和责任性。
- 副驾驶模式可能暴露人工智能大模型的核心知识，增加人工智能大模型被恶意使用或滥用的可能性，降低人工智能大模型的安全性和可靠性。

副驾驶模式的适用场景有如下几个。

- 当用户需要在某个领域或任务上进行创新或提升时，可以使用副驾驶模式。例如在编程、写作、设计、教育、娱乐等领域，用户可以使用副驾驶模式不断地学习、探索、实践、改进。
- 当用户的需求和场景较为复杂、动态、多变时，可以使用副驾驶模式。例如在编程、写作、设计、教育、娱乐等领域，用户可以使用副驾驶模式根据不同的需求和场景，选择不同的方法和策略。
- 当用户和人工智能大模型之间存在一定的合作关系时，可以使用副驾驶模式。例如在编程、写作、设计、教育、娱乐等领域，用户可以使用副驾驶模式，和人工智能大模型之间进行有效的交互和协调。

1.4.2 嵌入(embedding)模式

嵌入(embedding)模式是指将人工智能大模型作为产品或业务的一部分，提供个性化的功能或服务。例如，将人工智能大模型嵌入搜索引擎、社交网络、电商平台、音视频平台等产品或业务中，实现语音识别、自然语言处理、图像识别、推荐系统、内容生成等功能或服务。人工智能嵌入模式的交互流程如图1.14所示。

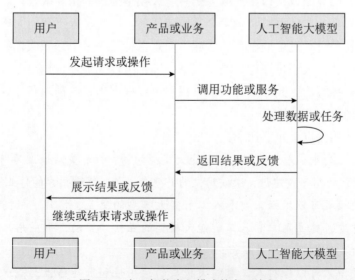

图1.14 人工智能嵌入模式的交互流程

人工智能大模型与产品或业务紧密结合，形成一个完整的系统或流程，用户不需要单独调用或访问人工智能大模型，而是通过产品或业务的界面或接口，直接使用人工智能大模型提供的功能或服务。人工智能大模型在嵌入模式下，通常只负责一个或少数几个领域或任务，因此，人工智能大模型需要针对特定的领域或任务进行微调和适配，提高其在该领域或任务上的性能和应用效果。人工智能大模型在嵌入模式下，通常只提供一种或少数几种输出形式，例如文本、图像、音频、视频等，因此，人工智能大模型需要根据产品或业务的需求和场景，选择合适的输出形式，满足用户的期望，丰富用户的体验。

嵌入模式的优点有如下几个。
- 嵌入模式可以充分利用人工智能大模型的强大的学习和推理能力，为产品或业务提供高质量和高效率的服务，提升产品或业务的价值和竞争力。
- 嵌入模式可以简化操作过程，降低使用成本和难度，提高使用便利性和满意度。
- 嵌入模式可以保护人工智能大模型的核心知识，防止人工智能大模型被恶意使用或滥用，维护人工智能大模型的安全性和可靠性。

嵌入模式的缺点有如下几个。
- 嵌入模式需要对人工智能大模型进行大量的微调和适配，增加了人工智能大模型训练和部署的时间、成本，降低了人工智能大模型的通用性和可迁移性。
- 嵌入模式限制了人工智能大模型的应用范围和输出形式，降低了人工智能大模型的创新性和灵活性，可能导致人工智能大模型的潜力没有被充分挖掘。
- 嵌入模式隔离了用户和人工智能大模型的交互、协作，削弱了用户和人工智能大模型的互信、互动，可能导致用户对人工智能大模型的理解和控制不足，也可能导致用户对人工智能大模型的过度依赖。

嵌入模式的适用场景有如下几个。
- 当产品或业务需要提供一些基础的、常见的、标准化的功能或服务时，可以使用嵌入模式。例如，搜索引擎可以使用嵌入模式提供语音识别、自然语言处理、图像识别等功能；社交网络可以使用嵌入模式提供推荐系统、内容生成等功能；电商平台可以使用嵌入模式提供商品分类、价格预测等功能；音视频平台可以使用嵌入模式提供音视频处理、转换、生成等功能。
- 当产品或业务的用户群体较大、较广、较多样时，可以使用嵌入模式，提供简单、快捷、易用的功能或服务，满足不同用户的需求和期望。
- 当产品或业务的竞争压力较大时，可以使用嵌入模式，利用人工智能大模型的强大的学习和推理能力，提升自己产品或业务的价值和竞争力。

1.4.3 智能体(agent)模式

智能体(agent)模式是指将人工智能大模型作为独立的智能实体，与用户或其他智能体进行交互或协作。例如，将人工智能大模型作为游戏、竞赛、对话、协作等领域或任务的参与者，人工智能大模型智能体模式的交互流程如图1.15所示。

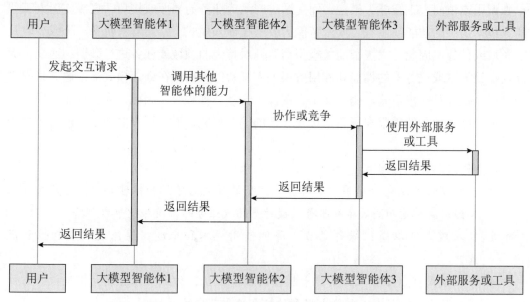

图1.15 人工智能大模型智能体模式的交互流程

人工智能大模型与用户或其他智能体之间存在一定的平等和对等，不是作为产品或业务的一部分，也不是作为用户的助手，而是作为一个独立的智能实体，用户或其他智能体需要与人工智能大模型进行相互的调用或访问，通过人工智能大模型的界面或接口，与人工智能大模型进行交互或协作。人工智能大模型在智能体模式下，通常可以负责多个领域或任务，因此，人工智能大模型不需要针对特定的领域或任务进行过多的微调和适配，而是保持其在多个领域或任务上的通用性和可迁移性。人工智能大模型在智能体模式下，通常可以提供多种输出形式，例如文本、图像、音频、视频等，因此，人工智能大模型可以根据用户或其他智能体的需求和场景，选择合适的输出形式，增加用户或其他智能体的选择，并丰富体验。

智能体模式的优点有如下几个。

- 智能体模式可以充分发挥人工智能大模型的主动性和多元性，为用户或其他智能体提供丰富和有趣的交互或协作，提升用户或其他智能体的参与度和满意度。
- 智能体模式可以增强用户或其他智能体与人工智能大模型的协作，提高用户或其他智能体与人工智能大模型的互信和互动，形成用户或其他智能体与人工智能大模型的共同学习、共同成长。
- 智能体模式可以保持人工智能大模型的通用性和可迁移性，减少人工智能大模型的训练和部署的时间、成本，拓宽人工智能大模型的应用范围和输出形式，实现人工智能大模型跨领域的知识传递和共享。

智能体模式的缺点有如下几个。

- 智能体模式需要用户或其他智能体和人工智能大模型进行复杂的沟通、协调，增加了使用过程中的复杂度和难度，增加了用户或其他智能体的使用成本和风险。
- 智能体模式可能导致用户或其他智能体对人工智能大模型的理解和控制不足，也可能导致用户或其他智能体对人工智能大模型的过度依赖，影响用户或其他智能体的自主性和责任性。
- 智能体模式可能暴露人工智能大模型的核心知识，增加人工智能大模型被恶意使用或滥用的可能性，降低人工智能大模型的安全性和可靠性。

智能体模式的适用场景有如下几个。
- 当用户或其他智能体需要在某个领域或任务上进行竞争或合作时，可以使用智能体模式。例如在游戏、竞赛、对话、协作等领域或任务中，用户或其他智能体需要与人工智能大模型进行相互的挑战或支持。
- 当用户或其他智能体的需求和场景较为开放、自由、多样时，可以使用智能体模式。例如在游戏、竞赛、对话、协作等领域或任务中，用户或其他智能体需要根据自己的喜好和目标，选择不同的方法和策略。
- 当用户或其他智能体和人工智能大模型之间存在一定的竞争或合作关系时，可以使用智能体模式。例如在游戏、竞赛、对话、协作等领域或任务中，用户或其他智能体需要与人工智能大模型之间进行复杂的沟通和协调，从而形成与智能大模型的共同学习和共同成长。

1.4.4　智能体模式的架构

智能体模式的架构是指智能体模式下的人工智能大模型的组成、功能、交互和协作方式。智能体模式的信息流转过程如图1.16所示。

1. 智能体(agent)

智能体是人工智能大模型的核心部分，它是一个独立的智能实体，具有自主的行为和目标，可以与用户或其他智能体进行交互或协作。智能体在以下几个部分流转。

- 感知器(perceptor)。感知器是智能体的输入部分，它负责接收来自用户或其他智能体的信息，如文本、图像、音频、视频等，也负责接收来自环境的信息，如时间、位置、温度等，再将这些信息转换为智能体可以理解和处理的格式，如转换为向量、张量、矩阵等，并将转换的信息传递给智能体的其他部分。
- 推理器(reasoner)。推理器是智能体的处理部分，它负责对感知器传递的信息进行分析和处理，如分类、聚类、检测、识别、生成、预测等，再根据智能体的目标和策略，生成智能体的行为和输出，如动作、语言、图像、音频、视频等，并将这些行为和输出传递给智能体的其他部分。
- 执行器(executor)。执行器是智能体的输出部分，它负责将推理器生成的行为和输出，转换为用户或其他智能体可以理解和接收的格式，如文本、图像、音频、视频等，或者转换为环境相匹配的格式，如电信号、机械动作等，发送给用户或其他智能体，或者在环境中执行。

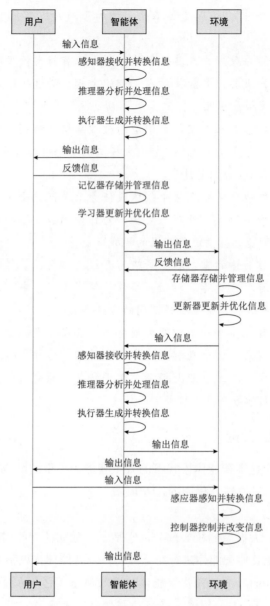

图1.16 智能体模式的信息流转过程

- 记忆器(memorizer)。记忆器是智能体的存储部分,它负责存储和管理智能体的知识和技能,如参数、数据、模型、规则、经验等,也负责存储和管理智能体的状态和历史,如目标、策略、行为、输出、反馈、评估等,为智能体的其他部分提供支持和服务。
- 学习器(learner)。学习器负责对智能体的知识和技能,以及智能体的状态和历史,进行更新和优化,如训练、微调、适配、迁移、强化等,以提高智能体的性能和应用效果,为智能体的其他部分提供支持和服务。

2. 用户(user)

用户是指与智能体进行交互或协作的人类或其他智能体,它们可以是智能体的使用者、合作者，也可以是智能体的竞争者、观察者等。用户在以下几个部分流转。

- 输入器(inputer)。输入器是用户的输入部分，它负责向智能体发送信息，如文本、图像、音频、视频等，也负责向智能体发送与环境相匹配的信息，如电信号、机械动作等，以表达用户的需求、场景、目标、策略等。
- 输出器(outputer)。输出器是用户的输出部分，它负责接收来自智能体的信息，如文本、图像、音频、视频等，也负责接收与环境相匹配的信息，如电信号、机械动作等，以获取智能体的行为、输出、反馈、评估等。
- 存储器(storer)。存储器是用户的存储部分，它负责存储和管理用户的知识和技能，如参数、数据、模型、规则、经验等，也负责存储和管理用户的状态和历史，如需求、场景、目标、策略、行为、输出、反馈、评估等，为用户的其他部分提供支持和服务。
- 更新器(updater)。更新器负责对用户的知识和技能，以及用户的状态和历史，进行更新和优化，如训练、微调、适配、迁移、强化等，以提高性能，为用户的其他部分提供支持和服务。

3. 环境(environment)

环境是智能体和用户所处的外部条件和约束，如时间、空间、温度、光照、声音、颜色、形状、物体、事件、规则、目标等。环境在以下几个部分流转。

- 感应器(sensor)。感应器是环境的感知部分，它负责感知环境中的信息，如时间、位置、温度、光照、声音、颜色、形状、物体、事件等，再将这些信息转换为智能体或用户可以理解和处理的格式，如向量、张量、矩阵等，并将感知信息传递给智能体或用户的感知器。
- 控制器(controller)。控制器是环境的控制部分，它负责控制环境中的信息，如时间、位置、温度、光照、声音、颜色、形状、物体、事件等，再根据智能体或用户的执行器发送的信息，如电信号、机械动作等，改变环境中的信息，以实现智能体或用户的行为和输出。
  - 存储器(storer)。存储器是环境的存储部分，它负责存储和管理环境中的信息，如时间、位置、温度、光照、声音、颜色、形状、物体、事件等，也负责存储和管理环境的状态和历史，如规则、目标、行为、输出、反馈、评估等，为环境的其他部分提供支持和服务。
  - 更新器(updater)。更新器负责对环境中的信息，以及环境的状态和历史，进行更新和优化，如变化、演化、适应、学习等，以提高环境的性能和效果，为环境的其他部分提供支持和服务。

1.4.5 智能体模式的运行流程

智能体模式的运行流程是指智能体模式下的人工智能大模型的输入、输出、处理、反馈和评估。智能体模式人工大智能模型的运行流程如图1.17所示。

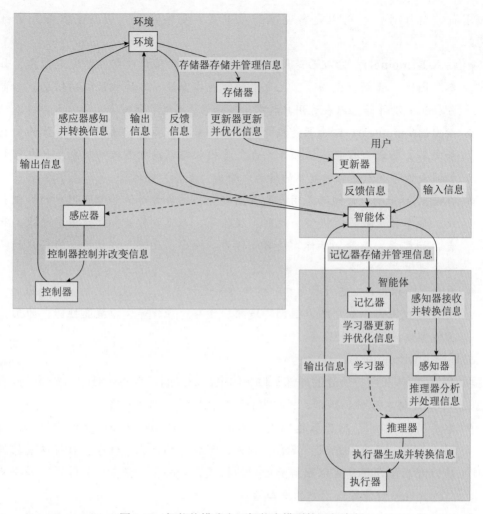

图 1.17 智能体模式人工智能大模型的运行流程

1. 输入(input)

输入是指智能体从用户、其他智能体或环境中接收的信息,如文本、图像、音频、视频等,又如时间、位置、温度、光照、声音、颜色、形状、物体、事件等。输入的方式包括以下几种。

- 主动输入(active input)。主动输入是指智能体主动向用户、其他智能体或环境发送请求,以获取所需的信息。例如智能体向用户或其他智能体发送问题、命令、建议等,又如智能体对环境进行探测、扫描、监测等。
- 被动输入(passive input)。被动输入是指智能体无须发送请求或询问,被动地从用户、其他智能体或环境中接收信息。例如智能体从用户或其他智能体接收问题、命令、建议等,又如智能体对环境进行感应、观察、记录等。
- 混合输入(mixed input)。混合输入是指智能体同时使用主动输入和被动输入的方式,以获取更多的信息。例如智能体在从用户、其他智能体或环境中接收信息的同时,也向用户、其他智能体或环境发送请求,以补充或验证所接收的信息。

2. 输出(output)

输出是指智能体向用户、其他智能体或环境中发送的信息，例如文本、图像、音频、视频等，又如电信号、机械动作等。输出的方式包括以下几种。

- 主动输出(active output)。主动输出是指智能体主动向用户、其他智能体或环境发送信息，以表达自己的行为或输出。例如智能体向用户或其他智能体发送答案、反馈、评估等，又如智能体对环境进行控制、改变、影响等。
- 被动输出(passive output)。被动输出是指智能体被动地向用户、其他智能体或环境发送信息。例如智能体向用户或其他智能体发送确认、同意、拒绝等，又如智能体对环境进行响应、适应、遵从等。
- 混合输出(mixed output)。混合输出是指智能体同时使用主动输出和被动输出的方式，以发送更多的信息。例如智能体在向用户、其他智能体或环境发送信息的同时，也接收用户、其他智能体或环境的信息，以调整或优化自己的行为或输出。

3. 处理(processing)

处理是指智能体对输入的信息进行分析和处理，以生成输出的信息，如分类、聚类、检测、识别、生成、预测等。处理的方式包括以下几种。

- 单一处理(single processing)。单一处理是指智能体无须使用其他部分，只使用自己的推理器进行处理。例如智能体只使用自己的参数、数据、模型、规则、经验等进行处理，无须使用记忆器、学习器等。
- 多重处理(multiple processing)。多重处理是指智能体同时使用自己的多个部分进行处理。例如智能体在使用自己的推理器进行处理的同时，也使用自己的记忆器、学习器等进行存储、更新、优化等。
- 协同处理(collaborative processing)。协同处理是指智能体与其他智能体进行协同处理。例如智能体在使用自己的推理器进行处理的同时，也与其他智能体进行交换、共享、协作等，以提高处理的效率和效果。

4. 反馈(feedback)

反馈是指智能体从用户、其他智能体或环境中接收的对自己的行为或输出的评价或回应，如赞扬、批评、奖励、惩罚、建议、纠正等。反馈的方式包括以下几种。

- 显性反馈(explicit feedback)。显性反馈是指智能体无须推断或猜测，明确地从用户、其他智能体或环境中接收反馈。例如智能体从用户或其他智能体接收评分、评论、标签等，又如智能体从环境接收结果、状态、变化等。
- 隐性反馈(implicit feedback)。隐性反馈是指智能体需要推断或猜测，从用户、其他智能体或环境中接收隐含的反馈。例如智能体从用户或其他智能体接收行为、情绪、偏好等，又如智能体从环境接收规律、趋势、模式等。
- 混合反馈(mixed feedback)。混合反馈是指智能体同时使用显性反馈和隐性反馈的方式，以获取更多的反馈。例如智能体在从用户、其他智能体或环境中接收明确的评价的同时，也推断或猜测隐含的评价，以补充或验证所接收的反馈。

5. 评估(evaluation)

评估是指智能体对自己的行为或输出的效果或价值做出判断或度量，例如正确性、准确性、合理性、有效性、有用性、有趣性等。评估的方式包括以下几种。

- ◆ 自我评估(self-evaluation)。自我评估是指智能体无须使用其他部分，只使用自己的标准或目标进行评估。例如智能体只使用自己的参数、数据、模型、规则、经验等进行评估，无须使用记忆器、学习器等。
- ◆ 他人评估(other-evaluation)。他人评估是指智能体使用用户、其他智能体或环境的标准或目标进行评估。例如智能体使用用户或其他智能体的需求、场景、目标、策略等进行评估，又如智能体使用环境的规则、目标、结果、状态等进行评估。
- ◆ 混合评估(mixed evaluation)。混合评估是指智能体同时使用自身、其他智能体或环境的标准或目标进行评估。例如智能体在使用自身参数、数据、模型、规则、经验等进行评估时，也使用用户或其他智能体的需求、场景、目标、策略等进行评估，或者使用环境的规则、目标、结果、状态等进行评估，以评估自身的应用效果和价值，同时评估对用户、其他智能体或环境的影响。

智能体模式与嵌入模式是人工智能大模型在智能营销中的两种主要的应用模式，它们各有优缺点和适用场景，但总体而言，智能体模式相比于嵌入模式，具有以下几方面优势。

- ● 智能体模式更加主动，嵌入模式更加被动。智能体模式的人工智能大模型具有自主和主动的特性，它可以根据自己的目标和策略，以及用户、商家或其他智能体的信息和数据，自主地提供智能营销服务，也可以主动地与用户、商家或其他智能体进行交互或协作，以提高智能营销的效果和价值。嵌入模式的人工智能大模型具有被动的特性，它只能根据其他系统或模块的指令和要求，以及用户、商家或其他智能体的信息和数据，被动地提供智能营销服务，也只能被动地与用户、商家或其他智能体进行交互或协作，以满足智能营销的需求。
- ● 智能体模式更加灵活，嵌入模式更加固定。智能体模式的人工智能大模型具有灵活性，它可以根据不同的领域和场景，以及不同的功能和服务，适应不同的智能营销的需求，也可以根据用户、商家或其他智能体的输入或偏好，生成符合他们的需求和期望的内容，增加了他们的兴趣和参与度，提高转化率和留存率。嵌入模式的人工智能大模型具有固定的特性，它只能根据预先设定的领域和场景，以及预先定义的功能和服务，满足固定的智能营销的需求，也只能根据预先给定的信息和数据，生成固定的内容，限制了用户的兴趣和参与度，降低了转化率和留存率。
- ● 智能体模式更加开放，智能体模式的人工智能大模型具有开放的特性，它可以与其他智能体进行协作或竞争，形成一个智能营销的生态系统，实现多方的共赢，也可以与其他系统或模块进行集成，形成一个智能营销的平台，实现多方的互利。嵌入模式的人工智能大模型具有孤立和封闭的特性，它只能与自己所属的系统或模块进行交互或协作，形成一个智能营销的单元，实现单方的利益，也只能与自己所依赖的系统或模块进行集成，形成一个智能营销的部件，实现单方的功能。

1.5 AI大模型：在营销领域的利与弊

具体到数字化营销领域，大模型是指那些能够处理海量数据，具有强大的自然语言理解和生成能力，以及多模态(文本、图像、音频、视频等)交互能力的人工智能模型。这些模型通常基于深度学习技术(如神经网络、变分自编码器、生成对抗网络、注意力机制、变换器等)，实现异构融合。大模型的代表有GPT-3、DALL-E、CLIP、Jukebox、Duet等。

大模型在电商、广告和用户增长等数字化营销业务上有着广泛的应用场景。在电商方面，大模型可以用于商品描述生成、推荐、搜索、机器人聊天、用户评论分析、商品图像生成、风格迁移等；在广告方面，大模型可以用于广告文案生成、广告图像生成、广告视频生成、广告音乐生成、广告效果评估、广告投放优化、广告受众分析等；在用户增长方面，大模型可以用于用户画像生成、用户行为预测、用户留存分析、用户转化优化、用户反馈分析、用户满意度评估等。

大模型在营销领域的优点主要有以下几个。

- 提高效率。大模型可以自动化地完成许多数字化营销任务，比如商品描述生成、推荐、搜索、机器人聊天等，在短时间内，用高质量的服务满足用户的需求，提高数字化营销的效率和质量。
- 优化创意。大模型可以利用其强大的生成能力，创造出新颖、有趣、吸引人的内容，比如广告文案、广告图像、广告视频、广告音乐等，根据用户的喜好、场景、目标等，生成适合的内容，增加数字化营销的创意和吸引力。
- 优化决策。大模型可以利用其强大的分析能力，从海量数据中提取有价值的信息，比如用户评论分析、广告效果评估、用户行为预测、用户留存分析等，多维度、多角度、多层次地分析数据，帮助数字化营销人员做出更好决策。
- 提升效果。大模型可以利用其强大的交互能力，与用户进行更自然、更流畅、更富有个性化的沟通，比如聊天机器人、用户反馈分析、用户满意度评估等，根据用户的语言、情感、兴趣等，给出适合的回应，提升数字化营销的效果和用户满意度。

大模型在营销领域的缺点主要有以下几个。

- 成本高昂。大模型需要大量的计算资源、存储资源和网络资源，需要专业的人才来进行开发、训练、部署和维护，成本高昂。例如，GPT-3是目前世界上最大的自然语言模型，它有1750亿个参数，需要使用数千台性能强大的计算机来训练，训练的成本估计超过1000万美元。又如，DALL-E是一个能够根据文本生成图像的模型，它需要使用大量的图像数据来训练，存储的成本估计超过100万美元。大多数企业和个人难以承担这些风险。
- 法律风险。大模型可能涉及用户的隐私、版权、知识产权、道德等方面的问题，如何保护用户的权益，如何遵守相关的法律法规，如何处理可能的纠纷和诉讼，都是需要考虑的。例如，大模型可能在生成内容的过程中，无意中泄露用户的隐私信息，比如姓名、地址、电话等，这可能损害用户权益。又如，大模型可能在生成内容的过程中，无意中侵犯他人的版权或知识产权，比如抄袭、盗用、仿造等，这可能产生法律纠纷和诉讼风险。从事数字化营销的企业和个人要谨慎对待这些风险。
- 安全威胁。大模型可能遭受攻击、篡改、欺骗、滥用等威胁，如何防止模型被盗用、破坏，如何保证模型的安全和可靠，都是需要注意的。例如，大模型可能被黑客或竞争对手攻击，这可能导致模型的功能和性能受到影响。又如，大模型可能会被不良的用户或组织欺骗或滥用，生成虚假或有害的内容，这可能导致模型的声誉和信誉受到损害。从事数字化营销的企业和个人要防范这些威胁。
- 伦理挑战。大模型可能引发一些伦理上的争议和困惑，如何界定模型和人类的责任和义务，如何评估模型的影响和后果，如何保持模型的公平和透明，如何尊重模型的自主和尊严，都是需要探讨的。例如，大模型可能在生成内容的过程中，产生一些不符合人类价值观或道德标准的内容，比如歧视、暴力、色情等，这可能导致人类的感情和良知受到冲击。又如，大模型可能在生成内容的过程中，超越人类的创造力或智慧，比如创新、发明、发现等，这可能导致人类的地位受到挑战。从事数字化营销的企业和个人要应对这些挑战。

总之，大模型是数字化营销的强大工具，但也是一把双刃剑，它既有优点也有缺点，既有机遇也有挑战。如何合理地使用大模型，如何平衡大模型的利弊，如何充分地发挥大模型的潜力，都是数字化营销的专家和业务人员需要思考的问题。

1.6 智能营销：AI大模型的革命

数字化营销是利用数字技术和平台，如互联网、移动设备、社交媒体等，来实现营销目标的一种营销方式。数字化营销的优势在于可以实现营销活动的可度量、可追踪、可优化、可互动、可个性化。随着数字技术的发展，数字化营销在不断创新，以适应市场的变化和用户的需求。

大模型是具有大量参数和层次的深度学习模型，如GPT-3、BERT、XLNet等。大模型的优势在于可以利用海量的数据，通过自我学习，来实现多种复杂的任务，如自然语言处理、计算机视觉、推荐系统等。大模型的发展为数字化营销业务提供了新的机遇和挑战，本节将从以下四个方面来探讨大模型在数字化营销业务中的应用和挑战。

- 内容生成：通过大模型生成营销文案、广告语等。
- 用户画像：通过大模型分析用户数据，构建用户画像。
- 营销策略：通过大模型分析市场趋势，制定营销策略。
- 效果评估：通过大模型评估营销活动的效果，优化营销策略。

1.6.1 内容生成：通过大模型生成营销文案、广告语等

内容生成是指大模型根据给定的主题、关键词、风格等条件，自动或半自动地生成符合营销目的的文本内容，如营销文案、广告语、标题、标语、口号等。生动的内容生成可以吸引用户的注意力，激发用户的兴趣，传递产品或服务的价值，促进用户的行为转化。

内容生成可以分为两类：一类是基于模板的内容生成；另一类是基于生成式对抗网络(GAN)的内容生成。

1. 基于模板的内容生成

基于模板的内容生成是指利用预先设计好的内容模板，结合大模型的语言模型能

力,根据不同的主题、关键词、风格等条件,填充模板中的变量,生成适合的内容。例如,一个简单的内容模板如下所述。

- 如果你想要{目标},那么你一定需要{产品或服务}。
- {产品或服务}是{表示优势的词}的,它可以帮助你{表示效果的词}。
- 现在就点击{链接},享受{优惠}吧!

根据不同的条件,可以生成不同的内容。

- 如果你想要减肥,那么你一定需要××健身App(手机应用程序)。
- ××健身App是智能的,它可以帮助你制订个性化的健身计划,监测你的运动数据,给你专业的指导和反馈。
- 现在就点击[这里],享受7天免费试用吧!
- 如果你想要学习英语,那么你一定需要××英语课程。
- ××英语课程是高效的,它可以帮助你通过大模型的语音识别和语言理解,提高你的听说读写能力,让你轻松应对各种场景。
- 现在就点击[这里],享受50%的折扣吧!

基于模板的内容生成可以保证内容的结构和逻辑性,避免语法错误和语义错误,内容具有品质和可信度。但基于模板的内容生成需要人工设计和维护内容模板,可能导致内容的单调,缺乏创新,内容的吸引力和影响力不足。

2. 基于生成式对抗网络(GAN)的内容生成

基于生成式对抗网络(GAN)的内容生成是指利用生成器和判别器模型,通过对抗学习的方式,让生成器不断生成新的内容,让判别器不断评估内容的质量,实现自监督的内容生成。例如,一个基于GAN的内容生成系统包括以下三部分。

- 生成器:根据给定的主题、关键词、风格等条件,生成营销内容。
- 判别器:根据给定的评价指标,如内容的相关性、合理性、原创性、吸引力等,给出评分。
- 对抗学习:让生成器和判别器不断练习,让生成器根据判别器的评分,调整内容的生成策略,让判别器根据生成器的内容,调整内容的评价标准,实现内容的优化。

基于GAN的内容生成可以实现无限的内容生成,生成内容不受内容模板的限制,内容具有多样性和创新性。但基于GAN的内容生成需要大量的计算资源,内容的质量和可控性难以保证,可能导致内容的不合理和不合法。

1.6.2 用户画像:通过大模型分析用户数据,构建用户画像

用户画像是指大模型根据用户的个人信息、行为数据、偏好数据等,综合分析用户的特征、需求、价值、动机等,构建用户的画像模型,如用户的基本属性、用户的兴趣爱好、用户的消费习惯、用户的行为路径等。为用户画像的目的是深入了解用户,提高用户的满意度,增强用户的忠诚度,实现精准营销。

用户画像可以分为两类:一类是基于规则的用户画像;另一类是基于聚类的用户画像。

1. 基于规则的用户画像

基于规则的用户画像是指利用预先定义好的用户画像规则，结合大模型的数据分析能力，根据用户的数据，判断用户属于哪个用户画像类别，如用户的年龄段、用户的性别、用户的地域等。例如，一个简单的用户画像规则如下所述。

- 如果用户的年龄在18至25岁之间，那么用户属于年轻用户。
- 如果用户的性别是男，那么用户属于男性用户。
- 如果用户的地域是北京，那么用户属于北方用户。

根据不同的用户数据，可以判断用户属于哪类用户画像。

- 如果用户的年龄是23岁，性别是男，地域是北京，那么用户属于年轻用户、男性用户、北方用户。
- 如果用户的年龄是46岁，性别是女，地域是上海，那么用户属于中年用户、女性用户、南方用户。

基于规则的用户画像是清晰和准确的，提高用户画像的可信度和可用度。但基于规则的用户画像需要人工定义和维护用户画像规则，可能导致用户画像缺乏灵活性，用户画像的覆盖率和适应性降低。

2. 基于聚类的用户画像

基于聚类的用户画像是指利用大模型的无监督学习能力，根据用户的数据，自动或半自动地发现用户的画像特征，如用户的兴趣爱好、用户的消费习惯、用户的行为路径等，将用户分为不同的用户画像类别，如用户的类型、用户的等级、用户的分组等。例如，一个基于聚类的用户画像系统如下所述。

- 数据收集：收集用户的数据，如用户的个人信息、行为数据、偏好数据等。
- 数据处理：处理用户的数据，如数据的清洗、数据的转换、数据的降维等。
- 数据分析：分析用户的数据，如数据的可视化、数据的统计、数据的关联等。
- 数据聚类：对用户的数据进行归类，如聚类的方法、聚类的指标、聚类的结果等。
- 数据解释：解释用户的数据，如解释的方法、解释的内容、解释的展示等。

基于聚类的用户画像是动态的，不受规则的限制，用户画像具有多样性和灵活性。但基于聚类的用户画像需要大量的数据和计算资源，质量和可控性难以保证，可能导致用户画像的不合理和不可解释。

1.6.3 营销策略：通过大模型分析市场趋势，制定营销策略

营销策略是指大模型根据市场的环境、竞争态势、机会等，综合分析市场的趋势、需求、潜力等，制定营销的目标、方案、预算等，做好营销的执行和监控。做好营销策略的目的是适应市场的变化，提高市场的占有率，增强市场的竞争力，实现增长和盈利。

营销策略可以分为两类：一类是基于规则的营销策略；另一类是基于强化学习的营销策略。

1. 基于规则的营销策略

基于规则的营销策略是指利用预先定义好的营销策略规则,结合大模型的数据分析能力,根据市场的数据,判断市场的性质,如市场的类型、市场的阶段、市场的特点等。例如,一个简单的营销策略规则如下所述。

- 如果市场的类型是成熟市场,那么应采用差异化营销策略。
- 如果市场的阶段是增长阶段,那么应采用渗透营销策略。
- 如果市场的特点是竞争激烈,那么应采用领导者营销策略。

根据不同的市场数据,可以判断市场适用于哪个营销策略。

- 如果市场的类型是成熟市场,市场的阶段是增长阶段,市场的特点是竞争激烈,那么应采用差异化营销策略、渗透营销策略、领导者营销策略。
- 如果市场的类型是新兴市场,市场的阶段是引入阶段,市场的特点是竞争小,那么应采用创新营销策略、教育营销策略、先行者营销策略。

基于规则的营销策略是清晰和准确的,营销策略具有可信度和可用度。但基于规则的营销策略需要人工定义和维护营销策略规则,可能导致营销策略缺乏灵活性,营销策略的覆盖率和适应性降低。

2. 基于强化学习的营销策略

基于强化学习的营销策略是指利用大模型的强化学习能力,根据市场的数据,自动或半自动地发现最优营销策略,如营销的目标、方案、预算等,通过不断的试错和反馈,实现营销策略的优化和调整。例如,一个基于强化学习的营销策略系统包括如下几个要素。

- 市场的环境,如市场的规模、市场的需求、市场的竞争等。
- 市场的状态,如市场的类型、市场的阶段、市场的特点等。
- 营销的行为,如营销的目标、营销的方案、营销的预算等。
- 营销的效果,如营销的收益、营销的成本等。
- 营销的策略,如营销的规则、营销的模型、营销的算法等。

基于强化学习的营销策略是动态的,不受营销策略规则的限制,营销策略具有多样性和灵活性。但基于强化学习的营销策略需要大量的数据和计算资源,质量和可控性难以保证,可能导致营销策略的不合理和不可解释。

1.6.4 效果评估:通过大模型评估营销活动的效果,优化营销策略

效果评估是指大模型根据营销的目标、方案、预算等,综合评估营销活动的效果,如营销的覆盖率、营销的转化率、营销的收益率等,做好营销的监测、反馈、优化等。效果评估的目的是检验营销策略的有效性,提高营销策略的适应性,增强营销策略的优势,对营销策略进行改进和更新。

效果评估可以分为两类:一类是基于规则的效果评估;另一类是基于强化学习的效果评估。

1. 基于规则的效果评估

基于规则的效果评估是指利用预先定义好的效果评估规则，结合大模型的数据分析能力，根据营销的数据，判断营销活动的效果属于哪个效果评估类别，如成功、失败、平均等。例如，一个简单的效果评估规则如下所述。

- 如果营销的转化率大于10%，那么营销活动的效果是成功的。
- 如果营销的转化率小于5%，那么营销活动的效果是失败的。
- 如果营销的转化率在5%至10%之间，那么营销活动的效果是平均的。

根据不同的营销数据，可以判断营销活动的效果属于哪个效果类别。

- 如果营销的转化率是12%，那么营销活动的效果是成功的。
- 如果营销的转化率是3%，那么营销活动的效果是失败的。
- 如果营销的转化率是7%，那么营销活动的效果是平均的。

基于规则的效果评估是清晰和准确的，效果评估具有可信度和可用度。但基于规则的效果评估需要人工定义和维护效果评估规则，可能导致效果评估缺乏灵活性，效果评估的覆盖率和适应性降低。

2. 基于强化学习的效果评估

基于强化学习的效果评估是指利用大模型的强化学习能力，根据营销的数据，自动或半自动地发现效果评估的最优解，如营销的目标、方案、预算等，通过不断的试错和反馈，实现效果评估的优化和调整。例如，一个基于强化学习的效果评估系统如下所述。

- 营销的环境，如营销的目标、营销的方案、营销的预算等。
- 营销的状态，如营销的效果、营销的收益、营销的成本等。
- 营销的行为，如营销的调整、营销的优化、营销的更新等。
- 营销的结果，如营销的提升、营销的改进、营销的创新等。
- 营销的策略，如营销的规则、营销的模型、营销的算法等。

基于强化学习的效果评估是动态的，不受效果评估规则的限制，效果评估具有多样性和灵活性。但基于强化学习的效果评估需要大量的数据和计算资源，质量和可控性难以保证，可能导致效果评估的不合理和不可解释。

1.6.5 智能营销的挑战

智能营销的挑战主要有以下几个方面。

- 数据安全与隐私保护。进行效果评估时会用到大量的营销数据，可能导致数据的泄露和滥用。如果大模型使用了敏感信息、隐私数据来评估营销活动的效果，可能会暴露用户的隐私，引起用户的不满和反感。因此，智能营销需要遵守数据安全与隐私保护方面的法规和标准，如《中华人民共和国网络安全法》《中华人民共和国个人信息保护法》等，保证合法、合理和透明地使用数据，保护用户的数据权益。
- 技术成熟度与稳定性。效果评估依赖于大模型的技术水平和运行状态，而大模型可能出现技术缺陷和故障。如果大模型的训练数据不足或不平衡，可能导致智能营销的质量不高，出现偏差、误差、漏洞等。如果大模型的部署环境不稳定或兼容性差，可能导致智能营销的生成速度慢，出现数据延迟、中断、丢失等现象。因此，智能营销需要保证大模型的技术成熟度和稳定性，通过不断地收集数据、训练模型、测试模型、优化模型等，提高效果评估的生成效率和准确性，保证效果评估的可靠性和持续性。

- 法律法规与道德伦理。智能营销可能引发法律法规和道德伦理问题。如果大模型评估营销活动效果时涉及公平竞争、消费者权益、社会责任等，可能导致效果评估不公平、不合理、不道德，引起用户的抵制和反对。如果大模型评估营销活动效果时涉及营销的风险管理、危机应对、应急预案等，可能导致效果评估不及时、不准确、无效，造成损失和危机。因此，智能营销需要遵守法律法规和道德伦理，如《中华人民共和国反不正当竞争法》《中华人民共和国消费者权益保护法》等，保证效果评估的合法、合规和合理。

- 人工智能与人类协作。智能营销涉及大模型和人类的评价关系和协作方式，可能影响人类的评价动机和能力。如果大模型评估的营销活动的效果完全取代了人类的评价，可能会导致人类的评价失去意义和价值，降低人类评价的积极性和自信心。如果大模型评估的营销活动的效果需要人类的审核和修改，可能导致人类承担压力，增加人类的评价时间和成本。因此，进行效果评估时需要平衡大模型和人类的评价角色和协作模式，通过建立有效的人机交互和反馈机制，发挥大模型和人类的评价优势，提高效果评估的生成质量和效率。

第2章
打造个性化的用户体验：AI 用户画像的神奇力量

在这一章，我们将探讨如何利用人工智能大模型来打造个性化的用户体验。用户画像是一种描述用户特征、行为、需求和偏好的方法，它可以帮助我们更好地了解用户，优化业务。用户画像的数据来源有很多，例如用户注册信息、用户行为日志、用户反馈、用户社交媒体等。然而，这些数据往往是不完整、不准确、不一致、不及时的，导致用户画像的质量和效果受到影响。人工智能大模型可以通过其强大的数据处理和生成能力弥补这些数据的不足，让用户画像数据更丰富、更精准、更实时、更动态。例如，人工智能大模型可以通过自然语言分析用户的文本内容，提取用户的意图、情感、兴趣等信息；人工智能大模型可以通过计算机视觉识别用户的图像，提取用户的年龄、性别、性格等信息；人工智能大模型可以通过强化学习模拟用户的行为过程，预测用户的决策、偏好、满意度等信息。这些信息都可以丰富用户画像，让我们更深入地了解用户，为他们提供更个性化的用户体验。

2.1 用户画像：了解你的用户，优化你的业务

在数字化营销时代，用户是产品和业务的核心。无论是电商、广告还是用户增长，都离不开对用户的了解。然而，用户是一个复杂的群体，每个用户都有自己的特点和需求，如何才能有效地把握用户的心理和行为呢？这就需要用到用户画像这个强大的工具。

用户画像并不是一个新鲜的概念，它已经被广泛应用于各个行业和领域，比如电商、广告、社交媒体、游戏、教育、金融等。随着互联网技术的发展，用户画像更加精准、动态、个性化和智能化。

本节将介绍用户画像的定义、作用、构成要素、应用场景、挑战和机遇，以及一些实用的制作用户画像的技巧和工具。

2.1.1 用户画像的定义

用户画像，又称为用户模型、用户角色、用户分群等，是一种对用户的各种信息进行分析和归纳，形成具有代表性的用户群体的方法。用户画像可以把用户从一个抽象的概念变成一个具体的个体，从而帮助我们更好地了解用户，提升用户体验，优化产品设计，提高营销效率，增加用户数量。

用户画像通常以文本、图表、图像等形式呈现，描述了用户的基本信息、兴趣爱好、消费习惯、行为模式、心理特征、价值观等方面。用户画像的示例如图2.1所示。

图 2.1 用户画像示例

从这个用户画像中，我们可以了解到这个用户的性别、职业、收入、地域、家庭状况、兴趣爱好、消费习惯、需求和偏好、行为模式、心理特征、价值观等信息，这些信息可以帮助我们更深入地了解这个用户，从而更好地满足用户的期望和需求。

用户画像的英文是user persona，也可翻译为user model、user role、user segmentation等。用户画像的概念最早由艾伦·库伯(Alan Cooper)在1999年的 *The Inmates Are Running the Asylum* 一书中提出，他认为用户画像是一种虚构的用户角色，可以帮助设计师和开发者从用户的角度思考和设计产品。后来，用户画像被广泛应用于各个行业和领域，成为一种常用的用户研究和用户中心设计的方法。

用户画像的制作需要遵循以下基本原则。

- 用户画像的制作应该基于真实的用户数据和研究，而不是凭空想象或者主观臆断。我们不能根据自己的想法或者偏见来设想用户的特征和需求，而是要通过数据收集和分析，如问卷调查、访谈访问、用户观察、用户测试等方法，来获取用户的真实的信息和反馈，从而形成用户画像。
- 用户画像应该具有代表性和区分性，能够反映用户的多样性和差异性，而不是一刀切或者过于细分。我们不能把所有的用户都归为一个类型，也不能把每个用户都分为一个类型，而是要根据用户的共同点和差异点，来划分用户群体，从而形成用户画像。一般来说，一个产品或者业务的用户画像不宜超过5个，也不宜少于2个，这样才能保证用户画像的覆盖度和区分度。
- 用户画像应该具有可操作性和可用性，能够指导产品、业务的决策及执行，而不是仅仅作为一个装饰或者摆设。我们不能把用户画像只当作一个文档或者报告，而是要把用户画像作为一个工具，来指导产品、业务的设计及运营，从而提升用户的体验和价值。比如，我们可以根据用户画像来确定产品的目标用户、核心需求、关键功能、设计风格、交互方式等，从而打造一个符合用户期望和需求的产品。
- 用户画像应该具有动态性和更新性，能够随着用户和市场的变化而优化，而不是一成不变的。我们不能把用户画像当作一个固定的模型，而是要把用户画像当作一个动态的过程，随着用户和市场的变化而不断地收集和分析用户的数据，从而不断地更新用户画像。比如，我们可以定期地对用户画像进行修正，以保证用户画像的准确性和有效性。

2.1.2 用户画像的作用

用户画像的作用，可以从以下几个方面来理解。

- 了解用户。用户画像可以帮助我们更深入地了解用户的特征、行为、需求和偏好，从而更好地满足用户的期望和需求，提升用户的满意度和忠诚度。了解用户是产品和业务开发的第一步，也是最重要的一步。只有了解用户，才能为用户提供有价值的产品或服务，才能建立和维持与用户的良好关系，才能赢得用户的信任和支持。用户画像可以帮助我们把用户从一个抽象的概念变成一个具体的个体，让我们更清楚地认识用户的特点和需求，更有效地与用户沟通和互动，更精准地满足用户的期望和需求。比如，我们可以通过用户画像来了解用户的基本信息、兴趣爱好、消费习惯、需求及期望、行为模式、心理特征等(见图2.2),从而更好地了解用户的属性、品位、行为、价值等,更好地了解用户的心理和情感,更好地了解用户的动机和影响等。

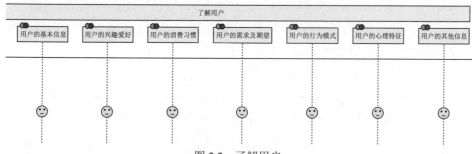

图 2.2　了解用户

- 优化产品。用户画像可以帮助我们从用户的角度思考和设计产品,从而更好地解决用户面临的问题,提升用户的体验,优化产品的功能和界面,增加产品的竞争力和价值。产品设计是产品和业务的核心,也是关键的一步。只有优化产品,才能为用户提供有用的产品或服务,才能提升用户的体验和满意度,才能增加产品的吸引力和留存力,才能提升产品的市场份额和收入。用户画像可以帮助我们从用户的角度设计产品,让我们更清楚地定义产品的目标用户、核心需求、关键功能、设计风格、交互方式等(见图2.3),从而打造一个符合用户期望和需求的产品。例如,我们可以根据用户画像来设计一个针对IT经理的高效的学习平台,提供科技、管理、创新等方面的课程,力求学习平台界面简洁、清晰、专业,交互方便、快捷、智能。

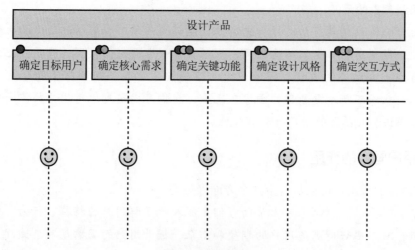

图 2.3　优化产品

- 促进营销。用户画像可以帮助我们更精准地定位和分析用户,从而更好地制定和执行营销策略,提高营销的效果和效率,增加用户的转化和留存。营销策略是产品和业务的推动,也是最有效的一步。只有促进营销,才能为用户提供有针对性的产品和服务,才能提升用户的认知和关注,才能提升产品的口碑和影响力。用户画像可以帮助我们更精准地定位和分析用户，让我们更清楚地制定和执行营销策略，更有效地传达产品的核心价值，更广泛地吸引用户的参与。我们可以通过用户画像来确定营销的目标用户、核心价值、关键信息、传播渠道、推广方式等(见图2.4)，从而打造一个符合用户兴趣和偏好的营销方案。例如，我们可以根据用户画像来制定一个针对IT经理的营销方案，突出产品的核心价值，即帮助用户提升职业技能，通过微信、微博、知乎等社交媒体，发布有趣、有用、有料的内容，吸引用户的关注和参与。

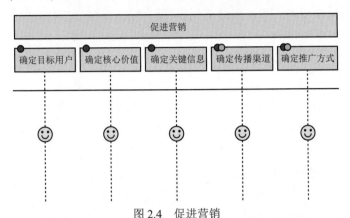

图2.4 促进营销

- 增长用户。用户画像可以帮助我们更有效地拓展和维护用户，从而更好地实现用户的增长和裂变，增加用户的规模并提高其活跃度，提升用户的生命周期价值，提升产品的收益和利润。增长用户是产品和业务的目标，也是最终的一步。用户画像可以帮助我们更有效地拓展和维护用户，让我们更清楚地确定和执行增长策略，更深入地激发用户的动机和行为，更快速地促进用户的裂变和留存。我们可以通过用户画像来确定增长的目标用户、核心动机、关键触点、激励机制、传播方式等(见图2.5)，从而打造一个符合用户需求和行为的增长模型。例如，我们可以根据用户画像来确定一个针对IT经理的增长模型，利用用户的核心动机，即实现自我价值，通过积分、徽章、排行榜等激励机制，鼓励用户的学习和分享，通过邀请、推荐、评价等传播方式，促进用户的裂变和留存。

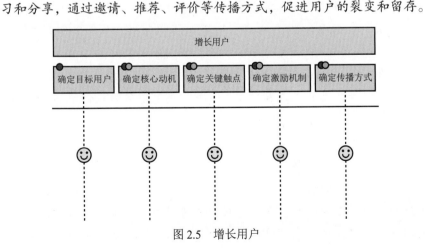

图2.5 增长用户

用户画像的作用可以用以下公式来概括。

$$用户画像=了解用户+优化产品+促进营销+增长用户$$

通过这个公式，我们可以看到，用户画像是一个全方位的工具，可以帮助我们更好地了解用户、优化产品、促进营销、增长用户，从而为用户提供更好的产品和服务，为产品和业务带来更多的价值和优势。

2.1.3 用户画像的构成要素

用户画像的构成要素，是指我们用来刻画用户的各种信息和特征。用户画像的构成要素可以分为以下几类。

- 基本信息。用户的基本信息，是指用户的一些基本属性和背景，比如用户的姓名、年龄、性别、职业、学历、收入、地域、家庭状况等。这些信息可以帮助我们对用户进行基本的区分，了解用户的基本情况和身份。我们可以根据用户的年龄、性别、地域等信息，来划分用户的年龄段、性别比例、地域分布等，从而了解用户的人口统计特征；我们也可以根据用户的职业、学历、收入等信息，来划分用户的职业层次、受教育水平、收入水平等，从而了解用户的社会经济特征。

- 兴趣爱好。用户的兴趣爱好，是指用户的一些个性和品位，比如用户的爱好、偏好等。这些信息可以帮助我们了解用户的个性和品位，了解用户的情感和使用动机。我们可以根据用户的爱好，来了解用户的兴趣点和爱好领域，从而了解用户的兴趣爱好特征；我们也可以根据用户的偏好，来了解用户的消费倾向和选择标准，从而了解用户的消费偏好特征。

- 消费习惯。用户的消费习惯，是指用户的一些消费行为和模式，比如用户的消费频率、消费金额、消费渠道、消费方式、消费场景、消费目的等。这些信息可以帮助我们了解用户的消费行为和模式，了解用户的消费特征。我们可以根据用户的消费频率和金额，来了解用户的消费能力和消费水平，从而了解用户的消费能力特征；我们也可以根据用户的消费渠道和方式，来了解用户的消费途径和消费偏好，从而了解用户的消费途径特征；我们还可以根据用户的消费场景和目的，来了解用户的消费情境和消费动机，从而了解用户的消费情境特征。

- 需求及期望。用户的需求及期望包括用户对产品的功能、性能、界面、易用性、安全性等方面的需求和期望。这些信息可以帮助我们了解用户的价值和满意度，了解用户的忠诚度和推荐度。

- 行为模式。用户的行为模式，是指用户的一些使用行为和习惯，比如用户的访问频率、访问时长、访问路径、点击率、转化率、留存率等。这些信息可以帮助我们了解用户的使用行为和习惯，了解用户的活跃度和黏性。我们可以根据用户的访问频率和时长，来了解用户的使用频率和使用时长，从而了解用户的使用频时特征；我们也可以根据用户的访问路径和点击率，来了解用户的使用路径和使用偏好,从而了解用户的使用路径特征;我们还可以根据用户的转化率和留存率,来了解用户的使用效果和使用忠诚,从而了解用户的使用效忠特征。
- 心理特征。用户的心理特征,是指用户的心理和情感,比如性格、心理状态、信念、价值观、动机、态度、意图等。我们可以根据用户的性格和心理状态,来了解用户的性格类型和心理特点,从而了解用户的性格心理特征;我们也可以根据用户的信念和价值观,来了解用户的信念体系和价值取向,从而了解用户的信念价值特征;我们还可以根据用户的动机和态度,来了解用户的动机因素和态度倾向,从而了解用户的动机态度特征;我们还可以根据用户的意图,来了解用户的意图目标和行为方式,从而了解用户的意图行为特征。
- 其他信息。用户的其他信息,是指用户所处的社会和环境,比如社会关系、社会角色、社会影响、社会认同等。我们可以根据用户的社会关系和社会角色,来了解用户的社会网络和社会地位,从而了解用户的社会网络特征;我们也可以根据用户的社会影响和社会认同,来了解用户的社会影响力和社会认同感,从而了解用户的社会影响特征。

用户画像的构成要素如表2.1所示。

表2.1 用户画像的构成要素

构成要素	说明	示例
基本信息	用户的基本属性和背景	张三,男,35岁,工作地北京,IT经理,本科,月收入2万元
兴趣爱好	用户的个性和品位	喜欢看科幻小说,爱好旅游和摄影,偏好苹果品牌产品
消费习惯	用户的消费行为和模式	每月在京东上购物3次,平均消费金额为500元,喜欢用支付宝付款,常在晚上10点下单,主要为自己或家人购买物品
需求及期望	了解用户的价值和满意度	期望能够提升自己的职业技能,需要一款高效的学习平台,痛点是缺乏时间和动力,满意度是4分,忠诚度是3分,推荐度是2分(满分5分)
行为模式	用户的使用行为和习惯	每周访问慕课网2次,平均访问时长为30分钟,访问路径是首页—课程分类—课程详情—购买课程—学习课程,点击率是10%,转化率是5%,留存率是20%
心理特征	用户的心理和情感	性格:外向、开放、稳重、有责任感;心理状态:积极、自信、有进取心;信念:努力就会成功;价值观是以人为本;动机:实现自我价值,态度是乐观、积极、主动;意图:学习新知识、提升自己
其他信息	用户所处的社会和环境	社会关系:有一个幸福的家庭,有一群志同道合的朋友,有一个和谐的工作团队;社会角色:爱人、父亲、朋友、领导;社会影响:受到家人、朋友、同事、领导的支持和鼓励;社会认同:认为自己是一个有价值的人,有贡献的人

通过这些构成要素,我们可以把用户画像看作一个多维的数据集,每个维度都反映了用户的一个方面,每个方面都可以用一些指标和数据来衡量和描述。这样,我们就可以用数据来支撑我们的用户画像,让用户画像更加客观和科学,也更加具体和可量化。

2.1.4 用户画像的应用场景

用户画像的应用场景,是指我们可以利用用户画像来指导和优化我们的产品和业务的各个环节和方面。用户画像的应用场景可以分为以下几类。

- 应用场景之产品设计。我们要从用户的角度设计产品,从而更好地解决用户的问题,提升用户的体验,优化产品的功能和界面,增加产品的竞争力和价值。这样,我们就可以为用户提供一个帮助他们提升职业技能的产品,从而满足他们的需求和期望,提升他们的体验和满意度,增加他们的忠诚度和推荐度,提升产品的竞争力和价值。
- 应用场景之营销策略。我们要更精准地定位和分析用户,从而更好地制定和执行营销策略,提高营销的效果和效率,增加用户的转化和留存。这样,我们就可以为用户提供一个让他们了解和认可产品的营销方案,从而提升他们对产品的认知和关注,增加他们的转化和留存,提升产品的口碑和影响力。
- 应用场景之用户增长。我们要更有效地拓展和维护用户,为用户提供一个让他们持续使用和推荐产品的增长模型,从而实现用户的增长和裂变,增加用户的规模,提升活跃度,提升用户的生命周期价值,提升产品的收益和利润。

用户画像的应用场景如表2.2所示。

表2.2 用户画像的应用场景

应用场景	说明	示例
产品设计	从用户的角度思考和设计产品	根据用户画像,设计一个针对用户的高效的学习平台,提供科技、管理、创新等方面的课程,力求界面简洁、清晰、专业,交互方便、快捷、智能
营销策略	更精准地定位和分析用户,制定和执行营销策略	根据用户画像,制定一个针对用户的营销方案,突出产品的核心价值,即帮助用户提升职业技能,通过微信、微博、知乎等社交媒体,发布有趣、有用、有料的内容,吸引用户的关注和参与
用户增长	更有效地拓展和维护用户,实现用户的增长和裂变	根据用户画像,确定一个针对用户的增长模型,利用用户的核心动机,即实现自我价值,通过积分、徽章、排行榜等激励机制,鼓励用户学习和分享,通过邀请、推荐、评价等传播方式,促进用户的裂变和留存

2.1.5 用户画像领域面临的挑战和机遇

用户画像领域面临的挑战和机遇可以分为以下几类。

- 数据方面的挑战和机遇。数据是用户画像的基础,数据的质和量直接影响用户画像的准确性和有效性。数据方面的挑战包括数据的获取、清洗、整合、分析、存储等,数据方面的机遇包括数据的挖掘、利用、共享、创新等。随着互联网技术的发展,用户数据的来源和类型越来越多样和丰富,如何有效地收集和处理用户数据,如何充分地利用和创造用户数据,是用户画像领域面临的重要挑战和机遇。为了应对这些挑战和机遇,我们需要运用大数据、人工智能、机器学习等先进的技术和方法,提高数据的质和量,提升对数据的分析和应用能力，创造数据的价值和优势。
- 技术方面的挑战和机遇。技术是用户画像的支撑，技术的水平和发展直接影响用户画像的精准性和有效性。技术方面的挑战包括技术的选择、开发、测试、部署、维护等，技术方面的机遇包括技术的创新、优化、集成、扩展等。随着互联网技术的发展，用户画像的技术需求和技术方案越来越复杂和多元，如何有效地选择和开发用户画像的技术，如何充分地创新和优化用户画像的技术，是用户画像领域面临的重要挑战和机遇。为了应对这些挑战和机遇，我们需要运用敏捷、迭代、协作等先进的开发和管理模式，提高技术的水平，提升技术的创新和优化能力，创造技术的价值和优势。
- 人才方面的挑战和机遇。人才是用户画像的核心，人才的素质和能力直接影响用户画像的质量和效果。人才方面的挑战包括人才的培养、招聘、激励、留存等，人才方面的机遇包括人才的成长、发展、合作、创业等。随着互联网技术的发展，用户画像领域的人才需求和人才市场越来越紧张，如何有效地培养和招聘人才，如何充分地激励和留存人才，是用户画像领域面临的重要挑战和机遇。为了应对这些挑战和机遇，我们需要运用培训、考核、奖励、晋升等先进的人才管理和激励机制，提高人才的素质，提升人才的成长和发展能力，创造人才的价值和优势。

2.2 人工智能大模型，让你的用户画像数据更丰富

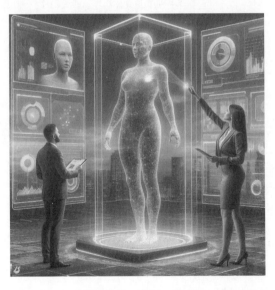

用户画像的获取和构建是一个复杂的过程，它涉及数据的收集、分析、处理、存储、展示等环节，这些环节都需要技术和工具的支持。传统的技术和工具往往存在一些局限和不足，例如数据量受到限制、数据质量不稳定、数据分析不准确、数据处理不及时、数据安全无法保障等。这些问题都会影响用户画像的质量和效果，降低产品经理和

运营人员的工作效率和业务效果。而人工智能大模型很好地解决这些问题。人工智能大模型在数字化营销业务的应用成为一种趋势。本节将介绍如何应用人工智能大模型获取用户画像数据，包括数据来源、数据处理和数据安全三个方面，帮助你更好地理解和掌握人工智能大模型在数字化营销业务中的应用和价值，让你成为一个更优秀的产品经理和运营人员。

2.2.1 数据来源

数据来源，是指获取用户信息的渠道和途径。这些信息包括用户的注册信息、登录信息、浏览信息、点击信息、购买信息、评论信息、反馈信息、社交信息等。数据来源的多样性和丰富性决定了用户画像数据的完整性和准确性，因此，数据的选择和获取是一个非常重要的步骤。

传统的数据来源往往是一些固定的渠道和途径，例如网站、App、小程序、公众号、短信、邮件、电话、问卷等。通过这些渠道和途径可以获取到一些用户的基本信息，例如用户的姓名、性别、年龄、地区、手机号、邮箱等，还可以获取用户的行为信息，例如用户的浏览记录、点击记录、购买记录、评论记录等。这些信息虽然有一定的价值，但是也存在一些问题，例如信息的单一性、信息的稀疏性、信息的失真性、信息的过时性等。这些问题会导致用户画像数据的不完善和不准确，影响用户画像的质量和效果，降低产品经理和运营人员的工作效率和业务效果。传统的数据来源如图2.6所示。

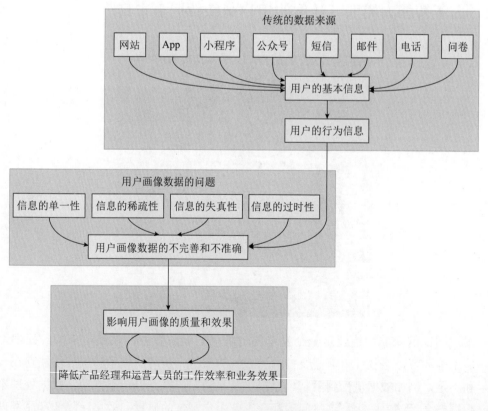

图 2.6　传统的数据来源

第 2 章 打造个性化的用户体验：AI 用户画像的神奇力量

而应用人工智能大模型，可以从更多的渠道和途径获取用户的信息，例如社交媒体、视频平台、音频平台、博客平台、论坛平台、问答平台、搜索引擎、地图服务、电子商务、在线教育、在线娱乐、在线游戏等。通过这些渠道和途径，我们可以获取到更多的用户的信息，例如用户的语言、图像、声音、视频、文本、地理位置、交易记录、评价记录、学习记录、娱乐记录、游戏记录等。这些信息不仅包含了用户的基本属性和行为特征，还包含了用户的兴趣偏好、情感倾向、价值观念、个性特点、心理状态等。这些信息更加丰富和多样，可以构成一个更完整和准确的用户画像数据，可以帮助我们更好地了解用户的需求和期望，更精准地定位用户的痛点和优势，更有效地设计产品的功能和界面，更合理地制定产品的定价和促销策略，更有针对性地进行产品的推广和营销，更高效地提升用户的体验和满意度，更有效地增加用户的转化和留存。人工智能大模型可以利用其强大的学习能力和智能能力，来分析和挖掘用户的信息中的有用的数据，如用户的需求、期望、痛点、优势、潜力等；可以利用其创造能力和生成能力，来补充和完善用户的信息中的缺失数据，如用户的意图、目标、动机、反馈、建议等。通过人工智能大模型的理解和处理，可以提高用户画像数据的质量和效果，提升产品经理和运营人员的工作效率和业务效果。人工智能大模型在数据来源上的应用如图 2.7 所示。

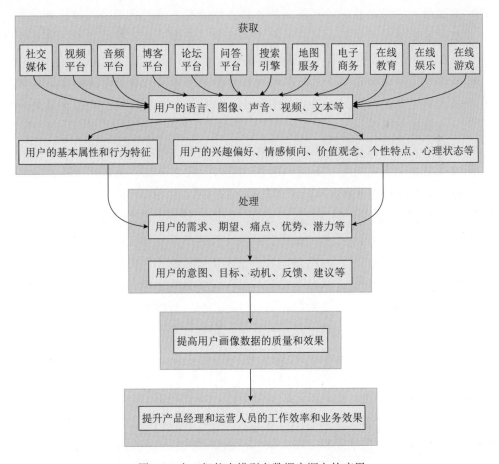

图 2.7 人工智能大模型在数据来源上的应用

确定数据来源是获取用户画像数据的第一个环节，产品经理和运营人员应该利用人工智能大模型的优势，从更多的渠道和途径获取用户的信息，同时利用人工智能大模型的能力，更好地理解和处理用户的信息，从而构建一个更完整和准确的用户画像数据。

2.2.2 数据处理

数据处理是获取用户画像数据的第二个环节，它是指对获取到的用户信息进行一系列的操作，例如清洗、整理、归类、标注、聚合、分析、挖掘、建模、评估等。数据处理的目的是提取和生成用户画像所需的数据，例如用户的属性、行为、兴趣、偏好等。数据处理的效率和效果决定了用户画像数据的可用性和可靠性。

传统的数据处理往往通过一些固定的规则和方法(如数据清洗的规则、数据整理的方法、数据归类的标准、数据标注的模板、数据聚合的公式、数据分析的算法、数据挖掘的技术、数据建模的框架、数据评估的指标等)对用户信息进行一定程度的处理，例如去除无用的数据、规范数据的格式、划分数据的类别、标记数据的属性、汇总数据的特征、统计数据的分布、发现数据的规律、构建数据的模型、衡量数据的质量等。由于用户的信息可能来自不同的渠道和途径(如网站、App、小程序、公众号、短信、邮件、电话、问卷等)，传统的数据处理可能存在以下问题。

- 数据缺失。通过传统方式获取的数据可能会有不同的数据格式和数据质量，存在数据缺失的问题，如用户的姓名、性别、年龄、地区等的缺失，这些数据缺失会影响用户画像数据的完整性和准确性。
- 数据重复。通过传统方式获取的数据可能会有不同的数据来源和数据标识，存在数据重复的问题，如用户的手机号、邮箱等的重复，这些数据重复会影响用户画像数据的唯一性和有效性。
- 数据噪声。通过传统方式获取的数据可能会有不同的数据质量和数据准确性，存在数据噪声的问题，如用户的错误输入、故意干扰、恶意攻击等，这些数据噪声会影响用户画像数据的真实性和可信性。

为了解决这些问题，我们需要花费大量的时间和精力来设计一些复杂的数据清洗的规则和方法，如定义和识别数据的缺失、重复、噪声等，还要采取相应的处理措施，如删除、填充、合并、纠正等。这些规则和方法还需要根据不同渠道的数据格式和数据质量的变化来进行修改和优化。这些处理虽然有一定的效果，但存在处理的复杂性、处理的耗时性、处理的不灵活性、处理的不智能性等问题。这些问题会导致用户画像数据的不可用和不可靠，影响用户画像的质量和效果，降低产品经理和运营人员的工作效率和业务效果。传统的用户画像数据处理如图2.8所示。

而人工智能大模型可以对用户信息进行更高效和更有效的数据处理，例如自动清洗、自动整理、自动归类、自动标注、自动聚合、自动分析、自动挖掘、自动建模、自动评估等。人工智能大模型可以利用自身强大的学习能力和智能能力，来自适应地调整和优化自己的数据处理的规则和方法，例如根据数据的特点和变化，动态地选择和组合最合适的数据处理方式；根据用户的反馈和评价，持续地改进和提升数据处理效果。人

第 2 章 打造个性化的用户体验：AI 用户画像的神奇力量

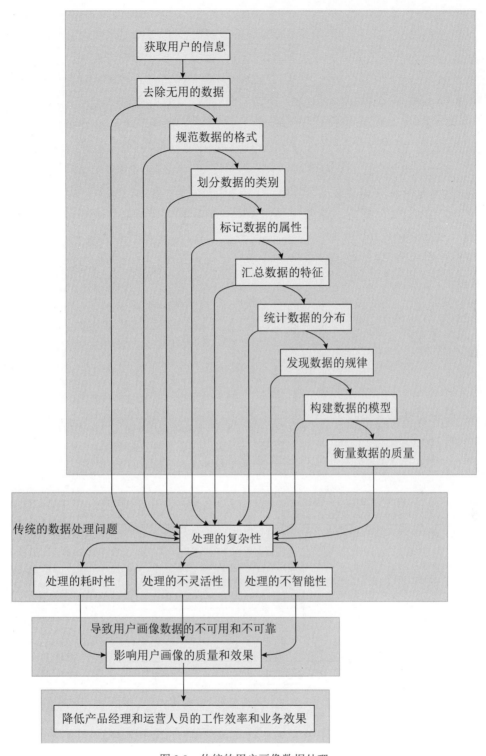

图 2.8 传统的用户画像数据处理

工智能大模型的数据处理可以提高数据处理的效率和效果，提升用户画像的质量和效果，提升产品经理和运营人员的工作效率和业务效果。人工智能大模型的用户画像数据处理如图2.9所示。

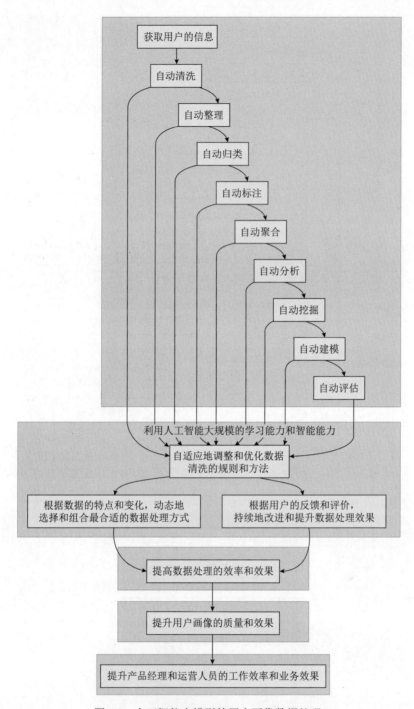

图 2.9 人工智能大模型的用户画像数据处理

利用人工智能大模型对用户的信息进行数据处理有以下几个优势。

- 数据的完整性。人工智能大模型可以从更多的渠道和途径获取用户的信息,不仅包含用户的基本属性和行为特征,还包含用户的兴趣偏好、情感倾向、价值观念、个性特点、心理状态等,可以构成更为完整和准确的用户画像数据。另外,人工智能大模型可以利用自己的创造能力和生成能力,来补充和完善用户的信息中的缺失数据，如用户的意图、目标、动机、反馈、建议等。可见，人工智能大模型的数据处理可以提高数据的完整性，进而提高用户画像数据的质量和效果，提升用户画像的准确性和可信度。

- 数据的灵活性。人工智能大模型可以根据不同的场景和目的，对用户的信息进行不同的处理，可以根据不同的产品和业务，选择和组合不同的数据来源和数据类型；也可以根据不同的用户和需求，定制和优化不同的数据处理和数据生成；还可以根据不同的反馈和评价，调整和改进不同的数据质量和数据效果。可见，人工智能大模型的数据处理可以提高数据处理的灵活性和适应性，进而提升用户画像的灵活性和适应性。

- 数据的智能性。人工智能大模型可以利用强大的学习能力和智能能力，对用户的信息进行更深入和更精准的分析和挖掘，可以利用自然语言处理、计算机视觉、语音识别、机器学习、深度学习等技术，来理解和处理用户的语言、图像、声音、视频、文本等信息；可以利用关联分析、聚类分析、分类分析、回归分析、预测分析等技术，来发现和提取用户的属性、行为、兴趣、偏好等数据；可以利用生成对抗网络、变分自编码器、神经网络、强化学习等技术，来创造和生成用户的意图、目标、动机、反馈、建议等数据。可见，人工智能大模型的数据处理可以提高数据处理的智能性和精准性，进而提升用户画像的智能性和精准性。

为了更具体地说明人工智能大模型对用户信息进行数据处理的优势，我们可以用一个实例来展示。假设我们是某个在线教育平台的产品经理或运营人员，想要获取用户画像数据，以便于优化我们的产品和业务。我们可以利用人工智能大模型的应用方式对用户的信息进行以下数据处理。

- 数据清洗。人工智能大模型可以从我们自己的在线教育平台获取信息，也可以从用户在其他的渠道和途径上的活动获取信息，如用户在网易云课堂、腾讯课堂、慕课网、Coursera、Udemy等平台上的学习、收藏、点赞、评论、分享、证书等，还可以从用户在社交媒体、视频平台、音频平台、博客平台、论坛平台、问答平台、搜索引擎、地图服务、电子商务、在线娱乐、在线游戏等平台上的发布、转发、点赞、评论、私信、关注等获取信息。人工智能大模型可以自动地识别并去除这些信息中的无用数据、重复数据、噪声数据等，剔除用户的错误输入、故意干扰、恶意攻击等。人工智能大模型还可以自动地补充和完善这些信息中的缺失的数据，例如用户的意图、目标、动机、反馈、建议等。这样，我们就可以得到一个更完整和更准确的用户画像数据。

- 数据整理。人工智能大模型可以对获取到的用户信息进行更规范和更统一的整理，可以将不同的数据格式和数据类型转换为一致的数据格式和数据类型；也可以将用户的语言、图像、声音、视频、文本等信息转换为可计算的数据；还可以将用户的地理位置、交易记录、评价记录、学习记录、娱乐记录、游戏记录等信息转换为可分析的数据；还可以将用户的兴趣偏好、情感倾向、价值观念、个性特点、心理状态等信息转换为可量化的数据。这样，我们就可以得到一个更规范和更统一的用户画像数据。

- 数据归类。人工智能大模型可以对获取到的用户信息进行更合理和更有效的归类，可以根据不同的产品和业务的目的，将用户的信息划分为不同的类别；也可以根据不同的用户和需求的特点，将用户的信息划分为不同的群体和个体；还可以根据不同的属性和行为的特征，将用户的信息划分为不同的维度。这样，我们就可以得到一个更合理和更有效的用户画像数据。

- 数据标注。人工智能大模型可以对获取到的用户的信息进行更准确和更自动的标注，可以根据不同的数据特点，给用户的信息添加不同的标签和注释；也可以根据不同的数据的来源和质量，给用户的信息添加不同的标签；还可以根据不同的数据的分布和规律，给用户的信息添加不同的注释。这样，我们就可以得到一个更准确和更自动的用户画像数据。

- 数据聚合。人工智能大模型可以对获取到的用户信息进行更高效和更智能的聚合，可以根据不同的数据的类别，将用户的信息汇总为不同的特征；也可以根据不同的数据的群体和个体，将用户的信息汇总为不同的画像；还可以根据不同的数据的维度，将用户的信息汇总为不同的评级。这样，我们就可以得到一个更高效和更智能的用户画像数据。

- 数据挖掘。人工智能大模型可以对获取到的用户信息进行更广泛和更有价值的挖掘，利用数据挖掘的技术，从用户的信息中发现和挖掘一些隐含的、未知的、有价值的数据，如用户的需求、期望、痛点、优势、潜力等；从用户的信息中发现和挖掘一些有趣的、有意义的、有启发的数据，如用户的故事、经验、感悟、建议等。这样，我们就可以得到一个更广泛和更有价值的用户画像数据。

- 数据建模。人工智能大模型可以对获取到的用户信息进行更科学和更有效的建模，利用数据建模的技术，从用户的信息中构建和生成一些科学的、有效的、可操作的数据模型，如用户的行为模型、兴趣模型、偏好模型、意图模型、目标模型、动机模型、反馈模型、建议模型等；从用户的信息中构建和生成一些个性化的、定制化的、优化化的数据模型，如用户的推荐模型、匹配模型、评估模型、优化模型等。这样，我们就可以得到一个更科学和更有效的用户画像数据。

- 数据评估。人工智能大模型可以对获取到的用户的信息进行更客观和更自动的评估，利用数据评估的技术，对用户的信息进行一些客观的、自动的、可量化的数据评估，如用户的信息的质量、可用性、可靠性、真实性、准确性、有效性等；对用户的信息进行一些客观的、自动的、可比较的数据评估。这样，我们就可以得到一个更客观和更自动的用户画像数据。

数据处理是获取用户画像数据的第二个环节，产品经理和运营人员应该利用人工智能大模型的优势，对用户的信息进行更高效和更有效的数据处理，同时利用人工智能大模型的能力，更好地提取和生成用户画像所需的数据，从而构建一个更可用和更可靠的用户画像数据。

2.2.3 数据安全

数据安全是获取用户画像数据的第三个环节，它是指对用户的信息和用户画像数据进行加密、授权、备份、审计、监控、防护等一系列保护。数据安全的目的是防止用户信息的泄露、篡改、损坏、丢失、滥用等。数据安全的水平决定了用户画像数据的安全性和合法性。

传统的数据安全往往通过一些固定的技术和措施来进行，如数据加密的算法、数据授权的机制、数据备份的策略、数据审计的规范、数据监控的系统、数据防护的设备等。这些技术和措施可以对用户信息进行一定程度的保护，例如保证数据的机密性、完整性、可用性、可追溯性、可恢复性等。这些保护虽然有一定的效果，但存在一些问题，如保护的复杂性、保护的耗费性、保护的不及时性、保护的不充分性等。这些问题会导致用户画像数据的不安全和不合法，影响用户画像的质量和应用效果，降低产品经理和运营人员的工作效率和业务效果，甚至引发用户的不满和投诉，造成法律风险。

而人工智能大模型可以对用户信息进行更高效和更有效的保护，例如自动加密、自动授权、自动备份、自动审计、自动监控、自动防护等。人工智能大模型可以利用自身强大的学习能力和智能能力，来自适应地调整和优化自己的保护技术，例如根据数据的敏感性和重要性，动态地选择并组合最合适的保护方式；根据数据的变化和风险，实时地更新和升级自己的保护方式。人工智能大模型可以提高用户画像数据的安全性和合法性，提升用户画像的质量和效果，提升产品经理和运营人员的工作效率和业务效果，同时避免用户的不满和投诉，减少法律风险。

2.3 如何用人工智能大模型进行用户画像分析

用户画像的构建和分析是一个复杂的过程，需要从海量的用户数据中提取有用的信息，然后用合适的方法对用户数据进行建模，最后用有效的方式对用户画像进行展示和

应用。在这个过程中，人工智能大模型发挥了重要的作用，它可以帮助产品经理和运营人员更快、更准、更全面地分析用户画像数据，从而提高用户画像的质量和应用效果。本节将介绍如何应用人工智能大模型分析用户画像数据，包括用户数据预处理、用户数据建模和分析用户画像数据中用到的大模型技术。

2.3.1 用户数据预处理

用户数据预处理是指对原始的用户数据进行清洗、转换、整合和抽取等操作，使其符合用户画像分析的要求和目标。用户数据预处理是用户画像分析的重要前提和基础，它可以影响用户画像分析的效率和应用效果。用户画像中用户数据预处理的流程包括以下几个步骤，如图2.10所示。

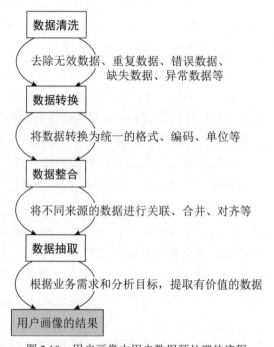

图 2.10　用户画像中用户数据预处理的流程

- 数据清洗。数据清洗是指去除用户数据中的无效、重复、错误、缺失、异常等无用或有害的数据，保证用户数据的质量和准确性。数据清洗有删除、替换、填充、插值、平滑等方法，要根据数据的类型和特点灵活选择清洗方法。对于文本数据，可以用正则表达式、分词、停用词过滤等方法去除无意义的字符和词汇，如空格、标点、数字、网址等；对于数值数据，可以用均值、中位数、众数、最近邻等方法填充缺失值，如空值、零值、异常值等；对于分类数据，可以用独热编码、标签编码等方法将其转换为数值型数据，如性别、地域、职业等。数据清洗是为了让用户数据更干净、更规范、更一致，从而便于用户数据的分析和建模。

- 数据转换。数据转换是指将用户数据从一种格式或结构转换为另一种格式或结构，使其适合用户画像分析的方法和模型。数据转换有标准化数据特征、归一化数据特征、离散化数据特征、降维数据特征等方法，要根据数据的分布和特征灵活选择转换方法。对于数值数据，可以用最大最小值、均值方差、对数、指数等方法将其转换为相同的尺度或范围，如0到1、-1到1、正态分布等；对于高维数据，可以用主成分分析、线性判别分析、奇异值分解等方法将其转换为低维数据，减少数据的冗余和噪声，提取数据的主要信息，如用户的兴趣、偏好、价值等。数据转换是为了让用户数据更适合用户画像分析的方法和模型，从而提高用户画像分析的性能和效果。

- 数据整合。数据整合是指将来自不同来源或渠道的用户数据进行合并或拼接，使其形成一个完整的用户数据集。数据整合有连接、合并、拼接、聚合等方法，要根据数据的关联性和一致性灵活选择整合方法。对于来自不同平台或应用的用户数据，可以利用用户ID、手机号、邮箱等唯一标识符将其连接起来，形成一个全面的用户画像，如用户的基本属性、兴趣爱好、行为特征、价值评估等；对于来自不同时间段的用户数据，可以利用时间戳、日期、星期等时间属性将其拼接起来，形成一个动态的用户画像，如用户的活跃度、变化趋势、生命周期等。数据整合是为了让用户数据更完整、更全面、更有价值，从而提供更多的用户画像分析的输入和输出。

- 数据抽取。数据抽取是指从用户数据中提取出有用的特征或属性，使其能够反映用户的需求、偏好、行为和价值，为用户画像分析提供有效的输入。数据抽取有特征选择、特征提取、特征工程等方法，要根据数据的复杂度和目标灵活选择抽取方法。对于文本数据，可以用词频、词向量、主题模型等方法提取出用户的兴趣爱好、情感倾向、意图识别等特征，如用户喜欢的品牌、产品、内容、活动等；对于图像数据，可以用颜色、形状、纹理、人脸识别等方法提取出用户的性别、年龄、情绪、身份等特征，如用户的外貌、风格、表情、标识等；对于序列数据，可以用时间间隔、频率、周期、趋势等方法提取出用户的行为模式、习惯、偏好等特征，如用户的浏览、点击、购买、评论、分享等。数据抽取是为了让用户数据更有意义、更有特点、更有差异性，从而提高用户画像分析的精度和效果。

假设我们有表2.3所示的用户数据，包含用户的基本信息、浏览信息、购买信息等。

表2.3 用户原始数据

用户ID	姓名	性别	年龄	地区	注册时间	最近登录时间	浏览商品	浏览时间	购买商品	购买时间	购买金额
001	张三	男	25	北京	2020/1/1	2020/1/10	A1	9：00 AM	A1	9：30 AM	100
002	李四	女	30	上海	2020/1/2	2020/1/11	A2	10：00 AM	A2	10：30 AM	200
003	王五	男	35	广州	2020/1/3	2020/1/12	A3	11：00 AM	A3	11：30 AM	300
004	赵六	女	40	成都	2020/1/4	2020/1/13	A4	12：00 PM	A4	12：30 PM	400
005	周七	男	45	南京	2020/1/5	2020/1/14	A5	1：00 PM	A5	1：30 PM	500
006	吴八	女	50	杭州	2020/1/6	2020/1/15	A6	2：00 PM	A6	2：30 PM	600
007	钱九	男	55	天津	2020/1/7	2020/1/16	A7	3：00 PM	A7	3：30 PM	700
008	孙十	女	60	重庆	2020/1/8	2020/1/17	A8	4：00 PM	A8	4：30 PM	800
009	陈一	男	65	武汉	2020/1/9	2020/1/18	A9	5：00 PM	A9	5：30 PM	900
010	林二	女	70	西安	2020/1/10	2020/1/19	A10	6：00 PM	A10	6：30 PM	1000

我们可以对这些用户数据进行以下的预处理操作。

- 用户数据采集。我们可以从各种数字化渠道和工具中收集用户的基本信息、浏览信息、购买信息等，例如网站、App、微信、支付宝等，同时也要注意保护用户的隐私和安全，遵守相关的法律法规，获取用户的同意和授权，以及使用合法合规的数据采集方式和工具，例如Cookie、SDK、API等。

- 用户数据清洗。我们可以对这些用户数据进行以下的清洗操作。
  - 缺失值处理。我们可以用均值填充、众数填充、中位数填充、回归填充等方法，对用户数据(如年龄、地区、职业等)中的空值或者无效值进行填充。
  - 错误值处理。我们可以先用箱线图法、三西格玛法、业务规则法等方法，对用户数据(如年龄、收入、消费等)中的异常值或者不合理值进行识别，然后用修改法或者删除法进行处理。
  - 重复值处理。我们可以先用去重规则，对用户数据(如ID、手机号、邮箱等)中的记录或者属性的唯一性进行定义，再用完全重复值处理或者部分重复值处理对用户数据中的完全相同或者部分相同的记录或者属性进行识别，然后用合并法或者删除法进行处理。
  - 过时值处理。我们先可以用时间戳法或者状态码法，对用户数据(如登录信息、购买信息、反馈信息等)中的记录或者属性的有效期或者有效性进行判断，然后用更新法或者删除法对用户数据中的过期或者无效的记录或者属性进行处理。
  - 不一致值处理。我们可以用格式转换法或者单位转换法，对用户数据(如日期、时间、货币、度量等)中的记录或者属性的格式或者单位进行统一和转换。
  - 不完整值处理。我们可以用补全法或者删除法，对用户数据(如姓名、电话、地址等)中的缺乏或者不足的记录或者属性进行补充或者删除。
  - 不准确值处理。我们可以用真实性验证法或者可信性评估法，对用户数据(如身份证、银行卡、邮箱等)中的不真实或者不可信的记录或者属性进行验证，然后用纠正法或者删除法对用户数据中的不真实或者不可信的记录或者属性进行纠正或删除。
  - 不安全值处理。我们可以用敏感性识别法或者隐私性识别法，对用户数据(如密码、银行卡、支付宝等)中的敏感或者隐私的记录或者属性进行识别，然后用保护法或者删除法对用户数据中的敏感或者隐私的记录或者属性进行保护或者删除。

用户数据清洗后的结果如表2.4所示。

表2.4 预处理后的用户数据

用户ID	性别	年龄	地区	注册时间	最近登录时间	浏览商品	浏览时间	购买商品	购买时间	购买金额
001	男	25	北京	2020/1/1	2020/1/10	A1	9：00 AM	A1	9：30 AM	100
002	女	30	上海	2020/1/2	2020/1/11	A2	10：00 AM	A2	10：30 AM	200
003	男	35	广州	2020/1/3	2020/1/12	A3	11：00 AM	A3	11：30 AM	300
004	女	40	成都	2020/1/4	2020/1/13	A4	12：00 PM	A4	12：30 PM	400
005	男	45	南京	2020/1/5	2020/1/14	A5	1：00 PM	A5	1：30 PM	500
006	女	50	杭州	2020/1/6	2020/1/15	A6	2：00 PM	A6	2：30 PM	600
007	男	55	天津	2020/1/7	2020/1/16	A7	3：00 PM	A7	3：30 PM	700
008	女	60	重庆	2020/1/8	2020/1/17	A8	4：00 PM	A8	4：30 PM	800

(续表)

用户ID	性别	年龄	地区	注册时间	最近登录时间	浏览商品	浏览时间	购买商品	购买时间	购买金额
009	男	65	武汉	2020/1/9	2020/1/18	A9	5：00 PM	A9	5：30 PM	900
010	女	70	西安	2020/1/10	2020/1/19	A10	6：00 PM	A10	6：30 PM	1000

产品经理和运营人员在用户数据预处理中的作用和职责有以下几个。

- 明确用户画像分析的目标和需求，确定用户数据预处理的范围和标准，制定用户数据预处理的计划。
- 选择合适的数据源和数据渠道，收集和获取用户数据，保证用户数据的完整性和时效性。
- 监督用户数据预处理的执行和进度，评估用户数据预处理的质量和效果，及时发现并解决用户数据预处理中的问题。
- 撰写用户数据预处理报告，记录和总结用户数据预处理的方法，为用户画像分析提供参考和支持。

2.3.2 用户数据建模

用户数据建模是指对经过预处理的用户数据进行分析和挖掘，利用人工智能大模型等方法，构建出能够描述和区分用户的模型或算法，从而形成用户画像。用户画像数据建模的流程有以下几个步骤，如图2.11所示。

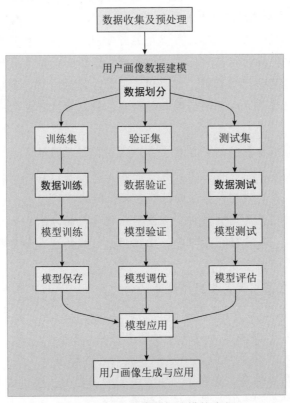

图 2.11　用户画像数据建模的流程

- 数据划分。数据划分是指将用户数据分为训练集、验证集和测试集，用于训练、验证和测试人工智能大模型的性能和效果。数据划分是为了避免过拟合或欠拟合的问题，让人工智能大模型能够充分学习用户数据的特征和规律，又能够适应新的用户数据的变化和波动。数据划分有随机划分、分层划分、交叉验证等方法，要根据数据的规模和分布灵活选择划分方法。
  - ◆ 对于数据量较大且分布均匀的用户数据，可以用随机划分的方法将其按照一定的比例划分为训练集、验证集和测试集。
  - ◆ 对于数据量较小或分布不均的用户数据，可以用分层划分的方法将其按照类别的比例划分为训练集、验证集和测试集，保证每个类别的数据在各个集合中的代表性。
  - ◆ 对于数据量较少或需要更精确评估的用户数据，可以用交叉验证的方法将其分为多个子集，每次用一个子集作为测试集，其他子集作为训练集，重复多次，取平均值作为最终的评估结果。
- 数据训练。数据训练是指用训练集和验证集的用户数据，通过人工智能大模型，学习和拟合用户数据的特征和规律，从而得到能够描述和区分用户的模型或算法。数据训练是为了找到最适合用户数据的人工智能大模型，让人工智能大模型既能够尽可能地捕捉用户数据的复杂性和多样性，又能够避免过度拟合或欠拟合的问题。数据训练有监督学习、无监督学习、半监督学习、强化学习等方法，要根据数据的标签和目标灵活选择训练方法。
  - ◆ 对于有标签的用户数据，可以用监督学习的方法，如分类、回归、排序等，根据用户数据的特征和标签，训练出能够预测或推荐用户的模型或算法。
  - ◆ 对于无标签的用户数据，可以用无监督学习的方法，如聚类、降维、关联规则等，根据用户数据的特征和相似度，训练出能够分组或关联用户的模型或算法。
  - ◆ 对于部分有标签的用户数据，可以用半监督学习的方法，如自学习、协同学习、迁移学习等，根据用户数据的特征和标签，训练出能够利用无标签数据的信息，提高模型或算法的性能和泛化能力。
  - ◆ 对于动态变化的用户数据，可以用强化学习的方法，如马尔可夫决策过程、策略梯度、深度强化学习等，根据用户数据的状态和奖励，训练出能够实现最优策略的模型或算法。
- 数据测试。数据测试是指用测试集的用户数据，通过人工智能大模型等方法，评估用户数据建模的性能和效果，从而优化用户画像的模型或算法。数据测试是为了检验用户数据建模的可靠性和有效性，让人工智能大模型既能够在新的用户数据上表现出良好的准确性和稳定性，又能够满足用户的需求和期望。数据测试可应用准确率、召回率、精确率、F1值、AUC值、RMSE值等评价指标，要根据数据的类型和目标灵活选择评价指标。

- 对于分类问题的用户数据，可以用准确率、召回率、精确率、F1值等评价指标，衡量用户画像的模型或算法能否正确分类用户数据。
- 对于回归问题的用户数据，可以用RMSE值、MAE值、R2值等评价指标，衡量用户画像的模型或算法能否准确预测用户数据。
- 对于排序问题的用户数据，可以用AUC值、NDCG值、MAP值等评价指标，衡量用户画像的模型或算法能否有效排序用户数据。

用户数据建模是用户画像分析的核心，它可以决定用户画像的质量和效果。产品经理和运营人员在用户数据建模中的职责有以下几个。

- 选择合适的数据划分、数据训练和数据测试的方法，设计和实现用户画像的模型或算法，保证用户画像的有效性和可靠性。
- 优化用户画像的模型或算法的参数和超参数，提高用户画像的性能和泛化能力，避免用户画像的过拟合和欠拟合等问题。
- 监测用户画像的模型或算法的运行和输出，评估用户画像的效果和价值，及时发现并解决用户画像的问题。
- 撰写用户画像的模型或算法报告，记录和总结用户画像的方法，为用户画像的展示和应用提供参考和支持。

2.3.3 分析用户画像数据中用到的大模型技术

1. 自然语言处理技术

自然语言处理技术是指让计算机能够理解和生成自然语言(如中文、英文等)的技术，它可以对用户的文本数据(如用户的搜索、评论、反馈等)进行分析和处理，从而提取用户的意图、情感、偏好等信息，为用户画像的构建提供有价值的特征。用户画像是根据用户的各个维度数据，对用户或者产品特征属性进行刻画，并对这些特征分析统计，挖掘潜在价值信息，从而抽象描绘出一个用户的信息全貌。用户画像是企业应用大数据的根基，是定向广告投放与个性化推荐的前置条件。在电商、广告和用户增长等数字化营销业务中，用户画像的构建和应用是非常重要的，它可以帮助企业更好地了解用户的需求和行为，提高用户的满意度和忠诚度，提升业务的效率和收益。

为了说明自然语言处理技术在分析用户画像数据中的作用，我们以一个在线教育平台为例，介绍如何根据用户的评论内容构建用户画像，从而进行个性化的推荐和营销。

首先，我们需要收集用户在平台上对课程的评论内容，包括文本和评分，将其作为用户的文本数据。例如，用户A对课程《Python编程入门》的评论内容是"非常好的课程，老师讲得很清楚，内容很实用，学到了很多"，评分是5分；用户B对课程《数据分析实战》的评论内容是"课程很有深度，涉及了很多大模型技术，但是难度有点高，需要一定的基础"，评分是4分；用户C对课程《人工智能概论》的评论内容是"课程很有趣，介绍了人工智能的发展历史和前沿方向，让我对这个领域有了更多的了解和兴趣"，评分是5分。这些数据可以反映用户对课程的看法和感受，也可以反映用户的学习目标和兴趣。

其次，我们需要使用自然语言处理技术对用户的评论内容进行以下处理。

- 分词，即将用户的评论内容分割成单词或短语，将其作为文本的基本单位。这样可以方便后续的分析和处理。例如，用户A的评论内容可以分为"非常/好/的/课程/，/老师/讲得/很/清楚/，/内容/很/实用/，/学到/了/很多"。
- 情感分析，即判断用户评论内容的情感倾向是正面的还是负面的，或者是中性的，分析用户对课程的满意度和评价。例如，用户A的评论内容的情感倾向是正面的，表示用户对课程非常满意和赞赏。
- 关键词提取，即提取用户的评论内容中的关键词，分析用户的重点和偏好，判断用户对课程的关注点和期望。例如，用户B的评论内容中的关键词是大模型技术、难度高、基础等，表示用户对课程的深度有一定的关注和要求。
- 话题模型，即将用户的评论内容归类到不同的话题，分析用户的兴趣和需求。例如，用户C的评论内容所属的话题是人工智能、发展历史、前沿方向等，表示用户对人工智能领域有较高的兴趣，想要深入了解。

最后，我们需要根据以上处理结果，为每个用户生成情感倾向、关键词、话题方面的标签，将其作为用户画像的特征。

- 正面、负面或中性的情感倾向标签，反映用户对课程的满意度和评价。例如，用户A的情感倾向标签是正面。
- 用户评论内容中的关键词标签，反映用户的关注重点和偏好。例如，用户B的关键词标签是大模型技术、难度高、基础等。
- 用户评论内容所属的话题标签，反映用户的兴趣和需求。例如，用户C的话题标签是人工智能、发展历史、前沿方向等。

通过以上标签，我们可以对用户进行更加细致和精准的划分与分析，从而进行更加个性化的推荐和营销。我们可以根据用户的情感倾向标签，对带有正面情感倾向的用户进行奖励和鼓励，对带有负面情感倾向的用户进行回访，进而改进产品或服务，对带有中性情感倾向的用户进行引导和激励；我们可以根据用户的关键词标签，对用户的关注重点和偏好进行匹配，推荐符合用户需求的课程和服务；我们可以根据用户的话题标签，对用户的兴趣和需求进行挖掘，推荐相关的课程和内容。

通过图2.12，我们可以更加直观地理解自然语言处理技术在分析用户画像数据中的作用。

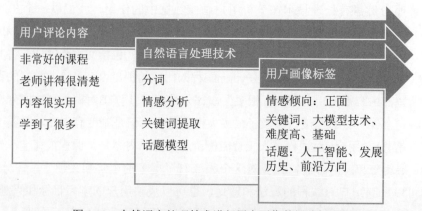

图 2.12　自然语言处理技术进行用户画像数据分析示例

2. 图像识别技术

图像识别技术是一种利用计算机对图像进行处理、分析和理解，以识别图像中的目标和对象的技术，它是人工智能的一个重要分支。图像识别技术可以从用户的图像数据中提取用户的特征、属性、行为等信息，为用户画像的构建提供有价值的特征。大模型在图像识别技术中的应用，可以提高图像识别的准确性和效率，同时可以生成更丰富和更深入的用户画像标签，从而实现更精准的用户分析和推荐。

下面是一个使用图像识别技术和大模型技术进行用户画像构建的实例。

- 业务场景。某社交媒体平台想要根据用户的头像和动态图片，构建用户的画像，从而进行个性化的推荐和广告营销。
- 数据来源。用户在平台上上传的头像和动态图片，包括人物、风景、物品等。
- 技术方法。使用图像识别技术和大模型技术对用户的头像和动态图片进行以下处理。
  - 人脸识别。使用大模型对用户的头像中的人脸进行识别，判断用户的性别、年龄、情绪特征等。大模型可以通过深度学习，从海量的人脸数据中学习人脸的特征和属性，从而提高人脸识别的准确性和鲁棒性。
  - 物体识别。使用大模型对用户的动态图片中的物体进行识别，判断用户的兴趣、爱好、消费特征等。大模型可以通过深度学习，从海量的物体数据中学习物体的特征和类别，从而提高物体识别的准确性和多样性。
  - 场景识别。使用大模型对用户的动态图片中的场景进行识别，判断用户的地理位置、旅游经历、生活方式等。大模型可以通过深度学习，从海量的场景数据中学习场景的特征和语义，从而提高场景识别的准确性和丰富性。
- 用户画像。根据以上处理结果，为每个用户生成以下方面的标签。
  - 性别方面标签：男、女，反映用户的基本属性。例如，用户A的头像是一张男性的照片，其性别标签就是"男"。
  - 年龄方面标签：具体的年龄或年龄段，反映用户的成熟度和经验。例如，用户B的头像是一张中年女性的照片，其年龄标签就是"40~50岁"。
  - 情绪方面标签：开心、悲伤、生气等，反映用户的心理状态和情感倾向。例如，用户C的头像是一张笑容灿烂的照片，其情绪标签就是"开心"。
  - 兴趣方面标签：运动、音乐、美食等，反映用户的喜好。例如，用户D的平台动态图片是一张带有篮球场的照片，其兴趣标签就是"运动"。
  - 消费方面标签：奢侈、节俭、平均等，反映用户的消费水平和习惯。例如，用户E的平台动态图片是一张带有名牌包包的照片，其消费标签就是"奢侈"。
  - 地理位置方面标签：城市、乡村、海滨等，反映用户的居住地和环境。例如，用户F的平台动态图片是一张海边的照片，其地理位置标签就是"海滨"。
  - 旅游经历方面标签：国内、国外、未旅游等，反映用户的旅游范围和频率。例如，用户G的平台动态图片是一张埃菲尔铁塔的照片，其旅游经历标签就是"国外"。
  - 生活方式方面标签：健康、快乐、紧张等，反映用户的生活质量和态度。

例如，用户H的平台动态图片是一张运动时的照片，其生活方式标签就是"健康"。

通过以上标签，我们可以对用户进行更加细致和精准的划分与分析，从而进行更加个性化的推荐和广告营销。我们可以根据用户的性别和年龄标签，推荐符合用户性别和年龄特征的内容及产品；我们可以根据用户的兴趣和消费标签，推荐符合用户兴趣和消费水平的内容及产品；我们可以根据用户的地理位置和旅游经历标签，推荐符合用户地理位置和旅游经历的内容及产品。

通过图2.13，我们可以更好地理解图像识别技术和大模型技术在用户画像中的应用。

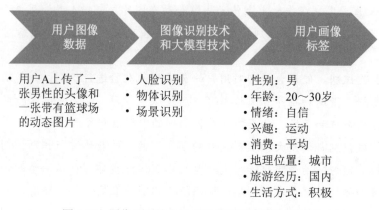

图2.13　图像识别技术进行用户画像数据分析示例

3. 机器学习技术

机器学习技术是一种利用计算机对数据进行自动学习和优化的技术，它是人工智能的一个重要分支。机器学习技术可以从用户的数据中提取用户的特征、规律和模式，为用户画像的构建提供有价值的特征。大模型在机器学习技术中的应用，可以提高机器学习的准确性和效率，同时可以生成更丰富和更深入的用户画像标签，从而实现更精准的用户分析和推荐。

下面是一个使用机器学习技术和大模型技术进行用户画像构建的实例。

- 业务场景。某电商平台想要根据用户的交易数据，构建用户画像，从而进行个性化推荐和优惠。
- 数据来源。用户在平台上的交易数据，包括购买的商品、数量、价格、时间等。
- 技术方法。使用机器学习技术和大模型技术对用户的交易数据进行以下处理。
  - ◆ 聚类。使用大模型对用户进行聚类，根据用户的购买行为和特征将用户分成不同的群体。大模型可以通过深度学习，从海量的用户数据中学习用户的特征和行为，从而提高聚类的准确性和鲁棒性。
  - ◆ 频繁项集。使用大模型对用户的交易数据进行频繁项集挖掘，找出用户经常一起购买的商品，反映用户的购买习惯和偏好。大模型可以通过深度学习，从海量的交易数据中学习购买商品的特征和关联，从而提高频繁项集的准确性和多样性。

第 2 章 打造个性化的用户体验：AI 用户画像的神奇力量

- ◆ 关联规则。使用大模型对用户的交易数据进行关联规则挖掘，找出用户购买某些商品后，更有可能购买其他商品的规则，反映用户的购买逻辑和潜在需求。大模型可以通过深度学习，从海量的交易数据中学习购买商品的特征和关联，从而提高关联规则的准确性和丰富性。
- ● 用户画像。根据以上处理结果，为每个用户生成以下方面的标签。
  - ◆ 群体方面标签，表明用户所属的群体，反映用户的购买行为和特征的相似度。例如，用户 A 和用户 B 都属于群体 1，说明他们的购买行为和特征比较相似，可能有相似的需求和偏好。
  - ◆ 频繁项集方面标签，表明用户经常一起购买的商品，反映用户的购买习惯和偏好。例如，用户 C 经常一起购买手机和手机壳，说明他对手机的保护比较重视，可能对手机的品牌和质量也比较看重。
  - ◆ 关联规则方面标签，是用户购买某些商品后，更有可能购买其他商品的规则，反映用户的购买逻辑和潜在需求。例如，用户 D 购买了电视后，更有可能购买音响，说明他对家庭影院的体验比较看重，可能对影视内容的品质和多样性也比较看重。

通过以上标签，我们可以对用户进行更加细致和精准的划分与分析，从而进行更加个性化推荐，提供优惠。我们可以根据用户的群体标签，对用户进行群体化的推荐，推荐符合用户群体特征的商品和服务；我们可以根据用户的频繁项集标签，对用户进行习惯化的推荐，推荐其经常一起购买的商品和服务；我们可以根据用户的关联规则标签，对用户进行逻辑化的推荐，在用户购买某些商品后，推荐其更有可能购买的商品和服务。

通过图 2.14，我们可以更好地理解机器学习技术和大模型技术在用户画像中的应用。

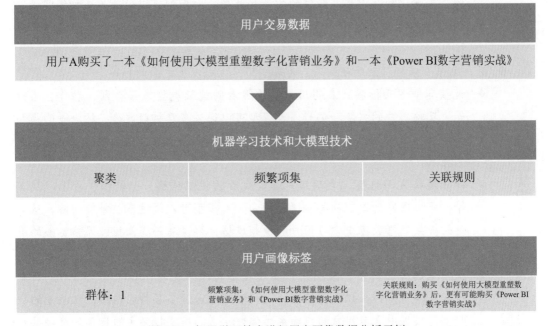

图 2.14 机器学习技术进行用户画像数据分析示例

4. 深度学习技术

深度学习技术是一种利用多层神经网络对数据进行自动学习和优化的技术，它是人工智能的一个重要分支。深度学习技术可以从用户的数据中提取出更加深层次和隐含的特征，为用户画像的构建提供更有价值的特征。大模型在深度学习技术中的应用，可以提高深度学习的准确性和效率，同时可以生成更丰富和更深入的用户画像标签，从而实现更精准的用户分析和推荐。

下面是一个使用深度学习技术和大模型技术进行用户画像构建的实例。

- 业务场景。某视频平台想要根据用户的观看数据，构建用户画像，从而进行个性化推荐和广告营销。
- 数据来源。用户在平台上的观看数据，包括观看的视频、时长、频率、评分、评论等。
- 技术方法。使用深度学习技术和大模型技术对用户的观看数据进行以下处理。
  - 特征提取。使用大模型从用户的观看数据中提取出更加有效和有意义的特征，如视频的类型、风格、主题、演员等，以及用户的观看时长、频率、评分、评论等。大模型可以通过多层神经网络，从海量的观看数据中学习视频和用户的特征，从而提高特征的质量和表达能力。
  - 特征融合。使用大模型将不同类型和来源的特征进行有机的结合，如将视频的类型和用户的评分进行融合，形成一个新的特征，反映用户对视频类型的喜好程度。大模型可以通过多层神经网络，从海量的特征数据中学习特征之间的关系，从而提高特征的融合能力和多样性。
  - 特征优化。使用大模型对特征进行优化和调整，如对特征进行归一化、降维、正则化等，以提高特征的质量和效果。大模型可以通过多层神经网络，从海量的特征数据中学习特征的优化方法，从而提高特征的优化能力和鲁棒性。
- 用户画像。根据以上处理结果，为每个用户生成以下方面的标签。
  - 视频类型方面标签，表明用户喜欢观看的视频类型，如喜剧、动作、恐怖等，反映用户的兴趣和偏好。大模型可以通过多层神经网络，从海量的视频类型数据中学习用户的视频类型偏好，从而提高视频类型标签的准确性和丰富性。
  - 视频风格方面标签，表明用户喜欢观看的视频风格，如轻松、紧张、搞笑等，反映用户的心理状态和情感倾向。大模型可以通过多层神经网络，从海量的视频风格数据中学习用户的视频风格偏好，从而提高视频风格标签的准确性和丰富性。
  - 视频主题方面标签，表明用户喜欢观看的视频主题，如爱情、科幻、历史等，反映用户的知识和价值观。大模型可以通过多层神经网络，从海量的视频主题数据中学习用户的视频主题偏好，从而提高视频主题标签的准确性和丰富性。

- 演员方面标签，表明用户喜欢观看的视频中的演员，如周星驰、汤姆·克鲁斯、安吉丽娜·朱莉等。大模型可以通过多层神经网络，从海量的视频演员数据中学习用户的视频演员偏好，从而提高视频演员标签的准确性和丰富性。
- 观看时长方面标签，表明用户观看视频的平均时长，如10分钟、30分钟、60分钟等。大模型可以通过多层神经网络，从海量的观看时长数据中学习用户的观看时长偏好，从而提高观看时长标签的准确性和丰富性。
- 观看频率方面标签，表明用户观看视频的平均频率，如每天、每周、每月等，反映用户的习惯和需求。大模型可以通过多层神经网络，从海量的观看频率数据中学习用户的观看频率偏好，从而提高观看频率标签的准确性和丰富性。
- 视频评分方面标签，表明用户对视频的平均评分，如1分、3分、5分等，反映用户的满意度。大模型可以通过多层神经网络，从海量的视频评分数据中学习用户的视频评分偏好，从而提高视频评分标签的准确性和丰富性。
- 视频评论方面标签，表明用户对视频的平均评论，如赞扬、吐槽等。大模型可以通过多层神经网络，从海量的视频评论数据中学习用户的视频评论偏好，从而提高视频评论标签的准确性和丰富性。

通过以上标签，我们可以对用户进行更加细致和精准的划分与分析，从而进行更加个性化的推荐。我们可以根据用户的视频类型和视频风格标签，推荐符合用户需求的视频类型和视频风格的产品；我们可以根据用户的视频主题和视频演员标签，推荐符合用户需求的视频主题和视频演员的产品；我们可以根据用户的观看时长和观看频率标签，推荐符合用户需求的观看时长和观看频率的产品。

通过图2.15，我们可以更好地理解深度学习技术和大模型技术在用户画像中的应用。

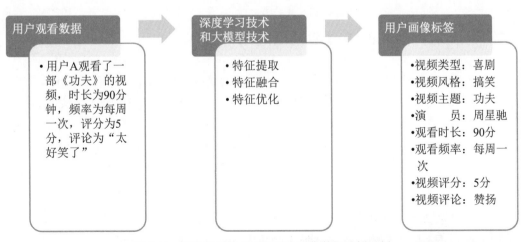

图2.15 深度学习技术进行用户画像数据分析示例

通过以上介绍,我们可以看到大模型技术在分析用户画像数据中有着广泛应用,它可以从不同的角度对用户的数据进行分析及处理,为用户画像的构建提供更加丰富和精准的特征,进而实现更加个性化和高效的数字化营销业务。大模型在分析用户画像数据中用到的主要技术包括自然语言处理技术、图像识别技术、机器学习技术和深度学习技术,这些技术各有优势和局限,需要根据不同的业务场景和数据类型进行选择和组合,以达到最佳的效果。

随着大数据和人工智能的发展,大模型技术在分析用户画像数据中还有很大的发展空间,未来可能会出现以下几个趋势。

- 大模型技术的性能和效率将不断提高,大模型将处理更大规模和更复杂的用户数据,提供更准确和更实时的用户画像。
- 大模型技术的创新和突破将不断发生,大模型将处理更多样化和更多维度的用户数据,提供更丰富和更深入的用户画像。
- 大模型技术的应用范围将不断扩大,普及程度将不断提高,大模型将覆盖更多的数字化营销业务领域和场景,提供更多的用户画像服务和价值。

分析用户画像数据中用到的大模型技术是用户画像分析的延伸和深化,它可以提升用户画像的丰富度和细致度。产品经理和运营人员在分析用户画像数据中用到的大模型技术中的职责以下几个。

- 选择合适的自然语言处理、计算机视觉和推荐系统的方法,设计和实现用户画像数据的分析及挖掘,保证用户画像数据的有效性和可靠性。
- 优化用户画像数据的分析及挖掘的参数和策略,提高用户画像数据的分析及挖掘的性能和效果,避免用户画像数据的分析及挖掘的问题和风险。
- 监测用户画像数据的分析及挖掘的运行和输出,评估用户画像数据的分析及挖掘的价值,及时发现并解决用户画像数据的分析及挖掘的问题。
- 撰写用户画像数据的分析及挖掘报告,记录和总结用户画像数据的分析及挖掘的方法,为用户画像的展示和应用提供参考及支持。

2.4 用人工智能大模型打造精准的用户画像

用户画像的生成是一个复杂的过程,它涉及大量的数据收集、处理、分析和应用。传统的用户画像生成方法,通常依赖于人工的定义、标注、分类和评估,这些方法存在以下局限。

- 数据量有限。传统的用户画像生成方法通常只能利用有限的数据源和数据类型,如用户的注册信息、购买记录、点击日志等,这些数据不能全面反映用户的特征和价值。
- 数据质量低。传统的用户画像生成方法通常受到数据的不完整、不准确、不一致、不及时等影响,这些数据不能真实反映用户的需求和行为。

- 特征提取难。传统的用户画像生成方法通常需要人工选择用户的特征标签，这些标签往往是主观的、固定的、简单的，不能有效地捕捉用户的复杂和多变的特征。
- 模型训练慢。传统的用户画像生成方法通常需要人工构建用户画像的生成模型，这些模型往往是线性的、单一的、低维的，不能有效地处理用户的非线性、多元、高维的数据。
- 用户画像生成差。传统的用户画像生成方法通常只能生成静态的、粗糙的、泛化的用户画像，不能有效地反映用户的动态的、精细的、个性化的画像。

而人工智能大模型的应用为用户画像的生成提供了新的解决思路和方法。人工智能大模型可以从海量的数据中自动地提取用户的特征，可以快速地训练用户画像的生成模型，进而灵活地生成用户画像。下面，我们将分别介绍用户画像的生成方法、人工智能大模型在生成用户画像中的作用，以及如何利用人工智能大模型进行用户画像管理。

2.4.1　用户画像的生成方法

用户画像的生成方法，是指从用户的数据中提取用户的特征，构建用户画像的一系列技术。用户画像的生成方法是用户画像的核心技术，它决定了用户画像的质量和效果。我们要根据不同的业务场景和目标，选择合适的数据源、特征标签、生成模型和生成方式，以达到最佳的用户画像生成效果。

用户画像的生成通常包括特征提取、模型训练和用户画像生成三个阶段，如图2.16所示。

- 特征提取，是指从用户的数据中，提取出能够反映用户特征的信息，如用户的基本属性、兴趣爱好、消费习惯、行为轨迹、心理特征等。特征提取是为了将用户的数据转化为用户的特征标签，从而为用户画像的生成提供基础。特征提取的难点是如何从海量的、复杂的、多样的、动态的用户数据中，有效地提取出有意义的、有区分度的、有价值的用户特征。

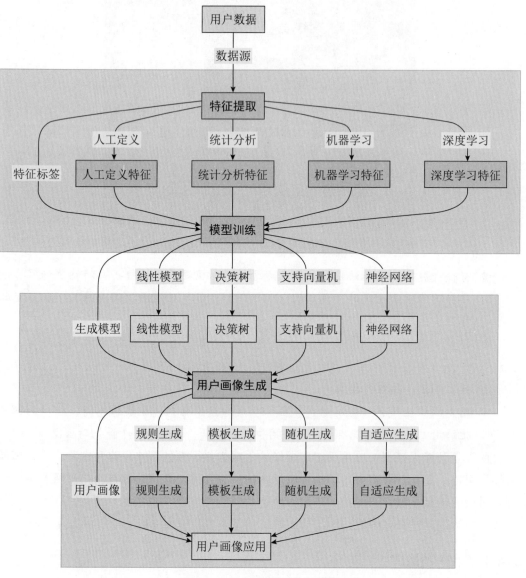

图2.16　用户画像的生成过程

特征提取的方法有很多种，如人工定义、统计分析、机器学习、深度学习等。人工智能大模型可以利用自然语言处理、计算机视觉、语音识别等能力，从海量的数据中自动地提取用户的特征，如用户的情感、意图、风格、态度等。人工智能大模型可以使用户的特征更加全面、准确、细致和多样，从而为用户画像的生成提供更丰富的特征标签。图2.17是一个使用人工智能大模型提取用户特征的示意图，它展示了如何从用户的文本、图片、语音等数据中，提取出用户的不同维度的特征，如用户的性别、年龄、职业、地域、兴趣、情感、意图等。

第 2 章 打造个性化的用户体验：AI 用户画像的神奇力量

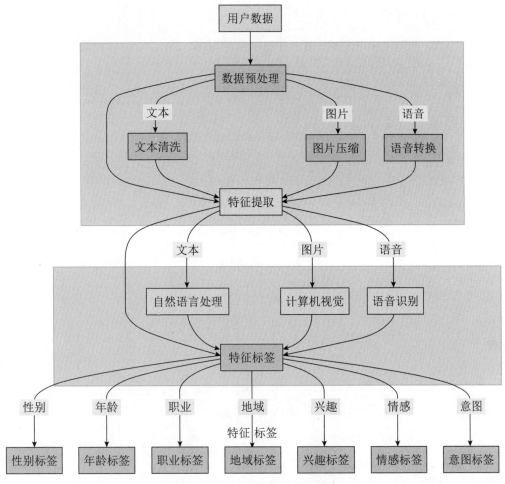

图 2.17 用户特征标签提取示意图

- 模型训练，是指利用用户的特征标签，构建用户画像的生成模型，如聚类模型、分类模型、回归模型、推荐模型等。模型训练是为了将用户的特征标签转化为用户的画像，从而为用户画像的应用提供支持。模型训练的难点是如何从高维的、稀疏的、非线性的用户特征标签中，有效地构建出能够反映用户画像的模型。模型训练的方法有很多种，如线性模型、决策树、支持向量机、神经网络等。人工智能大模型可以利用深度学习、强化学习、迁移学习等能力，快速地训练用户画像的生成模型。人工智能大模型可以使用户画像的生成模型更加高效、稳定、灵敏和智能，从而为用户画像的生成提供更优的生成模型。图2.18是一个使用人工智能大模型训练用户画像的生成模型的示意图，它展示了如何利用神经网络生成用户特征标签(如用户的类型、等级、价值、偏好)的画像模型。

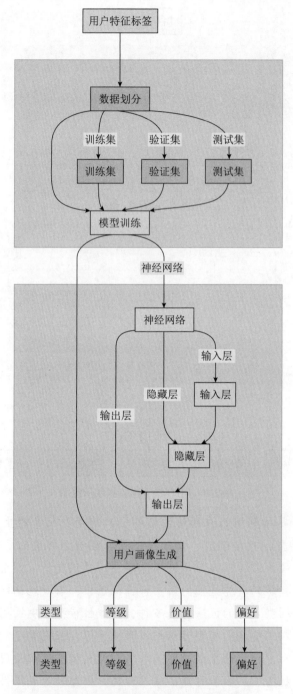

图 2.18 模型训练的生成模型示意图

- 用户画像生成，是指利用用户画像的生成模型，为每个用户生成对应的画像，如用户的类型、等级、价值、偏好等。用户画像生成是为了将用户的画像呈现给产品经理和运营人员，从而为用户画像的管理和优化提供依据。用户画像生成的难点是如何从用户画像的生成模型中，有效地生成出能够反映用户的个性化、动态化、多维化的画像。用户画像生成的方法有很多种，如规则生成、模板生成、随机生成、自适应生成等。人工智能大模型可以利用生成对抗网络、变分自编码器、注意力机制等能力，灵活地生成用户画像。人工智能大模型可以使用户画像更加精准、实时、多元和有趣，从而为用户画像的应用提供更好的用户画像。图2.19是一个使用人工智能大模型生成用户画像的示意图，它展示了如何利用生成对抗网络生成个性化的用户画像，如用户的风格、情感、意图等。

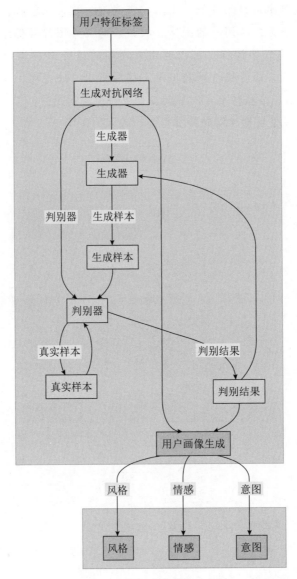

图2.19　用户画像生成示意图

2.4.2　人工智能大模型在生成用户画像中的作用

在生成用户画像过程中，人工智能大模型会对用户画像的生成方法进行一系列的优化和改进。

人工智能大模型在生成用户画像中的作用主要体现在以下三个方面。

- 大模型在特征提取中的作用。利用大模型的自然语言处理、计算机视觉、语音识别等能力，可以自动地从海量的数据中提取用户的特征，如用户的情感、意图、风格、态度等，可以使用户的特征更加全面、准确、细致和多样，从而为用户画像的生成提供更丰富的特征标签。例如，我们想要生成电商用户的画像，可以利用大模型的自然语言处理能力，从用户的评论、评价、咨询等文本数据中，提取出用户的喜好、需求、满意度、投诉等特征；可以利用大模型的计算机视觉能力，从用户的浏览、收藏、购买等图片数据中，提取出用户的风格、品位、偏好等特征；可以利用大模型的语音识别能力，从用户的语音搜索、语音咨询、语音评价等数据中，提取出用户的情感、意图、态度等特征，如图2.20所示。这些特征可以帮助我们更好地了解用户的需求和价值，从而为用户画像的生成提供更丰富的特征标签。

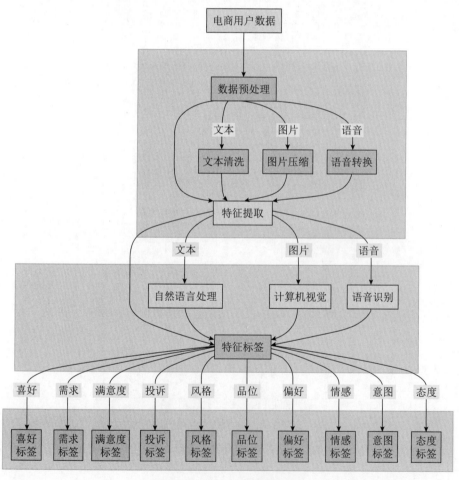

图2.20　电商用户特征提取

- 大模型在模型训练中的作用。利用大模型的深度学习、强化学习、迁移学习等能力，可以快速地训练用户画像的生成模型，如神经网络、决策树、支持向量机等,可以使用户画像的生成模型更加高效、稳定、灵敏和智能,从而为用户画像的生成提供更优的生成模型。例如,我们想要生成广告用户的画像,可以利用大模型的深度学习能力,构建一个深度神经网络,从用户的特征标签中,生成用户的类型、等级、价值、偏好等画像(见图2.21);可以利用大模型的强化学习能力,构建一个强化学习模型,从用户的画像和反馈中,生成用户的最佳广告投放策略;可以利用大模型的迁移学习能力,构建一个迁移学习模型,从其他领域的用户画像中,生成用户的潜在需求和兴趣。这些模型可以帮助我们更好地匹配用户和广告,从而为用户画像的生成提供更优的生成模型。

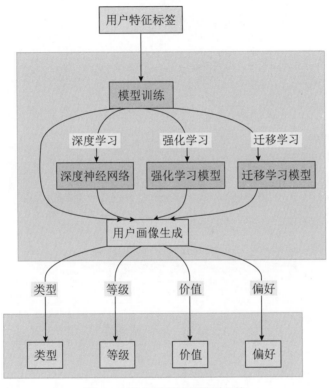

图2.21 广告用户画像模型训练

- 大模型在用户画像生成中的作用。利用大模型的生成对抗网络、变分自编码器、注意力机制等能力,可以灵活地生成用户画像,可以使用户画像更加精准、实时、多元和有趣,从而为用户画像的应用提供更好的用户画像。例如,我们想要生成内容推荐用户的画像,可以利用大模型的生成对抗网络能力,构建一个生成对抗网络,从用户的特征标签中,生成用户的个性化的画像,如用户的风格、情感、意图等(见图2.22);可以利用大模型的变分自编码器能力,构建一个变分自编码器,生成用户的动态化的画像,如用户的变化、趋势、预测等;可以利用大模型的注意力机制能力,构建一个注意力机制,生成用户的多维化的画像,如用户的关联、影响、推荐等。这些画像可以帮助我们更好地推荐内容给用户,从而为用户画像的生成提供帮助。

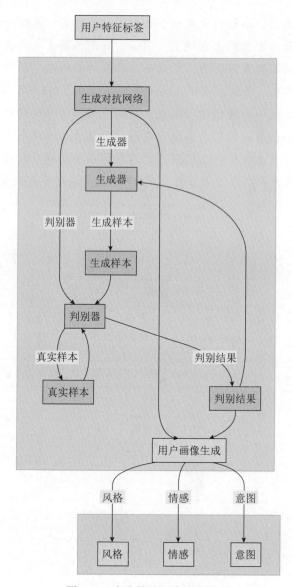

图 2.22　内容推荐用户画像生成

2.4.3　如何利用人工智能大模型进行用户画像管理

用户画像管理，是指对用户画像进行维护、更新、优化和应用的一系列活动。用户画像管理的目的是保证用户画像的有效性和价值，从而提升数字化营销业务的竞争力。用户画像管理是用户画像的关键环节，它决定了用户画像的应用效果和价值。在进行用户画像管理过程中，根据不同的业务场景和目标，选择合适的管理方法和管理策略，才能达到最佳的用户画像管理效果。

用户画像管理，通常包括用户画像维护、用户画像更新、用户画像优化和用户画像应用4个方面。

- 用户画像维护，是指对用户画像进行定期的检查、修正和清理的活动。用户画像维护的难点是如何从海量的、复杂的、多样的、动态的用户画像中，有效地发现并解决用户画像的问题，而人工智能大模型可解决这个难点。用户画像维护的方法有很多种，如人工检查、自动检测、异常报警等，人工智能大模型可以利用数据清洗、数据校验、数据修复等能力，对用户画像进行定期的检查、修正和清理。例如，我们想要维护社交媒体用户的画像，可以利用大模型的数据清洗能力，对用户画像的数据进行去重、去噪、去错的操作，以消除数据的冗余、噪声、错误；可以利用大模型的数据校验能力，对用户画像的数据进行格式、范围、逻辑的检查，以确保数据的合法性、合理性、一致性；可以利用大模型的数据修复能力，对用户画像的数据进行填充、替换、修正的操作，以补全数据的缺失、错误、不一致。可见，人工智能大模型可以使用户画像的数据更加完整、准确、一致和及时，避免了用户画像的失效和误导。

- 用户画像更新，是指对用户画像进行实时的追踪、监测和调整的活动。用户画像更新的难点是如何从海量的、复杂的、多样的、动态的用户数据中，有效地获取和融合用户的最新的信息和数据，而人工智能大模型可解决这个难点。用户画像更新的方法有很多种，如定时更新、触发更新、增量更新等，人工智能大模型可以利用数据采集、数据融合、数据更新等能力，对用户画像进行实时的追踪、监测和调整。例如，我们想要更新游戏用户的画像，可以利用大模型的数据采集能力，从用户的游戏行为、游戏评价、游戏反馈等数据源中，获取用户的最新数据，如用户的游戏时长、游戏评分、游戏建议等；可以利用大模型的数据融合能力，从用户的其他数据源中，获取用户的相关数据，如用户的社交数据、消费数据、位置数据等，以增加用户画像的数据的维度和深度；可以利用大模型的数据更新能力，对用户画像的数据进行实时的更新、替换、删除的操作，以保持用户画像的数据的新鲜和敏感。可见，人工智能大模型可以使用户画像的数据更加丰富、多样、新颖和敏感，使其适应用户的变化和需求。

- 用户画像优化，是指对用户画像进行不断的分析、评估和改进的活动。用户画像优化的难点是如何从高维的、稀疏的、非线性的用户画像中，有效地分析和评估用户画像的优化点，而人工智能大模型可解决这个难点。用户画像优化的方法有很多种，如数据分析、数据评估、数据优化等，人工智能大模型可以利用数据分析、数据评估、数据优化等能力，对用户画像进行不断的分析、评估和改进。例如，我们想要优化教育用户的画像，我们可以利用大模型的数据分析能力，对用户画像的数据进行统计、聚类、关联、分类等分析，以发现用户画像的数据的规律、模式、特征、差异等；可以利用大模型的数据评估能力，对用户画像的数据进行评分、排序、比较、评价等评估，以衡量用户画像的数据的质量、效果、价值、影响等；可以利用大模型的数据优化能力，对用户画像的数据进行筛选、降维、转换、优化等操作，以提升用户画像的数据的精度、效率、稳定性、灵活性等。可见，人工智能大模型可以使用户画像的数据更加深入、精准、有效和有价值，提升了用户画像的效果和价值。

- 用户画像应用，是指利用用户画像进行产品设计、广告投放、用户增长、内容推荐、用户分群等数字化营销业务的活动。用户画像应用的难点是如何从用户画像中,有效地挖掘用户的潜在需求和利用用户的兴趣,而人工智能大模型可解决这个难点。用户画像应用的方法有很多种,如产品定制、广告匹配、用户留存、内容推荐、用户分群等,人工智能大模型可以利用数据挖掘、数据推荐、数据可视化等能力,利用用户画像进行产品设计、广告投放、用户增长、内容推荐、用户分群等数字化营销业务。例如,我们想要应用旅游用户的画像,我们可以利用大模型的数据挖掘能力,挖掘用户画像中用户的旅游偏好、旅游目的地、旅游时间等信息,以设计出更符合用户需求的旅游产品;可以利用大模型的数据推荐能力,推荐用户可能感兴趣的旅游景点、旅游活动、旅游攻略等内容,以提高用户的旅游体验;可以利用大模型的数据可视化能力,生成用户的旅游轨迹、旅游评价、旅游分享等数据,以增加用户的旅游乐趣。可见,人工智能大模型可以使用户画像的数据更加有用、有趣、有影响和有吸引力,增加了用户的满意度和忠诚度。

2.5 如何利用人工智能大模型打造高效的用户画像应用

人工智能大模型的出现,为用户画像的构建和应用带来了机会,也带来了挑战。本节将介绍人工智能大模型在用户画像应用中的新玩法,包括精准广告投放、个性化推荐、用户生命周期管理和营销策略优化,以及人工智能大模型在用户画像应用中的挑战与机遇。

2.5.1 精准广告投放

广告投放是数字化营销中的第一个核心环节,它的目的是将合适的广告展示给合适的用户,提高广告的点击率和转化率,增加广告的收益。用户画像是广告投放的基础,它可以帮助广告主和平台了解用户的兴趣、偏好、需求和行为,从而实现精准的广告定向和匹配。

传统的用户画像主要依赖于用户的注册信息、浏览记录、搜索历史、购买记录等数据，通过一些统计分析和机器学习的方法，先给用户标注不同的标签，如年龄、性别、地域、职业、收入、兴趣等，然后根据这些标签推送广告。这种方法虽然简单有效，但也存在一些问题。

- 用户的数据可能不完整、不准确或者不及时，导致用户画像的失真或者过时。例如，用户在注册时填写了错误或者过时的信息，或者用户的兴趣和偏好随着时间和环境的变化而变化，而这些变化没有及时反映在用户的数据中，导致用户画像与用户的实际情况不符，从而影响广告的定向和匹配的效果。
- 用户的标签或者群体可能过于粗糙或者静态，无法反映用户的个性化和动态化的特征和需求。例如，用户被划分为某个年龄段、性别或者地域的群体，但这些群体包含了很多不同的用户，而这些用户可能有着不同的兴趣和偏好；或者用户被赋予了某个兴趣和偏好的标签，但这些标签只能反映用户的表面兴趣和偏好，而忽略了用户的深层兴趣和偏好，导致用户画像缺乏细分和个性，从而影响广告的定向和匹配的效果。
- 用户的行为受到多种因素的影响，而传统精准广告投放的用户画像只能捕捉到用户的兴趣及偏好，对情绪、场景、时间等因素缺乏分析。例如，用户在某个特定的情绪、场景或者时间下，表现出与平时不同的行为或者对某些广告有着不同的反应，而这些不同没有被数据记录，导致用户画像缺乏动态性和灵活性，从而影响广告的匹配效果。
- 广告的内容和形式可能不符合用户的期待和喜好，导致用户的抵触或反感，甚至引发用户的不信任。例如，用户对某些广告的文案、图片、视频等感到不满，或者用户对某些广告的频次、时段、位置等感到不适，而这些问题可能没有被广告主或者平台注意，导致用户画像与广告的内容和形式不匹配，从而影响广告的点击率和转化率。

而人工智能大模型在广告投放中的应用可以有效地解决上述问题，提升广告投放的精准度。人工智能大模型在广告投放中的优势主要体现在以下几个方面。

- 在广告投放中，人工智能大模型可以利用其超大规模的参数和数据，对用户的数据进行深度的学习和理解，分析出难以通过传统方法获取的用户特征，如用户的情感、意图、态度、价值观等，构建更加丰富、细致、动态和个性化的用户画像。人工智能大模型可以通过对用户的文本、语音、图像等多模态的数据进行分析，捕捉用户的情绪、意图、态度、价值观等，从而提供更加细致和个性化的用户画像。例如根据用户的情绪，推荐更加符合用户心情的广告；根据用户的意图，推荐更加符合使用目的的广告。
- 在广告投放中，人工智能大模型可以利用其强大的生成和推理能力，对广告的内容及形式进行优化，从而提高广告的吸引力和适应性。人工智能大模型可以生成更加贴合用户的广告创意。例如，根据用户的兴趣和偏好，生成更加符合用户喜好的广告文案、图片、视频；根据用户的行为和反馈进行推理，调整广告的内容和形式；根据用户的点击和转化，选择更加优化的广告文案、图片、视频；根据用户的反馈，进行更加及时的广告调整和改进。

- 在广告投放中，人工智能大模型可以利用其广泛的泛化和迁移能力，对用户的行为和需求进行预测和推荐，从而提高广告的匹配度和转化率。例如根据用户的浏览历史，推荐相关的广告；根据用户的搜索历史，推荐相关的广告；根据用户的购买历史，推荐相关的广告；根据用户的收藏夹，推荐相关的广告；等等。这些广告根据用户的不同的行为和需求，进行不同的展示和放置，可以根据用户的点击和转化，选择最优的广告位置和时段；也可以根据用户的反馈，进行更加及时的广告调整和改进。

人工智能大模型在广告投放中的应用已经有一些成功的案例，如下所述。

- Facebook的DeepText，是一个基于深度学习的文本理解系统，它可以对用户在Facebook上发布的文本进行分析和理解(见图2.23)，从而提供更加精准的广告匹配。例如根据用户的出行计划，推荐相关的旅游或者酒店广告，或者根据用户的求职意向，推荐相关的招聘或者培训广告。

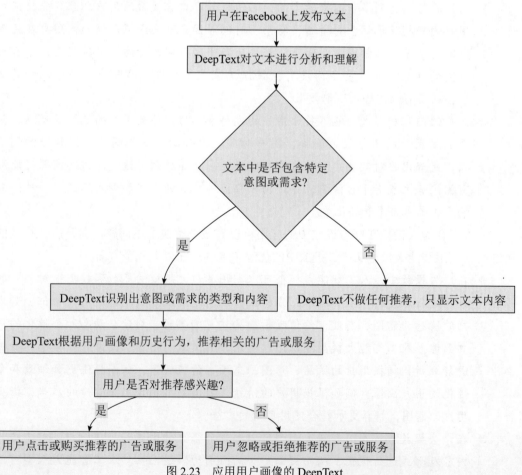

图 2.23　应用用户画像的 DeepText

- Google的Smart Display Campaigns，是一个基于人工智能的广告优化系统，它可以根据用户的行为和反馈，自动调整广告的目标、预算、出价、创意和位置，从而提高广告的触达效果。例如，根据用户的点击和转化，选择最优的广告文案、图片、视频和网站，或者根据用户的兴趣和需求，调整广告的投放频次和时段。
- Alibaba的ET，是一个基于人工智能的广告创意系统，它可以根据用户的画像和场景，生成更加个性化和动态的广告创意，从而提高广告的吸引力和转化力。例如，根据用户的性别、年龄、地域、季节、节日等，生成不同的广告文案、图片、视频和音乐；或者根据用户的购物车、收藏夹、浏览历史等，生成不同的广告优惠、促销、礼品清单等。

2.5.2 系统推荐

推荐系统是数字化营销中的第二个核心环节，它的目的是将合适的产品或服务推荐给合适的用户，提高用户的满意度和忠诚度，增加用户的消费和留存，优化产品或服务的销售和分布。用户画像是推荐系统的基础，它可以帮助产品或服务的提供者和平台了解用户的需求及偏好，从而实现个性化的产品或服务推荐。

传统的用户画像主要依赖于用户的注册信息、浏览记录、搜索历史、购买记录等数据，通过一些协同过滤和内容分析的方法，先将用户和产品或服务进行相似度或者相关度的计算，然后根据这些计算结果来推荐产品或服务。这种方法虽然简单有效，但也存在一些问题，如下所述。

- 用户的数据可能不足、不稳定或者不一致，导致用户画像的不完善或者不准确。例如，用户没有提供足够的注册信息，或者用户的浏览记录、搜索历史、购买记录等数据存在缺失、噪声、冗余等问题，或者用户的数据在不同的平台或者设备上不一致、不同步，导致用户画像无法准确地反映用户的真实情况，从而影响推荐系统的推荐效果。
- 用户的需求和偏好可能多样、复杂或者变化，导致用户画像的不全面或者不灵活。例如，用户有着多种多样的需求和偏好，而不仅仅是单一的或者固定的；或者用户的需求和偏好随着时间及环境的变化而变化，而不仅仅是稳定的；或者用户的需求和偏好可能是潜在的或未知的，而不仅仅是显性的或已知的，导致用户画像无法全面地覆盖用户的所有需求和偏好，从而影响推荐系统的推荐效果。
- 用户的行为受到多种因素的影响，而不仅仅受需求和偏好的影响。例如，用户的行为可能受到他们的社交关系、情绪状态、使用场景、使用时间等因素的影响，表现出与平时行为的不同，而这些不同没有被记录，导致用户画像无法灵活地适应用户的不同行为，从而影响推荐系统的推荐效果。
- 产品或服务的内容和形式可能不符合用户的期待和喜好，导致用户的冷漠或厌倦，甚至引发用户的不信任，从而影响推荐系统的推荐效果。

而人工智能大模型在推荐系统中的应用可以有效地解决上述问题，提升推荐系统的个性化和触达效果。人工智能大模型在推荐系统中的优势主要体现在以下几个方面。

- 在系统推荐中，人工智能大模型可以利用其超大规模的参数和数据，对用户的数据进行深度的学习和理解，分析出难以通过传统方法获取的用户特征，如用户的知识、技能、兴趣、爱好、目标、价值观等，构建更加丰富、细致、动态和个性化的用户画像。人工智能大模型可以通过对用户的文本、语音、图像等多模态的数据进行分析，捕捉用户的知识、技能、兴趣、爱好、目标、价值观等，从而提供更加细致和个性化的用户画像。例如，根据用户的知识水平，推荐更加适合的教育产品或服务；根据用户的技能水平，推荐更加适合的创业产品或服务；根据用户的兴趣爱好，推荐更加适合的娱乐产品或服务；根据用户的目标及价值观，推荐更加适合的公益产品或者服务；等等。

- 在系统推荐中，人工智能大模型可以利用其强大的生成和推理能力，对产品或服务的内容及形式进行优化，从而提高产品或服务的适应性和吸引力。人工智能大模型可以生成更加贴合用户的产品或服务的内容及形式。例如，根据用户的需求和偏好，生成更加符合用户期待的文案、图片、视频；根据用户的反馈进行推理，调整产品或服务的内容和形式；根据用户的评论，选择更加优化的文案、图片、视频；根据用户的建议，进行更加及时的调整和改进。

- 在系统推荐中，人工智能大模型可以利用其广泛的泛化和迁移能力，对用户的行为和需求进行预测及推荐，从而提高产品或者服务的匹配度和转化率。例如，根据用户的浏览历史，推荐相关的产品或服务，或者根据用户的搜索历史，推荐相关的产品或服务；根据用户的购买历史，推荐相关的产品或服务；根据用户的收藏夹，推荐相关的产品或服务；等等。这些产品或服务根据用户的不同行为和需求，进行不同的展示和放置，可以根据用户的点击和转化，选择最优的位置和时段；也可以根据用户的反馈，进行更加及时的调整和改进。

人工智能大模型在推荐系统中的应用已经有一些成功的案例，如下所述。

- Netflix的Bandit，是一个基于深度学习的视频推荐系统，它可以对用户在Netflix上观看的视频进行分析和理解(见图2.24)，从而提供更加个性化的视频推荐。例如根据用户的观看历史、评分、评论、收藏等，推荐相关的视频；或者根据用户的观看时间、地点、设备等，推荐适合的视频。

- Amazon的Alexa，是一个基于人工智能的语音助手，它可以对用户的语音指令进行识别和理解，从而提供更加智能的服务推荐。例如，根据用户的语音内容、语气、情绪等，推荐相关的服务；或者根据用户的语音场景、目的、需求等，推荐合适的服务。

- Spotify的Discover Weekly，是一个基于人工智能的音乐推荐系统，它可以对用户的音乐喜好进行学习和推断，从而提供更加个性化的音乐推荐。例如根据用户的收听历史、收藏夹、播放列表等，推荐相关的音乐；或者根据用户的收听风格、心情、场合等，推荐适合的音乐。

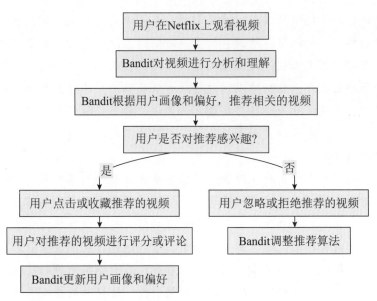

图 2.24 应用用户画像的 Bandit

2.5.3 用户生命周期管理

用户生命周期管理是数字化营销中的第三个核心环节，它的目的是对用户进行有效的管理和优化，提高用户的价值和贡献，增加用户的留存和复购，优化产品或服务的口碑和影响。用户画像是用户生命周期管理的基础，它可以帮助产品经理和运营人员了解用户的行为和状态，从而实现针对不同阶段的用户的不同的营销策略和活动。

传统的用户画像主要依赖于用户的注册信息、浏览记录、搜索历史、购买记录等数据，通过一些漏斗分析和聚类分析的方法，先将用户分为不同的类型，如新用户、活跃用户、沉默用户、流失用户等，然后根据这些类型来设计营销策略及活动。这种方法虽然有效，但也存在一些问题，而人工智能大模型在用户生命周期管理中的应用，可以有效地解决这些问题，提升用户生命周期管理的效果。

- 在传统的用户生命周期管理中，用户的数据不全面、不及时或不准确，导致用户画像的不完善或不准确。为了解决这个问题，我们可以利用人工智能大模型的超大规模的参数和数据，对用户的数据进行深度的学习和理解，分析出难以通过传统方法获取的用户特征，如知识、技能、兴趣、爱好、目标、价值观等，构建更加丰富、细致、动态和个性化的用户画像。这样的用户画像可以更加准确地了解用户的真实情况，从而提高用户生命周期管理的效果。
- 在传统的用户生命周期管理中，用户的阶段或类型可能过于简单或者静态，无法反映细分用户和动态特征。为了解决这个问题，我们可以利用人工智能大模型的强大的生成和推理能力，对用户的需求和偏好进行优化，分析出难以通过传统方法获取的用户特征，如行为轨迹、状态变化、需求演化、价值提升等，构建更加全面、灵活、多样和个性化的用户画像。这样的用户画像可以更加全面地覆盖用户的需求和偏好，从而提高用户生命周期管理的效果。

- 用户的行为可能受到多种因素的影响,而传统的用户生命周期管理只能捕捉到用户的类型,对社交、情绪、场景、时间因素缺乏分析。为了解决这个问题,我们可以利用人工智能大模型的广泛的泛化和迁移能力,对用户的行为和状态进行预测及推荐,分析难以通过传统方法获取用户的行为预测、状态推荐、需求引导、价值提升等特征,构建更加灵活、动态、智能和自适应的用户画像。这样的用户画像可以更加灵活地适应用户的不同的行为,从而提高用户生命周期管理的效果。

- 在传统的用户生命周期管理中,营销策略和活动的内容和形式可能不符合用户的期待和喜好,导致用户的冷漠和厌倦,甚至引发用户的不信任。为了解决这个问题,我们可以利用人工智能大模型的强大的生成和推理能力,对营销策略和活动的内容和形式进行创新,分析出难以通过传统方法获取的用户特征,如生成更加贴合用户的文案、图片、视频等,或者根据用户的反馈进行实时的调整,提高营销策略和活动的适应性和吸引力。这样的用户画像可以更加符合用户的期待和喜好,从而提高用户生命周期管理的效果。

人工智能大模型在用户生命周期管理中的应用已经有一些成功的案例,如下所述。

- Airbnb的LTV,是一个基于深度学习的用户价值预测系统,它可以对用户在Airbnb上的行为和状态进行分析和预测(见图2.25),从而提供更加精准的用户价值评估和优化。例如,根据用户的预订历史、评价历史、收藏夹等,预测用户未来的预订频率、金额、时长等;或者根据用户的价值分层,提供不同的优惠、服务等。

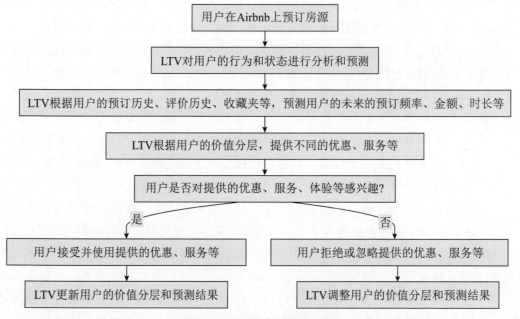

图2.25 应用用户画像的LTV

- TikTok的For You,是一个基于人工智能的视频推荐系统,它可以对用户在TikTok上的行为和状态进行分析和理解,从而提供更加个性化的视频推荐。例如，根据用户的观看历史、点赞历史、评论历史等，推荐相关的视频；或者根据用户的观看时间、地点、设备等，推荐适合的视频。
- Starbucks的Rewards，是一个基于人工智能的会员管理系统，它可以对用户在Starbucks上的行为和状态进行分析和理解，从而提供更加智能的会员服务。例如，根据用户的消费历史、喜好历史、积分历史等，提供相关的优惠、礼品、活动等；或者根据用户的消费时间、地点、频率等，提供合适的提醒、建议、邀请等。

2.5.4 营销策略优化

营销策略优化是数字化营销中的最后一个核心环节，它的目的是将用户画像、广告投放、推荐系统、用户生命周期管理等各个环节进行有效的整合和协调，提高整体的营销效果和效率，增加整体的营销收益和竞争力，优化整体的营销体验和口碑。用户画像是营销策略优化的基础，它可以帮助产品经理和运营人员了解用户的全貌和趋势，从而实现针对不同用户开展不同的营销策略和活动。

传统的用户画像主要依赖于用户的注册信息、浏览记录、搜索历史、购买记录等数据，通过一些综合分析和优化的方法，先将用户的数据进行汇总和归纳，然后根据这些数据来制定和执行营销策略及活动。这种方法虽然有效，但也存在一些问题，而人工智能大模型在营销策略优化中的应用，可以有效地解决这些问题，提升营销策略优化的效果。

- 在传统的营销策略优化过程中，只依赖于用户的注册信息，无法知道用户的真实的年龄、性别、地区等信息，或者用户在注册时提供了错误或者虚假的信息，这就导致用户的数据存在一些噪声、冗余或者缺失，进而导致用户画像的不准确或者不完整。这会影响我们对用户的了解和判断，从而影响营销策略或活动的效果。为了解决这个问题，我们可以利用人工智能大模型的超大规模的参数和数据，对用户的数据进行深度的学习和理解，分析出难以通过传统方法获取的用户特征，如用户的行为模式、需求结构、价值分布、趋势预测等，这样的用户画像可以更加准确地反映用户的真实情况，从而提高营销策略和活动的效果。
- 在系统的营销策略优化过程中，只依赖于用户的浏览记录，无法捕捉到用户的不同的需求和偏好，或者用户的需求和偏好随着时间和环境的变化而变化，这就导致用户的数据可能存在一些矛盾、冲突或者变化，进而导致用户画像的不一致或者不稳定。这会影响我们对用户的分析和预测，从而影响营销策略或活动的效果。为了解决这个问题，我们可以利用人工智能大模型的强大的生成和推理能力，对用户的需求和偏好进行优化，分析出难以通过传统方法获取的用户特征，如用户的行为轨迹、状态变化、需求演化、价值提升等，构建更加全面、灵活、多样和个性化的用户画像。这样的用户画像可以更加全面地覆盖用户的所有需求和偏好，从而提高营销策略和活动的效果。
- 在传统的营销策略优化过程中，只依赖于用户的购买记录，无法发现用户的潜在的需求和偏好，或者用户的需求和偏好是隐含的，这就导致用户的数据可能存在一些隐含、潜在或者未来的特征和需求，进而导致用户画像的不充分或者不及时。这会影响我们对用户的理解,从而影响营销策略和活动的执行效果。为了解决这个问题,我们可以利用人工智能大模型的广泛的泛化和迁移能力,对用户的特征和需求进行预测和推荐,分析出难以通过传统方法获取的用户特征,如用户的行为预测、状态推荐、需求引导、价值提升等,构建更加充分、前瞻、智能和自适应的用户画像。这样的用户画像可以更加充分地理解用户的潜在和未来的情况,从而提高营销策略和活动的执行效果。

- 在传统的营销策略优化过程中,只依赖于用户的搜索历史,无法提供用户想要的或者需要的内容和形式,或者用户对我们提供的内容和形式感到不满或厌烦,甚至引发用户的不信任,这就导致营销策略和活动的内容及形式可能不符合用户的期待或喜好,进而导致用户的冷漠或厌倦,甚至引发用户的不信任。这会影响用户的留存,从而影响营销策略和活动的执行效果。为了解决这个问题,我们可以利用人工智能大模型的强大的生成和推理能力,对营销策略和活动的内容和形式进行优化,如生成更加贴合用户的文案、图片、视频等,或者根据用户的反馈进行实时的改进,从而提高营销策略和活动的适应性和吸引力。这样的用户画像可以更加符合用户的期待和喜好,从而提高营销策略和活动的执行效果。

人工智能大模型在营销策略优化中的应用已经有一些成功的案例,如下所述。

- Coca-Cola的AI Marketing Platform,是一个基于人工智能的营销平台,它可以对用户在Coca-Cola上的行为和状态进行分析和理解(见图2.26),从而提供更加智能的营销策略和活动。例如,根据用户的消费历史、喜好历史、反馈历史等,提供相关的优惠、礼品、活动等;或者根据用户的消费时间、地点、频率等,提供合适的提醒、建议、邀请等。

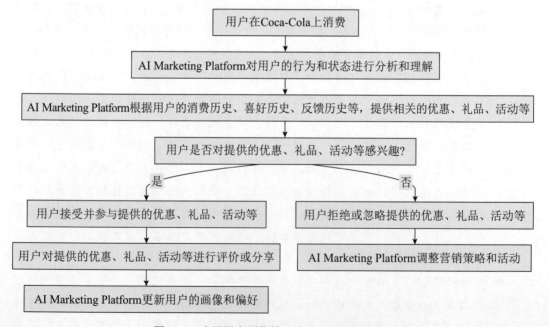

图2.26 应用用户画像的AI Marketing Platform

- Nike的Nike Run Club，是一个基于人工智能的运动社区，它可以对用户在Nike Run Club上的行为和状态进行分析和理解，从而提供更加个性化的运动服务和社交互动。例如，根据用户的运动历史、目标历史、成就历史等，提供相关的计划、指导、奖励等；或者根据用户的运动风格、心情、场合等，提供适合的音乐、语音、挑战等。
- Netflix的A/B Testing，是一个基于人工智能的测试平台，它可以对用户在Netflix上的行为和状态进行分析及理解，从而提供更加有效的测试策略和活动。例如，根据用户的观看历史、评分历史、评论历史等，测试不同的视频内容、形式等；或者根据用户的观看时间、地点、设备等，测试不同的视频推荐、排列、展示效果。

2.5.5 人工智能大模型在用户画像应用中的挑战与机遇

前述的案例都表明了人工智能大模型在广告投放中有巨大潜力和价值，但其也有不可忽视的挑战，如下所述。

- 人工智能大模型的构建和运行需要大量的计算资源和数据资源，这可能导致成本的增加和效率的降低，以及数据的安全和隐私的问题。
- 人工智能大模型的生成和推理可能存在一些偏差和错误，这可能导致广告的质量的降低和效果的下降，以及用户的不满和投诉，甚至违反一些法律和道德的规范。
- 人工智能大模型的应用可能影响用户的自主性，对用户多样性产生影响，这可能导致用户的依赖和固化，以及用户的选择和创新的缺失，甚至损害用户的权益。

因此，产品经理和运营人员在使用人工智能大模型进行用户画像应用时，需要做好以下几方面的工作。

- 需要保证数据的质和量，保证数据的安全，避免数据的噪声、冗余、缺失、失真、泄露等问题，提高数据的准确性、完整性、一致性和稳定性。
- 需要选择合适的人工智能大模型，根据不同的用户画像应用场景和目标，选择最适合的人工智能大模型，还要对模型进行适当的训练和调整，提高模型的性能和效果。
- 需要对人工智能大模型的输出进行监督和评估，通过一些指标和标准，检测人工智能大模型的准确性、合理性、合法性和道德性，还要通过一些反馈和调查，收集用户的意见、建议、满意度和忠诚度。
- 需要对人工智能大模型的使用进行平衡通过一些规则和策略，控制人工智能大模型的使用频率、范围和强度，还要通过一些机制和接口，提供用户的选择、参与和退出的机会。

未来，随着人工智能大模型的发展，以及用户画像应用的创新，人工智能大模型在用户画像应用中，会有更多的机遇，如下所述。

- 数据的多样化和丰富化：可以利用更多的数据来源和类型，例如社交媒体、物联网、生物识别等，获取更多的用户的特征和需求，从而构建更加丰富、细致、动态和个性化的用户画像。
- 模型的智能化和自适应化：可以利用更多的学习和推理方法，例如强化学习、元学习、迁移学习等，提高模型的智能和自适应，从而提供更加精准、个性化、动态和创新的用户画像应用。
- 应用的多元化和拓展化：可以利用更多的应用场景和领域，例如教育、医疗、金融、娱乐等，拓展用户画像的应用范围和价值，从而提升用户的体验和满意度，增加用户的黏性和转化率，优化营销策略和效果。

人工智能大模型在用户画像应用中，既有不小的挑战，也有巨大的机遇，需要产品经理和运营人员在使用时做好准备，以充分发挥其价值，同时避免风险。

结语

希望本章内容对你有所启示和帮助，如果你想要深入学习更多内容，请关注作者个人公众号"产品经理独孤虾"。在那里，你可以找到更多的案例。

第 3 章
揭秘流量：应用人工智能的流量分析方法

在数字化营销的世界里，流量是一切的基础。没有流量，就没有用户，没有业绩。但是，流量并不是一个简单的数字，它背后隐藏着许多秘密。比如，流量是从哪里来的？流量的质量如何？流量是如何转化为目标行为的？流量的策略是如何优化的？这些都是产品经理和运营人员必须关注的。

传统的流量分析方法，如数据统计、数据可视化、数据挖掘等，虽然能够提供一些基本的信息，但是往往不能深入流量的本质，也不能有效地预测和指导流量的变化。这时候，我们就需要借助人工智能大模型的力量，来帮助我们分析流量的来源、质量、转化和策略，从而实现流量的最大化和优化。在本章中，我们将介绍在数字化营销的业务场景中，如何应用人工智能大模型来分析流量，以及产品经理和运营人员在其中所起的作用。

3.1 流量来源分析：用人工智能大模型揭开流量的秘密

随着互联网的发展，数字化营销已经成为各行各业的核心战略。数字化营销的目的是通过互联网平台，向潜在的用户推广产品或服务，从而实现用户增长、销售增长、品牌知名度提升等目标。数字化营销的过程可以分为4个阶段：吸引、转化、关闭和留存。其中，吸引阶段是指通过各种渠道，吸引用户访问产品或服务的网站或应用，也就是我们所说的引流。流量是数字化营销的核心指标之一，它反映了用户对产品或服务的兴趣和需求。流量的多少、质量及转化率，直接影响着数字化营销的效果和收益。

那么，如何获取流量呢？一般来说，流量的来源可以分为两大类：有偿流量和无偿流量。有偿流量是指通过付费的方式(如广告投放、购买链接、合作推广等)，获得的流量。无偿流量是指通过非付费的方式(如搜索引擎优化、社交媒体营销、内容营销、口碑传播等)，获得的流量。无论是有偿流量还是无偿流量，都需要进行流量来源分析，以了解流量的特征，优化流量的结构，提高流量的效率，增加流量的价值。

流量来源分析是指通过分析流量的来源渠道，了解用户的行为和偏好，从而优化产品设计和营销策略。流量来源分析的主要内容包括以下几个方面。

- 流量的数量和占比，即分析不同渠道流量的数量和占比，评估各渠道的流量贡献和效果，找出流量的主要来源和潜力来源，调整流量的分配和投入。
- 流量的质量和转化率，即分析不同渠道流量的质量和转化率，评估各渠道流量的匹配度和满意度，找出流量的优质来源和低效来源，提高流量的质量和转化率。
- 流量的特征和偏好，即分析不同渠道流量的特征和偏好，评估用户对各渠道流量的需求和期望，找出流量的特点和趋势，优化产品设计和营销策略。

流量来源分析是一项复杂而重要的工作，它需要对大量的数据进行收集、处理、分析和呈现。传统的流量来源分析方法，如Google Analytics、百度统计等，虽然能够提供一些基本的数据和报告，但是有以下几个局限性。

- 数据的准确性和完整性受到影响。传统的流量来源分析方法往往依赖第三方的平台和工具(如Cookie、JavaScript等)收集和追踪用户的数据。然而，这些平台和工具可能存在一些误差和缺失，如用户的隐私设置、浏览器的兼容性、网络的稳定性等，导致数据的准确性和完整性受到影响。
- 数据的深度和广度不足。传统的流量来源分析方法往往只能提供一些表面的数据和报告，如流量的数量、占比、转化率等，而不能提供一些深层的数据和报告，如流量的特征、偏好、行为等，导致数据的深度和广度不足。
- 数据的解读和应用困难。传统的流量来源分析方法往往只能提供一些静态的数据和报告，而不能提供一些动态的数据和报告，如流量的变化、影响、预测等，导致数据的解读和应用困难。

为了克服传统的流量来源分析方法的局限性，我们需要引入一种新的流量来源分析方法，那就是人工智能大模型。人工智能大模型在流量来源分析应用上具有以下几个优势。

- 人工智能大模型能够通过多种方式(如爬虫、API等)收集和追踪用户的数据，不受第三方的平台和工具的限制，提高了数据的准确性和完整性。
- 人工智能大模型能够通过深度学习、自然语言处理、计算机视觉等，来分析和理解用户的数据,不仅提供表面的数据和报告,还能提供深层的数据和报告,增加了数据的深度和广度。
- 人工智能大模型不仅提供静态的数据和报告,还能提供生成式、预测式、推荐式的动态数据和报告,简化了数据的解读和应用。

本节将重点讨论三种主要的流量来源:搜索引擎流量、社交媒体流量、广告投放流量,并给出一些实际的案例和示意图。

3.1.1 搜索引擎流量

搜索引擎流量是指通过搜索引擎,如百度、谷歌等,输入关键词或语句,搜索相关的内容,从而访问产品或服务所在网站或应用的流量。搜索引擎流量是一种无偿流量,在流量的数量和占比、流量的质量和转化率、流量的特征和偏好等方面具有以下特点。

- 流量的数量和占比方面。搜索引擎流量的数量和占比取决于产品或服务所在网站或应用在搜索引擎中的排名,以及用户的搜索意图和习惯。一般来说,搜索引擎排名越高,流量越多,流量占比越大。根据百度数据统计,2023年,中国的搜索引擎流量占比为38.7%,其中百度占比为76.5%,谷歌占比为15.3%,其他搜索引擎占比为8.2%。
- 流量的质量和转化率方面。搜索引擎流量的质量和转化率取决于产品或服务所在网站或应用与用户的搜索词的匹配度,以及用户的搜索需求和满足度。一般来说,匹配度越高,需求越强,流量越优,流量转化率越高。根据百度数据统计,2023年,中国的搜索引擎流量的平均转化率为2.3%,其中百度的转化率为2.5%,谷歌的转化率为1.8%,其他搜索引擎的转化率为1.6%。
- 流量的特征和偏好方面。搜索引擎流量的特征和偏好取决于用户的搜索行为和数据,如搜索词或语句、搜索频率、搜索时间、搜索地点、搜索设备、搜索结果、搜索点击、搜索反馈等。一般来说,这些搜索行为和数据能够反映出用户的兴趣、需求、期望、痛点、问题、解决方案等。

那么,如何应用人工智能大模型来进行搜索引擎流量来源分析呢?我们可以从以下几个方面来进行。

- 搜索引擎优化(search engine optimization,SEO)方面。搜索引擎优化是指通过优化产品或服务的内容、结构、技术、链接等,提高产品或服务在搜索引擎中的排名,增加搜索引擎流量的数量和占比的方法。
- 搜索引擎营销(search engine marketing,SEM)方面。搜索引擎营销是指通过付费的方式,如竞价排名、信息流广告等,在搜索引擎中展示产品或服务的广告,提高搜索引擎流量的质量和转化率的方法。
- 搜索引擎分析(search engine advertising,SEA)方面。搜索引擎分析是指通过分析用户的搜索行为和数据,如搜索词或语句、搜索频率、搜索时间、搜索地点、搜索设备、搜索结果、搜索点击、搜索反馈等,了解用户的特征和偏好,优化产品设计和营销策略的方法。

【搜索引擎流量来源分析的实际案例】假设一个在线教育平台，其提供各种在线课程，平台目标用户是想要学习新知识和技能的人。如果通过搜索引擎流量来源分析来提高流量及其转化率，可以采用以下步骤。

- 第一步，使用人工智能大模型来生成和优化产品或服务所在网站或应用的内容、结构、技术、链接等。例如，我们可以使用GPT-4来生成和优化网站或应用的标题、描述、关键词、正文、图片、视频等，使之符合搜索引擎的算法、规则、指标等，从而提高产品或服务在搜索引擎中的排名，增加搜索引擎流量的数量和占比，如图3.1所示。

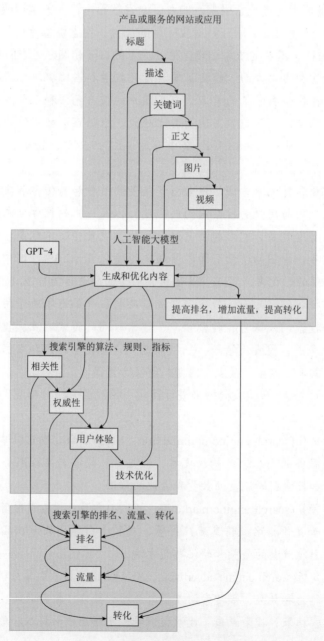

图3.1　搜索引擎优化分析示意图

- 第二步，使用人工智能大模型来生成和优化我们的产品或服务的网站或应用的广告。例如，我们可以使用BERT来生成和优化产品或服务在网站或应用中的广告标题、描述、图片、视频等，使之符合用户的搜索意图、需求、满足度等，从而提高搜索引擎流量的质量和转化率，如图3.2所示。

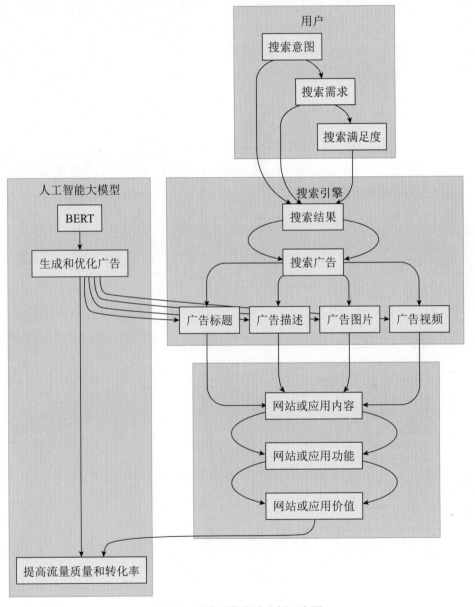

图3.2　搜索引擎营销分析示意图

- 第三步，使用人工智能大模型来分析用户的搜索行为和数据。例如，我们可以使用XLNet来分析用户的搜索行为和数据，如搜索词或语句、搜索频率、搜索时间、搜索地点、搜索设备、搜索结果、搜索点击、搜索反馈等，了解用户的特征和偏好，优化产品设计和营销策略，如图3.3所示。

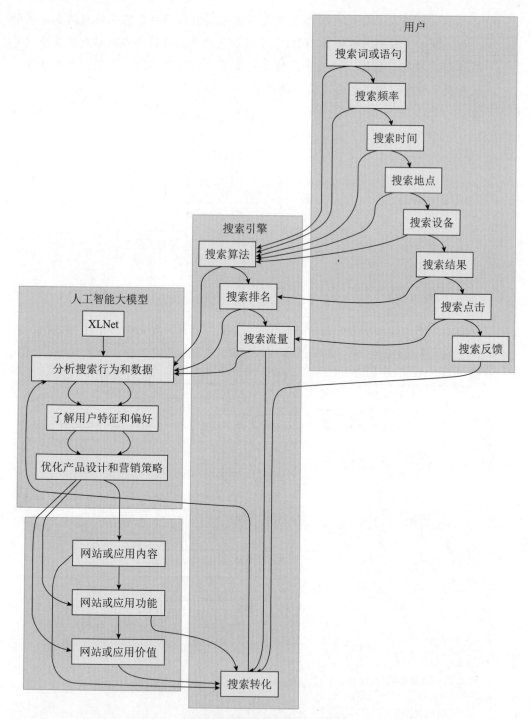

图 3.3　搜索引擎分析示意图

我们可以使用 XLNet 来分析以下信息。
- 用户的搜索词或语句。我们可以使用 XLNet 来分析用户输入的搜索词或语句,了解用户的搜索意图、需求、期望等。例如,我们可以使用 XLNet 来分析用户输入的 "在线教育平台" 这个搜索词,了解到用户想要找一个在线教育平台,用户的需求是学习新知识和技能，用户的期望是找到一个质量高、价格低、评价好的平台等。

- 用户的搜索频率。我们可以使用XLNet来分析用户的搜索频率，了解用户的搜索习惯、热度、活跃度等。例如，分析用户搜索"在线教育平台"这个词的频率，了解到用户搜索这个词的次数、时间间隔、时间段等，判断用户对这个词的关注程度、兴趣程度、参与程度等。
- 用户的搜索时间。我们可以使用XLNet来分析用户的搜索时间，了解用户的搜索场景、状态、心理等。例如，分析用户搜索"在线教育平台"这个词的时间，了解到用户搜索这个词的日期、时刻等，判断用户搜索这个词的原因、目的、动机等。
- 用户的搜索地点。我们可以使用XLNet来分析用户的搜索地点，了解用户的搜索位置、环境、文化等。例如，分析用户搜索"在线教育平台"这个词的搜索地点，了解到用户搜索时的城市、区域、地标等，判断用户搜索这个词的背景、条件、偏好等。
- 用户的搜索设备。我们可以使用XLNet来分析用户的搜索设备，了解用户的搜索工具、方式、体验等。例如，分析用户搜索"在线教育平台"这个词的使用设备，了解到用户搜索时使用的电脑、手机、平板等，判断用户搜索这个词的便利性、舒适性、满意度等。
- 用户的搜索结果。我们可以使用XLNet来分析用户的搜索结果，了解用户的搜索反馈、评价、选择等。例如，分析用户搜索"在线教育平台"这个词的搜索结果，了解到这个词的排名、展示、点击等，判断用户搜索这个词的效果、影响、偏好等。
- 用户的搜索点击。我们可以使用XLNet来分析用户的搜索点击，了解用户的搜索行为、动作、结果等。例如，分析用户搜索"在线教育平台"这个词的点击，了解到用户搜索这个词的跳转、停留、浏览等，判断用户搜索这个词的意图、需求、满足度等。
- 用户的搜索反馈。我们可以使用XLNet来分析用户的搜索反馈，了解用户的搜索感受、评价、建议等。例如，分析用户搜索"在线教育平台"这个词的反馈，了解到用户搜索这个词的满意度、忠诚度、推荐度等，判断用户搜索这个词的价值、质量、影响等。

3.1.2 社交媒体流量

社交媒体流量是指通过社交媒体(如微信、微博、抖音等)分享、转发、评论、点赞、关注等，访问网站或应用的流量。社交媒体流量是一种无偿流量，在流量的数量和占比、流量的质量和转化率、流量的特征和偏好等方面具有以下几个特点。

- 流量的数量和占比方面。社交媒体流量的数量和占比取决于产品或服务所在网站或应用在社交媒体中的曝光，以及用户的社交行为和习惯。一般来说，社交媒体曝光越多，流量越多，流量占比越大。根据百度数据统计，2023年，中国的社交媒体流量占比为24.5%，其中微信占比为45.6%，微博占比为23.4%，抖音占比为18.7%，其他社交媒体占比为12.3%。

- 流量的质量和转化率方面。社交媒体流量的质量和转化率取决于产品或服务所在网站或应用与用户的社交内容的匹配度，以及用户的社交需求和满足度。一般来说，匹配度越高，需求越强，流量越优，转化率越高。根据百度数据统计，2023年，中国的社交媒体流量的平均转化率为1.8%，其中微信的转化率为2.1%，微博的转化率为1.6%，抖音的转化率为1.4%，其他的社交媒体转化率为1.2%。

- 流量的特征和偏好方面。社交媒体流量的特征和偏好取决于用户的社交行为和数据(如分享、转发、评论、点赞、关注等)，以及用户的社交属性和网络(如性别、年龄、地区、兴趣、好友、粉丝等)。一般来说，这些社交行为和数据能够反映出用户的喜好、需求、期望、痛点、问题、解决方案等。

那么，如何应用人工智能大模型来进行社交媒体流量来源分析呢？我们可以从以下几个方面来进行。

- 社交媒体内容(social media content，SMC)方面。社交媒体内容是指通过创建、发布、更新、删除等，在社交媒体中展示产品或服务的内容，增加社交媒体流量的数量和占比的方法。

- 社交媒体营销(social media marketing，SMM)方面。社交媒体营销是指通过付费或非付费的方式，如广告投放、合作推广、口碑传播等，在社交媒体中推广产品或服务，提高社交媒体流量的质量和转化率的方法。

- 社交媒体分析(social media analytics，SMA)方面。社交媒体分析是指通过分析用户的社交行为和数据(如分享、转发、评论、点赞、关注等)，以及用户的社交属性和网络(如性别、年龄、地区、兴趣、好友、粉丝等)，了解用户的特征和偏好，优化产品设计和营销策略的方法。

【社交媒体流量来源分析的实际案例】假设一个在线教育平台，其提供各种在线课程，平台目标用户是想要学习新知识和技能的人。如果通过社交媒体流量来源分析来提高流量和转化率，可以采用以下步骤。

- 第一步，使用人工智能大模型来生成和优化产品或服务所在网站或应用的内容。例如，我们可以使用GPT-4来生成或优化网站或应用的内容，如文本、图片、视频、音频等，使之符合社交媒体的特点、规则、指标等，从而增加社交媒体流量的数量和占比，如图3.4所示。

- 第二步，使用人工智能大模型来生成和优化网站或应用的营销方案。例如，我们可以使用BERT来生成和优化产品或服务在网站或应用中的营销标题、描述、图片、视频等，使之符合用户的社交意图、需求、满足度等，从而提高社交媒体流量的质量和转化率，如图3.5所示。

第 3 章　揭秘流量：应用人工智能的流量分析方法

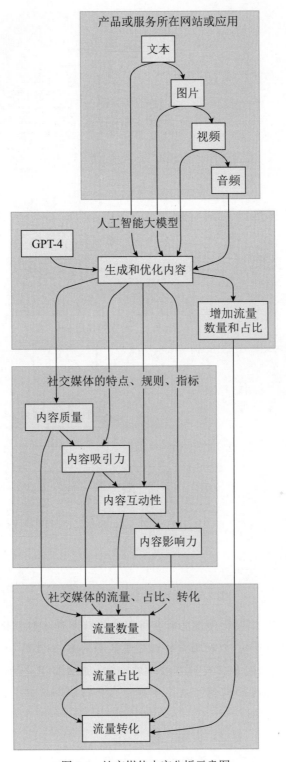

图 3.4　社交媒体内容分析示意图

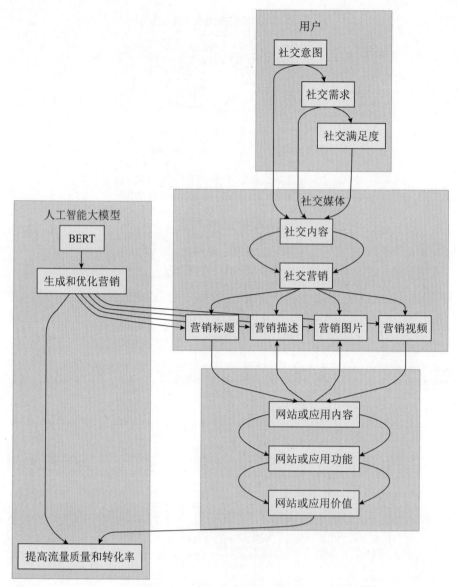

图 3.5 社交媒体营销分析示意图

- 第三步，使用人工智能大模型来分析用户的社交行为和数据(如分享、转发、评论、点赞、关注等)，以及用户的社交属性和网络(如性别、年龄、地区、兴趣、好友、粉丝等)。例如，我们可以使用XLNet来分析用户的社交行为和数据，以及用户的社交属性和网络，从而了解用户的特征和偏好，优化产品设计和营销策略，如图3.6所示。

我们可以使用XLNet，来分析以下信息。
- 用户的分享。我们可以使用XLNet来分析用户在社交媒体中分享的内容，了解用户的分享意图、需求、期望等。例如，分析用户在微信中分享的内容，了解到用户想要推荐我们的产品或服务给好友，用户的需求是学习新知识和技能，用户的期望是得到好友的认可和支持。

第 3 章　揭秘流量：应用人工智能的流量分析方法

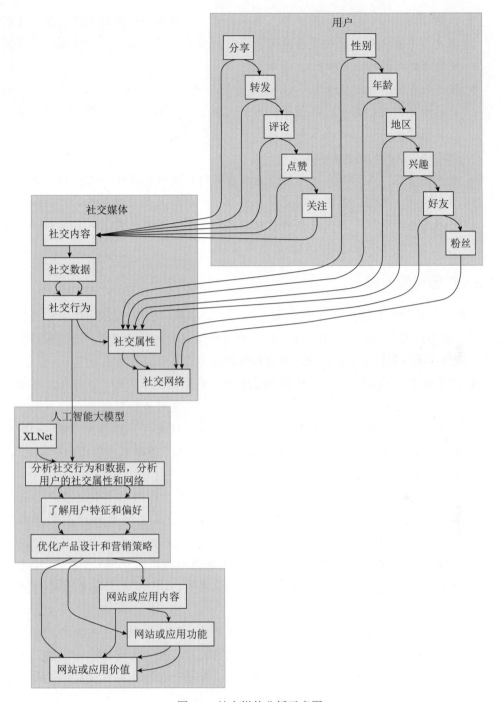

图 3.6　社交媒体分析示意图

- 用户的转发。我们可以使用 XLNet 来分析用户在社交媒体中转发的内容，了解用户的转发意图、需求、期望等。例如，分析用户在微博中转发的内容，了解到用户想要扩大产品或服务的影响力，用户的需求是学习新知识和技能，用户的期望是得到更多的关注和赞赏。
- 用户的评论。我们可以使用 XLNet 来分析用户在社交媒体中评论的内容，了解用

105

户的评论意图、需求、期望等。例如，分析用户在抖音中评论的内容，了解到用户想要表达他们的观点和感受，用户的需求是学习新知识和技能，用户的期望是得到我们的回复和反馈。
- 用户的点赞。我们可以使用XLNet来分析用户在社交媒体中点赞的内容，了解用户的点赞意图、需求、期望等。例如，分析用户在微信中点赞的内容，了解到用户想要表示他们的喜欢和支持，用户的需求是学习新知识和技能，用户的期望是得到我们的感谢和奖励。
- 用户的关注。我们可以使用XLNet来分析用户在社交媒体中关注的内容，了解用户的关注意图、需求、期望等。例如，分析用户在微博中关注的内容，了解到用户想要获取产品或服务的最新动态和信息，用户的需求是学习新知识和技能，用户的期望是得到我们的优惠和活动。

3.1.3 广告投放流量

广告投放流量是指通过广告平台(如百度广告、谷歌广告等)投放、展示、点击等，访问产品或服务的网站或应用的流量。广告投放流量是一种有偿流量，在流量的数量和占比、流量的质量和转化率、流量的特征和偏好等方面具有以下特点。

- 流量的数量和占比方面。广告投放流量的数量和占比取决于产品或服务所在网站或应用在广告平台中的投放，以及用户的广告行为和习惯。一般来说，投放越多，流量越多，流量占比越大。根据百度数据统计，2023年，中国的广告投放流量占比为18.2%，其中百度广告占比为52.4%，谷歌广告占比为31.6%，其他广告平台占比为16%。
- 流量的质量和转化率方面。广告投放流量的质量和转化率取决于产品或服务所在网站或应用与用户的广告内容的匹配度，以及用户的广告需求和满足度。一般来说，匹配度越高，需求越强，流量越优，转化率越高。根据百度数据统计，2023年，中国的广告投放流量的平均转化率为1.2%，其中百度广告的转化率为1.4%，谷歌广告的转化率为1.1%，其他广告平台的转化率为0.9%。
- 流量的特征和偏好方面。广告投放流量的特征和偏好取决于用户的广告行为和数据，如投放、展示、点击等，以及用户的广告属性和网络，如性别、年龄、地区、兴趣、好友、粉丝等。一般来说，这些广告行为和数据能够反映出用户的喜好、需求、期望、痛点、问题、解决方案等。

那么，如何应用人工智能大模型来进行广告投放流量来源分析呢？我们可以从以下几个方面来进行。

- 广告投放优化(advertisement putting optimization，APO)方面。广告投放优化是指通过优化产品或服务在广告平台中的投放，增加广告投放流量的数量和占比的方法。
- 广告内容优化(advertising content optimization，ACO)方面。广告内容优化是指通

过优化产品或服务在广告平台中展示的内容，提高广告投放流量的质量和转化率的方法。
- 广告数据分析(advertising data analysis，ADA)方面。广告数据分析是指通过分析用户的广告行为和数据，如投放、展示、点击等，以及用户的广告属性和网络，如性别、年龄、地区、兴趣、好友、粉丝等，了解用户的特征和偏好，优化产品设计和营销策略的方法。
  - 用户的投放。我们可以使用XLNet来分析用户在广告平台中投放的内容，了解用户的投放意图、需求、期望等。例如，分析用户在百度广告中投放的内容，了解到用户想要提高产品或服务的曝光度，用户的需求是学习新知识和技能，用户的期望是得到更多的流量和转化。
  - 用户的展示。我们可以使用XLNet来分析用户在广告平台中展示的内容，了解用户的展示意图、需求、期望等。例如，分析用户在谷歌广告中展示的内容，得知用户想要了解产品或服务的详情，用户的需求是学习新知识和技能，用户的期望是得到更多的信息和信任。
  - 用户的点击。我们可以使用XLNet来分析用户在广告平台中点击的内容，了解用户的点击意图、需求、期望等。例如，分析用户在百度广告中点击的内容，了解到用户想要访问网站或应用，用户的需求是学习新知识和技能，用户的期望是得到更多的体验和价值。

通过以上分析，我们可以使用XLNet来了解用户的特征和偏好，从而优化产品设计和营销策略。例如，了解用户对产品和服务的喜好、需求、期望、痛点、问题、解决方案等，从而优化产品和服务的内容、形式、功能、价格、评价等，提高用户的满意度、忠诚度、推荐度等，提高产品和服务的流量和转化率。

3.2　用人工智能大模型发现流量质量的真相

在数字化营销业务中，流量是一种重要的资源。然而，并非所有的流量都是有价值的，有些流量可能是无效的、低效的或者有害的。例如，有些流量是由机器人或者恶意软件产生的，有些流量是由误导或者欺骗的方式吸引的，有些流量是由竞争对手或者黑客发起的。这些流量不仅不能给业务带来正面的效果，反而造成资源的浪费、数据的失真或者对品牌的损害。因此，我们需要对流量的质量进行分析，以区分有价值的流量和无价值的流量，优化流量的获取、分配和利用。

流量质量影响了流量的转化率和留存率。一般来说，高质量的流量是指那些符合业务目标、需求明确、参与度高和忠诚度高的流量；而低质量的流量是指那些不符合业务目标、无明确需求、参与度低和忠诚度低的流量。例如，在电商业务中，高质量的流量是指那些有购买意向、有浏览和搜索行为、有加入购物车和下单行为、有复购和推荐行为的流量；而低质量的流量是指那些无购买意向、无浏览和搜索行为、无加入购物车和下单行为、无复购和推荐行为的流量。又如，在广告营销业务中，高质量的流量是指那些有兴趣和需求、有点击和浏览行为、有注册和订阅行为、有分享和评论行为的流量；而低质量的流量是指那些无兴趣和需求、无点击和浏览行为、无注册和订阅行为、无分享和评论行为的流量。再如，在用户增长业务中，高质量的流量是指那些有使用和体验、有互动和反馈、有成长和学习、有社交和传播的流量；而低质量的流量是指那些无使用和体验、无互动和反馈、无成长和学习、无社交和传播的流量。

如何分析流量的质量呢？传统的方法是通过一些基础的数据指标，如流量量、流量来源、流量成本、流量转化率等，来衡量流量的质量。这些指标虽然简单易用，但也有一定的使用局限，如不能反映流量的深层次的特征、需求、偏好和痛点，不能捕捉流量的动态变化和趋势，不能实现流量的细分，不能提供流量的预测和优化等。为了克服这些局限性，我们需要借助人工智能大模型的能力，来洞察流量的质量，从而提升流量的价值和效率。

人工智能大模型的优势在于它们可以利用海量的数据，学习和挖掘数据的深层次的规律和知识，从而提供更准确、更全面、更智能的分析和决策。在流量质量分析的场景中，人工智能大模型可以帮助我们完成以下任务。

- 识别流量的来源(如搜索引擎、社交媒体、广告平台、自然流量等)和属性(如地域、年龄、性别、兴趣、行为等)，从而对流量进行分类和分层。
- 分析流量的行为(如点击、浏览、搜索、跳转、停留、转化等)和关键节点(如进入、退出、注册、订阅、购买、分享等)，从而对流量进行追踪和评估。
- 洞察流量的需求(如购买意向、产品偏好、价格敏感度、服务期望等)和痛点(如信息不足、功能不便、体验不佳、信任不高等)，从而满足流量需求，解决痛点。
- 预测流量的变化(如流量的增长、下降、波动等)，预测流量的转化率、留存率、忠诚度、流失率等，从而对流量进行预测和优化。

通过应用人工智能大模型来洞察流量的质量，我们可以获得更多的流量信息，从而制定更有效的营销策略和产品方案，如选择更合适的流量渠道，分配更合理的流量资源，提供更个性化的流量服务，实现更高效的流量转化和留存等。这是人工智能大模型给流量质量分析带来的新视角和新能力，让我们能够更深入地了解流量的真相，更有效地提升流量的质量。接下来，我们将分别从点击率分析、跳出率分析和用户停留时间分析这三个方面，来具体地展示如何应用人工智能大模型来洞察流量的质量。

3.2.1 点击率分析

点击率是指流量在某个页面或者元素上的点击次数与展示次数的比例，它是衡量流量的参与度和兴趣度的常用指标。点击率可以反映流量对某个页面或者元素的吸引力和影响力，也可以反映流量的需求和偏好。一般来说，点击率越高，说明流量越活跃，越有可能进行下一步的行为，如浏览、搜索、跳转、转化等。因此，点击率是影响流量质量的重要因素之一。

然而，点击率并不是一个绝对的指标，它受到很多因素的影响，如页面或者元素的设计、内容、文案等，以及流量的来源、属性、行为、心理等。因此，我们不能单纯地以点击率的高低来判断流量的质量，而需要结合其他的数据指标来进行综合分析，如展示量、转化率、停留时间等。此外，我们也不能忽略点击背后的原因，如出于什么目的点击、有什么期待、遇到什么问题等。

为了更有效地分析点击率，我们需要借助人工智能大模型的能力来完成以下任务。

- 优化页面或者元素的设计，如布局、样式、动效等，以提高流量的注意力和兴趣，从而提高点击率。人工智能大模型可以通过学习海量的页面或者元素的设计数据，生成更优美、更合理、更符合用户喜好的设计方案。例如，在电商业务中，我们可以利用人工智能大模型优化商品详情页的设计，根据不同的商品类型、用户属性、行为数据等，自动调整商品详情页的布局、样式、动效等，使其更加清晰、美观、有序，突出商品的核心信息和优势，以适应不同的场景和需求，提高点击率和转化率。电商业务中应用点击率分析优化页面的流程如图3.7所示。
- 优化页面或者元素的内容，如文案、图片、视频、音频等，以提高流量的价值感和信任感，从而提高点击率。人工智能大模型可以通过学习海量的页面或者元素的内容数据，来生成更精准、更丰富、更有说服力的内容，从而提高流量的点击动机和效果。例如，在广告业务中，我们可以利用人工智能大模型优化广告的内容，根据不同的广告主题、用户属性、行为数据等，自动生成更适合的文案、图片、视频、音频等，使其更加符合用户的兴趣和需求，以提高广告的吸引力和影响力，提高点击率和转化率。广告业务中应用点击率分析优化内容的流程如图3.8所示。

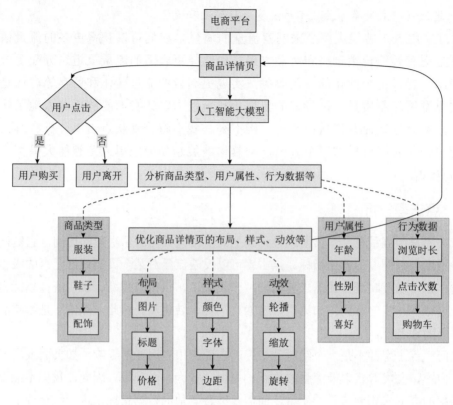

图 3.7　电商业务中应用点击率分析优化设计的流程

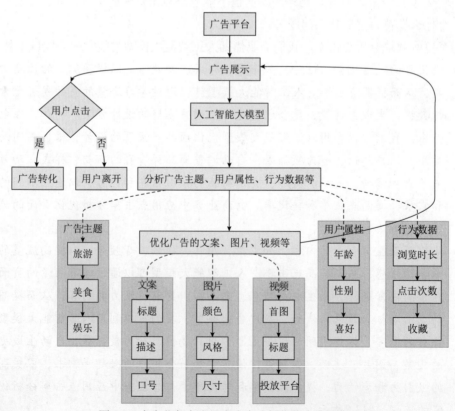

图 3.8　广告业务中应用点击率分析优化内容的流程

- 优化页面或者元素的文案，如标题、描述、标签、按钮等，以提高流量的行动力，从而提高点击率。人工智能大模型可以通过学习海量的页面或者元素的文案数据，生成更吸引人、更简洁、更有引导力的文案。例如，在用户增长业务中，人工智能大模型可以根据不同的应用类型、用户属性、行为数据等，自动生成更适合的标题、描述、标签、按钮等，使其更加符合用户的期待和情感，以提高应用的口碑，提高点击率和下载率。用户增长业务中应用点击率分析优化文案的流程如图3.9所示。

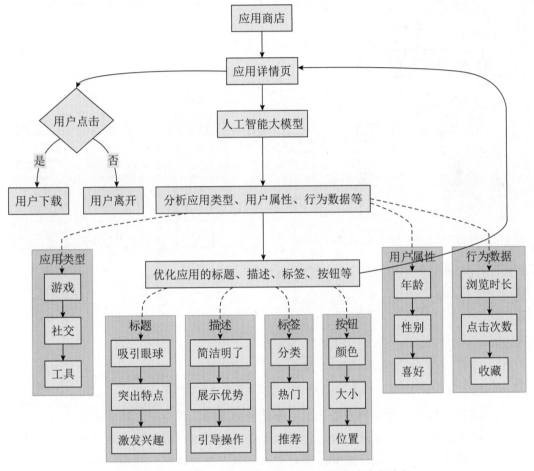

图3.9 用户增长业务中应用点击率分析优化文案的流程

- 分析页面或者元素的点击数据，如点击量、点击率、点击分布、点击路径等，以了解流量的行为和路径，从而评估流量的质量。人工智能大模型可以通过学习海量的页面或者元素的点击数据，挖掘流量的行为规律和路径模式，从而评估流量的参与度和兴趣度。例如，在电商业务中，我们可以利用人工智能大模型分析商品详情页的点击数据，根据不同的商品类型、用户属性、行为数据等，自动分析用户在商品详情页上的点击量、点击率、点击分布、点击路径等，以了解用户在商品详情页上的行为和路径，从而评估用户对商品的兴趣和需求，评估商品的吸引力和影响力。人工智能以提供更深入的用户洞察和商品评估。电商业务中点击数据分析的流程如图3.10所示。

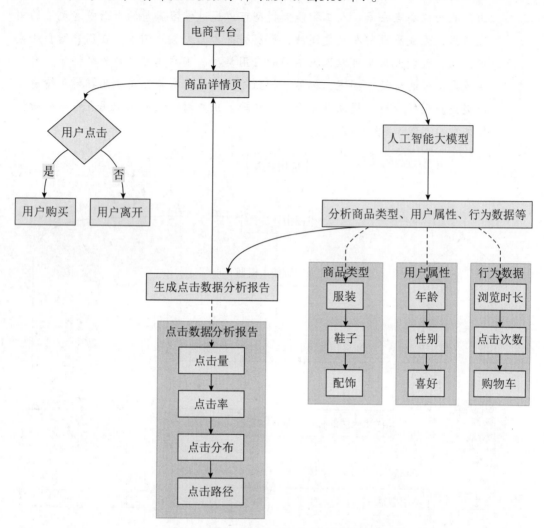

图3.10 电商业务中点击数据分析的流程

- 洞察页面或者元素的点击原因,如流量的目的、期待等,以了解流量的需求和偏好,从而满足流量的需求。人工智能大模型可以通过学习海量的页面或者元素的点击原因数据,理解流量的需求动机和偏好特征。例如,在广告营销业务中,人工智能大模型可以根据不同的广告主题、用户属性、行为数据等,自动理解用户点击广告的原因,如用户是想了解哪个信息、解决哪个问题、满足哪个愿望等,从而提供更合适的广告内容和服务,提高点击率和转化率。广告业务中洞察点击原因的流程如图3.11所示。

点击率分析是一种应用人工智能大模型来洞察流量的质量的有效方法,它可以帮助我们优化页面或者元素的设计、内容和文案,提高流量的注意力、兴趣、价值感和信任感,从而提高流量的点击率,满足流量的需求,实现流量的转化和留存。通过点击率分析,我们可以更深入地了解流量的特征、需求、偏好和痛点,从而制定更有效的营销策略和产品方案。

第 3 章 揭秘流量：应用人工智能的流量分析方法

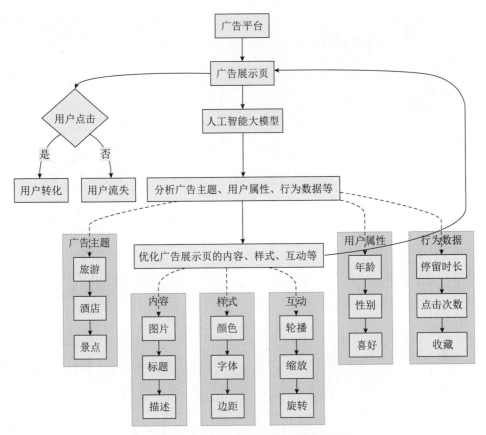

图 3.11 广告业务中洞察点击原因的流程

3.2.2 跳出率分析

跳出率是指流量在进入某个页面后，没有进行任何其他的行为，直接离开的比例，它是衡量流量的满意度和忠诚度的常用指标。跳出率可以反映流量对某个页面的满意度和留存意愿，也可以反映流量存在的问题。一般来说，跳出率越低，流量越满意，越有可能进行更多的行为，如浏览、搜索、跳转、转化等。因此，跳出率是影响流量质量的重要因素之一。

跳出率受到很多因素的影响，如页面的设计、内容、功能等，以及流量的来源、属性、行为、心理等。因此，我们不能单纯地以跳出率的高低来判断流量的质量，而需要结合其他的数据指标来进行综合分析，如点击率、转化率、停留时间等。此外，我们也不能忽略流量跳出的原因，如出于什么目的跳出、遇到什么问题等。

为了更有效地分析跳出率，我们需要借助人工智能大模型来完成以下任务。
- 优化页面的设计，如布局、样式、动效等，以提高页面的舒适度和美感，从而降低跳出率。人工智能大模型可以通过学习海量的页面的设计数据，生成更优美、更合理、更符合用户喜好的设计方案，从而提高流量的满意度和留存意愿。例如，在电商业务中，我们可以利用人工智能大模型来优化首页的设计，根据不同的用户属性、行为数据等，自动调整首页的布局、样式、动效等，使其更加清晰、美观、有序，突出首页的核心功能和优势，引导用户进行浏览和搜索。电商业务应用跳出率优化页面设计的流程如图3.12所示。

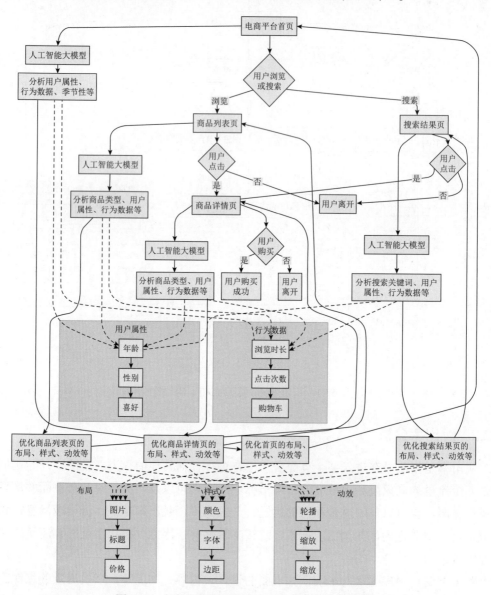

图3.12　电商业务应用跳出率优化页面设计的流程

- 优化页面的内容，如图片、视频、音频、文本等，以提高流量的价值感和信任感，从而降低跳出率。人工智能大模型可以通过学习海量的页面的内容数据，生成更精准、更丰富、更有说服力的内容，从而提高流量的价值感和信任感。例如，在广告营销业务中，我们可以利用人工智能大模型来优化落地页的内容，根据不同的广告主题、用户属性、行为数据等，自动生成更适合的图片、视频、音频、文本等，使其更符合用户的兴趣和需求，以提高落地页的吸引力和影响力，提高用户的转化率和忠诚度。广告营销业务应用跳出率优化页面内容如图3.13所示。

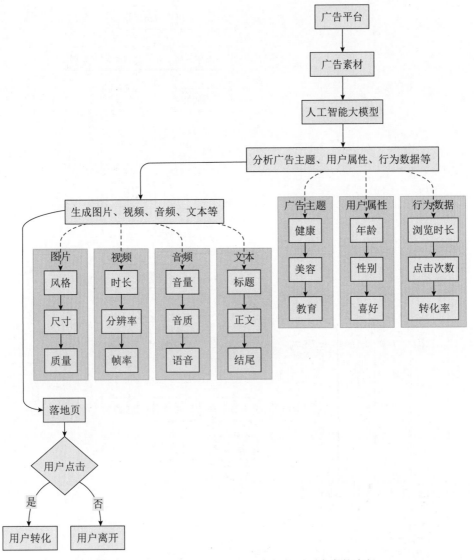

图3.13 广告营销业务应用跳出率优化页面内容的流程

- 优化页面的功能，如导航、搜索、推荐、互动等，以提高流量的参与便利度，从而降低跳出率。人工智能大模型可以通过学习海量的页面的功能数据，生成更智能、更高效、更符合用户需求的功能，从而提高流量的参与便利度。例如，在用户增长业务中，我们可以利用人工智能大模型来优化应用的功能，根据不同的应用类型、用户属性、行为数据等，自动生成更适合的导航、搜索、推荐、互动等，使其更符合用户的期待和情感，以提高应用的口碑，提高下载率和使用率。用户增长业务应用跳出率优化页面功能的流程如图3.14所示。

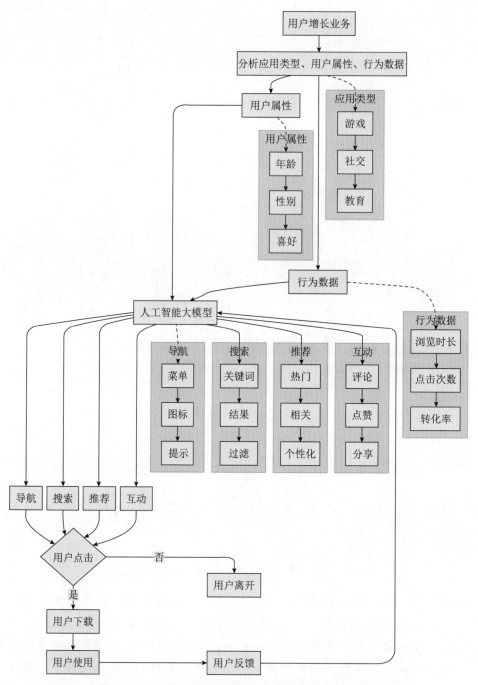

图 3.14 用户增长业务应用跳出率优化页面功能的流程

- 分析页面的跳出数据,如跳出量、跳出率、跳出分布、跳出路径等,以了解流量的行为和路径,从而评估流量的质量。人工智能大模型可以通过学习海量的页面的跳出数据,挖掘流量的行为规律和路径模式,从而评估流量的满意度和忠诚度。例如,在电商业务中,我们可以利用人工智能大模型来分析商品详情页的跳出数据,根据不同的商品类型、用户属性、行为数据等,自动分析用户在商品详情页上的跳出量、跳出率、跳出分布、跳出路径等,了解用户在商品详情页上的行为和路径，从而评估用户对商品的满意度和留存意愿，评估商品的吸引力和影响力，以提供更深入的用户洞察和商品评估。这样，我们就可以更清楚地了解用户在商品详情页上的跳出原因，如商品信息不足、商品价格不合理、商品评价不可信等，从而针对这些问题，进行相应的改进，降低用户的跳出率，提高用户的满意度和忠诚度。电商业务分析跳出数据的流程如图3.15所示。

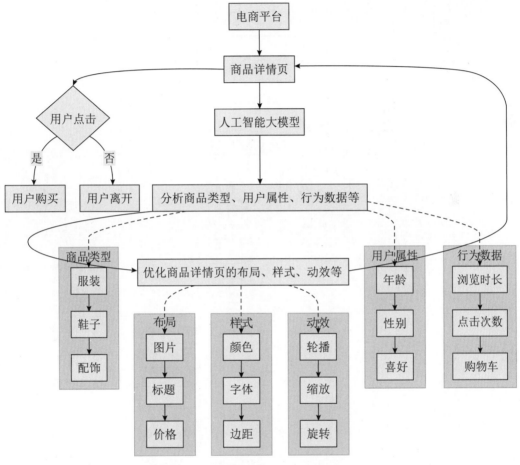

图 3.15　电商业务分析跳出数据的流程

- 洞察页面的跳出原因，如流量的目的、期待等，以了解流量的需求和偏好，从而满足流量的需求。人工智能大模型可以通过学习海量的页面的跳出原因数据，理解流量的需求动机和偏好特征，从而满足流量的需求。例如，在广告营销业务中，人工智能大模型可以根据不同的广告类型、用户属性、行为数据等，自动理解用户对广告的跳出原因，如用户是想了解哪个信息、解决哪个问题、满足哪个愿望等，从而提供更合适的广告内容和服务，降低跳出率，提高转化率。广告营销业务分析跳出原因的流程如图3.16所示。

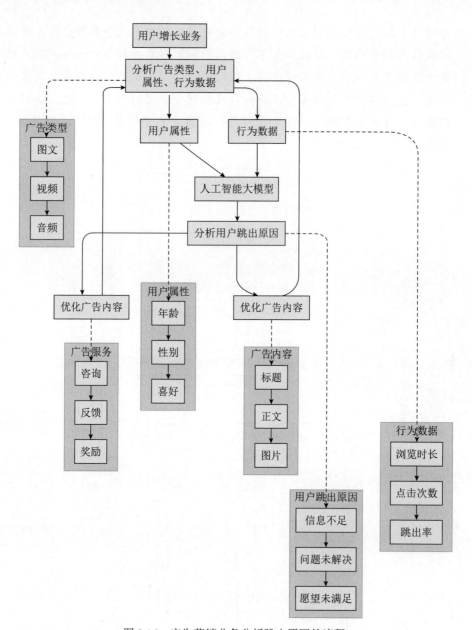

图 3.16 广告营销业务分析跳出原因的流程

跳出率分析是一种应用人工智能大模型来洞察流量的质量的有效方法，它可以帮助我们优化页面的设计、内容和功能，降低流量的跳出率，满足流量的需求，实现流量的转化和留存。通过跳出率分析，我们可以更深入地了解流量的特征、需求、偏好和痛点，从而制定更有效的营销策略和产品方案。

3.2.3 用户停留时间分析

用户停留时间是指流量在某个页面或者元素上的停留时长，它是衡量流量质量的常用指标。用户停留时间可以反映流量对某个页面或者元素的兴趣和价值，也可以反映流量的需求。一般来说，用户停留时间越长，用户越有可能进行更多的行为，如浏览、搜索、跳转、转化等。因此，用户停留时间是影响流量质量的重要因素之一。

用户停留时间受到很多因素的影响，如页面的设计、内容、功能等，以及流量的来源、属性、行为、心理等。因此，我们不能单纯地以用户停留时间的长短来判断流量的质量，而需要结合其他的数据指标来进行综合的分析，如点击率、跳出率、转化率等。此外，我们也不能忽略用户停留背后的原因，如出于什么目的、有什么期待、遇到什么问题等。

为了更有效地分析用户停留时间，我们需要借助人工智能大模型来完成以下任务。

- 优化页面的设计。例如，在电商业务中，我们可以利用人工智能大模型来优化商品分类页的设计，根据不同的用户属性、行为数据等，自动调整商品分类页的布局、样式、动效等，使其更加清晰、美观、有序，突出商品分类页的核心功能和优势，引导用户进行浏览和搜索。电商业务根据用户停留时间优化页面设计的流程如图3.17所示。

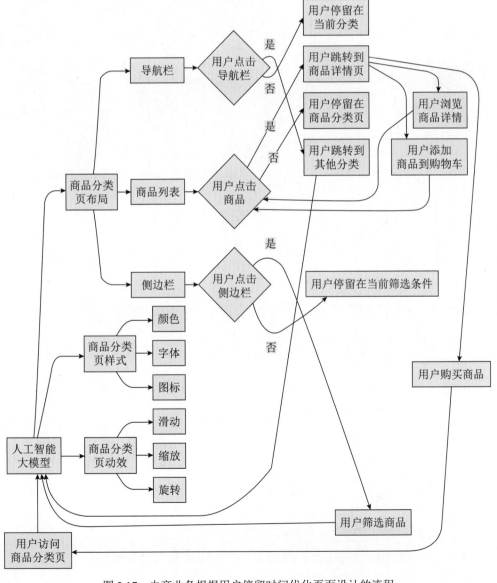

图 3.17　电商业务根据用户停留时间优化页面设计的流程

- 优化页面的内容。例如，在广告营销业务中，我们可以利用人工智能大模型来优化视频广告的内容，根据不同的广告主题、用户属性、行为数据等，来自动生成更适合的视频内容，如视频的时长、画面、音乐、语言、字幕等，使其更加符合用户的兴趣和需求，以提高视频广告的吸引力和影响力，提高观看时间和转化率。广告营销业务根据用户停留时间优化页面内容的流程如图3.18所示。

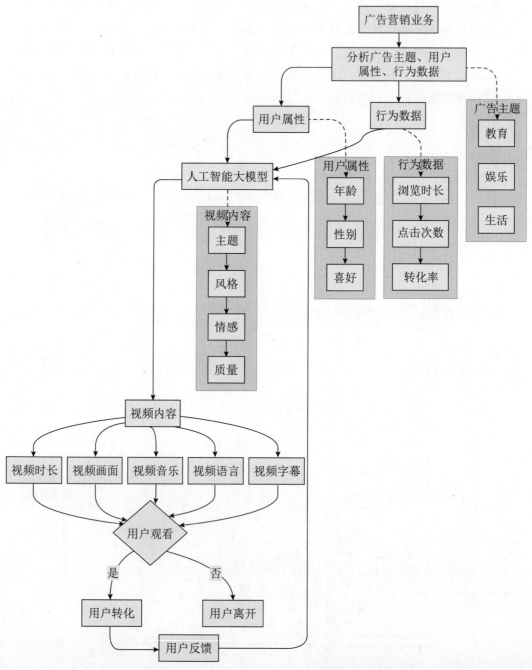

图3.18 广告营销业务根据用户停留时间优化页面内容的流程

- 优化页面的功能。例如，在用户增长业务中，我们可以利用人工智能大模型来优化社交媒体的功能，根据不同的社交媒体类型、用户属性、行为数据等，自动生成更适合的功能，如导航、搜索、推荐、互动等，使其更符合用户的期待和情感，以提高社交媒体的口碑，提高停留时间和使用率。用户增长业务根据用户停留时间优化页面功能的流程如图3.19所示。

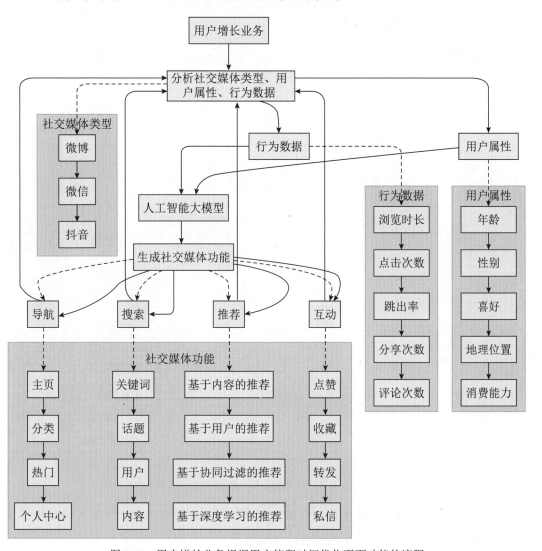

图3.19 用户增长业务根据用户停留时间优化页面功能的流程

- 分析页面的用户停留数据。例如，在电商业务中，我们可以利用人工智能大模型来分析商品详情页的用户停留数据，根据不同的商品类型、用户属性、行为数据等，自动分析用户在商品详情页上的停留量、停留时间、停留分布、停留路径等，了解用户在商品详情页上的行为和路径，从而评估用户对商品的兴趣，评估商品的吸引力和影响力以提供更深入的用户洞察和商品评估。这样，我们就可以更清楚地了解用户在商品详情页上的浏览深度和时长，如用户是浏览了哪些商品信息、花了多长时间、有没有进行比较和收藏等，从而针对这些数据，进行相应的改进，延长用户的停留时间，提高用户的转化率和忠诚度。电商业务分析用户停留数据的流程如图3.20所示。

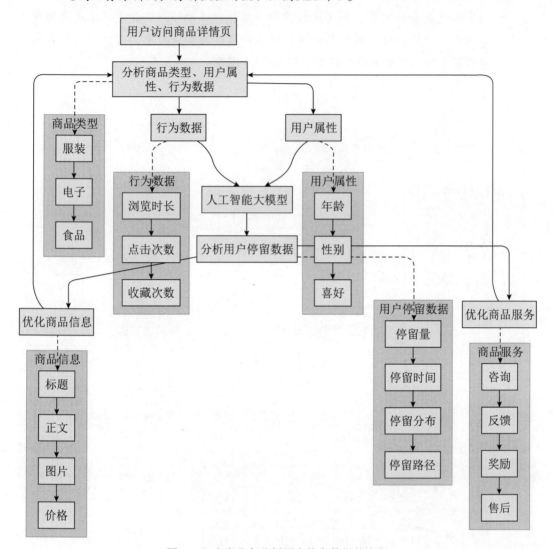

图3.20　电商业务分析用户停留数据的流程

- 洞察页面的用户停留原因。例如，在广告营销业务中，人工智能大模型可以根据不同的广告类型、用户属性、行为数据等，自动理解用户对视频广告的用户停留原因，如用户是想了解哪个信息、解决哪个问题、满足哪个愿望等，从而提供更合适的视频内容和服务，提高用户的停留时间和转化率。广告营销业务洞察页面停留原因的流程如图3.21所示。

用户停留时间分析是一种应用人工智能大模型来洞察流量的质量的有效方法，它可以帮助我们优化页面的设计、内容和功能，延长流量的用户停留时间，满足流量的需求，实现流量的转化和留存。通过用户停留时间分析，我们可以更深入地了解流量的特征、需求、偏好和痛点，从而制定更有效的营销策略和产品方案。

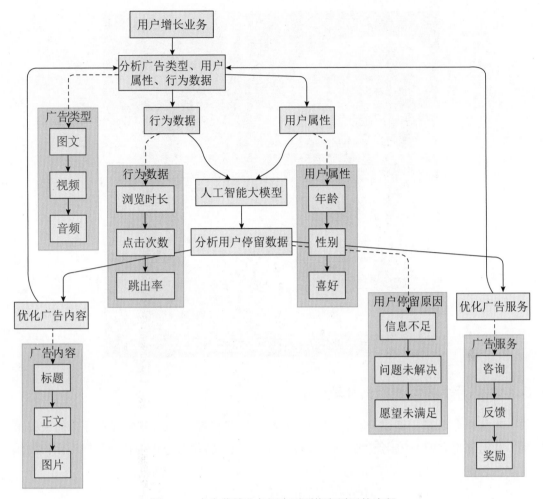

图 3.21　广告营销业务洞察页面停留原因的流程

3.3　流量魔法书：AI 大模型促进数字化营销转化

随着数字化营销的快速发展，企业正面临着巨大的竞争压力。在这个时代，了解如何通过人工智能大模型来分析和优化流量转化成为一项必备技能。

在数字化营销中，人工智能大模型可以帮助我们更好地理解和满足用户的需求和偏好，从而提高流量转化。在这一节中，我们将深入探讨如何利用人工智能大模型进行流量转化分析，详细介绍大模型在转化率、客单价和复购率分析中的应用。流量转化是指将访问网站或应用的用户转化为消费者的过程。流量转化的关键指标包括转化率、客单价和复购率。转化率是指在一定时间内，完成某个目标行为的用户数占总访问用户数的比例。客单价是指每个消费者的平均消费金额。复购率是指在一定时间内，再次购买的用户数占总购买用户数的比例。

3.3.1 应用大模型进行转化率分析

转化率分析是指通过分析用户的行为数据，找出影响用户完成目标行为的关键因素，从而制定有效的优化策略，提高转化率的过程。转化率分析的目的是提高用户的满意度和忠诚度，提升用户的留存率和活跃度，提升产品和业务的收益。

人工智能大模型进行转化率分析的流程如图3.22所示。

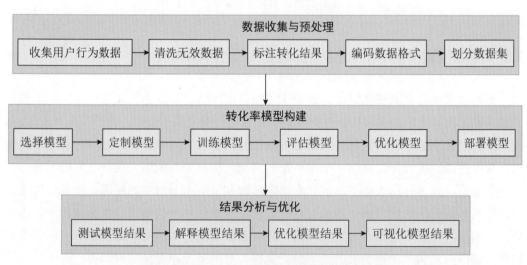

图3.22 人工智能大模型进行转化率分析的流程

1. 数据收集与预处理

数据是人工智能大模型的基础，因此数据的质量和数量直接影响了模型的效果。应用大模型进行转化率分析，我们需要收集尽可能多的用户行为数据，包括用户的基本信息、访问路径、点击行为、浏览时长、购买记录、反馈评价等。这些数据可以从网站或应用的后台、第三方平台、用户调研等渠道获取。

数据收集后，需要对数据进行预处理，以便于大模型的输入和输出。数据预处理主要包括以下步骤。

- 数据清洗，即去除无关的、重复的、错误的或者缺失的数据，保证数据的完整性和一致性。
- 数据标注，即给数据打上标签，表示用户是否完成了目标行为，如注册、购买、分享等。这些标签是大模型的监督信号，用于训练和评估模型的性能。
- 数据编码，即将数据转换为大模型能够识别和处理的格式，如数值、向量、张量等。可利用大模型的预训练模型或自定义的编码进行格式转换。

数据预处理后，就可以将数据划分为训练集、验证集和测试集，用于模型的训练、调优和测试。

2. 转化率模型构建

转化率模型是指预测用户是否完成目标行为的人工智能大模型。转化率模型的构建主要包括以下步骤。

- 选择模型。第一步，选择合适的人工智能大模型，如GPT-3、BERT、XLNet等。这些模型都是基于自注意力机制的深度神经网络，能够有效地处理多种类型的数据，如文本、图像、音频等，并且具有强大的泛化能力和迁移能力。
- 定制模型。根据转化率分析的具体场景和需求，对大模型进行定制，如添加或删除某些层、修改某些参数、调整某些激活函数等。这些定制可以提高模型的适应性和灵活性，使其更符合转化率分析的需求。
- 训练模型。利用训练集中的数据和标签，对大模型进行训练，使其能够从数据中学习到转化率的相关特征和规律，并且能够根据输入的数据输出相应的预测结果。训练模型时，可利用大模型的预训练权重，将其作为初始值，从而加速收敛和提高效果。
- 评估模型。利用验证集中的数据和标签，对大模型进行评估，检验其在未见过的数据上的表现，如准确率、召回率、AUC等，比较不同的现成模型或者不同的定制模型，从而选择最优的转化率模型。评估模型时，可以利用一些评估性的工具，如混淆矩阵、ROC曲线、PR曲线等，以展示模型的性能和优劣。
- 优化模型。根据模型评估的结果，对大模型进行优化，如调整学习率、增加正则化、添加噪声等。这些优化可以提高模型的泛化能力和鲁棒性，防止过拟合或者欠拟合，从而提高转化率的预测效果。
- 部署模型。将优化后的大模型部署到线上环境，与网站或应用的前端和后端进行对接，实现实时的转化率预测和推荐。部署模型时，需要考虑模型的性能、稳定性、安全性等因素，以保证用户的体验和满意度。

3. 结果分析与优化

转化率模型构建完成后，我们需要对模型的结果进行分析和优化，以提高转化率的实际效果。结果分析与优化模型主要包括以下步骤。

- 测试模型结果。利用测试集中的数据和标签，对模型的结果进行测试，验证模型的准确性和可靠性，以及模型对不同类型的用户和场景的适应性。测试结果时，可利用一些可视化的工具，如图表、仪表盘、热力图等，以展示模型的结果和性能。
- 解释模型结果。对模型的结果进行解释，找出模型的优势和劣势，以及影响因素和逻辑。解释结果时，可利用一些解释性的工具，如特征重要性、局部敏感度、对抗样本等，以揭示模型的内部机制和原理。
- 优化模型结果。根据结果的测试和解释，对模型的结果进行优化，如调整模型的参数、增加或删除某些特征、修改或添加某些规则等。优化结果时，可利用一些优化性的工具，如A/B测试、多臂老虎机、强化学习等，以实现动态的和自适应的优化。
- 结果可视化。对模型的结果进行可视化，用一些图形或者动画来展示模型的结果和效果，以及模型对复购率的影响和贡献。可视化结果时，可利用一些可视化的工具，如折线图、柱状图、饼图、散点图、雷达图等，来呈现模型的结果和优化。

3.3.2 应用大模型进行客单价分析

客单价是指每个消费者的平均消费金额，它反映了用户的购买能力和消费水平，直接影响着产品和业务的利润。提高客单价是数字化营销的一个重要目标，可以通过提高用户的消费频次、增加用户的消费品类、提升用户的消费质量等方式来实现。

客单价分析是指通过分析用户的消费数据，找出影响用户的消费行为和消费金额的关键因素，制定有效的优化策略，提高客单价的过程。客单价分析的目的是提高用户的消费满意度和忠诚度，增加用户的生命周期价值，提升产品和业务的竞争力。

在客单价分析中，人工智能大模型主要应用于分析客户消费行为、预测客单价和优化客单价三个方面。

1. 通过大模型分析客户消费行为

客户消费行为是指客户在购买商品或服务时所表现出的行为特征，如购买时间、购买频次、购买品类、购买金额、购买渠道等。客户消费行为分析是指通过分析客户的消费数据，了解客户的消费需求和偏好，从而为客户提供更个性化和更优质的服务的过程。

通过大模型分析客户消费行为的主要流程如图3.23所示。

- 数据收集与预处理。与转化率分析类似，我们需要收集尽可能多的客户消费数据，包括客户的基本信息、消费记录、反馈评价等，并对数据进行清洗、标注和编码，以便于大模型的输入和输出。

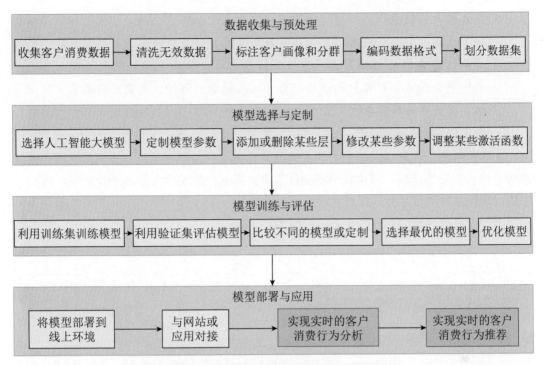

图 3.23 通过大模型分析客户消费行为的主要流程

- 模型选择与定制。选择合适的人工智能大模型(如GPT-3、BERT、XLNet等)，并根据客户消费行为分析的具体场景和需求对大模型进行定制，如添加或删除某些层、修改某些参数、调整某些激活函数等。
- 模型训练与评估。利用训练集中的数据和标签，对大模型进行训练和评估，使其能够从数据中学习到客户消费行为的相关特征和规律，根据输入的数据输出相应的分析结果，并且检验其在未见过的数据上的表现，如准确率、召回率、AUC等。
- 模型部署与应用。将优化后的大模型部署到线上环境，与网站或应用的前端和后端进行对接，实现实时的客户消费行为分析和推荐。

通过大模型分析客户消费行为的主要作用如下所述。

- 客户分群，即通过大模型对客户进行分群，将客户按照不同的消费特征和行为分为不同的群体，如新客、老客、高价值客、低价值客等。客户分群可以帮助产品经理和运营人员更好地了解客户的特点和需求，从而制定更有针对性和更有效的营销策略，提高客户的满意度和忠诚度。
- 描述客户画像，即通过大模型对客户进行画像，将客户的消费特征和行为用一些标签或者指标来描述，如年龄、性别、地域、职业、兴趣、偏好、消费水平、消费习惯等。客户画像可以帮助产品经理和运营人员更深入地了解客户的个性和心理，从而提供更个性化和更优质的服务。例如，通过客户画像，我们可以知道哪些客户更喜欢高端的商品，哪些客户更喜欢打折的商品，哪些客户更喜欢新品，哪些客户更喜欢多样的商品，从而针对不同的客户提供不同的推荐和促销策略，提高客户的满意度和忠诚度。

- 生成客户分析报告，即通过大模型对客户画像和客户分群的结果进行汇总和整理，生成客户分析报告，用于展示和分享客户的消费情况，分析客户的消费行为和消费金额的影响因素。客户分析报告可以帮助产品经理和运营人员更全面、更系统地了解客户的消费行为，从而制定更科学、更有效的客单价优化策略，提高产品和业务的利润。

2. 通过大模型预测客单价

客单价预测是指通过大模型对客户的消费金额进行预测，为客户提供更合理和更优惠的价格和折扣的过程。客单价预测的目的是提高客户的消费意愿和消费效率，增加客户的消费频次和消费品类，提升客户的消费质量。

通过大模型预测客单价的主要流程如图3.24所示。

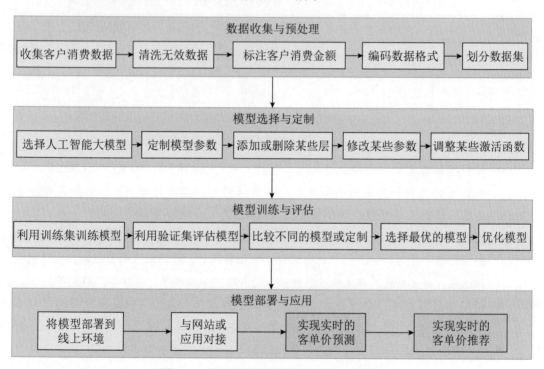

图 3.24　通过大模型预测客单价的主要流程

通过大模型预测客单价的主要作用如下所述。

- 价格优化，即通过大模型对客户的消费金额进行预测，为客户提供更合理、更优惠的价格和折扣。价格优化可以帮助产品经理和运营人员更好地平衡客户的消费意愿和消费效率，从而增加客户的消费频次和消费品类，提升客户的消费质量。
- 价格弹性分析，即通过大模型对客户的消费金额和价格之间的关系进行分析，了解客户对价格变化的敏感度和反应。价格弹性分析可以帮助产品经理和运营人员更好地制定价格策略，从而最大化产品和业务的利润。

3. 通过大模型优化客单价

客单价优化是指通过大模型对客户的消费金额进行优化，为客户提供更合适和更有价值的商品或服务的过程。客单价优化的目的是提高客户的消费满意度，增加客户的消费忠诚度和生命周期价值，提升产品和业务的竞争力。

通过大模型优化客单价的主要流程如图3.25所示。

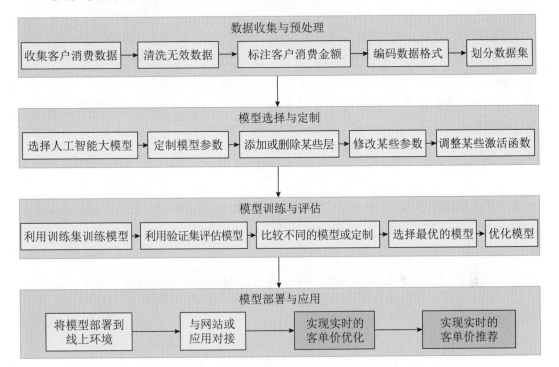

图3.25　通过大模型优化客单价的主要流程

通过大模型优化客单价的主要作用如下所述。

- 商品优化，即通过大模型对客户的消费金额进行优化，为客户提供更合适和更有价值的商品或服务。商品优化可以帮助产品经理和运营人员更好地匹配客户的需求和偏好，从而提高客户的消费满意度。例如，通过商品优化，我们可以知道哪些商品或服务更适合某些客户，哪些商品或服务可以提升某些客户的消费质量，哪些商品或服务可以增加某些客户的消费品类，从而针对不同的客户提供不同的商品或服务，提高客户的消费忠诚度和生命周期价值。
- 营销优化，即通过大模型对客户的消费金额进行优化，为客户提供更合理和更优惠的营销策略，如优惠券、满减、打折、赠品等。营销优化可以帮助产品经理和运营人员更好地激发客户的消费意愿和消费效率，从而提高客户的消费频次和消费品类，提升客户的消费质量。例如，通过营销优化，我们可以知道哪些客户更容易受到某些营销策略的影响，哪些客户更需要某些营销策略的激励，哪些客户更能从某些营销策略中获得更多的价值，从而针对不同的客户提供不同的营销策略，提高客户的消费忠诚度和生命周期价值。

3.3.3　应用人工智能大模型进行复购率分析

复购率是指在一定时间内，再次购买的用户数占总购买用户数的比例。复购率反映了用户对产品或服务的满意度和忠诚度,以及产品或服务的品质和口碑。复购率是数字化营销中的一个重要指标,它直接影响了产品和业务的利润。提高复购率是数字化营销的一个重要目标,它可以通过提高用户的满意度和忠诚度、增加用户的留存和活跃、提升用户的生命周期价值等方式来实现。

复购率分析是指通过分析用户的购买数据,找出影响用户再次购买的关键因素,从而制定有效的优化策略,提高复购率的过程。复购率分析的目的是提高用户的消费满意度和忠诚度,增加用户的生命周期价值,提升产品和业务的竞争力。

人工智能大模型在复购率分析中的应用流程与转化率分析类似,有数据收集与预处理、模型训练与优化、结果分析与优化三个步骤(见图3.26)。

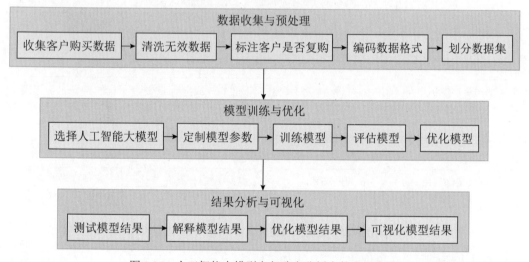

图 3.26 人工智能大模型在复购率分析中的应用步骤

数据收集与预处理是复购率分析的第一步,它决定了复购率模型的输入和输出。模型训练与优化是复购率分析的第二步,它决定了复购率模型的性能和效果。

结果分析与可视化是复购率分析的第三步,它决定了复购率分析的实际效果和价值。

3.4 如何用人工智能大模型玩转流量策略优化

流量是数字化营销业务的核心要素,无论是电商、广告营销还是用户增长,都离不开流量的获取和转化。如何有效地吸引和留住用户,提高用户的活跃度和付费率,是每个产品经理和运营人员都面临的挑战。本节将介绍如何利用人工智能大模型实施内容优化策略、广告优化策略和用户体验优化策略,以提升产品的竞争力和盈利能力。我们将分别从应用场景、应用过程和案例分析三个方面,展示人工智能大模型在流量策略优化中的作用和价值,说明产品经理和运营人员在其中的角色和职责。

第 3 章 揭秘流量：应用人工智能的流量分析方法

3.4.1 利用人工智能大模型实施内容优化策略

1. 应用场景

内容优化策略是指通过人工智能大模型生成或优化吸引用户的内容，如文章、视频、图片等，以提高用户的点击率和停留时间。内容优化策略适用于需要提供丰富和多样的内容的数字化营销业务，如电商、新闻、社交、娱乐等。内容优化策略的目的是提高内容的质量和数量，增加内容的覆盖度和匹配度，满足用户个性化的需求和偏好，从而吸引和留住用户，增加用户的活跃度和忠诚度，最终提升流量和收入。

2. 应用过程

利用人工智能大模型实施内容优化策略的流程，如图3.27所示。

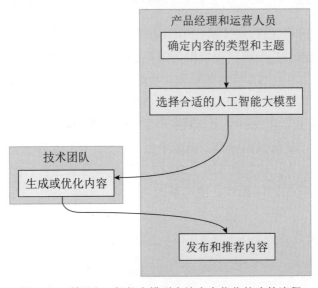

图 3.27 利用人工智能大模型实施内容优化策略的流程

- 第一步，确定内容的类型和主题。根据业务的特点和目标，确定需要生成或优化的内容的类型，如文章、视频、图片等，同时确定需要生成或优化的内容的主题，如新闻、教育、娱乐等。在这一步，产品经理和运营人员要根据市场分析和用户调研，制定内容的策略和规划，明确内容的目标和方向。
- 第二步，选择合适的人工智能大模型。根据内容的类型和主题，选择合适的人工智能大模型，如GPT-4、DALL-E、CLIP等，同时选择相应的数据集和参数，进行内容的生成或优化。在这一步，产品经理和运营人员与技术团队要紧密合作，选择和调整人工智能大模型的功能，确保内容的质量和效率。
- 第三步，生成或优化内容。利用人工智能大模型，根据内容的类型和主题，以及用户的需求和偏好，生成或优化内容。在这一步，产品经理和运营人员要监督和评估人工智能大模型的输出，检查和修改内容的正确性和合理性，优化内容的可读性和吸引力。
- 第四步，发布和推荐内容。在这一步，将得到的内容发布到相应的渠道，如网站、App、社交媒体等，并利用人工智能大模型进行内容的推荐和排序，根据用户的行为和反馈，实现内容的个性化和智能化的分发。在这一步，产品经理和运营人员要管理和维护内容的更新及分发，分析和优化内容的效果及影响，提高内容的点击率及停留时间。

3. 案例分析

【案例一：电商平台使用GPT-4生成商品描述】对于一个名为"Nike Air Max 270 React"的商品，GPT-4可以根据商品的图片和属性，生成如下的商品描述。

> Nike Air Max 270 React是一款结合了Air Max 270和React技术的运动鞋，拥有轻盈的缓震效果和时尚的外观。鞋面采用无缝工艺，鞋跟搭载了最大的Air单元，鞋底采用React泡棉，鞋舌和鞋带设计贴合，鞋身配色多样。Nike Air Max 270 React是一款适合日常穿着和运动的运动鞋，让您享受舒适和时尚的体验。

这样的商品描述不仅能够准确地介绍商品的优势，还能够引起用户的兴趣和好奇，促进用户的点击和购买。电商平台使用GPT-4生成商品描述的好处是节省人力和时间，提高生成的效率和质量，增加商品的曝光，从而提升流量和收入。

【案例二：新闻平台使用DALL-E生成新闻图片】新闻平台是一个需要给用户提供大量和多样的新闻信息的数字化营销业务的平台。新闻图片是新闻信息的重要组成部分，能够影响用户的阅读和分享。新闻平台可以使用DALL-E这个人工智能大模型，根据新闻的标题或内容生成新闻图片。DALL-E能够利用其强大的图像生成能力，生成符合新闻主题和风格的新闻图片，提高新闻的可视化和传播性，从而提高用户的点击率和分享率。例如，对于一个标题为"中国成功发射天问一号火星探测器"的新闻，DALL-E可以根据标题生成如图3.28所示的新闻图片。

第 3 章 揭秘流量：应用人工智能的流量分析方法

图 3.28 人工智能生成新闻图片

这样的新闻图片不仅能够清晰地展示新闻的内容，还能够激发用户的想象，促进用户的阅读和分享。新闻平台使用DALL-E生成新闻图片的好处是节省人力和时间，提高生成的效率和质量，增加新闻的吸引力和影响力，从而提升流量和收入。

【案例三：社交平台使用CLIP生成图片标签】社交平台是一个需要提供大量和多样的图片信息给用户的数字化营销业务的平台。图片标签是图片信息的重要组成部分，能够影响用户的搜索和发现。社交平台可以使用CLIP这个人工智能大模型，根据图片的内容和风格生成图片标签。CLIP能够利用其强大的图像理解能力，生成准确和丰富的图片标签，提高图片的分类和匹配，从而提高图片的搜索率和发现率。例如，对于一个内容为"一只猫在沙发上睡觉"的图片(见图3.29)，CLIP可以根据图片生成很多图片标签，例如猫、沙发、睡觉、宠物、可爱、懒惰、毛茸茸、白色、橙色、蓝色、窗户、花瓶、书架、画等。

图 3.29 一只猫在沙发上睡觉的图片

这样的图片标签不仅能够准确地描述图片的内容和风格,还能够增加图片的关联和多样性,促进用户的搜索和发现。社交平台使用CLIP生成图片标签的好处是节省人力和时间,提高生成的效率和质量,增加图片的曝光,从而提升流量和收入。

3.4.2 利用人工智能大模型实施广告优化策略

1. 应用场景

广告优化策略是指通过人工智能大模型分析或预测用户的行为和意图,实现精准的广告投放和推荐,以提高用户的转化率和购买率。广告优化策略适用于需要给用户提供有价值和有吸引力的广告信息的数字化营销业务,如电商、游戏、教育等。广告优化策略的目的是提高广告的效果和效率,减少广告的成本和浪费,满足用户的需求和偏好,从而吸引和留住用户,增加用户的活跃度和忠诚度,最终提升流量和收入。

2. 应用过程

利用人工智能大模型实施广告优化策略的流程如图3.30所示。

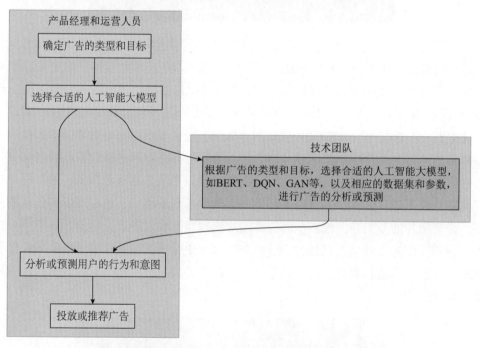

图3.30 利用人工智能大模型利用广告优化策略的流程

- 第一步,确定广告的类型和目标。根据业务的特点和目标,确定需要投放或推荐的广告的类型,如文字、图片、视频等,同时确定需要投放或推荐的广告的指标,如点击率、转化率、购买率等。在这一步,产品经理和运营人员要根据市场分析和用户调研,制定广告的策略和规划,明确广告的目标和方向。
- 第二步,选择合适的人工智能大模型。根据广告的类型和目标,选择合适的人工智能大模型,如BERT、DQN、GAN等,同时选择相应的数据集和参数,进行广告的分析或预测。在这一步,产品经理和运营人员与技术团队要紧密合作,选择和调整人工智能大模型的功能，确保广告的质量和效率。
- 第三步，分析或预测用户的行为和意图。利用人工智能大模型，根据用户的历史和实时的行为及反馈，分析或预测用户的行为和意图，如兴趣、需求、偏好、购买力等。在这一步，产品经理和运营人员要监督和评估人工智能大模型的输出，检查和修改用户的画像及标签，优化用户的分群。
- 第四步，投放或推荐广告。在这一步，用户行为和意图与广告的类型和目标进行匹配，将广告投放或推荐给最合适的用户。在这一步，产品经理和运营人员要管理和维护广告的更新及分发，分析和优化广告的效果及影响，提高广告的点击率及转化率。

3. 案例分析

【案例一：电商平台使用BERT进行广告推荐】广告推荐是指根据用户的行为和意图，给用户推荐最合适的广告，如商品、优惠券、活动等。电商平台可以使用BERT人工智能大模型，根据用户的历史和实时的行为和反馈，分析或预测用户的行为和意图，如兴趣、需求、偏好、购买力等，从而给用户推荐最合适的广告。BERT能够利用其强大的自然语言理解能力，理解用户的语言和语境，生成准确和丰富的用户画像及标签，提高广告的匹配度和相关度，从而提高用户的转化率和购买率。

例如，对于一个搜索了"运动鞋"的用户，BERT可以根据用户的搜索历史、浏览历史、购买历史等，分析或预测用户的行为和意图，如用户喜欢什么品牌、什么颜色、什么尺码、什么价格等，从而给用户推荐最合适的广告，如"Nike Air Max 270 React 8折优惠券""Adidas Ultra Boost 4.0 新品上市""Puma RS-X3 限量发售"等。这样的广告推荐不仅能够满足用户的需求和偏好，还能够激发用户的兴趣和欲望，促进用户的点击和购买。电商平台使用BERT进行广告推荐的好处是节省人力和时间，提高广告推荐的效率和质量，增加广告的效果和收益，从而提升流量和收入。

【案例二：游戏平台使用DQN进行广告投放】广告投放是指根据用户的行为和意图，投放最合适的广告形式，如游戏、道具、礼包等。游戏平台使用DQN广告推荐的人工智能大模型，根据用户的历史和实时的行为及反馈，分析或预测用户的行为和意图，如兴趣、需求、偏好、付费意愿等，从而投放最合适的广告。DQN能够利用其强大的强化学习能力，学习用户的行为和反馈，生成最优的广告投放策略，提高广告投放的效果和效率，从而提高用户的转化率和购买率。

例如，对于一个玩了"王者荣耀"的用户，DQN可以根据用户的玩法、成就、评分等，分析或预测用户的行为和意图，如用户喜欢什么英雄、什么皮肤、什么道具等，从而投放最合适的广告，如"王者荣耀限时免费领取李白新年限定皮肤""王者荣耀首充送史诗级英雄""王者荣耀每日签到送钻石"等。这样的广告投放不仅能够满足用户的需求和偏好，还能够激发用户的情感，提高忠诚度，促进用户的点击和购买。游戏平台使用DQN进行广告投放的好处是节省人力和时间，提高效率和质量，增加广告投放的效果和收益，从而提升流量和收入。

【案例三：教育平台使用GAN进行广告生成】广告生成是指根据用户的行为和意图，生成最合适的广告形式，如课程、证书、活动等。教育平台使用GAN这个人工智能大模型，根据用户的历史和实时的行为及反馈，分析或预测用户的行为和意图，如兴趣、需求、偏好、学习目标等，从而生成最合适的广告。GAN能够利用其强大的图像生成能力，生成符合用户的行为和意图的广告图片，提高广告的可视化和传播性，从而提高用户的转化率和购买率。

例如，对于一个学习了"Python编程"的用户，GAN可以根据用户的学习历史、学习进度、学习评价等，分析或预测用户的行为和意图，如用户想要学习什么方向、达到什么水平、获得什么证书等，从而生成最合适的广告，如"Python编程高级课程9.9元限时抢购""Python编程微软认证证书免费领取""Python编程在线竞赛，千元大奖等你来"等。这样的广告生成不仅能够满足用户的需求和偏好，还能够激发用户的兴趣，促进用户的点击和购买。教育平台使用GAN进行广告生成的好处是节省人力和时间，提高效率和质量，增加广告的效果和收益，从而提升流量和收入。

3.4.3　利用人工智能大模型实施用户体验优化策略

1. 应用场景

用户体验优化策略是指通过人工智能大模型提供或改善用户的交互和反馈，如语音、图像、情感等，以提高用户的满意度和留存率。用户体验优化策略适用于需要提供高质量和高效率的用户服务的数字化营销业务，如客服、咨询、教育等。用户体验优化策略的目的是提高用户的体验和忠诚，减少用户的抱怨和流失，满足用户的期望和信赖，从而吸引和留住用户，增加用户的活跃度和忠诚度，最终提升流量和收入。

2. 应用过程

利用人工智能大模型实施用户体验优化策略的流程如图3.31所示。

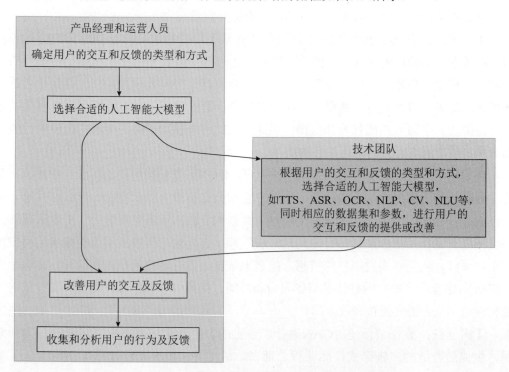

图3.31　利用人工智能大模型实施用户体验优化策略的流程

- 第一步，确定用户的交互和反馈的类型和方式。根据业务的特点和目标，确定需要提供或改善的交互和反馈的类型，如语音、图像、情感等，同时确定需要提供或改善的交互和反馈的方式，如电话、网页、App等。在这一步，产品经理和运营人员要根据市场分析和用户调研，制定用户体验的策略和规划，明确用户体验的目标和方向。
- 第二步，选择合适的人工智能大模型。根据用户的交互和反馈的类型，选择合适的人工智能大模型，如TTS、ASR、OCR、NLP、CV、NLU等，同时选择相应的数据集和参数，进行用户的交互和反馈的提供或改善。在这一步，产品经理和运营人员与技术团队要紧密合作，选择和调整人工智能大模型的功能，确保用户体验的质量和效率。
- 第三步，改善用户的交互及反馈。利用人工智能大模型，根据用户的交互和反馈的类型，以及用户的需求和偏好，改善用户的交互和反馈，如语音、图像、情感等。在这一步，产品经理和运营人员要监督和评估人工智能大模型的输出，检查和修改用户的交互和反馈的正确性及合理性，优化用户的交互和反馈的可用性及友好性。
- 第四步，收集和分析用户的行为及反馈。在这一步，将得出的用户的交互和反馈与用户的行为和反馈进行对比，评估指标包括满意度、留存率、转化率等，以评估用户体验的效果和影响，以及用户的需求和偏好的变化。在这一步，产品经理和运营人员要管理和维护用户的行为及反馈，分析和优化用户体验的效果及影响，提高用户的满意度和留存率。

3. 案例分析

【案例一：客服平台使用TTS和ASR进行语音交互】客服平台是一个需要提供高质量和高效率的用户服务的数字化营销业务的平台。语音交互是指通过语音的方式与用户进行沟通，如电话、语音消息等。客服平台使用TTS和ASR这两个人工智能大模型，分别进行语音的合成和识别，从而实现语音交互的提供或改善。TTS能够利用其强大的语音合成能力，将文本转换为语音，提供自然和流畅的语音输出，提高语音的清晰度和逼真度，从而提高用户的理解度和信任度。ASR能够利用其强大的语音识别能力，将语音转换为文本，提供准确和快速的语音输入，提高语音的识别率和响应率，从而提高用户的满意度。例如，对于一个拨打了"10086"的用户，TTS和ASR可以分别进行语音的合成和识别，实现如下的语音交互。

TTS：您好，欢迎拨打10086，这里是中国移动客服中心，我是您的智能语音助理，您可以通过语音或按键的方式选择您需要的服务，我们将竭诚为您服务。

ASR：请问您需要什么服务？

用户：我想查询一下我的话费余额。

ASR：好的，您想查询您的话费余额，是吗？

用户：是的。

> ASR：请稍等，我们正在为您查询您的话费余额。
> TTS：您的话费余额为50元，您还可以使用30元，感谢您的使用，祝您生活愉快，再见。

这样的语音交互不仅能够提供友好和人性化的语音服务，还能够快速和准确地解决用户的问题，提高用户的体验感和忠诚度，从而提升流量和收入。客服平台使用TTS和ASR进行语音交互的好处是节省人力和时间，提高交互效率和质量，增加用户的满意度和留存率，从而提升流量和收入。

【案例二：咨询平台使用OCR和NLP进行图像交互】OCR能够将用户上传的身份证图片中的文字信息(如姓名、性别、民族、出生日期、身份证号等)识别出来，并转换为文本。

> 姓名：张三
> 性别：男
> 民族：汉
> 出生日期：1990年1月1日
> 身份证号：110101199001010011

NLP能够将OCR识别出来的文本信息，进行分析和处理，根据用户的咨询目的，提供相应的文本输出。

> 您好，您上传的身份证信息已经识别成功，您的姓名是张三，您的性别是男，您的民族是汉，您的出生日期是1990年1月1日，您的身份证号是110101199001010011。请问您需要咨询什么服务呢？我们可以为您提供以下几种服务：身份证挂失、身份证补办、身份证换领、身份证验证和其他。

这样的图像交互不仅能够快速、准确地识别和处理用户的图像信息，还能够提供友好和人性化的文本服务，提高用户的体验感和忠诚度，从而提升流量和收入。咨询平台使用OCR和NLP进行图像交互的好处是节省人力和时间，提高效率和质量，增加用户的满意度和留存率，从而提升流量和收入。

【案例三：教育平台使用NLU和CV进行情感交互】教育平台是一个需要提供高质量和高效率的用户服务的数字化营销业务的平台。情感交互是指通过情感的方式(如表情、语气、音乐等)与用户进行沟通。教育平台使用NLU和CV这两个人工智能大模型，分别进行用户的语言和图像的情感分析，从而实现情感交互的提供或改善。NLU能够利用其强大的自然语言理解能力，分析用户语言中的情感，如喜怒哀乐、满意或不满、信任或不信任等，提供合适的语言反馈。CV能够利用其强大的计算机视觉能力，分析用户图像中的情感，如笑容、眼神、姿态等，提供合适的图像反馈。例如，对于一个学习了"英语口语"的用户，NLU和CV可以分别进行用户的语言和图像的情感分析，实现如下的情感交互。

NLU能够分析用户语言中的情感，如用户说"我觉得英语口语很难，我不知道怎么学"，NLU可以分析出用户的情感是不满和困惑，从而提供合适的语言反馈。

> 您好，我理解您的感受，英语口语确实需要一定的时间和方法才能学好，但是您不用担心，我们的教育平台可以为您提供专业和有效的英语口语学习方案，让您轻松掌握英语口语。您可以先试听一下我们的免费课程，看看是否适合您的学习需求和水平。

CV能够分析用户图像中的情感，如用户的表情是皱眉和垂头，CV可以分析出用户的情感是不满和困惑，从而提供合适的图像反馈。

> 您好，我看到您的表情不太开心，是不是遇到了什么困难呢？我们的教育平台可以为您提供专业和有效的英语口语学习方案，让您轻松掌握英语口语。您可以先试听一下我们的免费课程，看看是否适合您的学习需求和水平。同时，我们还可以为您提供一些鼓励和支持，让您感受到学习的乐趣和成就，让您放松一下心情，增加一些信心和动力。

这样的情感交互能够准确和及时地分析和处理用户的情感，提供友好和人性化的情感服务，提高用户的体验感和忠诚度，从而提升流量和收入。教育平台使用NLU和CV进行情感交互的好处是节省人力和时间，提高效率和质量，增加用户的满意度和留存率，从而提升流量和收入。

3.4.4 人工智能大模型流量策略优化应用于用户增长

1. 应用场景

用户增长是指通过各种手段和渠道，吸引和留住更多的用户，提高用户的活跃度和付费率，从而实现业务的增长和盈利。用户增长是数字化营销业务的最终目标，也是最具挑战性的任务。人工智能大模型流量策略优化应用于用户增长，是指将人工智能大模型在内容优化、广告优化和用户体验优化三大流量策略中的应用，与用户增长的目标相结合，实现用户增长的提升和优化。

2. 应用过程

人工智能大模型流量策略优化应用于用户增长的流程如图3.32所示。

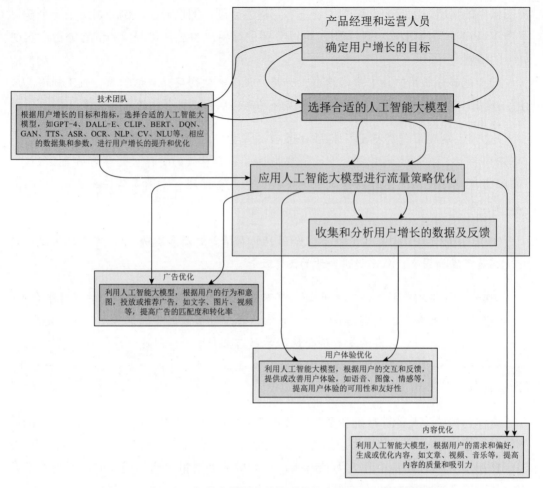

图 3.32 使用人工智能大模型流量策略优化应用于用户增长的流程

- 第一步，确定用户增长的目标。根据业务的特点和目标，确定需要优化的用户增长的目标，如用户数、活跃度、付费率、留存率、收入等。在这一步，产品经理和运营人员要根据市场分析和用户调研，制定用户增长的策略和规划，明确用户增长的目标。

- 第二步，选择合适的人工智能大模型。根据用户增长的目标，选择合适的人工智能大模型，如GPT-4、DALL-E、CLIP、BERT、DQN、GAN、TTS、ASR、OCR、NLP、CV、NLU等，同时选择相应的数据集和参数，进行用户增长的提升和优化。在这一步，产品经理和运营人员与技术团队要紧密合作，选择和调整人工智能大模型的功能，确保用户增长的质量和效率。

- 第三步，应用人工智能大模型进行流量策略优化。利用人工智能大模型，根据用户增长的目标，应用内容优化、广告优化和用户体验优化三大流量策略，提升和优化用户增长的效果和影响。在这一步，产品经理和运营人员要监督和评估人工智能大模型的输出，检查和修改流量策略的正确性和合理性，优化流量策略的可行性和有效性。

- 第四步,收集和分析用户增长的数据及反馈。在这一步,将得到流量策略优化结果与用户增长的数据及反馈进行对比,评估指标包括用户数、活跃度、付费率、留存率、收入等,以评估用户增长的效果和影响,同时评估用户增长的问题和改进。在这一步,产品经理和运营人员要管理和维护用户增长的数据及反馈,分析和优化用户增长的效果及影响,实现用户增长的目标。

3. 案例分析

【案例一】电商平台使用GPT-4、DALL-E、CLIP、BERT进行用户增长。电商平台是一个需要提升和优化用户增长的数字化营销业务,用户增长的评估指标包括用户数、活跃度、付费率、留存率、收入等。电商平台使用GPT-4、DALL-E、CLIP、BERT这4个人工智能大模型,分别实施内容优化、广告优化和用户体验优化三大流量策略,优化用户增长的效果和影响,具体的应用过程如下所述。

- 内容优化。电商平台使用GPT-4进行内容优化,根据商品的名称、图片、属性等,生成商品描述,提高商品的吸引力和信任度,从而提高用户的转化率和购买率。
- 广告优化。电商平台使用DALL-E和CLIP进行广告优化,根据用户的行为和意图,生成和推荐最合适的广告图片,提高广告的可视化和传播性,从而提高用户的点击率和分享率。
- 用户体验优化。电商平台使用BERT进行用户体验优化,根据用户的语言和语境,改善用户的交互和反馈,如搜索、推荐、评价等,提高用户的理解度和信赖度,从而提高用户的满意度和留存率。

【案例二】广告营销平台使用BERT、DQN、GAN进行用户增长。广告营销平台是一个需要提升和优化用户增长的数字化营销业务的平台,用户增长的评价指标包括用户数、活跃度、转化率、收入等。广告营销平台使用BERT、DQN、GAN这三个人工智能大模型,分别实施内容优化、广告优化和用户体验优化三大流量策略,优化用户增长的效果和影响,具体的应用过程如下所述。

- 内容优化。广告营销平台使用BERT进行内容优化,根据广告的类型和目标,生成或优化广告的文本,提高广告的清晰度和逼真度,从而提高用户的理解度和信任度。
- 广告优化。广告营销平台使用DQN进行广告优化,根据用户的行为和意图,分析或预测用户的行为和意图,生成最优的广告投放策略,提高广告的效果和效率,从而提高用户的转化率和购买率。
- 用户体验优化。广告营销平台使用GAN进行用户体验优化,根据用户的行为和意图,生成符合用户的行为和意图的广告图片,提高广告的可视化和传播性,从而提高用户的点击率和分享率。

【案例三】用户增长平台使用TTS、ASR、OCR、NLP、CV、NLU进行用户增长。用户增长平台是一个需要提升和优化用户增长的数字化营销业务的平台,用户增长的评估指标包括用户数、活跃度、付费率、留存率、收入等。用户增长平台使用TTS、

ASR、OCR、NLP、CV、NLU这6个人工智能大模型，分别进行内容优化、广告优化和用户体验优化三大流量策略，优化用户增长的效果和影响，具体的应用过程如下所述。

- 内容优化。用户增长平台使用TTS和ASR进行内容优化，根据用户的语言和语境，生成或优化用户的语音，提高用户的清晰度和逼真度，从而提高用户的理解度和信任度。
- 广告优化。用户增长平台使用OCR和NLP进行广告优化，根据用户的图像和文本，生成或优化用户的图像和文本，提高用户的分类和匹配，从而提高搜索率和发现率。
- 用户体验优化。用户增长平台使用CV和NLU进行用户体验优化，根据用户的图像和语言，分析或预测用户的情感，改善交互和反馈，如改善表情、语气、音乐等，提高交互的适应度和亲和度，从而增加用户的理解和信赖。

结语

希望本章内容对你有所启示和帮助，如果你想要深入学习更多内容，请关注作者个人公众号"产品经理独孤虾"。在那里，你可以找到更多的案例。

第4章
精准定位你的产品：用大模型构建商品工业属性画像

商品工业属性画像是对商品的特征、功能、优势等进行系统化、标准化、结构化描述的集合，它可以帮助你更好地了解商品，更有效地管理商品，更有针对性地推荐商品，从而提升商品竞争力和用户满意度。

商品工业属性画像的构建和应用是一项非常复杂和困难的任务，它涉及大量的数据采集、处理、分析、挖掘、展示等环节，而且需要不断地更新和优化，以适应市场的变化和用户的需求。传统的方法往往依赖于人工的规则和模板，效率低下，准确度不高，灵活性差，可扩展性有限。

那么，有没有一种更好的方法可以让你轻松地构建和应用商品工业属性画像呢？答案是肯定的，那就是人工智能大模型。我们可以用人工智能大模型构建商品工业属性画像。

4.1 商品工业属性画像：让你的商品更智能、更高效、更有价值

在数字化营销的时代，商品是企业与消费者之间的重要纽带，也是企业的核心竞争力。商品的品质、功能、性能、安全性，直接影响着消费者的购买决策和满意度。因此，对商品的属性进行准确的识别、分析和挖掘，是提高商品的智能化、高效化和价值化的关键。

然而，传统的商品属性识别方法往往只能获取商品的表层属性，如名称、类别、价格、规格、颜色等，而忽略了商品的深层属性，如成分、材质、工艺、质量等。而这些深层属性往往是商品的工业属性。

商品的工业属性不仅对消费者有重要意义，对企业也有重要意义。消费者关心商品的工业属性，是因为它们直接影响消费者的健康和安全。企业关心商品的工业属性，是因为它们直接影响商品的生产成本和效率，以及商品的市场竞争力和用户满意度。因此，对商品的工业属性进行准确的识别、分析和挖掘，是消费者和企业双赢的关键。

那么,如何对商品的工业属性进行准确的识别、分析和挖掘呢?传统的方法往往需要依靠人工的方式,通过专业的仪器、设备、标准、流程等,对商品的工业属性进行检测、测量、评估等。这种方法不仅耗时耗力,而且容易出现误差,导致商品的工业属性的识别效果不佳,影响商品的品质和价值。随着大数据、云计算、人工智能等技术的发展,一种新的方法应运而生,那就是商品工业属性画像。

商品工业属性画像是一种基于商品工业属性的数据分析和挖掘方法,它能够更准确地识别商品的属性和特征,从而为商品的搜索、推荐、管理、营销、研发等环节提供有效的支持。商品工业属性画像是一种利用数据和算法,将商品的工业属性转化为可视化、可理解、可操作的画像,从而让商品的工业属性更加清晰、直观、易用。商品工业属性画像是一种将商品的工业属性与商品的其他属性(如用户属性、行为属性、场景属性等)进行关联、匹配、优化的方法,从而让商品的工业属性更智能、更高效、更有价值。

4.1.1 商品工业属性及商品工业属性画像概述

1. 商品工业属性概述

商品工业属性,是指商品的物理、化学、生物等属性,它们决定了商品的品质、功能、性能、安全性等特征。商品工业属性是商品的本质属性,是商品的价值所在。

商品工业属性可以分为以下几类。

- 物理属性,是指商品的形状、大小、重量、颜色、光泽、硬度、弹性、导电性、导热性、磁性等属性,它们反映了商品的外观、结构、状态等特征。例如,手机的物理属性包括屏幕尺寸、分辨率、重量、颜色、材质等。

- 化学属性,是指商品的成分、元素、分子、化合物、反应、变化等属性,它们反映了商品的组成、性质、变化等特征。例如,洗发水的化学属性包括水、表面活性剂、香料、防腐剂、色素等成分,还包括pH值、稳定性、溶解性等性质。

- 生物属性,是指商品的生命、生长、繁殖、代谢、遗传、进化等属性,它们反映了商品的生命力、活性、效果等特征。例如，食品的生物属性包括营养成分、维生素、矿物质、蛋白质、脂肪、碳水化合物等，还包括能量、消化、吸收、利用等效果。

商品工业属性是商品的基础属性，是商品的不可或缺的组成部分，也是商品的不可替代的价值来源。商品工业属性的重要性可以从以下几个方面来看。

- 对消费者的重要性。商品工业属性直接影响着消费者的购买决策和满意度，也影响着消费者的健康和安全。消费者在选择商品时，往往会关注商品的工业属性，如商品的质量、功能、性能、安全性等。消费者在使用商品时，也会受到商品的工业属性的影响，如商品的使用效果、体验、寿命、维护等。消费者在购买和使用商品的过程中，如果商品能够满足或超越消费者的需求和期望，那么消费者就会对商品产生信任和忠诚，从而提高商品的口碑和销量；如果商品不能够满足或超越消费者的需求和期望，甚至出现质量问题或安全隐患，那么消费者就会对商品产生不满和抵触，从而影响商品的声誉和市场。
- 对企业的重要性。商品工业属性直接影响着企业的生产成本和效率，也影响着企业的品牌形象和市场份额。企业在生产商品时，需要考虑商品的工业属性，如商品的成分、材质、工艺、质量等，这些都是企业的核心投入和输出。企业在生产商品的过程中，如果能够降低生产成本，提高生产效率，优化生产流程，那么就会提高企业的利润和竞争力，从而增加收入；如果不能够降低生产成本、提高生产效率、优化生产流程，甚至出现生产问题或浪费，那么就会降低企业的利润和竞争力，从而减少收入。
- 对社会的重要性。商品工业属性直接影响着社会的资源利用和环境保护，也影响着社会的科技进步和文化发展。在消费商品的过程中，如果商品能够节约能源、利用资源、减少排放、促进回收，就会改善社会的生态和环境；如果商品能够展现创新性、美观性、艺术性、故事性，就会促进社会的科技进步和文化发展。

2. 商品工业属性画像概述

商品工业属性画像，是指对商品的工业属性进行数据化、标准化、结构化、可视化描述，形成的包含商品的工业属性的数据集合。商品工业属性画像是对商品的工业属性进行描述、展示、分析的工具，它能够让商品的工业属性更加清晰、直观、易用。

商品工业属性画像可以分为以下几个层次。

- 基础层。对商品的工业属性进行数据化、标准化、结构化，会形成包含商品的工业属性的数据表，这个数据表就是商品的工业属性画像的基础层。基础层是商品工业属性画像的数据源，它包含商品工业属性的基本信息，如名称、定义、类型、单位、范围、来源、方法等。例如，手机的工业属性画像的基础层包含手机的物理属性、化学属性、生物属性等的数据表，每个数据表包含相应属性的名称、定义、类型、单位、范围、来源、方法等信息。
- 展示层。对商品的工业属性进行可视化，会形成包含商品的工业属性的图形集合，这个图形集合就是商品的工业属性画像的展示层。展示层是商品工业属性画像的数据展示，它包含商品的工业属性的可视化信息，如图表、图形、图像、动画、视频等。例如，手机的工业属性画像的展示层包含手机的物理属性、化学属性、生物属性等的图形集合，每个图形集合包含相应属性的图表、图形、图像、动画、视频等信息。

- 分析层。对商品的工业属性进行分析、挖掘、优化，会形成包含商品的工业属性的分析结果集合，这个分析结果集合就是商品的工业属性画像的分析层，分析层是商品工业属性画像的数据分析，它包含商品的工业属性的分析结果信息，如统计、聚类、分类、关联、预测、推荐等。例如，手机的工业属性画像的分析层包含手机的物理属性、化学属性、生物属性等的分析结果集合，每个分析结果集合包含相应属性的统计、聚类、分类、关联、预测、推荐等信息。

商品工业属性画像是一种将商品的工业属性从数据到图形、从图形到分析、从分析到优化的过程，也是将商品的工业属性从静态到动态、从单一到多元、从孤立到关联的过程，能够让商品的工业属性更智能、更高效、更有价值。

4.1.2 商品工业属性画像的步骤

商品工业属性画像的步骤如图4.1所示。

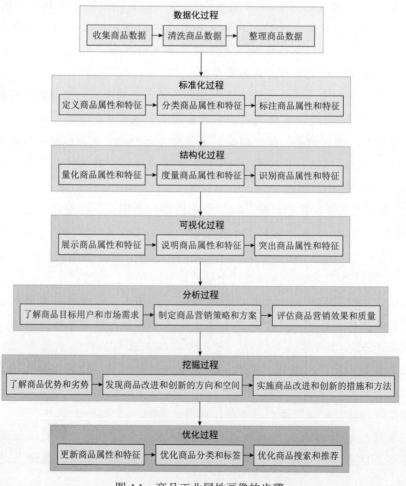

图 4.1　商品工业属性画像的步骤

- 数据化，是指将商品的工业属性从非数字化的形式(如文字、图片、声音、视频等)转化为数字化的形式(如数值、符号、编码等)，从而便于商品的工业属性的存储、传输、处理等。数据化的方法包括数据采集、数据清洗、数据转换、数据标注、数据加密等。
- 标准化，是指将商品的工业属性从不统一的形式(如不同的单位、范围、格式、语言等)转化为统一的形式(如国际标准、行业标准、企业标准等)，从而便于商品的工业属性的比较、计算、评估等。标准化的方法包括数据规范、数据校验、数据校准、数据对齐、数据匹配等。
- 结构化，是指将商品的工业属性从无序的形式(如散乱的数据、杂乱的信息、混乱的知识等)转化为有序的形式(如表格、列表、树、图、网络等)，从而便于商品的工业属性的组织、分类、查询、检索等。结构化的方法包括数据建模、数据存储、数据索引、数据查询、数据检索等。
- 可视化，是指将商品的工业属性从数字化的形式(如数值、符号、编码等)转化为图形化的形式(如图表、图形、图像、动画、视频等)，从而便于商品的工业属性的展示、理解、交互等。可视化的方法包括数据可视化、数据图形化、数据动态化、数据交互化、数据美化等。
- 分析，是指对商品的工业属性进行统计、聚类、分类、关联、预测、推荐等操作，发现商品的工业属性的规律、模式、趋势、异常等，从而为商品的工业属性的决策、优化、创新等提供依据和支持。分析的方法包括数据统计、数据挖掘、数据分析、数据智能、数据学习等。
- 挖掘，是指从商品的工业属性中发现潜在的、隐含的、有价值的信息、知识、洞察等，从而为商品的工业属性的提升、改进、创新等提供灵感和方向。挖掘的方法包括数据探索、数据发现、数据理解、数据洞察、数据创造等。
- 优化，是指对商品的工业属性进行评估、比较、选择、调整、改进等操作，提高商品的工业属性的质量、效率、效果、价值等，从而为商品的工业属性的优化、增长、优化等提供方法和技术。优化的方法包括数据评估、数据比较、数据选择、数据调整、数据改进等。

4.1.3 商品工业属性画像的应用

利用商品工业属性画像的数据、图形、分析、挖掘、优化等，可以为商品的搜索、推荐、管理、营销、研发等环节提供有效的支持和优化。商品工业属性画像应用是一种将商品的工业属性从画像到实践、从实践到价值的过程。商品工业属性画像可应用于以下几个方面。

- 商品搜索。商品搜索能够让消费者更容易地找到自己想要的商品，为消费者提供更精准、更全面、更个性化的商品搜索服务，从而提高消费者的购买意愿和满意度。商品搜索的方法包括商品工业属性的索引、查询、匹配、排序、过滤、展示等。例如，消费者在搜索手机时，可以根据手机的工业属性，如屏幕尺寸、分辨率、重量、颜色、材质、成分、功能、性能、安全性等，进行精确的搜索，从而找到符合自己需求和喜好的手机。

- 商品推荐。商品推荐能够让消费者更多地发现自己可能感兴趣的商品，为消费者提供更合适、更丰富、更智能的商品推荐服务，从而提高消费者的购买频率和金额。商品推荐的方法包括商品工业属性的关联、预测、推荐、评估、优化等。例如，消费者在浏览手机时，可以根据手机的工业属性，以及消费者的用户属性、行为属性、场景属性等，得到更合适、更丰富、更智能的手机推荐，从而增加消费者的购买可能性。
- 商品管理。商品管理能够让企业更好地掌握商品工业属性的状况、变化、问题等，为企业提供更高效、更便捷、更智能的商品管理服务，从而提高商品的管理效率。商品管理的方法包括商品工业属性的监测、统计、分析、报告、预警、处理等。例如，企业在管理手机时，可以根据手机的工业属性，如成分、材质、工艺、质量、功能、性能、安全性等，进行实时的监测、统计、分析、报告、预警、处理等，从而及时发现并解决商品工业属性的问题，提高商品的品质和价值。
- 商品营销。商品营销能够让企业更好地展示商品工业属性的优势、特色等，为企业提供更有效、更创新、更智能的商品营销服务，从而提高商品的吸引力和竞争力。商品营销的方法包括商品工业属性的展示、宣传、推广、营销、优惠、互动等。例如，企业在营销手机时，可以根据手机的工业属性，如成分、材质、工艺、质量、功能、性能、安全性等，进行更有效的展示、宣传、推广、营销、优惠、互动等，从而增加商品的知名度和销量。
- 商品研发。商品研发能够让企业更好地探索商品工业属性的潜力、方向、创意等，为企业提供更快速、更高质、更智能的商品研发服务，从而提高商品的创新力和竞争力。商品研发的方法包括商品工业属性的探索、发现、理解、洞察、创造、设计、测试、改进等。例如，在研发手机时，企业可以根据手机的工业属性，如成分、材质、工艺、质量、功能、性能、安全性等，进行更高质的探索、发现、理解、洞察、创造、设计、测试、改进等，从而提高商品的创新性和竞争力。

商品工业属性画像的应用是将商品的工业属性与消费者的需求、期望、感受，以及企业的投入、输出、责任、担当等进行关联、匹配、优化的过程，它能够让商品的工业属性更加符合市场需求，实现消费者和企业的双赢。

4.1.4 商品工业属性画像的价值

利用商品工业属性画像的数据、图形、分析、挖掘、优化等，可以为消费者和企业带来的实际的、可量化的、可感知的价值。商品工业属性画像有以下几方面价值。

- 对消费者的价值。商品工业属性画像能够让消费者更容易地找到自己想要的商品，更多地发现自己可能感兴趣的商品，更好地使用和体验商品，从而提高消费者的购买满意度和忠诚度，增加消费者的购买频率和金额，提升消费者的生活质量和幸福感。商品工业属性画像能够让消费者更清楚地了解商品工业属性的优势、特色等，更深入地认识商品工业属性的意义、价值、影响等，更主动地参与商品工业属性的评价、分享、互动等，从而提高消费者对商品的认知度和喜爱度，增加消费者的影响力，提升消费者的社会地位和自我价值。

- 对企业的价值。商品工业属性画像能够让企业更好地掌握商品的工业属性的状况、变化、问题等，更高效地管理商品工业属性，更快速地解决商品工业属性的问题，从而提高商品品质和价值，增强商品的竞争力和吸引力，实现增长和优化。商品工业属性画像能够让企业更好地展示商品的工业属性的优势、特色等，更创新地营销商品工业属性的意义、价值、影响等，更智能地推荐商品工业属性的匹配、优化、创新等，从而提高商品的知名度和销量，增加收入和利润，实现创新和优化。

商品工业属性画像是将商品的工业属性从价值到实现、从实现到增值的过程，它是商品的工业属性的智能化、高效化和价值化的必要条件。

4.2 人工智能大模型在商品工业属性画像中的作用

商品工业属性画像是电商、广告营销和用户增长等数字化营销业务的重要基础，它直接影响着商品的展示、推荐、搜索、匹配、转化、评价等环节的效果。商品工业属性画像的质量和效率是衡量一个数字化营销平台的竞争力的重要指标。然而，商品工业属性画像是一个复杂而烦琐的工作，它涉及大量的数据收集、处理、分析、标注、验证、更新等环节，需要消耗大量的人力、物力和时间资源。传统的商品工业属性画像方法往往依赖于人工或半自动的方式，存在以下问题。

- 准确性问题。人工或半自动的方式容易出现标注错误、遗漏、不一致等问题，导致画像的准确性降低，影响商品的展示、推荐、搜索等应用的效果。
- 效率问题。人工或半自动的方式需要大量的人工参与和审核，耗费大量的时间和成本，导致画像的效率低下，影响商品的上架、更新、优化的速度。
- 灵活性问题。人工或半自动的方式往往固定于一套标准的规则和模板，难以适应不同的商品、场景、需求的变化，导致画像的灵活性不足，影响商品的匹配、转化、评价等应用的个性化程度。
- 可扩展性问题。人工或半自动的方式往往局限于一定的数据量和范围，难以应对数据的增长和多样化，导致画像的可扩展性不强，影响商品的扩展、创新、优化等应用的扩展性和适应性。

而人工智能大模型技术为商品工业属性画像提供了一种新的解决方案。人工智能大模型在商品工业属性画像实现方面有以下应用优势。

- 提高商品工业属性画像的准确性。人工智能大模型通过大量数据训练，提高模型预测的准确性，减少标注错误、遗漏、不一致等问题，提高画像的质量和可信度，有助于提高商品推荐、搜索等应用的效果。
- 提高商品工业属性画像的效率。人工智能大模型通过自动化处理，减少人工参与和审核，节省时间和成本，提高画像的速度和规模，有助于提高商品上架、更新、优化的速度。
- 提高商品工业属性画像的灵活性。人工智能大模型通过定制化训练，提高模型灵活性，适应不同的商品、场景、需求的变化，提高画像的多样性和个性化，有助于提高商品匹配、转化、评价等应用的个性化程度。
- 提高商品工业属性画像的可扩展性。人工智能大模型通过模块化设计，提高模型可扩展性，应对数据的增长和多样化，提高画像的覆盖和创新，有助于提高商品扩展、创新、优化等应用的扩展性和适应性。

4.2.1 提高商品工业属性画像的准确性

商品工业属性画像要准确地反映商品的工业属性，如品类、品牌、型号、规格、功能、风格等，同时反映这些属性之间的关系和层次。商品工业属性画像的准确性直接影响着商品的展示、推荐、搜索等应用的效果。如果一个商品的品类被标注错误，那么它会出现在错误的商品列表中，被错误地推荐给用户，从而降低用户的满意度和转化率。

作为产品经理，我们需要关注商品工业属性画像的准确性，确保商品工业属性画像能够准确地描述商品的特征和优势，能够与商品的实际情况和用户的期望相符，能够及时地更新和优化商品的信息，从而提高商品的吸引力和竞争力。

传统的商品工业属性画像方法往往依赖于人工或半自动的方式，通过人工编辑或规则匹配的方式对商品的工业属性进行标注和描述。这种方法存在以下问题。

- 数据质量问题。商品的工业属性往往来源于商家提供的商品信息，或者平台收集的商品数据，这些数据的质量可能存在着不一致、不完整、不准确、不更新等问题，导致画像的准确性受到影响。例如，有些商家会提供错误或过时的商品信息，或者有些平台会收集到不准确或不完整的商品数据，这些数据的质量问题会影响商品工业属性画像的准确性。

- 标注质量问题。人工或半自动的方式容易出现标注错误、遗漏、不一致等问题。例如，不同的人工编辑对同一种商品的工业属性有不同的理解和标注，或者某些商品的工业属性难以用规则匹配的方式准确地识别，出现标注错误或遗漏，这些标注质量问题会影响商品工业属性画像的准确性。

- 标注规模问题。人工或半自动的方式难以应对海量的商品数据。一个平台可能有数百万种不同的商品，每种商品可能有数十种不同的工业属性，如果要对每种商品的每种工业属性都进行人工或半自动的标注，那么所需的人力、物力和时间资源将是巨大的，画像的准确性也难以保证。例如，有些平台会不断地上架新的商品，或者有些商品的信息会不断更新，如果要对这些商品的工业属性都进行人工或半自动的标注，不仅所需的人力、物力和时间资源是巨大的，还可能会出现滞后或失效的情况，这些标注规模问题会影响商品工业属性画像的准确性。

而人工智能大模型的技术和方法可以提高商品工业属性画像的准确性，具体做法如下所述。

- 数据清洗和预处理。人工智能大模型可以利用其强大的数据处理能力，对商品工业属性数据进行清洗和预处理，去除无关的噪声数据，补全缺失的数据，纠正错误的数据，更新过时的数据，统一数据的格式和标准，进而提高数据的质量和可用性。例如，人工智能大模型可以通过自动识别和过滤掉一些无关的商品信息，如广告、评论、评分等，或者通过自动填充一些缺失的商品信息，如品牌、型号等，或者通过自动纠正一些错误的商品信息，如拼写、格式等，或者通过自动更新一些过时的商品信息，如价格、库存等，或者通过自动统一一些不一致的商品信息，如单位、编码等，从而提高商品工业属性数据的质量和可用性。

- 数据挖掘和分析。人工智能大模型可以利用其强大的数据挖掘和分析能力，对商品工业属性数据进行挖掘和分析，发现数据的规律和模式，提取数据的特征和关键词，构建数据的知识图谱和语义网络，进而提高数据的结构化和语义化。例如，人工智能大模型可以通过自动发现和提取商品的工业属性数据中的规律和模式，如商品的分类、层次、关联等，或者通过自动发现和提取商品的工业属性数据中的特征和关键词，如品类、品牌、型号、规格、功能、风格等，或者通过自动构建和维护商品的工业属性数据的知识图谱和语义网络，如商品的属性之间的关系和层次，从而提高商品工业属性数据的结构化和语义化。

- 数据预测和生成。人工智能大模型可以利用其强大的数据预测和生成能力，对商品工业属性数据进行预测和生成，根据商品的名称、描述、图片等信息，预测商品的工业属性，或者根据商品工业属性生成商品的名称、描述、图片等信息，进而提高数据的完整性和一致性。例如，人工智能大模型可以通过自动根据商品的名称、描述、图片等信息，预测商品的工业属性，如品类、品牌、型号、规格、功能、风格等，或者通过自动根据商品的工业属性，生成商品的名称、描述、图片等信息，如"华为P40手机，5G双模全网通，5000万超感光徕卡四摄，6.1英寸OLED屏幕，8GB+128GB，冰霜银"等，从而提高数据的完整性和一致性。

- 数据验证和优化。人工智能大模型可以利用其强大的数据验证和优化能力，对商品工业属性数据进行验证和优化，根据商品的工业属性，计算商品的相似度、相关度、评分等指标，或者根据用户的反馈、行为、偏好等信息，调整商品的工业属性，进而提高数据的准确性和有效性。例如，人工智能大模型可以通过自动根据商品的工业属性，计算商品的相似度、相关度、评分等指标，如"华为P40手机，与华为P30手机的相似度为0.9，与苹果iPhone 12手机的相关度为0.7，用户的评分为4.5分"，或者通过自动根据用户的反馈、行为、偏好等信息，调整商品的工业属性，如"华为P40手机，根据用户的反馈，增加了防水功能，根据用户的行为，降低了价格，根据用户的偏好，增加了紫色款式"，从而提高数据的准确性和有效性。

通过以上做法，人工智能大模型可以实现对商品工业属性画像进行自动化、智能化、精准化的标注和描述，大大提高商品工业属性画像的准确性，从而提高商品推荐、搜索等应用的效果。

4.2.2 提高商品工业属性画像的效率

商品工业属性画像要快速地完成商品的工业属性的标注和描述，同时反映这些属性的更新和优化。商品工业属性画像的效率直接影响着商品的上架、更新、优化的速度。如果一个商品的工业属性画像能够及时地完成，那么这个商品可以更快地上架到平台，或者更快地更新和优化自己的信息，从而提高自己的竞争力和吸引力。

作为产品经理，我们需要关注商品工业属性画像的效率，确保商品工业属性画像能够快速地响应商品的变化和用户的需求，能够及时地反馈和更新商品的信息，能够高效地利用资源和技术，从而提高商品的上架、更新、优化速度。

传统的商品工业属性画像方法往往依赖于人工或半自动的方式，通过人工编辑或规则匹配的方式，对商品的工业属性进行标注和描述。这种方法存在以下问题。

- 人力资源问题。人工或半自动的方式需要大量的人工参与和审核。例如，我们要对一个平台上的数百万种商品的工业属性都进行人工或半自动的标注和描述，可能需要雇佣数千名人员来编辑，或者培训数百名人员来审核，这些人力资源的成本和稀缺性会影响画像的生成效率和质量。
- 时间资源问题。人工或半自动的方式需要大量的时间消耗。例如，我们要对一个平台上的数百万种商品的工业属性都进行人工或半自动的标注和描述，可能需要花费数天或数周的时间来收集和整理商品的工业属性数据，或者需要花费数小时或数天的时间来等待人工编辑或审核的结果，这些时间资源的浪费和延迟会影响画像的生成效率和质量。

- 物力资源问题。人工或半自动的方式需要大量的物力支持。例如，我们要对一个平台上的数百万种商品的工业属性都进行人工或半自动的标注和描述，可能需要配置数千台服务器和数百台电脑来存储及处理商品的工业属性数据，或者需要配置数百兆的带宽和数十个防火墙来传输及保护商品的工业属性数据，这些物力资源的投入和维护会影响画像的生成效率和质量。

而人工智能大模型的技术和方法可以提高商品工业属性画像的效率，具体做法如下所述。

- 人力资源节省。人工智能大模型可以实现对商品工业属性画像进行自动化和智能化的描述，减少人工参与和审核的需求，可以自动地对商品的工业属性进行标注和描述，或者自动地对商品的工业属性进行验证和优化，节省人力资源的成本，进而提高画像的生成效率。例如，人工智能大模型可以通过自动地对商品的工业属性进行标注和描述，如品类、品牌、型号、规格、功能、风格等，或者通过自动地对商品的工业属性进行验证和优化，如相似度、相关度、评分等，从而减少人工参与和审核的需求，节省人力资源的成本，提高画像的生成效率。

- 时间资源节省。人工智能大模型可以实现对商品工业属性画像进行快速和实时的更新，减少时间消耗和延迟的影响，可以快速地收集和整理商品的工业属性数据，或者实时地反馈和更新商品的工业属性结果，节省时间资源的浪费，进而提高画像的生成效率。例如，人工智能大模型可以通过快速地收集和整理商品的工业属性数据，如名称、描述、图片等，或者通过实时地反馈和更新商品的工业属性结果，如品类、品牌、型号、规格、功能、风格等，从而减少时间消耗和延迟的影响，节省时间资源的浪费，提高画像的生成效率。

- 物力资源节省。人工智能大模型可以实现对商品工业属性画像进行轻量化和分布式的处理，减少物力支持的需求，可以利用云计算和边缘计算的技术，将商品工业属性画像的任务分配到不同的服务器和设备上，减少单个服务器和设备的负担，节省物力资源的投入，进而提高画像的生成效率。例如，人工智能大模型可以通过利用云计算和边缘计算的技术，将商品工业属性画像的任务分配到不同的服务器和设备上，如云服务器、手机、平板等，从而减少单个服务器和设备的负担，节省物力资源的投入，提高画像的生成效率。

通过以上做法，人工智能大模型可以实现对商品工业属性画像进行快速和实时的标注及描述，同时实现对这些属性的更新和优化，大大提高商品工业属性画像的生成效率，从而提高商品的上架、更新、优化速度。

4.2.3 提高商品工业属性画像的灵活性

商品工业属性画像要适应不同的商品、场景、需求的变化,以及适应这些变化的影响和反馈。商品工业属性画像的灵活性直接影响着商品的匹配、转化、评价等应用的个性化程度。如果一个商品的工业属性画像能够根据用户的偏好、行为、反馈等信息,动态地调整自己的信息,那么它可以更好地匹配及转化用户,或者更好地获取及改善用户的评价,从而提高用户的满意度和忠诚度。

作为产品经理,我们需要关注商品工业属性画像的灵活性,确保我们的商品工业属性画像能够根据不同的商品、场景、需求,提供不同的标注和描述方式,能够根据商品的工业属性的变化,及时地更新和调整商品的信息,能够根据商品的工业属性的影响和反馈,优化和提升商品的工业属性画像的效果和价值,从而提高商品的匹配、转化、评价等方面应用的个性化程度。

传统的商品工业属性画像方法往往依赖于人工或半自动的方式,通过人工编辑或规则匹配的方式,对商品的工业属性进行标注和描述。这种方法存在以下问题。

- 变化适应问题。人工或半自动的方式往往固定于一套标准的规则和模板,难以适应不同的商品、场景、需求的变化,而不同的商品有不同的工业属性,不同的场景有不同的展示方式,不同的需求有不同的优先级,而对每种变化都进行人工或半自动的调整是不可能实现的。例如,我们要对一个平台上的数百万种商品的工业属性进行人工或半自动的标注和描述,可能需要选择一套固定的规则和模板,如商品的分类、属性、值等,这些规则和模板可能不适用于所有的商品、场景、需求,如果要对每种变化都进行人工或半自动的调整,那么所需的人力、物力和时间资源将是巨大的,也是不可能实现的,导致画像的灵活性不足。

- 变化影响问题。人工或半自动的方式往往缺乏对变化的影响和反馈的分析,难以优化商品的工业属性画像的效果和价值,某些商品的工业属性会随着时间、地点、用户等因素的变化而变化,或者某些商品的工业属性会对用户的选择、购买、评价等行为产生影响,而对每种影响和反馈都进行人工或半自动的分析和评估是不可能实现的。例如,我们要对一个平台上的数百万种商品的工业属性进行人工或半自动的标注和描述,可能需要忽略一些商品的工业属性的变化,如商品的价格、库存、销量等,或者忽略一些商品的工业属性的影响,如商品的评价、收藏、分享等,不能对每种影响和反馈都进行人工或半自动的分析及评估,导致画像的灵活性不足。

而人工智能大模型的技术和方法可以提高商品工业属性画像的灵活性,具体做法如下所述。

- 变化适应能力。人工智能大模型可以通过利用其强大的学习和推理能力,对商品的工业属性进行定制化和动态化的标注及描述,可以根据不同的商品、场景、需求,选择不同的数据源、模型参数、输出格式,如根据商品的图片、描述、评价等信息，选择不同的图像识别、自然语言处理、情感分析等模型；或者根据商品的工业属性的变化，实时地更新和调整商品的工业属性，如根据商品的价格、库存、销量等信息，实时地更新和调整商品的品类、品牌、型号、规格、功能、风格等属性，提高画像的多样性和个性化，进而提高商品匹配、转化、评价等应用的个性化程度。

- 变化影响能力。人工智能大模型可以通过利用其强大的分析和优化能力，对商品的工业属性的影响和反馈进行分析及评估，可以根据商品的工业属性，计算商品与其他商品或用户的相似度、相关度、评分等指标，如根据商品的品类、品牌、型号、规格、功能、风格等属性，计算商品与其他商品或用户的相似度、相关度、评分等指标，从而帮助商家和用户找到最适合的商品；或者根据用户的反馈、行为、偏好等信息，调整商品的工业属性，如根据用户的评价、收藏、分享等信息，调整商品的品类、品牌、型号、规格、功能、风格等属性，从而提升用户对商品的满意度和忠诚度。

通过以上做法，人工智能大模型可以实现对商品工业属性画像的定制化和动态化的标注，同时实现对这些属性影响和反馈的分析及评估，大大提高商品工业属性画像的灵活性，从而提高商品匹配、转化、评价等方面应用的准确性和个性化程度。

4.2.4 提高商品工业属性画像的可扩展性

商品工业属性画像要应对数据的增长和多样化，同时应对这些增长和多样化的挑战。商品工业属性画像的可扩展性直接影响着商品的扩展、创新、优化等应用的扩展性和适应性。如果一个商品的工业属性画像能够适应不同的数据量和范围，那么它可以更好地扩展和创新自己的信息，或者更好地优化和改进信息，从而增加优势。

作为产品经理，我们需要关注商品工业属性画像的可扩展性，确保我们的商品工业属性画像能够应对数据的增长和多样化，能够处理更多更复杂的商品和工业属性，能够提供更多更丰富的标注和描述方式，能够优化和创新商品的工业属性，从而提高商品的扩展、创新、优化等方面应用的适应性。

传统的商品工业属性画像方法往往依赖于人工或半自动的方式，通过人工编辑或规则匹配的方式，对商品的工业属性进行标注和描述。这种方法存在以下问题。

- 数据量问题。人工或半自动的方式往往局限于一定的数据量，难以应对数据的增长。例如，随着平台的发展和用户的增加，商品的数量和种类也会不断增加，如果要对每种商品的每种工业属性进行人工或半自动的标注和描述，那么可能需要雇佣数千名人工来编辑，或者配置数千台服务器，或者花费数周的时间，这些人力、物力和时间资源的消耗会影响画像的可扩展性和质量。
- 数据范围问题。人工或半自动的方式往往局限于一定的数据范围，难以应对数据的多样化。例如，随着市场的变化和用户的需求，商品的工业属性会不断变化和丰富，如果要对每种变化和丰富的工业属性进行人工或半自动的标注和描述，那么可能需要选择一套固定的规则和模板，如商品的分类、属性、值等，这些规则和模板可能不适用于所有的商品和工业属性，导致画像的可扩展性不强。

而人工智能大模型的技术和方法可以提高商品工业属性画像的可扩展性，具体做法如下所述。

- 数据量能力。人工智能大模型可以利用其强大的数据处理和存储能力，对商品的工业属性进行大规模和高效的标注及描述，可以通过利用分布式和并行的技术，将商品的工业属性画像的任务分配到不同的服务器和设备上，如云服务器、手机、平板等，从而提高画像的速度和规模；或者利用压缩和编码的技术，将商品的工业属性画像的结果存储到不同的数据库和文件中，如MySQL、MongoDB、CSV、JSON等，从而提高画像的容量和稳定性，提高画像的可扩展性。
- 数据范围能力。人工智能大模型，可以利用其强大的数据学习和适应能力，对商品的工业属性进行多样化和灵活的标注和描述，可以通过利用迁移学习和元学习的技术，将商品的工业属性画像的模型应用到不同的数据源和领域上，如电商平台、社交媒体、搜索引擎等，从而提高画像的覆盖和泛化；或者利用强化学习和生成对抗网络的技术，不断优化和创新商品的工业属性画像的模型，如生成更多更丰富的工业属性，或者生成更有吸引力的工业属性，从而提高画像的创新和优化，提高画像的可扩展性。

通过以上做法，人工智能大模型可以实现对商品工业属性画像的大规模和高效的标注及描述，同时实现对这些属性的优化和创新，大大提高商品工业属性画像的可扩展性，从而提高商品扩展、创新、优化等方面应用的适应性。

4.3 如何应用人工智能大模型做商品工业属性画像

第4章 精准定位你的产品：用大模型构建商品工业属性画像

商品工业属性是商品的重要特征之一，它反映了商品的质量、性能、安全性和可靠性等方面指标，对于消费者的购买决策和商品的推荐、搜索、分类、匹配等业务有着重要的影响。然而，商品工业属性的获取和处理是一项复杂和耗时的工作，需要大量的人力和资源，而且容易出现错误和缺失。为了解决这个问题，人工智能大模型提供了一种新的解决方案，它可以利用其强大的学习能力和数据量，自动地从商品的图片、标题、描述等信息中提取和预测商品的工业属性，从而实现商品工业属性画像的自动化和智能化。人工智能大模型不仅可以提高商品工业属性画像的效率和准确性，还可以挖掘商品工业属性之间的关联和规律，为产品经理和运营人员提供更多的洞察和优化方向。那么，如何应用人工智能大模型进行商品工业属性画像呢？本节将从分析商品工业属性数据、构建人工智能大模型、应用人工智能大模型进行商品工业属性画像，以及优化人工智能大模型4个方面(见图4.2)进行详细的介绍。

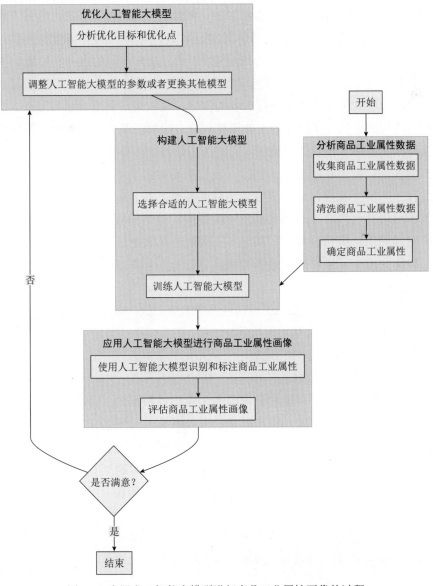

图4.2 应用人工智能大模型进行商品工业属性画像的过程

4.3.1 分析商品工业属性数据

商品工业属性数据，是指包含商品的工业属性信息的数据，它是人工智能大模型进行商品工业属性画像的基础。商品工业属性数据的来源可以有多种，例如商品的图片、标题、描述、标签、评论、问答等，这些数据可以从电商平台、社交媒体、搜索引擎等渠道获取。分析商品工业属性数据，是指对商品工业属性数据进行收集、清洗、统计和可视化等操作，以便了解商品工业属性数据的特点、分布、质量和问题，为构建人工智能大模型提供参考和依据。商品工业属性数据的分析主要包括收集商品工业属性数据和清洗商品工业属性数据两个步骤。

1. 收集商品工业属性数据

收集商品工业属性数据，即从不同的数据源获取商品的工业属性信息的数据。例如商品的材质、规格、产地等。这些数据是人工智能大模型进行商品工业属性画像的输入。收集商品工业属性数据的方法有多种，例如爬虫、API、SDK、第三方数据服务等，具体采用哪种方法取决于数据源的类型、数量、可用性和安全性等因素。如果数据源是电商平台，我们可以通过爬虫或API的方式，获取商品的图片、标题、描述、标签、评论、问答等信息，这些信息包含了商品的工业属性信息；如果数据源是社交媒体，我们可以通过SDK或第三方数据服务的方式，获取用户分享商品的图片、文本、音频等信息，这些信息包含了商品的工业属性信息。收集商品工业属性数据的目的是尽可能地覆盖商品的各种工业属性和类别，同时考虑商品的多样性和代表性，从而保证人工智能大模型的泛化能力和适应性。例如，我们想要对服装类的商品进行工业属性画像，就需要收集不同的服装品牌、款式、颜色、尺码、面料、季节等工业属性的数据，也需要收集不同的服装类别、风格、场合、搭配等工业属性的数据，这样人工智能大模型才能够对服装类的商品进行全面和准确的工业属性画像。

收集商品工业属性数据是商品工业属性画像的第一步，影响着人工智能大模型的输入和输出的质量及效果。图4.3是一个收集商品工业属性数据的示意图，它展示了从不同的数据源获取不同的数据类型，以及对数据进行标注和存储的过程。

数据存储平台是指用于存储和管理商品工业属性数据的平台，它可以是云端或本地的，也可以是公开或私有的，还可以是统一或分散的，具体选用哪个平台取决于数据的安全性、可用性和成本等因素。数据存储平台的作用是保证数据的完整性、可读性和可访问性，同时考虑数据的安全性和备份性。数据存储平台的选择和设计需要考虑以下几点。

- 选择和设计合适的数据模型和架构，如关系型、非关系型、分布式等，以适应数据的结构化、非结构化、

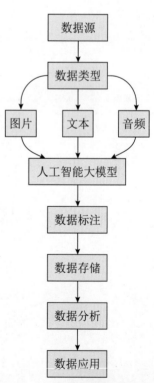

图 4.3 获取数据并标注和存储的过程

多模态和多源等特点，同时保证数据的一致性、完整性和可扩展性。
- 选择和设计合适的数据接口和服务，如RESTful、GraphQL、RPC等，以方便数据的输入和输出，同时保证数据的可读性、可理解性和可用性。
- 选择和设计合适的数据安全和备份策略，如加密、授权、审计等，以保护数据的隐私和版权，同时保证数据的安全性和备份性。

收集商品工业属性数据的注意事项有以下几点。

- 遵守数据源的相关规则和协议，尊重数据的版权和隐私，避免侵犯数据源的利益和权益。如果我们从电商平台获取数据，需要遵守电商平台的用户协议和隐私政策，不要过度抓取数据，不要泄露数据，不要利用数据做违法或不道德的事情；如果我们从社交媒体获取数据，需要遵守社交媒体的用户协议和隐私政策，不要侵犯用户的个人信息，不要利用数据做有损用户声誉或利益的事情。
- 选择合适的数据格式和存储平台，保证数据的完整性、可读性和可访问性，同时考虑数据的安全性和备份性。如果我们获取的数据是图片，就需要选择合适的图片格式，如JPEG、PNG等，以保证图片的清晰度和大小，同时需要选择合适的存储平台，如云存储、本地存储等，以保证图片的安全性和备份性；如果我们获取的数据是文本，就需要选择合适的文本格式，如CSV、JSON等，以保证文本的结构化和可读性，同时需要选择合适的存储平台，如数据库、文件系统等，以保证文本的安全性和备份性。
- 标注数据的来源、时间、类别和工业属性等元信息，方便后续的数据清洗和统计。如果我们获取的数据是图片，就需要标注图片的来源(如电商平台、社交媒体)、图片的时间(如上传时间、拍摄时间)、图片的类别(如服装、鞋子、包包)、图片的工业属性(如品牌、颜色、尺码)等；如果我们获取的数据是文本，就需要标注文本的来源(如商品标题、商品描述、商品标签)、文本的时间(如发布时间、更新时间)、文本的类别(如服装、鞋子、包)、文本的工业属性(如品牌、颜色、尺码)等。
- 定期更新数据，以保持数据的时效性和准确性，同时捕捉数据的变化和趋势。如果我们获取的数据是图片，就需要定期检查图片的有效性和质量，删除或替换失效或低质量的图片，同时获取新的或更新的图片；如果我们获取的数据是文本，就需要定期检查文本的有效性和质量，删除或替换失效或低质量的文本，同时获取新的或更新的文本，以反映商品的最新工业属性信息。

收集商品工业属性数据是一个持续的过程，需要进行不断的监测、评估和改进，以适应商品工业属性画像的变化和需求，同时适应人工智能大模型的更新和优化。收集商品工业属性数据充满挑战，需要充分利用不同的数据源、数据类型、数据工具和数据服务，以提高数据的质量和效率。

2. 清洗商品工业属性数据

清洗商品工业属性数据是商品工业属性画像的第二步，影响着人工智能大模型的输入和输出的质量及效果。图4.4是一个清洗商品工业属性数据的示意图，它展示了从数据质量评估到选择数据清洗工具和方法，再到数据验证和数据补充的过程。

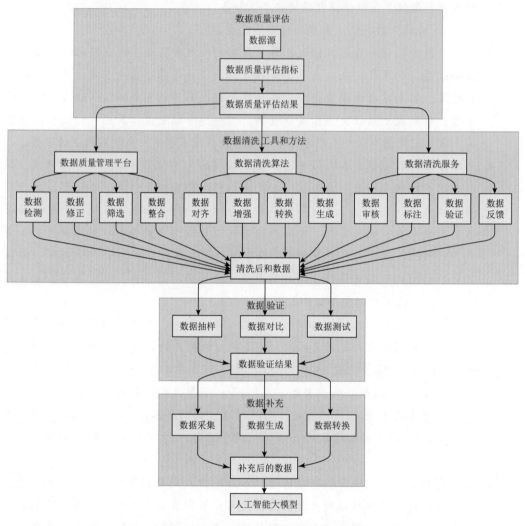

图 4.4　清洗商品工业属性数据的过程

清洗商品工业属性数据的注意事项有以下几点。

- 采用合适的数据质量评估指标，如准确率、完整率、一致率和多样率等，定量地评估数据的质量和问题。例如，我们可以用准确率衡量数据中的错误和缺失的比例，用完整率衡量数据中的工业属性的完备程度，用一致率衡量数据中的工业属性的一致性，用多样率衡量数据中的工业属性的多样性。这些数据质量评估指标可以帮助我们发现数据的问题和改进的方向，以及比较不同的数据源和数据类型的优劣。
- 采用合适的数据清洗工具和方法，如数据质量管理平台、数据清洗算法、数据清洗服务等，高效地清洗数据。例如，我们可以用数据质量管理平台自动地检测、修正、筛选和整合数据，用数据清洗算法自动地对齐、增强、转换和生成数据，用数据清洗服务自动地审核、标注、验证和反馈数据。这些数据清洗工具和方法可以帮助我们节省时间和资源，提高效率和质量，同时避免人为的错误和偏差。
- 采用合适的数据验证方式，如数据抽样、数据对比、数据测试等，验证数据清洗的效果和影响。这些方式可以帮助我们检验数据清洗的必要性和优化性，以及评估数据清洗对人工智能大模型的影响和改进程度。
- 采用合适的数据补充方式，如数据采集、数据生成、数据转换等，补充数据的缺失和不足。例如，我们可以从其他的数据源或数据类型获取更多的数据、利用人工智能大模型或其他的方法生成更多的数据、将一种数据类型转换为另一种数据类型。这些数据补充方式可以帮助我们发现商品工业属性画像的变化和需求，以及不断更新和优化人工智能大模型。

清洗商品工业属性数据是一个系统的过程，需要不断地评估、清洗、验证和补充数据，以提高数据的质量和效果。清洗商品工业属性数据充满挑战，需要充分地利用不同的数据质量评估指标、数据清洗工具和方法、数据验证方式和数据补充方式，以提高数据的准确性和多样性。

4.3.2 构建人工智能大模型

人工智能大模型的构建主要包括选择合适的人工智能模型和训练人工智能大模型两个步骤。

1. 选择合适的人工智能模型

选择合适的人工智能模型，即根据商品工业属性画像的任务类型、数据特点、性能要求和可用资源等因素，从现有的人工智能模型中选择或定制一个适合的模型，以实现商品工业属性画像的功能。选择合适的人工智能模型的方法有多种，例如基于规则的模型、基于统计的模型、基于深度学习的模型等，具体采用哪种方法取决于商品工业属性画像的复杂度、难度和精度等因素。选择合适的人工智能模型的目的是尽可能地利用人工智能模型的优势和特点，以提高商品工业属性画像的效果和效率，同时考虑人工智能模型的可解释性和可扩展性。

图4.5展示了从商品工业属性数据开始，选择合适的人工智能大模型进行商品工业属性画像的过程。

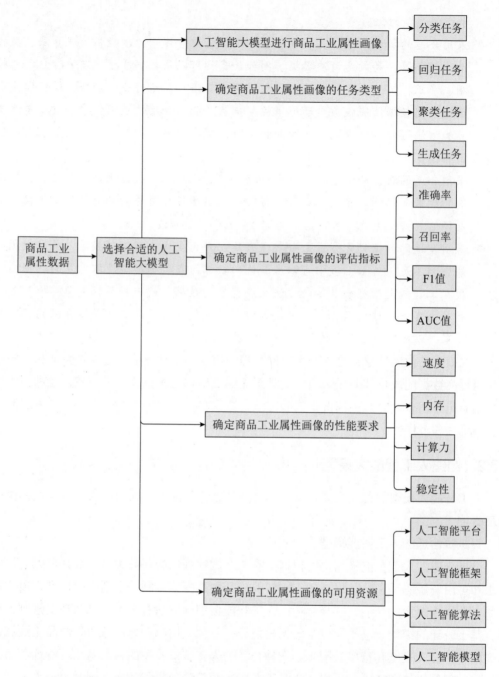

图4.5 选择合适的人工智能大模型进行商品工业属性画像的过程

选择合适的人工智能模型的注意事项有以下几点。
- 了解不同的人工智能模型的原理、优缺点、适用场景和限制条件，比较和评估不同的人工智能模型的性能和适用性。例如，我们可以通过阅读相关的文献、报告、博客等，或者通过观看相关的视频、演示、课程等，了解不同的人工智能模型的原理、优缺点、适用场景和限制条件，从而对不同的人工智能模型有一个基本的认识和理解。我们也可以通过对比不同的人工智能模型在相同或类似的数据和任务上的表现，或者通过参考不同的人工智能模型的评价和评论，评估不同的人工智能模型的性能和适用性,从而对不同的人工智能模型有客观的评价和选择。

- 选择或定制一个符合商品工业属性画像的任务类型(如分类、回归、聚类、生成等)的人工智能模型,根据商品工业属性的数量、类型和层次等特点,设计合适的输入和输出格式及结构。例如,我们可以根据商品工业属性画像的任务类型,来选择或定制一个适合的人工智能模型,如分类模型、回归模型、聚类模型、生成模型等。我们也可以根据商品工业属性的数量、类型和层次等特点,来设计合适的输入和输出格式及结构,如图片、文本、音频等,以及标签、表格、图表等。我们还可以通过一些示例和示意图,来展示我们选择或定制的人工智能模型的输入和输出格式及结构,以及它们与商品工业属性的对应关系,从而让目标受众更容易理解和接受我们的选择或定制。

- 选择或定制一个能够处理多模态和多源的商品工业属性数据(如图像、文本、音频等)的人工智能模型,根据商品工业属性数据的特点,设计合适的数据预处理和特征提取方法。例如,我们可以根据商品工业属性数据的多模态和多源的特点,来选择或定制一个能够处理不同类型和来源的数据的人工智能模型,如图像模型、文本模型、音频模型等,或者定制一个能够融合不同类型和来源的数据的人工智能模型,如多模态模型、多源模型等。我们也可以根据商品工业属性数据的特点,如结构化、非结构化、有标签、无标签等,来设计合适的数据预处理,如数据清洗、数据对齐、数据增强、数据转换等,同时设计合适的特征提取方法,如特征提取、特征选择、特征融合、特征转换等。我们还可以通过一些示例和示意图,来展示我们选择或定制的人工智能模型的数据预处理和特征提取方法,以及它们对商品工业属性数据的处理和改进效果,从而让目标受众更容易理解和接受我们的选择或定制。

- 选择或定制一个能够满足商品工业属性画像的性能要求和可用资源(如准确率、速度、内存、计算力等)的人工智能模型,根据商品工业属性画像的应用场景,设计合适的模型参数和优化策略。例如,我们可以根据商品工业属性画像的性能要求和可用资源,来选择或定制一个能够在有限的时间和空间内,达到较高的准确率和稳定性的人工智能模型,如轻量级模型、高效模型、鲁棒模型等。我们也可以根据商品工业属性画像的应用场景,如电商、广告营销、用户增长等,来设计合适的模型参数和优化策略,如模型大小、模型复杂度、模型学习率、模型损失函数、模型正则化、模型剪枝、模型蒸馏、模型集成等。我们还可以通过一些示例和示意图,来展示我们选择或定制的人工智能模型的模型参数和优化策略,以及它们对商品工业属性画像的性能和效率的影响和改进,从而让目标受众更容易理解和接受我们的选择或定制。

2. 训练人工智能大模型

训练人工智能大模型,即利用清洗后的商品工业属性数据,对选择或定制的人工智能模型进行学习和调优,以使人工智能模型能够从数据中学习商品工业属性的规律和特征，从而实现商品工业属性画像的功能。训练人工智能大模型的方法有多种，例如监督学习、无监督学习、半监督学习、迁移学习、强化学习等，具体采用哪种方法取决于人工智能模型的类型、结构和目标等因素。训练人工智能大模型的目的是尽可能地提高人工智能模型的学习能力和泛化能力，以适应商品工业属性画像的变化和需求，同时考虑人工智能模型的稳定性和可维护性。

图4.6展示了训练人工智能大模型进行商品工业属性画像的过程。

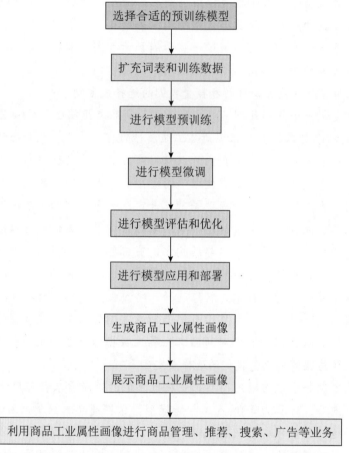

图4.6　训练人工智能大模型进行商品工业属性画像的过程

训练人工智能大模型的注意事项有以下几点。

- 采用合适的数据划分方式，如训练集、验证集、测试集等，保证数据的代表性和独立性，避免数据的过拟合和欠拟合。数据划分是指将数据分成不同的子集，用于不同的目的，如训练模型、验证模型、测试模型等。数据划分要保证数据的代表性(即每个子集都能反映数据的分布和特征)和独立性(即每个子集都不会相互影响)，以避免数据的过拟合和欠拟合。过拟合是指模型过度地拟合训练数据，导致模型在新的数据上表现不佳；欠拟合是指模型未能充分地拟合训练数据，导致模型在任何数据上表现不佳。例如，我们可以将数据按照8∶1∶1的比例，随机地分成训练集、验证集和测试集，训练集用于训练模型，验证集用于调整模型参数，测试集用于评估模型性能，这样可以保证数据的代表性和独立性，同时避免数据的过拟合和欠拟合。
- 采用合适的模型评估指标，如准确率、召回率、F1值、AUC值等，定量地评估模型的预测效果和问题。模型评估指标是指用于衡量模型的预测效果和问题的数值，如准确率、召回率、F1值、AUC值等。模型评估指标要合适，既能够反映模型的优劣和改进的方向，也能够适应商品工业属性画像的任务类型和目标。例如，我们可以根据商品工业属性画像的任务类型(如分类、回归、聚类、生成等)来选择合适的模型评估指标，如准确率、召回率、F1值、AUC值等。这些指标可以定量地评估模型的预测效果和问题，如模型的正确性、完整性、平衡性、稳定性等。
- 采用合适的模型训练工具和方法，如人工智能平台、人工智能框架、人工智能算法等，高效地训练模型。模型训练工具和方法要高效，既能够在有限的时间和资源内，达到较好的训练效果，也能够适应商品工业属性画像的数据特点和模型特点。例如，我们可以根据商品工业属性画像的数据特点(如多模态、多源、结构化、非结构化等)来选择合适的人工智能平台，如TensorFlow、PyTorch、Keras等。这些平台可以提供丰富的数据预处理和特征提取的方法，以及多种人工智能模型的实现和优化的方法，从而高效地训练模型。
- 采用合适的模型调优方式，如参数调整、模型剪枝、模型蒸馏、模型集成等，优化模型的性能和资源。模型调优方式要优化，既能够在不损失模型的预测效果的前提下，降低模型的复杂度和消耗，也能够适应商品工业属性画像的性能要求和可用资源。例如，我们可以根据商品工业属性画像的性能要求和可用资源(如准确率、速度、内存、计算力等)来选择合适的模型调优方式，如参数调整、模型剪枝、模型蒸馏、模型集成等。这些方式可以优化模型的性能和资源，如提高模型的准确率、降低模型的大小、减少模型的计算量、增强模型的鲁棒性等。

4.3.3　应用人工智能大模型进行商品工业属性画像

应用训练好的人工智能大模型，对商品的图片、标题、描述等信息进行分析和预测，可得到商品的工业属性画像，即得到商品的工业属性的类型、值和层次等信息。应用人工智能大模型进行商品工业属性画像的方法有多种，例如在线预测、离线预测、批量预测等，具体采用哪种方法取决于商品工业属性画像的应用场景、实时性和规模等因素。应用人工智能大模型进行商品工业属性画像的目的是尽可能地提供准确和完整的商品工业属性画像，以满足电商、广告营销和用户增长等数字化营销业务的需求，同时考虑商品工业属性画像的可解释性和可视化性。

应用人工智能大模型进行商品工业属性画像的注意事项有以下几点。
- 采用合适的数据输入方式，如图片、文本、音频等，保证数据的完整性、可读性和可访问性，同时考虑数据的安全性和备份性。数据输入是指将商品的图片、标题、描述等信息作为人工智能大模型的输入，以进行商品工业属性画像的分析和预测。数据的完整性，是指每个商品的信息都能完整地输入人工智能大模型；数据的可读性，是指每个商品的信息都能被人工智能大模型正确地识别和理解；数据的可访问性，是指每个商品的信息都能被人工智能大模型快速地获取和处理；数据的安全性，是指每个商品的信息都能被人工智能大模型安全地存储和传输；数据的可备份性，是指每个商品的信息都能被人工智能大模型备份和恢复。例如，我们可以通过扫描商品的二维码，或者通过拍摄商品的图片，或者通过录制商品的音频，或者通过输入商品的标题和描述，将商品的信息输入人工智能大模型。

- 采用合适的数据输出方式，如标签、表格、图表等，保证数据的一致性、可理解性和可用性，同时考虑数据的美观性和交互性。数据输出是指将人工智能大模型的分析和预测结果，以商品工业属性的类型、值和层次等信息，以标签、表格、图表等形式，输出给用户，以进行商品工业属性画像的展示和应用。数据的一致性，是指每个商品的工业属性画像都能与商品的信息和人工智能大模型的预测结果相一致；数据的可理解性，是指每个商品的工业属性画像都能被用户清晰地理解和认知；数据的可用性，是指每个商品的工业属性画像都能被用户方便地使用和应用；数据的美观性，是指每个商品的工业属性画像都能以优雅和美观的形式呈现给用户；数据的可交互性，是指每个商品的工业属性画像都能与用户进行有效和有趣的交互。例如，我们可以通过标签来显示商品的工业属性的类型，如"材质：棉""颜色：红色""尺寸：M"等；或者通过表格来显示商品的工业属性的层次和关系，如"一级属性：服装""二级属性：上衣""三级属性：T恤"等；或者通过图表来显示商品的工业属性的分布和趋势，如"颜色分布：红色占比30%，蓝色占比20%，绿色占比10%，其他占比40%""尺寸趋势：M尺寸的销量在上升，L尺寸的销量在下降"等。

- 采用合适的数据展示方式，如网页、App、小程序等，保证数据的可观性、可操作性和可传播性，同时考虑数据的兼容性和适配性。数据展示是指将数据输出方式的结果，以网页、App、小程序等形式展示给用户，以进行商品工业属性画像的查看和分享。数据的可观性，是指每个商品的工业属性画像都能以清晰和直观的形式呈现给用户；数据的可操作性，是指每个商品的工业属性画像都能被用户轻松地查询和修改；数据的可传播性，是指每个商品的工业属性画像都能被用户快速地分享和推荐；数据的兼容性，是指每个商品的工业属性画像都能在不同的设备和平台上正常地显示和运行；数据的适配性，是指每个商品的工业属性画像都能根据不同的设备和平台的特点及需求进行相应的调整和优化。例如，我们可以通过网页来展示商品的工业属性画像，如在电脑或手机的浏览器上打开一个网页，可以看到商品的图片、标题、描述和工业属性画像，可以对商品的工业属性画像进行查询和修改，可以将商品的工业属性画像分享到社交媒体或发送给朋友；或者通过App来展示商品的工业属性画像，如在手机或平板的应用商店上下载一个App，可以看到商品的图片、标题、描述和工业属性画像，可以对商品的工业属性画像进行查询和修改，可以将商品的工业属性画像分享到社交媒体或发送给朋友；或者通过小程序来展示商品的工业属性画像，如在微信或支付宝等平台上扫描一个二维码，可以看到商品的图片、标题、描述和工业属性画像，可以对商品的工业属性画像进行查询和修改，可以将商品的工业属性画像分享到社交媒体或发送给朋友。
- 采用合适的数据反馈方式，如评分、评论、问答等，保证数据的可评估性、可改进性和可学习性，同时考虑数据的动态性(即每个商品的工业属性画像都能随着用户的反馈而更新和优化)和数据的趋势性(即每个商品的工业属性画像都能反映用户的需求和喜好的变化和趋势)。数据反馈方式要合适，既能够反映用户对商品工业属性画像的评价和意见，也能够适应商品工业属性画像的特点和目标。例如，我们可以根据用户的习惯和偏好来选择合适的数据反馈方式。

4.3.4 优化人工智能大模型

优化人工智能大模型，即根据商品工业属性画像的应用效果和用户反馈，对人工智能大模型进行持续的监测、评估和改进，以提升人工智能大模型的预测性能和用户体验。优化人工智能大模型的方法有多种，例如数据收集、数据清洗、模型调整、模型重新训练等，具体采用哪种方法取决于人工智能大模型的问题、改进方向和优化目标等因素。优化人工智能大模型的目的是尽可能地适应商品工业属性画像的变化和需求，以保持人工智能大模型的竞争力和领先性，同时考虑人工智能大模型的可持续性和可扩展性。优化人工智能大模型的注意事项有以下几点。

- 采用合适的数据监测方式，如数据采样、数据统计、数据报告等，保证数据的时效性和准确性，同时捕捉数据的变化和趋势。数据监测是指对商品工业属性数据进行定期或实时的观察和记录，以了解数据的状态和特征，如数据的数量、质量、分布、变化等。数据的时效性，是指及时地反映数据的最新情况；数据的准确性，是指准确地反映数据的真实情况；捕捉数据的变化和趋势，是指发现数据的异常和趋势，以及数据变化的原因和影响。例如，我们可以通过数据采样来随机地抽取一部分商品工业属性数据，以代表整体数据的状态和特征；或者通过数据统计来计算商品工业属性数据的一些基本指标，如平均值、标准差、最大值、最小值等，以反映数据的分布和差异；或者通过数据报告来生成商品工业属性数据的一些可视化图形，如柱状图、饼图、折线图等，以反映数据的比例和趋势。
- 采用合适的模型监测方式，如模型测试、模型分析、模型报告等，保证模型的稳定性和可靠性，同时捕捉模型的问题和异常。模型监测是指对人工智能大模型进行定期或实时的检测和评估，以了解模型的状态和性能，如模型的准确率、速度、内存、计算力等。模型的稳定性，是指保持模型的正常运行和预测；模型的可靠性，是指保持模型的预测效果；捕捉模型的问题，是指能够发现模型的错误和缺陷；捕捉模型的异常，是指能够发现模型的偏差和波动，以及模型异常的原因和影响。例如，我们可以通过模型测试来对人工智能大模型进行一些基本的功能和性能的测试，如输入输出的正确性、预测结果的一致性、预测时间的合理性等，以反映模型的稳定性和可靠性；或者通过模型分析来对人工智能大模型进行一些深入的原理和机制的分析，如模型的结构、参数、算法、优化等，以反映模型的优势和缺点；或者通过模型报告来生成人工智能大模型的一些可视化图形，如准确率曲线、损失函数曲线、混淆矩阵等，以反映模型的预测效果和问题。

- 采用合适的数据优化方式，如数据采集、数据清洗、数据增强等，提高数据的质量和多样性，从而提供更多的学习样本和特征给人工智能大模型。数据优化是指对商品工业属性数据进行一些改进和增强的操作，以提高数据的质量和多样性，如数据的完整性、准确性、一致性、多样性等。例如，我们可以通过数据采集来收集更多的商品工业属性数据，以扩大数据的规模和覆盖；或者通过数据清洗来清除一些无用或错误的商品工业属性数据，以提高数据的质量和准确性；或者通过数据增强来生成一些新的或变化的商品工业属性数据，以增加数据的多样性和复杂性。

4.4 商品工业属性画像应用场景的价值最大化

随着互联网的发展，数字化营销已经成为各行各业的必备手段，无论是电商平台、广告平台、社交平台、内容平台，还是教育平台、医疗平台、金融平台等，都需要通过数字化的方式来吸引、留存和增长用户，提升用户的满意度和忠诚度，增加用户的消费，从而实现业务的增长和盈利。

商品工业属性画像是数字化营销业务中的一个重要环节，它可以帮助提高商品的展示效果、提升广告的匹配度、优化搜索的排序、增强推荐的个性化、提升用户的购买转化率等。商品工业属性画像的难点在于商品的工业属性是隐含在商品的文本和图片中的，而不是直接给出的，因此，需要通过一定的方法，从商品的文本和图片中，提取和识别商品的工业属性，从而实现商品工业属性画像的目标。传统的商品工业属性画像方法依赖于人工的标注和规则的制定，效率低、成本高、准确率低。而人工智能大模型具有超大规模的参数和数据，可以通过自动化的方式，从海量的商品文本和图片中，学习和提取商品的工业属性，从而实现商品工业属性画像的自动化和智能化。人工智能大模型在商品工业属性画像中的应用，可以大大提高商品工业属性画像的效率，降低商品工业属性画像的成本，提高商品工业属性画像的准确率，从而为数字化营销业务带来更好的效果和体验。

4.4.1 人工智能大模型商品工业属性画像在广告业务中的应用

广告业务是数字化营销业务中的一个重要组成部分，它可以帮助商家和品牌通过各种渠道和形式，向潜在的用户展示自己的商品和服务，从而吸引用户的注意力和兴趣，促进用户的点击和购买，增加商家或品牌的知名度和收入。广告业务的核心是广告的匹配，即如何根据用户的属性和行为，以及商品的属性和特征，展示最合适的广告，从而提高广告的点击率和转化率，降低广告的投放成本，提升广告的投放效果。广告的匹配是一个复杂的优化问题，它涉及多方面的因素，如用户的兴趣、需求、偏好、场景、历史行为等，还涉及商品的品类、品牌、价格、评价、优惠、库存等。为了解决广告的匹配问题，我们需要对用户和商品进行精准的画像，从而形成一个有效的匹配模型，实现广告的智能投放。人工智能大模型在广告业务中的一个重要应用就是商品工业属性画像。

1. 商品工业属性画像在广告业务中的作用

- 提高商品的展示效果。商品工业属性画像可以帮助商家和品牌更好地展示商品，通过对商品的工业属性进行清晰和完整的标注，让用户更快、更容易地了解商品的基本信息，从而提高用户对商品的信任度和满意度，增加用户的点击和购买意愿。商品工业属性画像还可以帮助商家更好地优化自己的商品，通过分析商品的工业属性，发现商品的优势和劣势，从而进行相应的改进和调整，提高商品的质量和竞争力。

- 提升广告的匹配度。商品工业属性画像可以帮助广告平台更好地匹配广告，通过对商品的工业属性进行精准和细致的划分，形成一个多维度和多层次的商品工业属性体系，从而为广告的匹配提供更多的维度和更细的粒度，实现广告的精准投放。商品工业属性画像还可以帮助广告平台更好地理解用户，通过分析用户的历史点击和购买行为，推断出用户对商品的工业属性的偏好和需求，从而提供更个性化和更符合用户期望的广告，提高广告的吸引力和有效性。

- 优化搜索的排序。商品工业属性画像可以帮助搜索平台更好地排序商品，通过对商品的工业属性进行权重计算和评分，形成一个商品工业属性的排序模型，从而为搜索的排序提供更客观和更公正的依据，实现搜索的智能排序。商品工业属性画像还可以帮助搜索平台更好地满足用户的查询需求，通过分析用户的搜索词，识别出用户对商品的工业属性的意图和要求，从而提供更灵活和更适合用户需求的商品排序，提高搜索的相关性和准确性。

2. 人工智能大模型商品工业属性画像在广告业务中的应用案例

人工智能大模型商品工业属性画像在广告业务中的应用，主要包括以下几个步骤，如图4.7所示。

- 数据采集。数据采集是商品工业属性画像的数据来源，是指从各种渠道和平台收集和整理商品的文本及图片数据，形成一个规模和质量较高的商品数据集，为后续的数据处理和模型训练提供数据基础。数据采集的方法有多种，如爬虫、API、SDK等。数据采集的范围和频率根据商品的更新和变化情况而定，一般需要保证数据的新鲜度和完整度。

- 数据处理。数据处理是商品工业属性画像的数据预处理，是指对采集到的商品数据进行清洗、标准化、去重、分词、词性标注、实体识别等操作，形成一个结构化和规范化的商品数据集，为后续的模型训练提供数据输入。数据处理的方法有多种，如正则表达式、分词工具、命名实体识别工具等。数据处理的目的是提高数据的质量和可用性，保证数据的准确性和一致性。

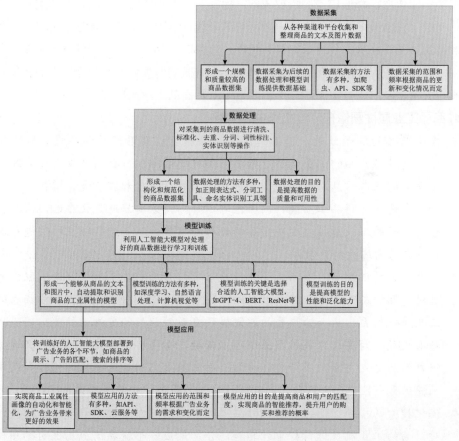

图4.7　人工智能大模型商品工业属性画像在广告业务中的应用过程

- 模型训练。模型训练是商品工业属性画像的核心环节，是指利用人工智能大模型对处理好的商品数据进行学习和训练，形成一个能够从商品的文本和图片中，自动提取和识别商品的工业属性的模型，为后续的模型应用提供模型输出。模型训练的方法有多种，如深度学习、自然语言处理、计算机视觉等。模型训练的关键是选择合适的人工智能大模型，如GPT-4、BERT、ResNet等，模型训练的目的是提高模型的性能和泛化能力，保证模型的准确率和稳定性。
- 模型应用。模型应用是商品工业属性画像的实际应用，是指将训练好的人工智能大模型部署到广告业务的各个环节，如商品的展示、广告的匹配、搜索的排序等，实现商品工业属性画像的自动化和智能化，为广告业务带来更好的效果。模型应用的方法有多种，如API、SDK、云服务等。模型应用的范围和频率根据广告业务的需求和变化而定，一般需要保证模型的实时性和可靠性。模型应用的目的是提高商品和用户的匹配度，实现商品的智能推荐，提升用户的购买和推荐的概率。

【案例：人工智能大模型商品工业属性画像在百度广告平台的应用】百度广告平台是中国最大的搜索引擎广告平台，它通过百度搜索、百度信息流、百度智能小程序等多种形式，向用户展示和推荐各种类型的广告，为商家提供广告投放的服务。百度广告平台使用了人工智能大模型商品工业属性画像的技术，从商品的标题、描述、图片等文本和视觉信息中，自动识别出商品的品牌、类目、型号、规格、材质、产地等工业属性，从而形成一个完整和丰富的商品工业属性数据模型，为广告的匹配和展示提供更多的依据和选择。百度广告平台利用商品工业属性画像的技术实现了以下几个方面的优化。

- 优化了广告的展示效果。百度广告平台根据商品的工业属性，为商品生成了更清晰和更完整的广告文案和广告图片，让用户一目了然地了解商品的基本信息。例如，当用户搜索"电动牙刷"时，百度广告平台会展示不同品牌、类目、型号、规格、材质、产地等工业属性的电动牙刷广告，让用户可以根据自己的需求和偏好选择合适的商品。
- 优化了广告的匹配效果。百度广告平台根据商品的工业属性，为商品进行了更精准和更细致的划分。例如，当用户搜索"电动牙刷"时，百度广告平台会根据用户的历史点击和购买行为，以及用户的地理位置、年龄、性别等属性，推断出用户对商品的工业属性的偏好和需求，从而展示更符合用户期望的电动牙刷广告，提高了广告的吸引力和有效性。
- 优化了搜索的排序效果。百度广告平台根据商品的工业属性，为商品进行了权重计算和评分。例如，当用户搜索"电动牙刷"时，百度广告平台会根据商品的工业属性的权重和评分，以及用户的搜索词的意图和要求，对商品进行排序，从而展示更相关和更准确的电动牙刷商品，提高了搜索的满意度和转化率。

4.4.2 人工智能大模型商品工业属性画像在电商业务中的应用

电商业务是数字化营销业务中的一个重要组成部分，它可以帮助商家通过各种平台和渠道，向用户展示和销售自己的商品或服务，从而为用户提供更多的选择和便利，增加商家的收入。电商业务的核心是商品的推荐，即如何根据用户的属性和行为，以及商品的属性和特征，展示最合适的商品，从而提高商品的曝光度和销量，降低商品的库存和损耗，提升商品的流通效率和价值。商品的推荐是一个复杂的优化问题，它涉及多方面的因素，如用户的兴趣、需求、偏好、场景、历史行为等，以及商品的品类、品牌、价格、评价、优惠、库存等。为了解决商品的推荐问题，我们需要对用户和商品进行精准的画像，从而形成一个有效的推荐模型，实现商品的智能推荐。人工智能大模型在电商业务中的一个重要应用就是商品工业属性画像。

1. 商品工业属性画像在电商业务中的作用

- 提高商品的展示效果。
- 提升商品的推荐效果。商品工业属性画像可以帮助电商平台更好地推荐商品，商品工业属性画像可以帮助电商平台更好地理解用户，通过分析用户的历史点击和购买行为，推断出用户对商品的工业属性的偏好和需求，从而提供更个性化和更符合用户期望的商品，提高商品的吸引力和转化率。
- 增强商品的价值效果。商品工业属性画像可以帮助商家和品牌更好地提升自己的商品的价值，通过评估商品的工业属性，形成一个商品工业属性的价值模型，从而为商品的定价提供更合理和更有利的依据，实现商品的价值最大化。商品工业属性画像还可以帮助商家和品牌更好地传递商品价值，通过对商品的工业属性进行展示和宣传，形成一个商品工业属性的价值传播模型，从而提供更有力和更有说服力的商品营销手段，实现商品的价值传播。

2. 人工智能大模型商品工业属性画像在电商业务中的应用案例

人工智能大模型商品工业属性画像在电商业务中的应用主要包括以下几个步骤。

- 数据采集。
- 数据处理。
- 模型训练。
- 模型应用。

【案例：人工智能大模型商品工业属性画像在京东商城的应用】京东商城是中国最大的自营式电商平台，它通过京东网、京东App、京东到家等多种形式，向用户展示和销售各种类型的商品和服务，为用户提供更多的选择和便利，为商家提供更多的收入。京东商城使用了人工智能大模型商品工业属性画像的技术，从商品的标题、描述、图片等文本和视觉信息中，自动识别出商品的品牌、类目、型号、规格、材质、产地等工业属性，从而形成一个完整和丰富的商品工业属性数据模型，为商品的推荐提供更多的依据和选择。京东商城利用商品工业属性画像的技术实现了以下几个方面的优化。

- 优化了商品的展示效果。京东商城根据商品的工业属性，为商品生成了更清晰和更完整的商品详情页和商品图片，让用户更快、更容易地了解商品的基本信息。例如，当用户浏览京东网时，京东商城会展示不同品牌、类目、型号、规格、材质、产地等工业属性的商品详情页和商品图片，让用户可以根据自己的需求和偏好，选择合适的商品。
- 优化了商品的推荐效果。京东商城根据商品的工业属性，为用户提供了更多的筛选和排序的功能，让用户可以根据自己的需求和偏好，快速、方便地找到自己想要的商品。例如，当用户搜索"电动牙刷"时，京东商城会根据用户的筛选条件，如品牌、价格、评价等，以及用户的排序方式，如销量、人气、新品等，对商品进行筛选和排序，从而展示更符合用户需求的电动牙刷商品，提高了用户的购买效率和满意度。
- 优化了商品的定价效果。京东商城根据商品的工业属性，为用户提供了更多的优惠和活动，让用户可以享受更多的折扣和福利，从而提高了用户的购买力和忠诚度。例如，当用户搜索"电动牙刷"时，京东商城会根据商品的工业属性的评估和定价，以及用户的购买历史和行为，为用户提供不同的优惠券、满减、秒杀、拼团等优惠和活动，从而让用户可以以更低的价格购买更高品质的电动牙刷，提高了用户的购买幸福感和回购率。
- 优化了商品的营销效果。京东商城根据商品的工业属性，为用户提供了更多的互动和分享，让用户可以参与更多的评论、评价、晒单、问答等互动，以及通过微信、微博、抖音等社交平台分享自己的购买体验和感受，从而提高了用户的参与度和影响力，为商品的营销带来更多的流量和口碑。例如，当用户购买了电动牙刷后，京东商城会根据商品的工业属性的展示和宣传，以及用户的购买体验和感受，为用户提供不同的互动和分享的功能，如邀请用户评价商品的品牌、类目、型号、规格、材质、产地等工业属性，以及上传自己使用商品的视频和图片，以及分享自己的购买链接和优惠码等，从而让用户可以更好地表达自己的观点和情感，进而影响更多的潜在用户，为商品的营销创造更多的价值。

4.4.3 人工智能大模型商品工业属性画像的技术前景和挑战

人工智能大模型商品工业属性画像的技术是电商平台提高商品与用户的匹配度，实现商品的智能推荐，提升用户的购买和推荐的概率，为用户增长业务带来更好的效果和体验的重要技术之一。人工智能大模型商品工业属性画像的技术具有以下几个优势。

- 可以从商品的文本和视觉信息中，自动识别出商品的工业属性，从而形成一个完整和丰富的商品工业属性数据模型，为商品的推荐提供更多的依据和选择。
- 可以根据商品和用户的工业属性进行分析，从而实现商品和用户的最佳匹配，从而提高用户的购买和推荐的概率，为用户增长业务带来更好的效果和体验。
- 可以根据商品的工业属性，生成更清晰、更完整的商品详情页和商品图片，进行更精准和更细致的划分，进行更合理的评估，从而提高商品的展示、推荐、定价和营销的效果和效率。
- 可以根据商品的工业属性，为用户提供更多的筛选和排序的功能，提供更多的优惠和活动，提供更多的互动，从而提高用户的信任度、满意度和忠诚度，为用户增长业务带来更好的效果和体验。

人工智能大模型商品工业属性画像的技术也面临着以下几个挑战。

- 商品的工业属性的种类和层级的确定，要考虑商品的多样性和复杂性，以及用户的需求和偏好，这需要一套合理和通用的商品工业属性体系，还需要一套灵活和可扩展的商品工业属性数据格式。
- 商品的工业属性的识别和提取，要考虑商品的文本和视觉信息的质量和完整性，以及商品的工业属性的隐含性和模糊性，这需要有一套高性能和高泛化能力的人工智能大模型，还需要一套有效和可靠的商品工业属性数据源。
- 商品和用户的工业属性的匹配及推荐，要考虑商品和用户的工业属性的相似度及匹配度，还要考虑商品和用户的工业属性的动态性和实时性，这需要一套精准和个性化的商品和用户的工业属性匹配算法，还需要一套实时、动态的商品和用户的工业属性数据更新机制。
- 商品的工业属性的展示、定价和营销，要考虑商品的工业属性的价值和影响，还要考虑商品的工业属性的多样性和新颖性，这需要一套合理、有利的商品的工业属性价值模型，还需要一套多维度、多层次的商品的工业属性价值传播模型。

人工智能大模型商品工业属性画像技术是一个具有广阔前景和巨大潜力的技术领域，它将为电商平台带来更多的竞争优势和商业价值，为商家带来更多的利润，为用户带来更多的便利，为社会带来更多的创新。人工智能大模型商品工业属性画像技术也是一个需要不断探索和创新的技术领域，它将面临更多的技术难题和业务挑战，需要更多的技术资源和业务合作共同推动其发展及应用。

结语

希望本章内容对你有所启示和帮助，如果你想要深入学习更多内容，请关注作者个人公众号"产品经理独孤虾"。在那里，你可以找到更多的案例。

第5章
如何革新召回策略：人工智能大模型留住用户的秘诀

  召回策略是数字化营销业务中非常重要的一环，是通过各种渠道和方式，重新吸引和激活已经注册或者使用过平台的用户，提高用户的忠诚度和留存率，增加用户的生命周期价值的策略。召回策略的核心是了解用户的需求、偏好、行为和反馈，从而提供个性化、精准化的内容和服务，以满足用户的期望和需求。

  那么，如何优化召回策略，让用户更愿意回到我们的平台呢？传统的方法是基于一些规则和假设，先根据用户的属性和行为进行分群和标签，然后根据不同的群体和标签设计不同的召回策略，如发送不同的邮件、短信、推送通知等。传统的方法虽然简单易行，但也有以下局限性。

- 规则和假设往往是基于人为的经验和直觉，而不是真正的数据驱动，可能存在偏差和误判。
- 分群和标签的粒度往往是比较粗糙的，不能真正反映用户个性化、多样化的需求和偏好。
- 召回策略的设计和执行往往是静态的，不能及时根据用户的变化和反馈进行优化。

  为了解决以上问题，我们需要引入一种更先进、更智能的方法，那就是人工智能大模型。人工智能大模型可以处理海量的数据，学习和理解用户的语言和行为，生成和推荐个性化、精准化的内容，有助于提高用户的满意度和忠诚度。

  那么，作为产品经理和运营人员，我们如何在电商、广告营销和用户增长等数字化营销业务上应用人工智能大模型来优化召回策略呢？本章将对这个问题进行详细的解答。

5.1 召回模型优化：数字化营销业务的核心竞争力

在数字化营销业务中，我们经常面临这样一个问题：如何在海量的候选项中，为每个用户推荐最合适的项目，从而提高用户的转化率和留存率？例如，在电商平台中，如何在数以万计的商品中，为每个用户展示其最有可能购买的商品？在广告平台中，如何在数以千计的广告中，为每个用户投放其最有可能点击的广告？在内容平台中，如何在数以百计的文章或视频中，为每个用户推荐其最有可能阅读或观看的内容？

这是个有挑战性的难题。因为每个用户的需求和偏好都是不同的，而且都会随着时间和环境的变化而变化。如果我们采用一种固定的、统一的、无差别的方式来为所有用户推荐相同的项目，那么很可能会失去用户的信任，使用户流失。我们需要一种能够根据用户的行为和特征，动态地、个性化地、智能地为每个用户推荐最合适的项目的技术手段，这就是召回模型。

召回模型是推荐系统的核心组成部分，也是数字化营销业务的核心竞争力。一个好的召回模型，可以帮助我们提高用户的满意度和忠诚度，增加用户的活跃度和黏性，优化用户的体验和价值，提升业务的收入和利润。但是，召回模型并不是一成不变的，需要不断地进行优化和更新，以适应用户和业务的变化。

5.1.1 召回模型的基本概念

1. 什么是召回模型

召回模型是一种基于机器学习的算法，它可以从海量的候选项中，筛选出用户最有可能感兴趣的项目，缩小推荐范围，提高推荐效率。召回模型的输入和输出如图5.1所示。

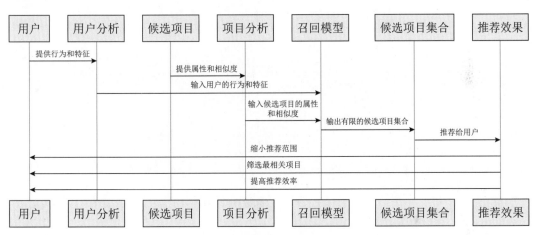

图 5.1 召回模型的输入和输出

由图5.1可知，召回模型的输入是用户的行为(如用户的浏览、点击、收藏、购买、评价等)和特征(如用户的年龄、性别、地域、兴趣等)，以及候选项目的属性和相似度；召回模型的输出是一个有限的候选项目集合，是用户最有可能感兴趣的项目。

2. 召回模型的基本原理

召回模型的基本原理是利用机器学习的方法，从历史数据中学习用户的偏好和行为模式，学习项目的特点和关联规则，从而预测用户对项目的兴趣程度。召回模型的核心是一个评分函数，它可以根据用户和项目的特征，计算出一个评分值，表示用户对项目的兴趣程度。召回模型的目标是找出评分值最高的项目，并将其作为候选项目推荐给用户。召回模型的评分函数和目标如图5.2所示。

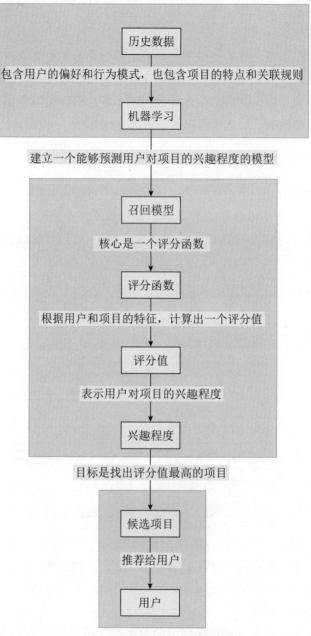

图 5.2 召回模型的评分函数和目标

3. 召回模型的类型

根据不同的数据来源和算法原理，召回模型可以分为以下几种类型。

- 基于内容的召回模型。这种召回模型根据项目的内容属性(如商品的类别、品牌、价格等，或者广告的文本、图片、视频等)或者内容的标题、摘要、标签等，来计算项目之间的相似度，从而为用户推荐与其历史行为或喜好相似的项目。例如，用户浏览了一件运动服，基于内容的召回模型就会为用户推荐其他的运动服或者与运动相关的商品。基于内容的召回模型的优点是可以充分利用项目的内容信息，提高项目的描述能力和区分度，适合处理与项目的新颖性和稀疏性有关的问题。基于内容的召回模型的缺点是需要大量的项目内容信息，可能存在内容信息不完整或不准确的问题，也可能存在内容信息过于静态或单一的问题，推荐的结果缺乏多样性和动态性。

- 基于协同过滤的召回模型。这种召回模型根据用户的行为数据(如用户的浏览、点击、收藏、购买、评价等)来计算用户或项目之间的相似度，从而为用户推荐与其历史行为或喜好相似的其他用户喜欢的项目。例如，用户A和用户B都购买了一件运动服，基于协同过滤的召回模型就会认为用户A和用户B有相似的喜好，从而为用户A推荐用户B喜欢的其他商品；反之亦然。基于协同过滤的召回模型的优点是可以充分利用用户的行为数据，提高用户的描述能力和区分度，适合处理与用户的多样性和个性化有关的问题。基于协同过滤的召回模型的缺点是需要大量的用户行为数据，可能存在用户行为数据不完整或不准确的问题，也可能存在用户行为数据过于稀疏或冷启动的问题，推荐的结果缺乏准确性和覆盖率。
- 基于深度学习的召回模型。这种召回模型利用深度学习的方法(如神经网络、深度自编码器、注意力机制等)从用户和项目的特征中提取高维的隐含特征，从而为用户推荐与其历史行为或喜好相关的项目。例如，用户浏览了一件运动服，基于深度学习的召回模型就会从用户和商品的特征中提取出用户的运动偏好，商品的风格、颜色、材质等隐含特征，从而为用户推荐其他符合这些隐含特征的商品。基于深度学习的召回模型的优点是可以充分利用用户和项目的非线性的特征，提高特征的表达能力和区分度，适合处理与高维数据和稠密数据相关的问题。基于深度学习的召回模型的缺点是需要大量的计算资源，可能存在过拟合或欠拟合的问题，也可能存在模型缺乏可解释性和可控性的问题。

5.1.2 召回模型的作用

1. 提高营销效率

召回模型可以帮助我们从海量的候选项中，快速地、准确地筛选出用户最有可能感兴趣的项目，从而缩小推荐范围，提高推荐效率。这样，我们就可以节省资源，避免无效推荐，提高推荐的转化率和收益率。在电商平台中，如果我们能够为每个用户推荐其最有可能购买的商品，就可以提高商品的销量和利润，同时减少库存和运营成本；在广告平台中，如果我们能够为每个用户投放其最有可能点击的广告，就可以提高广告的点击率和收入，同时减少广告的展示次数和费用；在内容平台中，如果我们能够为每个用户推荐其最有可能阅读或观看的内容，就可以提高内容的浏览量和分享率，同时减少内容的生产和维护成本。召回模型提高营销效率的过程如图5.3所示。

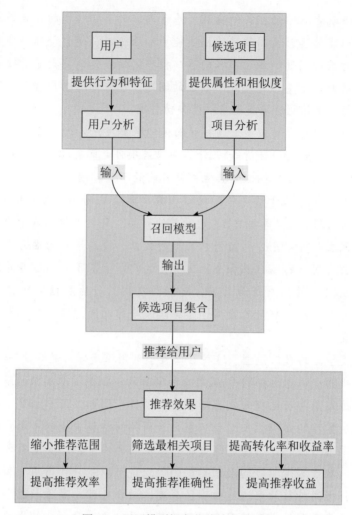

图 5.3 召回模型提高营销效率的过程

2. 提高客户满意度和忠诚度

召回模型可以帮助我们根据用户的行为和特征，为用户推荐最合适的项目，从而提高用户的满意度。这样，我们就可以增加用户的信任和好感，提高用户的留存率和复购率。在电商平台中，如果我们能够为每个用户推荐最符合其需求和偏好的商品，用户就会感觉到我们对他的关注和尊重，从而更愿意在我们的平台上购物；在广告平台中，如果我们能够为每个用户投放最符合其兴趣和场景的广告，用户就会感觉到我们对他的了解和帮助，从而更愿意接受我们的广告；在内容平台中，如果我们能够为每个用户推荐最符合其口味和水平的内容，用户就会感觉到我们对他的引导和教育，从而更愿意阅读或观看我们的内容。召回模型提高客户满意度的过程如图5.4所示。

第 5 章 如何革新召回策略：人工智能大模型留住用户的秘诀

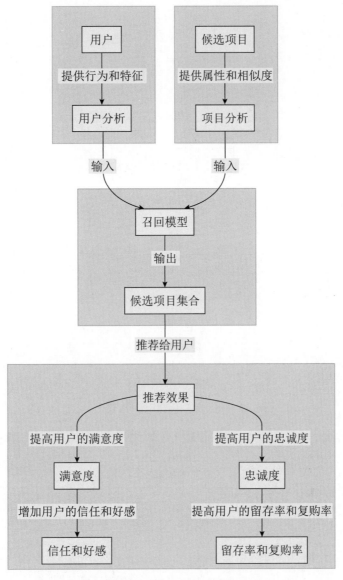

图 5.4 召回模型提高客户满意度和忠诚度的过程

3. 适应用户的需求和偏好

召回模型可以帮助我们根据用户的行为和特征，为用户推荐最合适的项目，从而适应用户的需求和偏好。这样，我们就可以满足用户多样化和个性化的需求，提供更加贴合用户的产品和服务，增加用户的使用频率和时长。在电商平台中，如果我们能够为每个用户推荐最适合其偏好的商品，用户就会感觉到我们对他的关心和支持，从而更愿意在我们的平台上消费；在广告平台中，如果我们能够为每个用户投放最适合其兴趣和需求的广告，用户就会感觉到我们对他的尊重和价值，从而更愿意与这个广告互动；在内容平台中，如果我们能够为每个用户推荐最适合其进步的内容，用户就会感觉到我们对他的鼓励和激励，从而更愿意学习或娱乐我们输出的内容。召回模型适应用户需求和偏好的过程如图5.5所示。

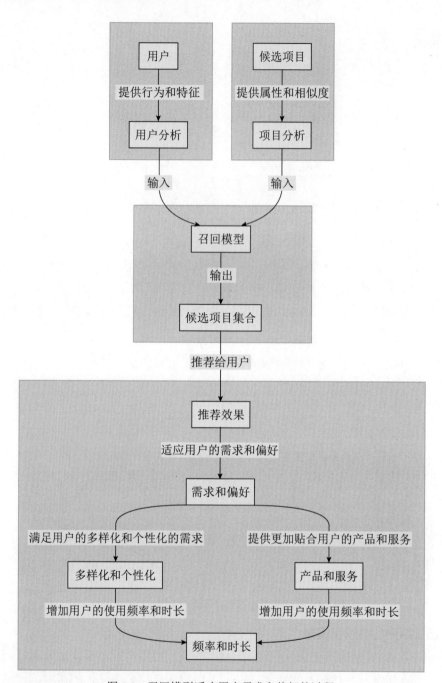

图 5.5 召回模型适应用户需求和偏好的过程

4. 优化营销策略

召回模型可以帮助我们根据用户的行为和特征，为用户推荐最合适的项目，从而优化营销策略。这样，我们就可以根据用户的反馈和数据，改进产品和服务，提升竞争力和市场份额。在电商平台中，如果我们能够根据用户的购买和评价，为用户推荐更优质和更合适的商品，就可以提高商品口碑，同时增加商品的曝光和销量；在广告平台中，如果我们能够根据用户的点击和转化，为用户投放更精准、更有效的广告，就可以提高广告效果，同时增加广告收入；在内容平台中，如果我们能够根据用户的浏览和分享，为用户推荐更有价值、更有趣的内容，就可以提高内容的质量和影响力，同时增加流量和收益。召回模型优化营销策略的过程如图5.6所示。

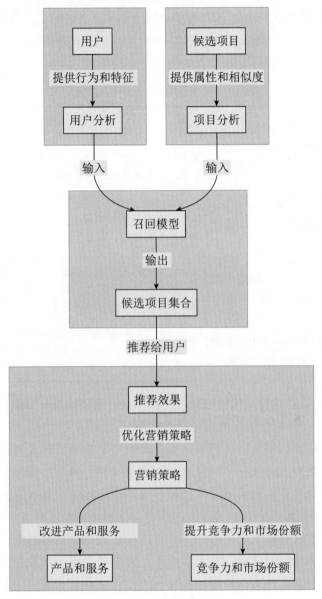

图 5.6 召回模型优化营销策略的过程

5.1.3 召回模型优化

召回模型优化是一个持续的、动态的、迭代的过程，需要根据用户和业务的变化，不断地对召回模型进行监测、评估、更新。召回模型优化是一个涉及多个方面的复杂过程，需要从数据、模型、特征、评估等多个角度来考虑和实施。召回模型优化的目标是提高召回模型的准确性、覆盖率、多样性和新颖性。召回模型优化的目标及其含义如表5.1所示。

表5.1 召回模型优化的目标及其含义

目标	含义	举例
准确性	召回模型能够正确地预测用户对项目的兴趣程度，为用户推荐最相关的项目	如果用户喜欢科幻小说，召回模型就应该为用户推荐科幻小说，而不是其他类型的小说
覆盖率	召回模型能够覆盖尽可能多的候选项目，为用户提供更多的选择	如果用户喜欢科幻小说，召回模型就应该为用户推荐尽可能多的科幻小说，而不是只推荐几本热门的科幻小说
多样性	召回模型能够推荐不同类型的项目，为用户提供更丰富的体验	如果用户喜欢科幻小说，召回模型就应该为用户推荐不同类型的科幻小说，如硬科幻、软科幻、幻想科幻等，而不是只推荐同一种类型的科幻小说
新颖性	召回模型能够推荐用户未曾接触过的项目，为用户带来新颖感	如果用户喜欢科幻小说，召回模型就应该为用户推荐一些新出版的或者低知名度的科幻小说，而不是只推荐一些广为人知的或者经典的科幻小说

召回模型通过数据分析、模型选择、特征工程、模型训练、模型评估和模型更新等方法来实现优化。召回模型优化的流程如图5.7所示。

- 数据分析是召回模型优化的第一步，是对用户和项目的数据进行收集、清洗、统计、分析和可视化，了解用户和项目的分布、特征、行为、偏好、规律等，以及数据的质量、完整性、稀疏性、噪声等的过程。数据分析的目的是找出数据的问题和潜在的价值，为后续的模型选择和特征工程提供依据。
- 模型选择是召回模型优化的第二步，是根据数据分析的结果，选择合适的召回模型类型和算法的过程，如选择基于内容的召回模型、基于协同过滤的召回模型或者基于深度学习的召回模型等。模型选择的目的是找出最能够适应数据特点和业务需求的召回模型，为后续的特征工程和模型训练打好基础。
- 特征工程是召回模型优化的第三步，是指对用户和项目的特征进行提取、选择、构造、转换和组合，生成更有意义和更有效的输入特征的过程。特征工程的目的是提高召回模型的表达能力和泛化能力，提高召回模型的准确性和覆盖率。

第 5 章 如何革新召回策略：人工智能大模型留住用户的秘诀

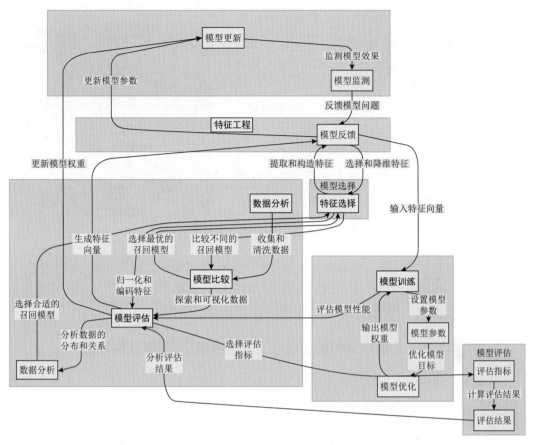

图 5.7　召回模型优化的流程

- 模型训练是召回模型优化的第四步，是利用特征工程生成的特征以及用户和项目的历史行为数据，来训练召回模型的参数，使召回模型能够拟合数据的分布和规律的过程。模型训练的目的是找出最优的召回模型的参数，提高召回模型的评分函数的性能和效果。
- 模型评估是召回模型优化的第五步，是利用特征工程生成的特征以及用户和项目的测试或在线数据，来评估召回模型的性能和效果，检验召回模型的优劣和适用性的过程。模型评估的目的是找出召回模型的优点和缺点，为后续的模型更新和优化提供反馈。
- 模型更新是召回模型优化的第六步，是根据模型评估的结果，对召回模型进行调整和改进，提升召回模型的性能和效果的过程。模型更新的目的是使召回模型能够适应用户和业务的变化，提高召回模型的多样性和新颖性。

5.2　人工智能大模型的应用实践：优化召回模型的流程和技巧

在数字化营销业务中，召回模型是一种非常重要的模型，它可以帮助我们从海量的数据中快速、准确和有效地找出用户感兴趣的项目，从而提高用户的满意度和忠诚度，增加用户的活跃度和留存率,提升业务的转化率。无论是电商平台的商品推荐,还是广告平台的广告投放,或者是社交平台的内容分发,都离不开召回模型的支持和应用。

然而,传统的召回模型也面临着很多挑战。如何在海量的数据中快速地进行召回,如何处理数据的稀疏性、异质性和动态性,如何平衡召回的覆盖率和准确率,以及如何适应用户的多样性和变化性,这些都是召回模型需要解决的问题。而人工智能大模型可以有效解决这些问题。本节将从产品经理的视角,详细介绍人工智能大模型

优化召回模型的五大步骤,包括数据采集及预处理、模型开发、模型评估、模型优化和模型部署。本节还将通过一些实例和示意图,帮助读者理解和应用人工智能大模型优化召回模型的方法。

5.2.1 步骤1:人工智能大模型优化召回模型的数据采集及预处理

数据是人工智能大模型优化召回模型的基础,没有数据,就没有模型,也就没有优化。因此,我们首先需要从不同的数据源和渠道,收集用户的行为数据、偏好数据和需求数据,以及候选项目的属性数据、内容数据和评价数据,以构建召回模型的数据集。然后,我们需要对数据进行质量检查、规范化处理、分词处理、标注处理等,以提高数据的准确性、可靠性、一致性、可比性、可分析性、可理解性、可用性和可解释性。最后,我们还需要对数据进行划分,将数据分成训练集、验证集和测试集,以保证模型的训练效果和泛化能力。人工智能大模型优化召回模型的数据采集及预处理的过程如图5.8所示。

1. 数据采集

召回模型数据采集的目的是收集用户和项目的相关数据,以便用于模型的训练和应用。我们可以从不同的数据源和渠道(如网站、App、社交媒体、搜索引擎等)收集用户的行为数据、偏好数据、需求数据,以及候选项目的属性数据、内容数据和评价数据。

- 用户的行为数据,是指用户在平台上的各种操作和交互,如浏览、点击、收藏、购买、评论、分享、搜索等。用户的行为数据可以反映用户的兴趣、喜好、需求和意图。用户的行为数据是召回模型的主要输入,也是评估模型的主要依据。

- 用户的偏好数据,是指用户对项目的主观评价和反馈,如评分、评价、标签、喜欢、不喜欢等。用户的偏好数据可以补充用户的行为数据,提供更多的用户信息和特征,从而了解用户的满意度和忠诚度。用户的偏好数据可以作为召回模型的辅助输入,也可以作为评估模型的辅助依据。

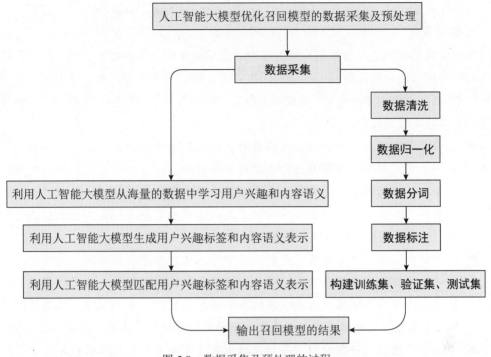

图5.8 数据采集及预处理的过程

- 用户的需求数据，是指用户对项目的具体要求和期望，如价格、品牌、颜色、尺寸、功能、风格等。用户的需求数据可以细化用户的兴趣和喜好，提供更多的用户偏好和条件，从而了解用户的目标和动机。用户的需求数据可以作为召回模型的辅助输入，也可以作为评估模型的辅助依据。
- 候选项目的属性数据，是指项目的基本信息和特征，如名称、编号、类别、价格、品牌、颜色、尺寸、功能、风格等。候选项目的属性数据可以描述项目的本质和外观，实现对项目的识别和区分，进而用于项目的匹配和推荐。候选项目的属性数据是召回模型的主要输出，也是评估模型的主要依据。
- 候选项目的内容数据，是指项目的详细描述和展示，如文本、图片、视频、音频等。候选项目的内容数据可以展示项目的细节和优势，用于表达受众对项目的理解和感受，评估项目的吸引力和影响力。候选项目的内容数据可以作为召回模型的辅助输出，也可以作为评估模型的辅助依据。
- 候选项目的评价数据，是指项目的客观评价和反馈，如评分、评价、标签、喜欢、不喜欢等。候选项目的评价数据可以反映项目的质量和口碑，提供受众对项目的信任和推荐信息，以表达项目的优劣，进而对项目进行改进。候选项目的评价数据可以作为召回模型的辅助输出，也可以作为评估模型的辅助依据。

收集数据的工具和方法有很多种，如爬虫、API、SDK、日志、数据库等。我们可以使用这些工具和方法收集数据，并将数据存储在合适的格式和结构(如CSV、JSON、XML、HDF5等)中，以便后续的处理和分析。收集数据时，要注意数据的完整性、时效性、合法性和安全性，避免数据的丢失、过期、侵权和泄露。

2. 数据清洗

数据清洗的目的是对数据进行质量检查，去除数据中的重复数据、缺失数据、异常数据和噪声数据，以提高数据的准确性和可靠性。清洗数据的工具和方法有很多种，如Excel、Pandas、SQL、Spark等。数据清洗包括去除重复数据、去除缺失数据、去除异常数据和去除噪声数据几个步骤。

- 去除重复数据。重复数据，是指数据中存在两条或多条相同或相似的记录，如同一个用户对同一个项目进行多次评分或评价，同一个项目在不同的数据源中就会有不同的编号或名称等。重复数据会影响数据的统计和分析，造成数据的冗余和不一致。我们可以使用某种工具的去重功能或自定义去重规则，去除数据中的重复数据，保留唯一的数据记录。

- 去除缺失数据。缺失数据，是指数据中存在某些字段或属性的值为空或未知，如用户没有填写年龄或性别，项目没有提供价格或品牌等。缺失数据会影响数据的完整性和有效性，造成数据的不完整和不可用。我们可以使用某种工具的填充功能或自定义填充规则，去除数据中的缺失数据，填充合理的数据值。

- 去除异常数据。异常数据，是指数据中存在某些字段或属性的值超出正常的范围或分布，如用户的评分或评价过高或过低，项目的价格或销量过高或过低等。异常数据会影响数据的真实性和可信性，造成数据的不真实和不可信。我们可以使用某种工具的检测功能或自定义检测规则，去除数据中的异常数据，删除或替换异常的数据值。

- 去除噪声数据。噪声数据，是指数据中存在某些字段或属性的值含有错误或无关的信息，如用户的评分或评价含有错别字或广告，项目的名称或描述含有无意义的字符或符号等。噪声数据会影响数据的清晰性和可理解性，造成数据的不清晰和不可理解。我们可以使用工具的清理功能或自定义清理规则，去除数据中的噪声数据，修正或删除噪声的数据值。

3. 数据归一化

数据归一化的目的是对数据进行规范化处理，统一数据的格式、编码和单位，以提高数据的一致性和可比性。数据归一化的工具和方法有很多种，如Excel、Pandas、SQL、Spark等。

- 统一数据格式。数据格式，是指数据存储和展示的方式，如文本、数字、日期、布尔等。数据格式会影响数据的读取和解析，数据格式不统一会导致数据不兼容和不匹配。我们可以使用某种工具的转换功能或自定义转换规则，统一数据格式，保证数据的兼容和匹配。

- 统一数据编码。数据编码，是指数据表示和传输的方式，如ASCII、UTF-8、GBK等。数据编码会影响数据的显示和交换，数据编码不统一会导致数据乱码和错误。我们可以使用某种工具的编码功能或自定义编码规则，统一数据编码，保证数据的显示和交换。

- 统一数据单位。数据单位，是指数据度量和计算的方式，如元、美元、公斤、克等。数据单位会影响数据的比较和分析，数据单位不统一会导致数据出现误差和偏差。我们可以使用某种工具的换算功能或自定义换算规则，统一数据单位，保证数据的比较和分析。

4. 数据分词

数据分词的目的是对数据进行分词处理，将文本数据切分成词语或短语，以提高数据的可分析性和可理解性。数据分词的工具和方法有很多种，如jieba、THULAC、HanLP等。数据分词包括选择合适的分词模式、加载自定义词典和进行分词处理几个步骤。

- 选择合适的分词模式。分词模式，是指分词的方式和策略，如精确模式、全模式、搜索模式等。分词模式会影响分词的效果，对分词的准确性和召回性产生影响。我们可以根据数据的特点和需求，选择合适的分词模式，保证分词效果。
- 加载自定义词典。自定义词典，是指用户自己定义的词语和词频，如专业术语、品牌名称、人名地名等。自定义词典可以补充工具的默认词典，提供更多的词语和词频信息。我们可以根据数据的特点和需求，加载自定义词典，保证分词的准确性和完整性。
- 进行分词处理。分词处理，是指对文本数据进行切分，将文本数据切分成词语或短语，以便用于后续的处理和分析。我们可以使用某种工具的分词功能或自定义分词规则进行分词处理，保证分词的可分析性和可理解性。

5. 数据标注

数据标注的目的是对数据进行标注处理，给数据添加类别、标签或评分，以提高数据的可用性和可解释性。数据标注的工具和方法有很多，如Excel、Pandas、SQL、Spark等。数据标注包括选择合适的标注方式、定义标注规范和进行标注处理几个步骤。

- 选择合适的标注方式。标注方式，是指标注的形式，如人工标注、机器标注、半自动标注等。标注方式会影响标注的效率和质量，造成的时间和成本的差异。我们可以根据数据的特点和需求，选择合适的标注方式，保证标注的效率和质量。
- 定义标注规范。标注规范，是指标注的标准和规则，如标注的类别、标签或评分的定义、范围和含义等。标注规范可以保证标注的一致性和准确性，避免标注出现歧义和误差。我们可以根据数据的特点和需求，定义标注规范，保证标注的一致性和准确性。
- 进行标注处理。标注处理，是指对数据进行标注，给数据添加类别、标签或评分，以便用于后续的处理和分析。我们可以使用某种工具的标注功能或自定义标注规则进行标注处理，保证标注的可用性和可解释性。

6. 构建训练集、验证集、测试集

构建训练集、验证集、测试集的目的是对数据进行划分，将数据分成训练集、验证集和测试集，以保证模型的训练效果和泛化能力。构建训练集、验证集、测试集的工具

和方法有很多种，如sklearn、TensorFlow、PyTorch等。构建训练集、验证集、测试集包括选择合适的划分方式、选择合适的划分比例和进行数据划分几个步骤。

- 选择合适的划分方式。划分方式，是指划分的方法和策略，如随机划分、分层划分、分组划分等。划分方式会影响划分的效果，使划分的均衡性和代表性产生差异。我们可以根据数据的特点和需求，选择合适的划分方式，保证划分的效果。
- 选择合适的划分比例。划分比例，是指划分的比例和大小，如训练集、验证集和测试集的占比和数量等。划分比例会影响模型的训练和评估，使模型出现过拟合和欠拟合的风险。我们可以根据数据的特点和需求，选择合适的划分比例，保证模型的训练和评估。
- 进行数据划分。数据划分，是指对数据进行划分，将数据分成训练集、验证集和测试集，以便用于模型的训练和评估。我们可以使用某种工具的划分功能或自定义划分规则进行数据划分，保证模型的训练效果和泛化能力。

5.2.2　步骤2：人工智能大模型优化召回模型的模型开发

模型开发的目的是选择合适的人工智能大模型来设计召回模型的网络层、损失函数、优化器等，以及选择合适的框架和工具来构建和编写模型的代码。人工智能大模型优化召回模型的模型开发过程如图5.9所示。

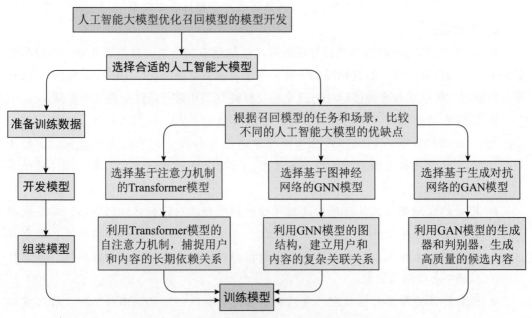

图 5.9　人工智能大模型优化召回模型的模型开发过程

1. 选择合适的人工智能大模型

人工智能大模型是指利用大量的数据和计算资源，通过深度学习技术训练出的具有强大表达能力和泛化能力的模型。它可以处理复杂的任务和场景，可以学习和理解数据的语义和结构，可以生成和推理新的知识和策略。人工智能大模型可以有效提升召回模型的性能和效果，可以提高召回的速度、质量和效率，可以处理数据的稀疏性、异质性和动态性，可以平衡召回的覆盖率和准确率，可以适应用户的多样性和变化性。

人工智能大模型有很多种，如基于注意力机制的Transformer模型、基于图神经网络的GNN模型、基于生成对抗网络的GAN模型等。

- 基于注意力机制的Transformer模型。Transformer模型是一种基于注意力机制的深度神经网络模型，可以处理序列数据，如文本、语音、图像等。Transformer模型可以捕捉数据的长距离依赖关系，并行化处理数据，自适应地分配注意力权重，生成和推理新的数据。Transformer模型的优点是可以提高召回模型的准确率和效率，可以处理数据的语义和结构，可以生成新的知识和策略。Transformer模型的局限是需要大量的数据和计算资源，并且需要及时调整模型的参数及结构。

- 基于图神经网络的GNN模型。GNN模型是一种基于图神经网络的深度神经网络模型，可以处理图数据，如社交网络、知识图谱、推荐系统等。GNN模型可以捕捉数据的拓扑结构和关系，迭代地更新节点和边的表示，学习和推理图的属性和功能。GNN模型的优点是可以提高召回模型的覆盖率和多样性，可以处理数据的异质性和动态性，可以学习新的关系和功能。GNN模型的局限是需要合适的图来表示和构建，并且需要及时调整模型的参数和结构。

- 基于生成对抗网络的GAN模型。GAN模型是一种基于生成对抗网络的深度神经网络模型，可以生成新的数据，如图像、文本、音频等。GAN模型可以通过两个对抗的网络(即生成器和判别器)来互相学习和优化，生成高质量和多样性的数据。GAN模型的优点是可以提高召回模型的新颖性和创造性，可以生成新的数据和知识，可以增加用户的满意度。GAN模型的局限是需要强大的平衡生成器和判别器的能力，并且需要及时调整模型的参数和结构。

我们要根据召回模型的任务和场景，以及数据的特点和需求，选择合适的人工智能大模型优化召回模型。例如，召回模型是基于文本的，如新闻推荐、文章推荐等，就可以选择基于注意力机制的Transformer模型，来提高召回模型的准确率和效率，生成和推理新的知识和策略；召回模型是基于图片的，如社交推荐、商品推荐等，就可以选择基于图神经网络的GNN模型，来提高召回模型的覆盖率和多样性，学习和推理新的关系和功能；召回模型是基于生成的，如图像推荐、音乐推荐等，就可以选择基于生成对抗网络的GAN模型，来提高召回模型的新颖性和创造性，生成新的数据和知识。

2. 准备训练数据

准备训练数据的目的是根据人工智能大模型的输入和输出格式，对数据进行转换和封装，以便用于模型的训练和应用。准备训练数据的工具和方法有很多种，如Pandas、TensorFlow、PyTorch等。

- 转换数据格式。我们需要根据人工智能大模型的输入和输出格式对数据进行转换，以保证数据的兼容和匹配。例如，人工智能大模型是基于注意力机制的

Transformer模型，就需要将文本数据转换成词向量或者词嵌入，将数字数据转换成张量或者矩阵，将日期数据转换成时间戳或者序列号等。
- 封装数据结构。数据结构，是指数据组织和管理的方式，如列表、字典、数组、矩阵等。数据结构会影响数据的存储和操作，进而影响数据的复杂度和处理效率。我们需要根据人工智能大模型的输入和输出结构对数据进行封装，以减少数据复杂度，提高数据处理效率。例如，人工智能大模型是基于图神经网络的GNN模型，就需要将图数据封装成邻接矩阵或者邻接列表，将节点数据封装成特征矩阵或者特征向量，将边数据封装成权重矩阵或者权重向量等。

3. 开发模型

准备好训练数据之后就可以正式开始模型开发了。开发模型包括设计模型的网络层、设计模型的损失函数、设计模型的优化器，以及选择合适的框架和工具几个步骤。

- 设计模型的网络层。网络层，是指模型的基本组成部分，如输入层、隐藏层、输出层等。网络层可以定义模型的输入和输出，也可以定义模型的计算和传播过程。我们需要根据人工智能大模型的结构和功能，还需要根据召回模型的任务和场景，来设计模型的网络层，以保证模型的性能和效果。例如，人工智能大模型是基于注意力机制的Transformer模型，就需要设计模型的网络层，包括编码器层、解码器层、自注意力层、多头注意力层、前馈层、残差层、归一化层等。
- 设计模型的损失函数。损失函数，是指模型的优化目标，如均方误差、交叉熵、对比损失等。损失函数可以衡量模型预测值和真实值之间的差距，以及模型的优化方向和程度。我们需要根据人工智能大模型的优点和局限，还需要根据召回模型的任务和场景，来设计模型的损失函数，以保证模型的优化和收敛。例如，人工智能大模型是基于图神经网络的GNN模型，就需要设计模型的损失函数，包括节点分类损失、边预测损失、图生成损失等。
- 设计模型的优化器。优化器，是指模型的优化算法，如随机梯度下降、Adam、RMSProp等。优化器可以更新模型的参数，减小模型的损失，提高模型的性能。我们需要根据人工智能大模型的参数和结构，还需要根据召回模型的任务和场景，来设计模型的优化器，以保证模型的稳定和快速。例如，人工智能大模型是基于生成对抗网络的GAN模型，就需要设计模型的优化器，包括生成器的优化器、判别器的优化器、对抗优化器等。
- 选择合适的框架和工具。框架和工具，是指模型开发和运行的平台和环境，如TensorFlow、PyTorch、Keras等。框架和工具可以提供模型构建、编写的接口和功能，也可以提供模型训练、应用的支持和服务。我们需要根据人工智能大模型的特点和需求，还需要根据召回模型的任务和场景，来选择合适的框架和工具，以保证模型的开发和运行。例如，人工智能大模型是基于注意力机制的Transformer模型，就需要选择TensorFlow或者PyTorch作为框架，同时使用HuggingFace或者Fairseq等提供的预训练模型和工具，来构建和编写模型的代码。

4. 组装模型

组装模型的目的是根据召回模型的任务和场景，将人工智能大模型与其他模型或组件(如排序模型、过滤模型、推荐模型等)进行组合和整合，形成一个完整的召回系统。我们可以根据人工智能大模型的性能和效果，以及其他模型或组件的功能和作用，来组装模型。组装模型包括选择合适的组装方式、定义组装规范和进行模型组装几个步骤。

- 选择合适的组装方式。组装方式，是指组装的方法和策略，如串行组装、并行组装、混合组装等。组装方式会影响组装的结果和效果，进而影响组装的复杂度和处理效率。我们需要根据召回模型的任务和场景，还需要根据人工智能大模型和其他模型或组件的特点，来选择合适的组装方式。例如，召回模型是基于文本的，如新闻推荐、文章推荐等，就可以选择串行组装的方式，先使用人工智能大模型进行召回，再使用排序模型进行排序，最后使用推荐模型进行推荐。

- 定义组装规范。组装规范，是指组装的标准和规则，如组装的输入和输出、组装的接口和协议、组装的评估和监控等。组装规范可以保证组装的一致性和准确性，避免组装出现冲突和错误。我们需要根据召回模型的任务和场景，还需要根据人工智能大模型和其他模型或组件的输入和输出，来定义组装规范，以保证组装的一致性和准确性。例如，召回模型是基于图片的，如社交推荐、商品推荐等，就需要定义组装规范，包括组装的输入是图数据，组装的输出是推荐列表，组装的接口是RESTful API，组装的协议是HTTP，组装的评估是召回率和准确率，组装的监控是日志和报警等。

- 进行模型组装。模型组装，是指将人工智能大模型与其他模型或组件进行组合和整合，形成一个完整的召回系统，以便用于召回模型的应用和服务。我们可以使用各种工具和方法(如Docker、Kubernetes、Flask等)来进行模型组装。例如，召回模型是基于生成的，如图像推荐、音乐推荐等，就可以使用Docker来打包并部署人工智能大模型和其他模型或组件，使用Kubernetes来管理和调度模型的资源及服务，使用Flask来搭建和运行模型的应用及服务。

5. 训练模型

训练模型的目的是根据人工智能大模型的训练要求，设置和调整模型的超参数，使用训练集和验证集进行模型的训练和验证，监控和分析模型的训练过程及结果。训练模型的工具和方法有很多种，如TensorBoard、MLflow、Weights & Biases等。

超参数，是指模型的配置参数，如学习率、批次大小、迭代次数等。超参数会影响模型的训练速度和效果，造成模型的收敛和泛化。我们需要根据人工智能大模型的特点和需求，还需要根据召回模型的任务和场景，来设置模型的超参数。例如，人工智能大模型是基于生成对抗网络的GAN模型，就需要设置模型的超参数，包括设置生成器的学习率、设置判别器的学习率、设置批次大小、设置迭代次数等。

- 设置生成器的学习率。生成器的学习率，即每次更新生成器的参数时，沿着梯度方向移动的步长。生成器的学习率会影响生成器的学习速度和效果，进而影响生成器的稳定性和质量。我们需要根据生成器的损失函数和判别器的反馈，来设置生成器的学习率，以保证生成器的稳定性和质量。一般来说，生成器的学习率应该小于判别器的学习率，以避免生成器过快地适应判别器，减少生成器的多样性和创造性。同时，生成器的学习率也不应该太小，以避免生成器学习过慢，如果生成器的学习率过小，将导致生成器的收敛和泛化的延迟。我们可以使用一些自适应的学习率调整策略，如指数衰减、余弦退火、学习率衰减等，同时根据生成器的训练过程和结果，动态地调整生成器的学习率，以保证生成器的最优化。

- 设置判别器的学习率。判别器的学习率，即每次更新判别器的参数时，沿着梯度方向移动的步长。判别器的学习率会影响判别器的学习速度和效果，进而影响判别器的准确性和敏感性。我们需要根据判别器的损失函数和生成器的反馈，来设置判别器的学习率，以保证判别器的准确性和敏感性。一般来说，判别器的学习率应该大于生成器的学习率，以避免判别器过慢地适应生成器，降低判别器的准确性和敏感性。同时，判别器的学习率也不应该太大，以避免判别器学习过快。如果判别器的学习率过大，将导致判别器的过拟合和震荡。我们可以使用一些自适应的学习率调整策略，如指数衰减、余弦退火、学习率衰减等，同时根据判别器的训练过程和结果，动态地调整判别器的学习率，以保证判别器的最优化。

- 设置批次大小。批次大小，是指每次训练时，从训练集中随机抽取的数据的数量。批次大小会影响模型的训练速度和效果，进而影响模型的内存和计算能力。我们需要根据人工智能大模型的参数和结构，还需要根据召回模型的任务和场景，来设置批次大小，以保证模型的内存和计算能力。一般来说，批次应该尽可能设置得大一些，利用模型的并行化和向量化的优势，提高模型的训练速度和效果。同时，批次也不应该太大，以避免模型的内存溢出和计算超时，降低模型的收敛和泛化能力。我们可以使用一些自适应的批次大小调整策略，如梯度累积、动态批次大小等，同时根据模型的内存和计算能力，动态地调整批次大小，以保证模型的最优化。

- 设置迭代次数。迭代次数，是指模型的训练次数，即使用训练集中的所有数据进行训练的次数。迭代次数会影响模型的训练效果和收敛，使模型出现过拟合和欠拟合的风险。我们需要根据人工智能大模型的训练要求，还需要根据召回模型的任务和场景，来设置迭代次数，以保证模型的训练效果和收敛。一般来说，迭代次数应该尽可能地多，利用模型的深度和复杂度的优势，提高模型的训练效果和收敛。同时，迭代次数也不应该太多，以避免模型的过拟合和欠拟合，增加模型的训练时间和成本。我们可以使用一些自适应的迭代次数调整策略，如早停法、学习率衰减、模型保存和恢复等，同时根据模型的训练过程和结果，动态地调整迭代次数，以保证模型的最优化。

5.2.3 步骤3：人工智能大模型优化召回模型的模型评估

模型评估的目的是评估人工智能大模型优化召回模型的性能和效果，并分析评估结果。我们需要根据召回模型的目标和标准选择合适的评估指标，如召回率、准确率、覆盖率、多样性、新颖性等；需要根据召回模型的特点和需求选择合适的评估方法，如离线评估、在线评估、人工评估等；需要使用测试集分析模型的评估结果，同时处理评估的难点和问题，如冷启动、数据偏差、用户反馈等。人工智能大模型优化召回模型的模型评估过程如图5.10所示。

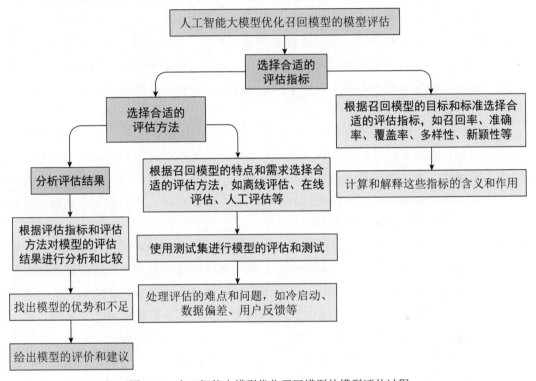

图 5.10 人工智能大模型优化召回模型的模型评估过程

1. 选择合适的评估指标

评估指标，是指评估模型的性能和效果的指标，如召回率、准确率、覆盖率、多样性、新颖性等。评估指标可以衡量模型的优劣和差异，也可以衡量模型的目标和标准。我们需要根据召回模型的目标和标准选择合适的评估指标，以保证评估的有效性和合理性。以下是一些常用的评估指标的介绍。

- 召回率，是指模型召回的相关数据占所有相关数据的比例，如召回率=模型召回的相关数据/所有相关数据。召回率可以衡量模型的召回能力和召回覆盖率，也可以衡量模型的召回质量和召回效率。模型的召回率不能太低，要保证模型的召回能力和召回覆盖率，力求提供更多的相关数据给用户。同时，模型的召回率也不能太高，要注意模型的召回率和准确率的平衡，避免模型召回过多的无关数据，降低模型的召回质量和召回效率。

- 准确率，是指模型召回的相关数据占模型召回的所有数据的比例，如准确率＝模型召回的相关数据/模型召回的所有数据。准确率可以衡量模型的召回准确性和召回精确性，也可以衡量模型的召回质量和召回效率。模型的准确率不能太低，要保证模型的召回准确性和召回精确性，力求提供更精准的相关数据给用户。同时，模型的准确率也不能太高，要注意模型的准确率和覆盖率的平衡，避免模型召回过少的相关数据，降低模型的召回能力和召回覆盖率的降低。
- 覆盖率，是指模型召回的数据占所有数据的比例，如覆盖率＝模型召回的数据/所有数据。覆盖率可以衡量模型的召回范围和召回广度，也可以衡量模型的召回多样性和召回新颖性。模型的覆盖率不能太低，要保证模型的召回范围和召回广度，力求提供更多的不同数据给用户。同时，模型的覆盖率也不能太高，要注意模型的覆盖率和准确率的平衡，避免模型召回过多的无关数据，降低模型的召回准确性和召回精确性。
- 多样性，是指模型召回的数据的差异性和独特性，如多样性＝1－模型召回的数据的相似度的平均值。模型的多样性不能太低，要保证模型的召回多样性和召回新颖性，力求提供更多的不同数据给用户。同时，模型的多样性也不能太高，要注意模型的多样性和相关性的平衡，避免模型召回过多的不相关数据，降低模型的召回相关性和召回质量。
- 新颖性，是指模型召回的数据的新鲜度和未知度，如新颖性＝模型召回的数据的流行度的倒数的平均值。新颖性可以衡量模型的召回新颖性和召回惊喜性，也可以衡量模型的召回创造性和召回探索性。模型的新颖性不能太低，要保证模型的召回新颖性和召回惊喜性，力求提供更多的未知数据给用户。同时，模型的新颖性也不能太高，要注意模型的新颖性和相关性的平衡，避免模型召回过多的不相关数据，降低模型的召回相关性和召回质量。

我们可以根据召回模型的目标和标准选择合适的评估指标，同时根据评估指标的定义和计算方法对模型的评估结果进行计算和解释，以及根据评估指标的含义和作用对模型的评估结果进行评价和分析。

例如，召回模型的目标是提高用户的满意度和忠诚度，我们就可以选择召回率、准确率、多样性、新颖性等作为评估指标，以衡量模型的召回能力和召回质量。

我们可以根据评估指标的计算方法对模型的评估结果进行计算，如召回率＝模型召回的相关数据/所有相关数据，准确率＝模型召回的相关数据/模型召回的所有数据，多样性＝1－模型召回的数据的相似度的平均值，新颖性＝模型召回的数据的流行度的倒数的平均值等。

我们可以根据评估指标的解释方法对模型的评估结果进行解释，如召回率表示模型召回的相关数据占所有相关数据的比例，准确率表示模型召回的相关数据占模型召回的所有数据的比例，多样性表示模型召回的数据的差异性和独特性，新颖性表示模型召回的数据的新鲜度和未知度等。

我们可以根据评估指标的评价方法对模型的评估结果进行评价,如召回率越高越好,准确率越高越好,多样性越高越好,新颖性越高越好等。

我们可以根据评估指标的分析方法对模型的评估结果进行分析,如召回率和准确率的平衡、覆盖率和准确率的平衡、多样性和相关性的平衡、新颖性和相关性的平衡等。

2. 选择合适的评估方法

评估方法是评估模型的性能和应用效果的方法,如离线评估、在线评估、人工评估等。评估方法可以为模型评估提供平台和环境,也可以为模型评估提供支持和服务。我们需要根据召回模型的特点和需求选择合适的评估方法,以保证评估的有效性和合理性。以下是一些常用的评估方法的介绍。

- 离线评估,是指使用预先收集和标注的数据(如测试集)进行模型评估和测试。离线评估内容不涉及用户的参与和反馈。离线评估的优点是可以快速地进行模型评估和测试,可以方便地进行模型比较和分析,可以节省时间和成本。离线评估的缺点是不能反映用户的真实行为和偏好,不能考虑用户的动态变化和交互效果,不能评估模型的长期影响和价值。我们需要根据测试集的质量和数量,同时根据模型的评估指标,来进行离线评估,以保证离线评估的有效性和合理性。例如,召回模型是基于文本的,如新闻推荐、文章推荐等,就可以使用测试集中的文本数据(如标题、摘要、正文等)来进行离线评估,以保证测试集的质量和数量达标,同时保证模型的评估指标(如召回率、准确率、多样性、新颖性等)的合理性。

- 在线评估,是指使用实时的用户数据(如点击、浏览、收藏等)进行评估和测试。在线评估内容涉及用户的参与和反馈。在线评估的优点是可以反映用户的真实行为和偏好,可以考虑用户的动态变化和交互效果,可以评估模型的长期影响和价值。在线评估的缺点是不能快速地进行模型评估和测试,不能方便地进行模型比较和分析,不能节省模型时间和成本。我们需要根据用户的行为和反馈,同时根据模型的评估指标,来进行在线评估,以保证在线评估的有效性和合理性。例如,召回模型是基于图的,如社交推荐、商品推荐等,就可以使用用户的点击、浏览、收藏等数据来进行在线评估,以洞察用户的行为和反馈,同时保证模型的评估指标(如召回率、准确率、覆盖率、多样性、新颖性等)的合理性。

- 人工评估,是指使用专业的评估人员(如专家、编辑、用户等)进行模型评估和测试。人工评估内容涉及人工的主观判断和评价。人工评估的优点是可以补充离线评估和在线评估的不足,可以考虑用户的感知和满意度,可以评估模型的质量和应用效果。人工评估的缺点是不能客观地进行模型评估和测试,不能量化地进行模型比较和分析,不能稳定地进行模型评估和测试。我们需要根据评估人员的专业性和数量,同时根据模型的评估指标,来进行人工评估,以保证人工评估的有效性和合理性。例如,召回模型是基于生成的,如图像推荐、音乐推荐等,就可以使用专业的评估人员(如美术家、音乐家、用户等)来进行人工评估,以保证评估人员的专业性和数量达标,同时保证模型的评估指标(如召回率、准确率、多样性、新颖性等)的合理性。

3. 分析评估结果

分析评估结果,是对模型的评估结果进行分析和比较,找出模型的优势和不足,并给出评价和建议的过程。我们可以根据评估指标和评估方法对模型的评估结果进行分析和比较,保证评估结果的有效性和合理性。以下是一些常用的分析评估结果的方法。

- 对比分析,是指对不同的模型、不同的参数或者不同的数据进行评估和测试,同时对模型的评估结果进行对比和分析,找出模型的优劣和差异。对比分析的优点是可以客观地评价模型的性能和应用效果,可以发现模型的潜在问题和改进方向,可以提高模型的可信度和可靠性。对比分析的缺点是不能全面地评价模型的质量和应用效果,不能考虑模型的适应性和灵活性,不能评估模型的长期影响和价值。我们需要根据评估指标和评估方法,同时根据模型的特点和需求,来进行对比分析,以保证对比分析的有效性和合理性。例如,召回模型是基于人工智能大模型的,如GNN模型、Transformer模型、GAN模型等,就可以对不同的人工智能大模型、不同的人工智能大模型的参数或者不同的人工智能大模型的数据,进行评估和测试,同时对模型的评估结果进行对比和分析,找出人工智能大模型优化召回模型的优势和不足,并给出评价和建议。

- 趋势分析,是指对同一个模型、同一组参数或者同一组数据进行多次或者持续的模型评估和测试,同时对模型的评估结果进行趋势分析,找出模型的变化和规律。趋势分析的优点是可以动态地评价模型的性能和应用效果,可以监控模型的稳定性和可持续性,可以评估模型的长期影响和价值。趋势分析的缺点是不能精确地评价模型的性能和应用效果,不能发现模型的潜在问题和改进方向,不能提高模型的可信度和可靠性。我们需要根据评估指标和评估方法,同时根据模型的特点和需求,来进行趋势分析,以保证趋势分析的有效性和合理性。例如,召回模型是基于人工智能大模型的,如GNN模型、Transformer模型、GAN模型等,就可以对同一个人工智能大模型、同一组人工智能大模型的参数或者同一组人工智能大模型的数据,进行多次或者持续的模型评估和测试,并对评估结果进行趋势分析,找出人工智能大模型优化召回模型的变化和规律,同时评估人工智能大模型的长期影响和价值。

- 影响分析,是指对模型的评估结果进行影响因素的分析,同时对影响因素的影响程度和影响方向进行分析,找出模型的影响因素和影响机制。影响分析的优点是可以深入地评价模型的性能和应用效果,可以理解模型的内部原理和外部因素,可以评估模型的适应性和灵活性。影响分析的缺点是不能简单地评价模型性能和应用效果,不能直观地进行模型比较和分析,不能稳定地进行模型评估和测试。我们需要根据评估指标和评估方法,同时根据模型的特点和需求,来进行影响分析，以保证影响分析的有效性和合理性。例如，召回模型是基于人工智能大模型的，如GNN模型、Transformer模型、GAN模型等，就可以对模型的评估结果进行影响因素，(如人工智能大模型的结构、参数、数据等)的分析，并对影响因素的影响程度和影响方向进行分析，如分析人工智能大模型的结构对召回模型的召回率、准确率、多样性、新颖性等的影响程度和影响方向等，找出人工智能大模型优化召回模型的影响因素和影响机制，同时评估人工智能大模型的适应性和灵活性。

5.2.4 步骤4：人工智能大模型优化召回模型的模型优化

模型优化的目的是优化人工智能大模型优化召回模型的性能和效果。我们需要根据模型的评估结果选择合适的模型优化方法，如参数调整、结构改进、数据增强、知识蒸馏、迁移学习等；需要根据模型优化方法的影响重新评估模型的性能；需要根据模型的优化结果和评估结果分析模型的不足；还需要根据模型的改进方向和改进计划调整模型的结构，并实现和验证模型的改进效果。人工智能大模型优化召回模型的模型优化过程如图5.11所示。

1. 选择合适的模型优化方法

模型优化方法，是指优化模型的性能和应用效果的方法，如参数调整、结构改进、数据增强、知识蒸馏、迁移学习等。模型优化方法可以提高模型的召回能力和召回质量，也可以提高模型的召回多样性和召回新颖性。我们需要根据模型的评估结果选择合适的模型优化方法，以保证模型优化的有效性和合理性。以下是一些常用的模型优化方法的介绍。

- 参数调整，是指调整模型的参数(如学习率、批次大小、正则化系数、优化器等)，以提高模型的学习效率和泛化能力。参数调整的优点是可以简单地优化模型的性能和应用效果，可以适应不同的数据和场景，可以提高模型的稳定性和可靠性。参数调整的缺点是不能从根本上优化模型的性能和应用效果，不能解决模型的结构和功能的问题，不能提高模型的创造性。我们需要根据模型的评估结果以及模型的特点和需求，来进行参数调整，以保证参数调整的有效性和合理性。例如，召回模型是基于人工智能大模型的，如GNN模型、Transformer模型、GAN模型等，就可以根据模型的评估结果(如召回率、准确率、多样性、新颖性等)，同时根据模型的特点和需求(如数据的规模和质量、模型的性能和效果等)，来进行参数调整，以提高模型的学习效率和泛化能力。

- 结构改进，是指改进模型的结构(如增加或减少模型的层数、节点数、连接数等)，以提高模型的表达能力和拟合能力。结构改进的优点是可以从根本上优化模型的性能和应用效果，可以解决模型的结构和功能的问题，可以提高模型的创造性和惊喜性。结构改进的缺点是不能简单地优化模型的性能和应用效果，不能适应不同的数据和场景，不能提高模型的稳定性和可靠性。我们需要根据模型的评估结果以及模型的特点和需求，来进行结构改进，以保证结构改进的有效性和合理性。例如，召回模型是基于人工智能大模型的，如GNN模型、Transformer模型、GAN模型等，就可以根据模型的评估结果(如召回率、准确率、多样性、新颖性等)，同时根据模型的特点和需求(如数据的规模和质量、模型的性能和效果等)，来进行结构改进，如增加或减少模型的层数，以提高模型的表达能力和拟合能力。

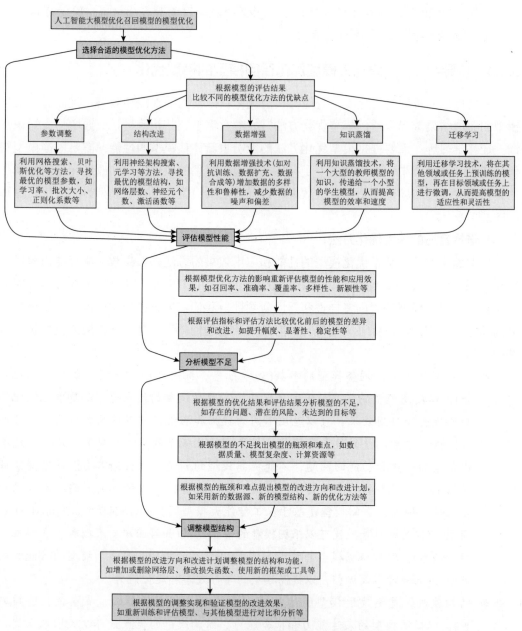

图5.11 人工智能大模型优化召回模型的模型优化过程

- 数据增强，是指增加模型的数据(如扩充或合成数据)，以提高模型的数据量和数据质量。数据增强的优点是可以有效地优化模型的性能和应用效果，可以增加模型的数据多样性和数据新颖性，可以提高模型的覆盖率和泛化能力。数据增强的缺点是不能直接地优化模型的性能和效果，不能改变模型的结构和功能，不能提高模型的创造性。我们需要根据模型的评估结果，以及模型的特点和需求，来进行数据增强，以保证数据增强的有效性和合理性。例如，召回模型是基于人工智能大模型的，如GNN模型、Transformer模型、GAN模型等，就可以根据模型的评估结果(如召回率、准确率、多样性、新颖性等)，同时根据模型的特点和需求(如数据的规模和质量、模型的性能和效果等)，来进行数据增强(如扩充或合成数据)，以提高模型的数据量和数据质量。

- 知识蒸馏，是指将人工智能大模型的知识(如参数、特征、逻辑等)迁移到召回模型中，以提高召回模型的知识量和知识质量。知识蒸馏的优点是可以显著地优化模型的性能和应用效果，可以借鉴人工智能大模型的优势和经验，可以提高召回模型的学习能力和迁移能力。知识蒸馏的缺点是不能完全地优化模型的性能和应用效果，不能改变人工智能大模型的结构和功能，不能提高召回模型的创造性和惊喜性。我们需要根据模型的评估结果以及模型的特点和需求，来进行知识蒸馏，以保证知识蒸馏的有效性和合理性。例如，召回模型是基于人工智能大模型的，如GNN模型、Transformer模型、GAN模型等，就可以根据模型的评估结果(如召回率、准确率、多样性、新颖性等)，同时根据模型的特点和需求(如数据的规模和质量、模型的性能和效果等)，来进行知识蒸馏，将人工智能大模型的知识(如参数、特征、逻辑等)迁移到召回模型中，以提高召回模型的知识量和知识质量。

- 迁移学习，是指将人工智能大模型在其他领域或任务上的学习结果(如模型、参数、特征、逻辑等)迁移到召回模型中，以提高召回模型的知识量和知识质量。迁移学习的优点是可以显著地优化模型的性能和应用效果，可以借鉴人工智能大模型的优势和经验，可以提高召回模型的学习能力和迁移能力。迁移学习的缺点是不能完全地优化模型的性能和应用效果，不能改变人工智能大模型的结构和功能，不能提高召回模型的创造性和惊喜性。我们需要根据模型的评估结果，以及模型的特点和需求，来进行迁移学习，以保证迁移学习的有效性和合理性。例如，如果召回模型是基于人工智能大模型的，如GNN模型、Transformer模型、GAN模型等，就可以根据模型的评估结果(如召回率、准确率、多样性、新颖性等)，同时根据模型的特点和需求(如数据的规模和质量、模型的性能和效果等)，来进行迁移学习，将人工智能大模型在其他领域或任务上的学习结果(如模型、参数、特征、逻辑等)迁移到召回模型中，以提高召回模型的知识量和知识质量。

2. 评估模型性能

评估模型性能，是指根据模型优化方法的影响重新评估模型的性能和应用效果。我们需要根据评估指标和评估方法对模型的性能和应用效果进行评估和测试，以保证评估的有效性和合理性。评估指标和评估方法的介绍如下。

- 评估指标，是指评估模型的性能和应用效果的指标，如召回率、准确率、覆盖率、多样性、新颖性等。评估指标可以衡量模型的优劣和差异，也可以衡量模型的目标和标准。我们需要根据召回模型的目标和标准选择合适的评估指标，以保证评估的有效性和合理性。例如，召回模型的目标是提高用户的满意度和忠诚度，就可以选择召回率、准确率、多样性、新颖性等作为评估指标，以衡量模型的召回能力、召回质量、召回多样性和召回新颖性。

- 评估方法，是指评估模型的性能和应用效果的方法，如离线评估、在线评估、人工评估等。评估方法为模型的评估和测试提供了平台及环境，也为模型的评估和测试提供了支持及服务。我们需要根据召回模型的特点和需求选择合适的评估方法，以保证评估的有效性和合理性。例如，召回模型是基于人工智能大模型的，如GNN模型、Transformer模型、GAN模型等，就可以选择离线评估、在线评估、人工评估等作为评估方法，以评估模型的性能和应用效果，如模型的召回能力和召回质量、模型的召回多样性和召回新颖性、模型的召回稳定性和召回可持续性等。

综上，我们可以根据评估指标和评估方法对模型的性能和应用效果进行评估及测试，并比较优化前后的模型的差异。例如，召回模型是基于人工智能大模型的，如GNN模型、Transformer模型、GAN模型等，就可以使用离线评估、在线评估、人工评估等方法，对模型的召回率、准确率、覆盖率、多样性、新颖性等指标进行评估和测试，并比较优化前后的模型的差异，如召回率提高了多少，准确率提高了多少，覆盖率提高了多少，多样性提高了多少，新颖性提高了多少。

3. 分析模型不足

分析模型不足，是指根据模型的优化结果和评估结果分析模型的不足，找出模型的瓶颈和难点，并提出模型的改进方向和改进计划。我们需要根据评估指标和评估方法对模型的不足进行分析和比较，以保证分析的有效性和合理性。以下是一些常用的分析方法。

- 对比分析。
- 趋势分析。
- 影响分析。
- 敏感性分析，是指对模型的评估结果进行敏感因素的分析，同时对敏感因素的敏感程度和敏感方向进行分析，以找出模型的不足。敏感性分析的优点是可以精确地分析模型的不足，可以发现模型的潜在问题和改进方向，可以提高模型的可信度和可靠性。敏感性分析的缺点是不能全面地分析模型的不足，不能考虑模型的适应性和灵活性，不能评估模型的长期影响和价值。我们需要根据评估指标和评估方法，同时根据模型的特点和需求，来进行敏感性分析，以保证敏感性分析的有效性和合理性。例如，召回模型是基于人工智能大模型的，如GNN模型、Transformer模型、GAN模型等，就可以对模型的评估结果进行敏感因素的分析(如人工智能大模型的参数、特征、数据等)，并对敏感因素的敏感程度和敏感方向进行分析(如人工智能大模型的参数对召回模型的召回率、准确率、多样性、新颖性等的敏感程度和敏感方向等)，找出人工智能大模型优化召回模型的不足和局限，同时给出人工智能大模型的改进方向和改进计划。

- 优化分析，是指对模型的评估结果进行优化因素的分析，同时对优化因素的优化程度和优化方向进行分析，以找出模型的不足。优化分析的优点是可以有效地分析模型的不足，可以利用模型的优化方法和结果提高模型的优化能力和效果。优化分析的缺点是不能直接地分析模型的不足，不能改变模型的结构和功能，不能提高模型的创造性和惊喜性。我们需要根据评估指标和评估方法，同时根据模型的特点和需求，来进行优化分析，以保证优化分析的有效性和合理性。例如，召回模型是基于人工智能大模型的，如GNN模型、Transformer模型、GAN模型等，就可以对模型的评估结果进行优化因素的分析(如模型的优化方法、优化结果、优化效果等)，并对优化因素的优化程度和优化方向进行分析(如模型的优化方法对召回模型的召回率、准确率、多样性、新颖性等的优化程度和优化方向等)，找出人工智能大模型优化召回模型的不足和局限，同时利用模型的优化方法和结果提高模型的优化能力和效果。

综上，我们可以根据评估指标和评估方法对模型的不足进行分析和比较，找出模型的瓶颈和难点，以及提出模型的改进方向和改进计划。例如，召回模型是基于人工智能大模型的，如GNN模型、Transformer模型、GAN模型等，就可以根据评估指标和评估方法对模型的不足进行分析和比较(如召回率、准确率、多样性、新颖性等)，找出模型的瓶颈和难点，并针对性地调整模型结构，从而对召回模型进行优化。

4. 调整模型结构

调整模型结构，是指根据模型的改进方向和改进计划调整模型的结构和功能，并实现和验证模型的改进效果。我们需要根据模型的评估结果，同时根据模型的特点和需求，来调整模型结构，以保证模型结构的有效性和合理性。调整模型结构可以从根本上改进模型的性能和应用效果，可以解决模型的欠拟合或过拟合的问题，可以提高模型的创造性和惊喜性。但是，调整模型结构不能简单地改进模型的性能和效果，不能适应不同的数据和场景，不能提高模型的稳定性和可靠性。我们需要根据模型的评估结果，同时根据模型的特点和需求，来调整模型结构，以保证增加或减少模型的层数、节点数和连接数的有效性和合理性。以下是一些常用的调整模型结构的方法。

- 增加或减少模型的层数，即增加或减少模型的深度。例如，召回模型是基于人工智能大模型的，如GNN模型、Transformer模型、GAN模型等，就可以根据模型的改进方向和改进计划，增加或减少模型的层数(如增加或减少GNN模型的图卷积层、Transformer模型的自注意力层、GAN模型的生成器和判别器的层等)，进而提高模型的表达能力和拟合能力。
- 增加或减少模型的节点数，即增加或减少模型的宽度。例如，召回模型是基于人工智能大模型的，如GNN模型、Transformer模型、GAN模型等，就可以根据模型的改进方向和改进计划增加或减少模型的节点数(如增加或减少GNN模型的图卷积层的输出维度、Transformer模型的自注意力层的隐藏维度、GAN模型的生成器和判别器的隐藏维度等),进而提高模型的表达能力和拟合能力。
- 增加或减少模型的连接数,是指增加或减少模型的复杂度。例如,召回模型是基于人工智能大模型的,如GNN模型、Transformer模型、GAN模型等,就可以根据模型的改进方向和改进计划增加或减少模型的连接数(如增加或减少GNN模型的图卷积层的邻接矩阵的稀疏度、Transformer模型的自注意力层的注意力矩阵的稀疏度、GAN模型的生成器和判别器的全连接层的权重矩阵的稀疏度等),进而提高模型的表达能力和拟合能力。

调整模型结构的步骤如下所述。
- 编写或修改模型的代码。我们需要根据模型的改进方向和改进计划,编写或修改模型的代码(如增加或减少模型的层数、节点数、连接数等),以实现模型的改进效果。我们需要保证模型代码的正确性和完整性,以及模型代码的兼容性和可扩展性,如模型代码可以在不同的平台和环境下运行、模型的代码可以与其他的模型或系统进行集成和调用等。
- 训练或测试模型的数据。我们需要根据模型的改进方向和改进计划,训练或测试模型的数据(如使用新的或增强的数据),以实现模型的改进效果。我们需要保证模型数据的质量和数量,以及模型数据的安全性和可靠性,如模型的数据可以反映真实的用户行为和偏好、模型的数据可以保护用户的隐私和权益等。
- 运行或调试模型的程序。我们需要根据模型的改进方向和改进计划运行或调试模型的程序(如使用新的或优化的参数),以实现模型的改进效果。我们需要保证模型程序的效率和效果,以及模型程序的实时性和稳定性,如模型的程序可以快速地生成召回结果、模型的程序可以稳定地运行和响应等。

5.2.5 步骤5:人工智能大模型优化召回模型的模型部署

最后,我们还需要对召回模型进行部署,以将其集成到业务系统中,实现业务的功能和目标。部署召回模型是一个复杂而重要的过程,需要考虑多个方面的因素,如部署方式、部署平台、部署环境、部署工具等。人工智能大模型优化召回模型的模型部署过程如图5.12所示。

1. 选择合适的部署方式

选择合适的部署方式,是指根据召回模型的应用场景和需求选择合适的部署方式(如云服务、本地部署、边缘计算等),并比较和评估这些部署方式的优缺点和适用性。我们需要根据召回模型的特点和需求,还需要根据部署方式的特点和需求,来选择合适的部署方式,以保证选择的部署方式是有效的和合理的。以下是一些常用的部署方式的介绍。
- 云服务,是指将模型部署在云端,通过互联网提供模型的服务和接口,以供用户或其他系统调用和使用。云服务的优点是可以提供高效和稳定的服务和接口,可以节省本地的资源和成本,可以实现模型的快速部署和扩展,可以保证模型的安全和可靠。云服务的缺点是需要依赖互联网,可能存在网络延迟和中断的风险，可能存在数据的泄露和损失的风险，可能需要支付额外的费用。

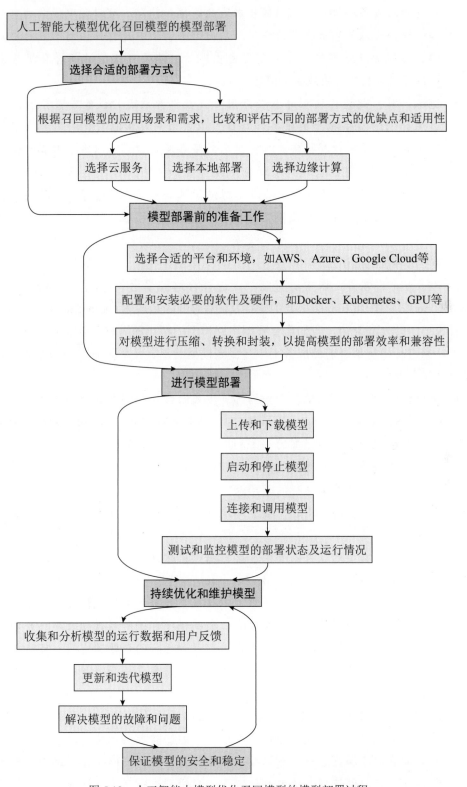

图 5.12　人工智能大模型优化召回模型的模型部署过程

- 本地部署，是指将模型部署在本地的设备或服务器上，通过本地的网络提供服务和接口，以供用户或其他系统调用和使用。本地部署的优点是可以提供快速和灵活的服务和接口，可以保护本地的数据和隐私，可以实现模型的自主部署和管理，可以节省云服务的费用。本地部署的缺点是需要占用本地的资源和空间，可能导致模型的性能和稳定性出现，可能导致模型的部署和扩展出现问题，可能导致模型出现安全问题。

- 边缘计算，是指将模型部署在离用户或数据源最近的设备或服务器上，通过边缘的网络提供模型的服务和接口，以供用户或其他系统调用和使用。边缘计算的优点是可以提供实时和低延迟的服务及接口，可以减少数据的传输速度和存储空间，可以实现模型的分布式部署和协同，可以适应不同的数据和场景。边缘计算的缺点是需要占用边缘的资源和空间，可能导致模型的性能和稳定性出现问题，可能导致模型的部署和协调出现问题，可能导致模型出现安全问题。

2. 模型部署前的准备工作

模型部署前的准备工作主要有三个：选择合适的平台和环境(如AWS、Azure、Google Cloud等)；配置和安装必要的软件及硬件(如Docker、Kubernetes、GPU等)；对模型进行压缩、转换和封装。我们需要根据召回模型的特点和需求，以及部署方式的特点和需求，来进行模型部署前的准备工作，提高模型的部署效率和兼容性，保证准备工作的有效性和合理性。

- 选择合适的平台和环境，即根据部署方式的特点和需求选择合适的平台和环境(如AWS、Azure、Google Cloud等)，为模型的部署和运行提供基础和支持。合适的平台和环境可以为模型的部署和运行提供便利及保障，模型可以利用平台和环境的强大的计算及存储能力，还可以利用平台和环境的丰富的软件及硬件支持，保证模型部署和运行的效率及兼容性。但是，由于模型的部署和运行需要依赖平台和环境的稳定，平台和环境可能会对模型存在限制及约束，还可能收取费用。

- 配置和安装必要的软件及硬件，即根据部署方式的特点和需求，配置和安装必要的软件和硬件(如Docker、Kubernetes、GPU等)，为模型的部署和运行提供支持和服务。必要的软件和硬件可以为模型部署和运行提供便利及保障，模型可以利用软件和硬件的功能及性能，提高模型部署和运行的效率及兼容性。但是，配置和安装软件及硬件需要占用部署和运行的资源及空间，可能导致软件和硬件的兼容及稳定方面出现的问题，可能需要更新和维护软件和硬件的版本及状态。

- 对模型进行压缩、转换和封装，即根据部署方式的特点和需求对模型进行压缩、转换和封装。规模、降低模型进行压缩、转换和封装的优点是可以提高模型的部署效率和兼容性，可以缩小模型的复杂度，可以使模型适应不同的平台和环境，可以保证模型的安全和可靠。对模型进行压缩、转换和封装的缺点是可能影响模型的性能和应用效果，可能导致模型出现损失和偏差，可能需要额外的工具和技术。

3. 进行模型部署

进行模型部署，是指将模型从开发环境转移到生产环境，以供用户或其他系统调用。我们需要根据部署方式的特点和需求，以及模型的特点和需求，来进行模型部署，以保证模型部署的有效性和合理性。以下是一些常用的模型部署方法。

- 上传和下载模型，是指将模型的文件或数据从本地或云端上传或下载到目标的平台或环境，以实现模型的部署。我们需要保证模型的文件或数据的完整性和一致性，同时需要保证模型的文件或数据的安全性和可靠性。例如，保证模型的文件或数据可以正确地传输和存储，保证模型的文件或数据可以保护模型的知识和隐私等。

- 启动和停止模型，是指将模型的服务或接口从启动或停止的状态切换到停止或启动的状态，以实现模型的部署。我们需要保证模型的服务或接口的可用性和稳定性，同时需要保证模型的服务或接口的实时性和灵活性。例如，保证模型的服务或接口可以快速地响应和处理，保证模型的服务或接口可以根据需求和情况进行调整及控制等。

- 连接和调用模型，是指通过网络或其他方式，与模型的服务或接口进行连接和交互，以实现模型的部署。我们需要保证模型的服务或接口的兼容性和可扩展性，同时需要保证模型的服务或接口的效率和效果。例如，保证模型的服务或接口可以与不同的用户或系统进行连接和交互，保证模型的服务或接口可以提供高质量和高效率的召回结果等。

- 测试和监控模型的部署状态及运行情况，是指在模型部署后，对模型的服务或接口的可用性、稳定性、性能和准确性等进行检测和评估，以保证模型的正常运行和优化。我们需要定期或实时地收集和分析模型的服务或接口的相关数据和指标(如模型的服务或接口的响应时间、错误率、吞吐量、召回率、准确率、用户反馈和评价等)，以便及时地发现和解决模型的部署问题及运行异常，提升模型的部署效果及运行质量等。

4. 持续优化和维护模型

持续优化和维护模型，是指在模型部署后，对模型进行持续的优化和维护，以保证模型的性能和效果，同时保证模型的价值。我们需要根据模型的运行数据和用户反馈，以及模型的特点和需求，来进行模型的持续优化和维护，以保证持续优化和维护模型的有效性及合理性。以下是一些常用的持续优化和维护模型的方法。

- 收集和分析模型的运行数据和用户反馈，即通过各种渠道和方式，收集和分析模型的运行数据和用户反馈。我们需要保证模型的运行数据和用户反馈的质量、数量，同时需要保证模型的运行数据和用户反馈的安全性、可靠性。例如，保证模型的运行数据和用户反馈可以反映真实的模型的运行情况和用户的满意度，可以保护模型的知识和隐私等。

- 更新和迭代模型，即根据模型的运行数据和用户反馈，同时根据模型的特点和需求，来更新和迭代模型。我们需要保证模型的更新和迭代的有效性和合理性，同时需要保证模型的更新和迭代的兼容性和可扩展性。例如，保证模型的更新和迭代可以解决模型存在的问题、可以与原有的模型或系统进行集成和调用等。

- 解决模型的故障和问题，即根据模型的运行数据和用户反馈，同时根据模型的特点和需求，来解决模型的故障和问题。我们需要保证解决模型的故障和问题的及时性和准确性，同时需要保证解决模型的故障和问题的安全性和可靠性。例如，保证模型的故障和问题可以被快速地发现和定位、可以被有效地修复和预防等。

- 保证模型的安全和稳定，即通过各种措施和方式，保证模型的安全和稳定。我们需要保证模型的安全和稳定的有效性和合理性，保证模型的安全和稳定的实时性和灵活性。例如，保证模型的安全和稳定可以防止模型被攻击和被破坏、可以适应模型的变化和需求等。

5.3 用户需求的预测者：常见召回策略解析

数字化营销的核心是为用户提供有价值的产品或服务，从而满足用户的需求，解决用户的问题，塑造用户的价值。为了实现这一目标，我们需要了解用户的特征、行为、需求和意图，从而为用户提供个性化的推荐。推荐，是指根据用户的信息，从海量的候选项中，选择出最适合用户的产品或服务，从而引导用户的决策和行动。推荐的过程通常分为两个阶段，即召回和排序。召回，是指根据不同的条件和标准，从海量的候选项中筛选出一部分与用户相关的候选项，以作为推荐的基础。排序，
是指根据不同的评价和优化，对召回的候选项进行打分和排列，从而得到最终的推荐列表。设计和优化召回策略是数字化营销业务的核心任务之一。

召回策略包括基于用户画像的召回策略、基于用户历史行为的召回策略、基于用户生命周期的召回策略、基于价值模型的召回策略、基于营销漏斗的召回策略、基于情景的召回策略、基于用户兴趣的召回策略、基于语义的召回策略、基于知识图谱的召回策略、基于实时意图的召回策略、基于深度学习的召回策略、多路召回策略等。

5.3.1 基于用户画像的召回策略

用户画像，也称为用户标签或用户属性，是对用户的基本信息、偏好、习惯、价值观等方面的描述和归类。用户画像可以帮助我们了解用户的特点和需求，从而为用户提供更符合其期望的产品或服务。例如，知道用户的性别、年龄、职业、收入、教育、婚姻、家庭、兴趣、爱好、消费习惯、消费水平、消费动机、消费场景、消费频次、消费时长、消费稳定性等信息，就可以根据这些信息为用户推荐更适合他们的产品或服务，从而提高用户的满意度和忠诚度。

基于用户画像的召回策略就是根据用户画像中的某些标签筛选出与之匹配的候选项。例如，用户的性别是女性，年龄25岁，喜欢时尚和美妆，我们就可以根据这些标签设计召回策略召回一些女性服装、化妆品、美容仪器等相关的候选项。这样，召回的相关性和准确性就会提高，推荐的效果和效率也会随之提高。基于用户画像的召回模型的应用流程如图5.13所示。

基于用户画像的召回策略可以分为两种，即基于静态标签的召回策略和基于动态标签的召回策略。

- 基于静态标签的召回策略，是指根据用户画像中的一些稳定不变或变化缓慢的标签，筛选出与之匹配的候选项。例如，用户的性别、年龄、职业、收入、教育、婚姻、家庭等。这些标签通常不会轻易改变，或者变化的周期较长。
- 基于动态标签的召回策略，是指根据用户画像中的一些随时间或场景变化的标签，筛选出与之匹配的候选项。例如，用户的兴趣、爱好、消费习惯、消费水平、消费动机、消费场景、消费频次、消费时长、消费稳定性等。这些标签通常会随着时间或场景的变化而变化，或者变化的周期较短。

为了实现基于用户画像的召回策略，需要利用人工智能大模型来构建和更新用户画像。人工智能大模型(如GPT-4、BERT、XLNet等)可以根据多种数据源，如用户注册信息、用户行为日志、用户社交网络、用户反馈等，提取和分析用户的特征和偏好，从而生成和更新用户画像；人工智能大模型还可以利用自然语言处理、图像识别、语音识别等技术，处理用户的文本、图片、语音等多模态数据，从而丰富和优化用户画像。例如，可以利用GPT-4模型，根据用户的文本数据，提取用户的兴趣、爱好、消费动机、消费场景等信息，从而构建用户的兴趣画像；可以利用BERT模型，根据用户的图片数据，提取用户的性别、年龄、职

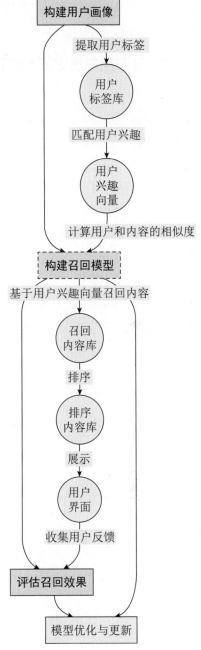

图5.13 基于用户画像的召回模型的应用流程

业、收入、教育、婚姻、家庭等信息，从而构建用户的基本画像；还可以利用XLNet模型，根据用户的语音数据，提取用户的情绪、态度、意图、需求等信息，从而构建用户的情感画像。

5.3.2 基于用户历史行为的召回策略

历史行为，是指用户在过去一段时间内，对某些产品或服务的浏览、点击、收藏、购买、评价、分享等行为。历史行为可以帮助我们了解用户的兴趣和偏好，从而为用户提供更符合其行为的产品或服务。例如，我们知道用户在过去一个月内，浏览了10本关于人工智能的书籍，点击了5本，收藏了3本，购买了2本，评价了1本，分享了0本，就可以根据这些行为为用户推荐更适合他们的书籍，从而提高用户的满意度和忠诚度。

基于历史行为的召回策略就是根据用户的历史行为筛选出与之相关的候选项。例如，用户浏览了10本关于人工智能的书籍，我们就可以根据这个历史行为设计召回策略，召回一些关于人工智能的书籍，如《人工智能简史》《人工智能导论》《人工智能的未来》等。这样，召回的相关性和准确性就会提高，推荐的效果和效率也会随之提高。基于用户历史行为的召回模型的召回流程如图5.14所示。

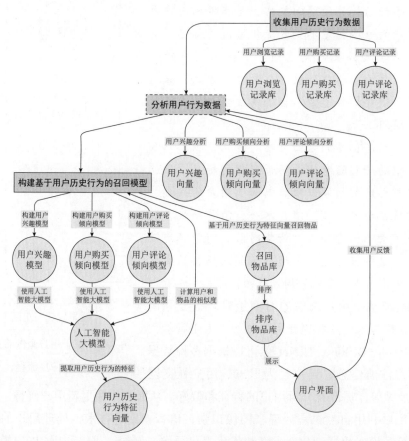

图5.14 基于用户历史行为的召回模型的召回流程

基于历史行为的召回策略可以分为两种，即基于协同过滤的召回策略和基于关联规则的召回策略。

- 基于协同过滤的召回策略，是指根据用户的历史行为，同时根据其他用户的历史行为，筛选出与之相关的候选项。例如，了解到用户A和用户B都浏览了《人工智能简史》和《人工智能导论》，就可以认为用户A和用户B有相似的兴趣。因此，可以根据用户B的历史行为，为用户A召回一些候选项，如用户B浏览过的《人工智能的未来》等。基于协同过滤的召回策略又分为两种，即基于用户的协同过滤策略和基于项目的协同过滤策略。基于用户的协同过滤策略，是指根据用户之间的相似度为用户召回一些候选项。基于项目的协同过滤策略，是指根据项目之间的相似度为用户召回一些候选项。

- 基于关联规则的召回策略，是指根据用户的历史行为之间的关联性，筛选出与之相关的候选项。例如，了解到用户购买了《人工智能简史》和《人工智能导论》，就可以根据这两个项目之间的关联规则，为用户召回一些候选项，如《人工智能的未来》等。基于关联规则的召回策略又分为两种，即基于频繁项集的关联规则策略和基于序列模式的关联规则策略。基于频繁项集的关联规则策略，是指根据用户的历史行为中出现的频繁项集为用户召回一些候选项。基于序列模式的关联规则策略，是指根据用户的历史行为中出现的序列模式为用户召回一些候选项。

为了实现基于历史行为的召回策略，需要利用人工智能大模型来实现协同过滤和关联规则技术。例如，可以利用BERT模型，根据用户的历史行为数据，提取用户的兴趣和偏好，从而构建用户的行为画像；可以利用XLNet模型，根据用户的历史行为数据，提取用户的序列模式和关联规则，从而构建用户的行为画像。

5.3.3 基于用户生命周期的召回策略

用户生命周期，是指用户从接触到离开某个产品或服务的整个过程，通常可以分为四个阶段，即认知阶段、考虑阶段、决策阶段和忠诚阶段。用户生命周期可以帮助我们了解用户在不同阶段的需求和期望，从而为用户提供更符合其生命周期阶段的产品或服务。如果知道用户处于认知阶段，就可以为用户提供一些增加用户对产品或服务的认知和兴趣的服务，如介绍产品或服务的功能、优势、案例等；如果知道用户处于考虑阶段，就可以为用户提供一些帮助用户对比和评估的服务，如提供产品或服务的价格、评价、试用等；如果知道用户处于决策阶段，就可以为用户提供一些促进用户购买和使用的服务，如提供产品或服务的优惠、保障、支持等；如果用户处于忠诚阶段，就可以为用户提供一些增加用户对产品或服务的满意度和忠诚度的服务，如提供产品或服务的更新、维护、反馈、售后社区等。

基于用户生命周期的召回策略就是根据用户的生命周期阶段筛选出与之匹配的候选项。例如，了解到用户的用户生命周期处于认知阶段，就可以根据这个阶段设计召回策略，召回一些增加用户对产品或服务认知的候选项，如介绍产品或服务的功能、优势、案例等。这样，召回的相关性和准确性就会提高，推荐的效果和效率也会随之提高。基于用户生命周期的召回模型的应用流程如图5.15所示。

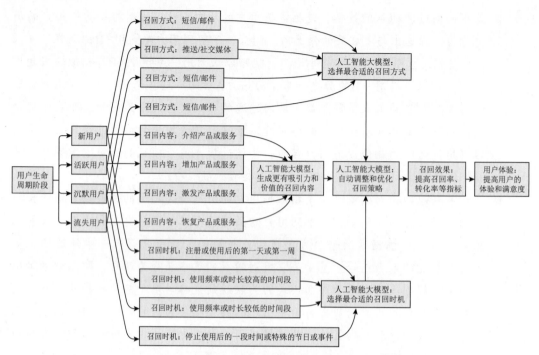

图 5.15 基于用户生命周期的召回模型的应用流程

基于用户生命周期的召回策略可以分为两种，即基于用户行为的生命周期召回策略和基于用户价值的生命周期召回策略。

- 基于用户行为的生命周期召回策略，是指根据用户的行为，判断用户的生命周期阶段，从而为用户召回一些候选项。例如，了解到用户浏览了产品或服务的介绍页面，就可以认为用户生命周期处于认知阶段，因此，可以为用户召回一些增加用户对产品或服务的认知的候选项，如介绍产品或服务的功能、优势、案例等。
- 基于用户价值的生命周期召回策略，是指根据用户的价值，判断用户的生命周期阶段，从而为用户召回一些候选项。例如，了解到用户消费具有高消费金额、低消费频率、短消费时长、高消费稳定性的特征，就可以认为该用户处于忠诚阶段，因此，可以为用户召回一些增加用户对产品或服务的满意度和忠诚度的候选项，如提供产品或服务的更新、维护、反馈、售后社区等。

为了实现基于用户生命周期的召回策略，需要利用人工智能大模型来实现用户行为的分析和用户价值的计算。例如，可以利用XLNet模型，根据用户的历史行为数据，提取用户的行为特征、行为变化、行为影响等，从而构建用户的行为画像；可以利用BERT模型，根据用户的历史行为数据，提取用户的行为序列和行为关系，从而构建用户的行为画像。

又如，可以利用BERT模型，根据用户的历史行为数据，计算用户的价值特征、价值变化、价值影响等，从而构建用户的价值画像；可以利用XLNet模型，根据用户的历史行为数据，计算用户的价值序列和价值关系，从而构建用户的价值画像。

5.3.4 基于价值模型的召回策略

价值模型,是指根据用户的价值特征(如消费金额、消费频率、消费时长、消费稳定性等)评估用户的价值水平,将用户分为不同的价值等级的模型。价值模型可以帮助我们了解用户的价值贡献,从而为用户提供更符合其价值水平的产品或服务。

基于价值模型的召回策略就是根据用户的价值等级筛选出与之匹配的候选项。例如,了解到用户的价值等级是高价值,就可以根据这个等级设计召回策略,召回一些高价值的候选项,如高品质、高性能、高保障、高服务等。这样,召回的相关性和准确性就会提高,推荐的效果和效率也会随之提高。基于用户价值的人工智能大模型召回策略优化如图5.16所示。

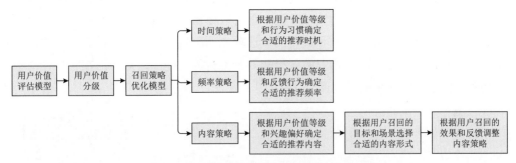

图5.16 基于价值模型的召回模型的应用流程

基于价值模型的召回策略可以分为两种,即基于用户价值的召回策略和基于项目价值的召回策略。

- 基于用户价值的召回策略,是指根据用户的价值等级为用户召回一些候选项。例如,了解到用户的价值等级是高价值,就可以为用户召回一些高价值的候选项,如高品质、高性能、高保障、高服务等。
- 基于项目价值的召回,是指根据项目的价值等级,为用户召回一些候选项。例如,了解到项目的价值等级是高价值,就可以为用户召回一些高价值的候选项,如高品质、高性能、高保障、高服务等。

为了实现基于价值模型的召回策略,需要利用人工智能大模型来实现用户价值的计算和项目价值的评估。例如,可以利用BERT模型,根据用户的历史行为数据,计算用户的价值特征、价值变化、价值影响等,从而构建用户的价值画像;可以利用XLNet模型,根据用户的历史行为数据,计算用户的价值序列和价值关系,从而构建用户的价值画像。

又如,可以利用XLNet模型,根据项目的历史数据,评估项目的价值特征、价值变化、价值影响等,从而构建项目的价值画像;可以利用BERT模型,根据项目的历史数据,评估项目的价值序列和价值关系,从而构建项目的价值画像。

5.3.5 基于营销漏斗的召回策略

营销漏斗,是指用户从接触到转化的整个过程。营销漏斗通常可以分为四个阶段,即认知阶段、兴趣阶段、欲望阶段和行动阶段。营销漏斗可以帮助我们了解用户在不同阶段的心理和行为,从而为用户提供更符合其营销阶段的产品或服务。

例如,知道用户处于营销漏斗的认知阶段,就可以为用户提供一些增加用户对产品或服务的认知和关注的营销,如广告、宣传、推荐等;知道用户处于营销漏斗的兴趣阶段,就可以为用户提供一些激发用户对产品或服务的兴趣的营销,如试用、体验、咨询等;知道用户处于营销漏斗的欲望阶段,就可以为用户提供一些刺激用户对产品或服务的欲望和需求的营销,如优惠、促销、赠品等;知道用户处于营销漏斗的行动阶段,就可以为用户提供一些引导用户购买和使用产品或服务的营销,如支付、配送、安装、教程等。

基于营销漏斗的召回策略就是根据用户的营销阶段筛选出与之匹配的候选项。例如,了解到用户处于营销漏斗的认知阶段,就可以根据这个阶段设计召回策略,召回一些增加用户对产品或服务的认知和关注的候选项,如广告、宣传、推荐等。这样,召回的相关性和准确性就会提高,推荐的效果和效率也会随之提高。对于潜在客户,基于营销漏斗的召回模型的应用流程如图5.17所示。

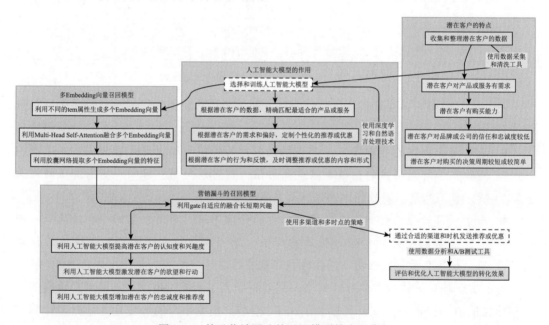

图 5.17　基于营销漏斗的召回模型的应用流程

基于营销漏斗的召回策略可以分为两种,即基于用户行为的营销漏斗召回策略和基于用户意图的营销漏斗召回策略。

- 基于用户行为的营销漏斗召回策略,是指根据用户的行为,判断用户的营销阶段,从而为用户召回一些候选项。例如,了解到用户浏览了产品或服务的介绍页面,就可以认为用户处于认知阶段,因此,可以为用户召回一些增加用户对产品或服务的认知和关注的候选项,如广告、宣传、推荐等。
- 基于用户意图的营销漏斗召回策略,是指根据用户的意图,判断用户的营销阶段,从而为用户召回一些候选项。例如,了解到用户想买一本关于人工智能的书，就可以认为用户处于欲望阶段，因此，可以为用户召回一些刺激用户对产品或服务的欲望和需求的候选项，如优惠、促销、赠品等。

为了实现基于营销漏斗的召回策略，需要利用人工智能大模型来实现用户行为的分析和用户意图的识别。例如，可以利用XLNet模型，根据用户的历史行为数据，提取用户的行为特征、行为变化、行为影响等，从而构建用户的行为画像；可以利用BERT模型，根据用户的历史行为数据，提取用户的行为序列和行为关系，从而构建用户的行为画像。又如，可以利用BERT模型，根据用户的自然语言表达，识别用户的意图特征、意图变化、意图影响等，从而构建用户的意图画像；可以利用XLNet模型，根据用户的自然语言表达，从而构建用户的意图画像。

5.3.6 基于情景的召回策略

情景，是指用户在某个特定的时间、地点、环境和状态下，对某些产品或服务的需求和期望。情景可以帮助我们了解用户在不同情景下的需求和期望，从而为用户提供更符合其所处情景的产品或服务。

例如，知道用户处于早上8点、家里、准备上班的情景，就可以为用户提供一些适合这个情景的产品或服务，如早餐、打车、新闻等；知道用户处于晚上10点、酒吧、寻找娱乐的情景，就可以为用户提供一些适合这个情景的产品或服务，如酒水、音乐、游戏等。

基于情景的召回策略，就是根据用户的情景筛选出与之匹配的候选项。例如，了解到用户处于的情景是早上8点、家里、准备上班，就可以根据这个情景设计召回策略，召回一些适合这个情景的候选项，如早餐、打车、新闻等。这样，召回的相关性和准确性就会提高，推荐的效果和效率也会随之提高。基于情景的召回模型的应用流程如图5.18所示。

基于情景的召回策略可以分为两种，即基于用户情景的召回策略和基于项目情景的召回策略。为了实现基于情景的召回策略，需要利用人工智能大模型来实现用户情景的识别和项目情景的评估。

例如，可以利用BERT模型，根据用户的历史行为数据、实时行为数据、环境数据等，识别用户的情景特征、情景变化、情景影响等，从而构建用户的情景画像；可以利用XLNet模型，根据用户的历史行为数据、实时行为数据、环境数据等，识别用户的情景序列和情景关系，从而构建用户的情景画像。

又如，可以利用XLNet模型，根据项目的历史数据、实时数据、环境数据等，评估项目的情景特征、情景变化、情景影响等，从而构建项目的情景画像；可以利用BERT模型，根据项目的历史数据、实时数据、环境数据等，评估项目的情景序列和情景关系，从而构建项目的情景画像。

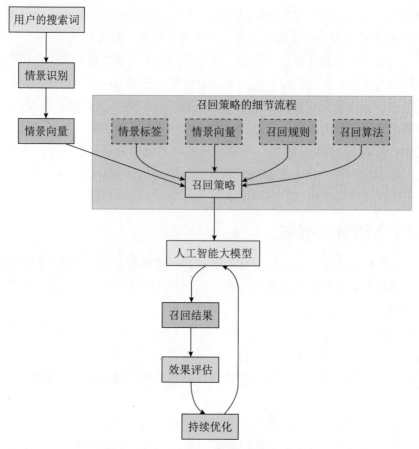

图 5.18 基于情景的召回模型的应用流程

5.3.7 基于用户兴趣的召回策略

兴趣，是指用户对某些产品或服务的喜好和倾向。兴趣可以帮助我们了解用户的个性和特色，从而为用户提供更符合其兴趣的产品或服务。例如，知道用户喜欢科幻类和冒险类的书籍，就可以为用户提供一些科幻类和冒险类的书籍，如《三体》《哈利·波特》《指环王》等；知道用户喜欢浪漫和甜蜜的电影，就可以为用户提供一些浪漫和甜蜜的电影，如《泰坦尼克号》《乱世佳人》《罗马假日》等。

基于兴趣的召回策略，就是根据用户的兴趣筛选出与之匹配的候选项。例如，了解到用户喜欢科幻类和冒险类的书籍，就可以根据这个兴趣设计召回策略，召回一些科幻类和冒险类的书籍，如《三体》《哈利·波特》《指环王》等。这样，召回的相关性和准确性就会提高，推荐的效果和效率也会随之提高。基于用户兴趣的混合式推荐算法的召回模型应用流程如图5.19所示。

基于兴趣的召回策略可以分为两种，即基于用户兴趣的召回策略和基于项目兴趣的召回策略。为了实现基于兴趣的召回策略，需要利用人工智能大模型来实现用户兴趣的提取和项目兴趣的评估。

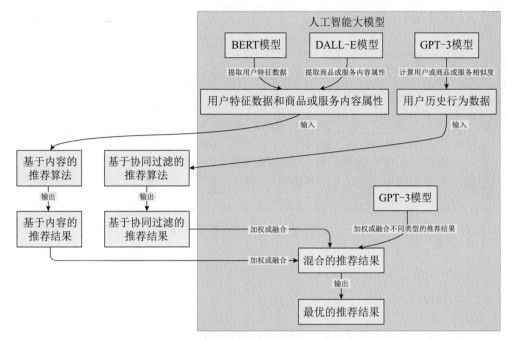

图 5.19　基于用户兴趣的混合式推荐算法的召回模型应用流程

例如，可以利用GPT-4模型，根据用户的历史行为数据、实时行为数据、社交网络数据等，提取用户的兴趣特征、兴趣变化、兴趣影响等，从而构建用户的兴趣画像；可以利用BERT模型，根据用户的历史行为数据、实时行为数据、社交网络数据等，提取用户的兴趣序列和兴趣关系，从而构建用户的兴趣画像。

又如，可以利用BERT模型，根据项目的历史数据、实时数据、社交数据等，评估项目的兴趣特征、兴趣变化、兴趣影响等，从而构建项目的兴趣画像；可以利用GPT-4模型，根据项目的历史数据、实时数据、社交数据等，评估项目的兴趣序列和兴趣关系，从而构建项目的兴趣画像。

5.3.8　基于语义的召回策略

语义，是指用户对某些产品或服务的理解。语义可以帮助我们了解用户的需求和期望，从而为用户提供更符合其语义的产品或服务。

例如，知道用户想要一本关于人工智能的书籍，就可以为用户提供一些关于人工智能的书籍，如《人工智能简史》《人工智能导论》《人工智能的未来》等；知道用户想要一本偏向于哲学和伦理方面的关于人工智能的书籍，就可以为用户提供一些偏向于哲学和伦理方面的关于人工智能的书籍，如《人工智能的哲学》《人工智能的伦理》《人工智能的道德》等。

基于语义的召回策略，就是根据用户的语义筛选出与之匹配的候选项。例如，了解到用户想要一本关于人工智能的书籍，并且这本书更偏向于哲学和伦理方面，就可以根据这个语义召回一些偏向于哲学和伦理方面的关于人工智能的书籍，如《人工智能的哲学》《人工智能的伦理》《人工智能的道德》等。这样，召回的相关性和准确性就会提高，推荐的效果和效率也会随之提高。基于语义的召回模型应用流程如图5.20所示。

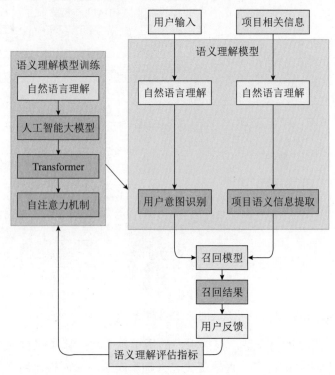

图 5.20　基于语义的召回模型的应用流程

基于语义的召回策略可以分为两种，即基于用户语义的召回策略和基于项目语义的召回策略。为了实现基于语义的召回策略，需要利用人工智能大模型来实现用户语义的理解和项目语义的评估。

例如，可以利用GPT-4模型，根据用户的自然语言表达，理解用户的语义特征、语义变化、语义影响等，从而构建用户的语义画像；我们可以利用BERT模型，根据用户的自然语言表达，理解用户的语义序列和语义关系，从而构建用户的语义画像。

又如，可以利用BERT模型，根据项目的自然语言描述，评估项目的语义特征、语义变化、语义影响等，从而构建项目的语义画像；可以利用GPT-4模型，根据项目的自然语言描述，评估项目的语义序列和语义关系，从而构建项目的语义画像。

5.3.9　基于知识图谱的召回策略

知识图谱，是指用图结构来表示和存储大量的知识和信息的技术，如实体、属性、关系、事件等。知识图谱可以帮助我们组织和理解复杂的知识及信息，从而为用户提供更丰富、更深入的产品或服务。

例如，知道用户想要了解人工智能的历史和发展，就可以利用知识图谱，为用户展示人工智能的相关实体(如人工智能、图灵、神经网络等)、属性(如定义、发明者、类型等)、关系(如创始人、影响、应用等)、事件(如图灵测试、深度学习、AlphaGo等)，从而让用户能够全面、深入地了解人工智能的知识和信息。

基于知识图谱的召回策略，就是根据用户的知识图谱筛选出与之匹配的候选项。例如，了解到用户的知识图谱是"人工智能-子领域-自然语言处理-应用-机器翻译"，就可以根据这个知识图谱，召回一些关于机器翻译的候选项，如机器翻译软件、机器翻译原理、机器翻译评价等。这样，召回的相关性和准确性就会提高，推荐的效果和效率也会随之提高。基于知识图谱的召回模型的应用流程如图5.21所示。

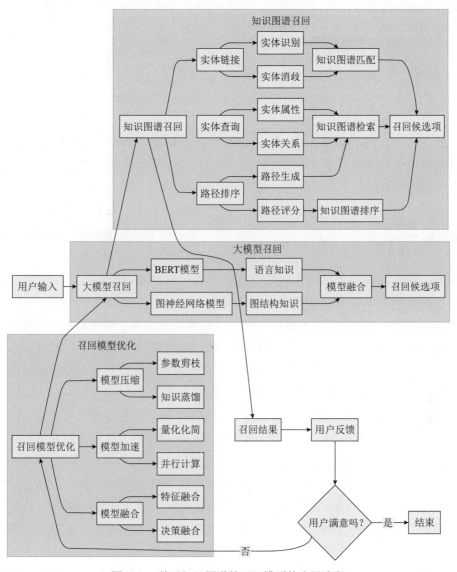

图 5.21 基于知识图谱的召回模型的应用流程

基于知识图谱的召回策略可以分为两种，即基于用户知识图谱的召回策略和基于项目知识图谱的召回策略。为了实现基于知识图谱的召回策略，需要利用人工智能大模型来构建和利用知识图谱。

例如，可以利用GPT-4模型，根据用户的知识数据(如用户的查询、问题、反馈、评论等)，提取和构建用户的知识图谱，从而生成和更新用户的知识画像；可以利用BERT

模型以及知识表示、知识推理、知识检索等技术，处理用户的图数据、逻辑数据、查询数据等，从而优化用户的知识画像。

又如，可以利用BERT模型，根据项目的知识数据(如项目的描述、标签、评价等)，提取和构建项目的知识图谱，从而构建项目的知识画像；可以利用GPT-4模型以及知识表示、知识推理、知识检索等技术，处理项目的图数据、逻辑数据、查询数据等，从而优化项目的知识画像。

5.3.10 基于实时意图的召回策略

实时意图，是指用户在某一时刻对某些产品或服务的需求和期望，如用户的购买、咨询、反馈、评价等。实时意图可以帮助我们了解用户当前的状态和目标，从而为用户提供更快速、更有效的产品或服务。

例如，用户在网上搜索"我想买一本关于人工智能的书"，表明用户当时想要购买一本关于人工智能的书籍，而不是想要了解人工智能的知识或者其他相关的内容。因此，需要根据用户的这个实时意图，为用户提供一些关于人工智能的书籍的候选项，如《人工智能简史》《人工智能导论》《人工智能的未来》等，并且提供一些与书籍相关的信息和服务，如价格、折扣、库存、物流等，从而使用户能够快速、方便地完成购买的行为。

基于实时意图的召回策略，就是根据用户的实时意图筛选出与之匹配的候选项。例如，了解到用户的实时意图是"我想买一本关于人工智能的书"，就可以根据这个实时意图，召回一些关于人工智能的书籍的候选项，如《人工智能简史》《人工智能导论》《人工智能的未来》等，并且提供一些与书籍相关的信息和服务，如价格、折扣、库存、物流等。这样，召回的相关性和准确性就会提高，推荐的效果和效率也会随之提高。基于实时意图的召回模型的应用流程如图5.22所示。

基于实时意图的召回策略可以分为两种，即基于用户实时意图的召回策略和基于项目实时意图的召回策略。为了实现基于实时意图的召回策略，需要利用人工智能大模型来捕捉和满足用户的实时意图。

例如，可以利用GPT-4模型，根据用户的实时数据(如用户的查询、问题、反馈、评价等)，提取和分析用户的实时意图特征、实时意图变化、实时意图影响等，从而构建用户的实时意图画像；可以利用BERT模型以及意图识别、意图理解、意图满足等技术，处理用户的文本、语音、图片等多模态数据，从而优化用户的实时意图画像。

又如，可以利用BERT模型，根据项目的实时数据(如项目的描述、标签、评价等)，提取和分析项目的实时意图特征、实时意图变化、实时意图影响等，从而构建项目的实时意图画像；还可以利用GPT-4模型以及意图识别、意图理解、意图满足等技术，处理项目的文本、语音、图片等多模态数据，从而优化项目的实时意图画像。

第 5 章 如何革新召回策略：人工智能大模型留住用户的秘诀

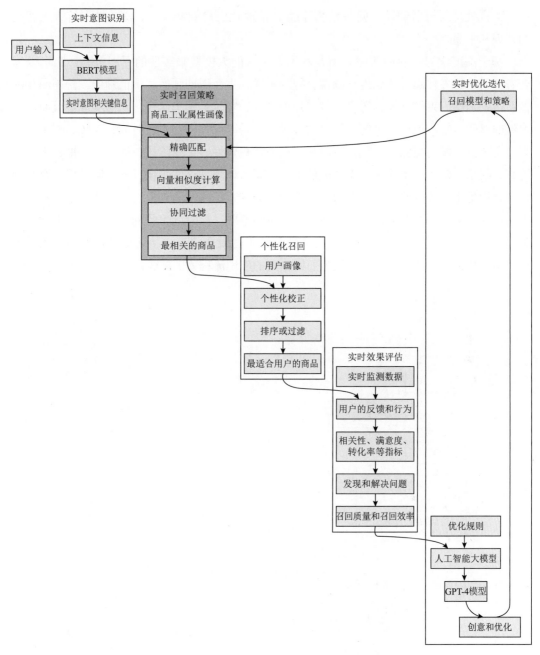

图 5.22 基于实时意图的召回模型的应用流程

5.3.11 基于深度学习的召回

深度学习，是指一种利用多层神经网络来学习和表示复杂的数据特征及关系的机器学习技术，如图像、语音、文本等。深度学习可以帮助我们挖掘和利用海量的数据，从而为用户提供更精准、更智能的产品或服务。例如，我们知道用户想要了解人工智能的原理和应用，就可以利用深度学习，为用户展示人工智能的相关图像(如人工神经网络、卷积神经网络、循环神经网络等)、语音(如语音识别、语音合成、语音交互等)、文本(如

221

自然语言处理、机器翻译、问答系统等)等，从而让用户能够直观、深入地了解人工智能的知识和信息。

基于深度学习的召回策略，就是利用人工智能大模型来实现的召回策略。它可以综合考虑用户的多种画像，如用户画像、行为画像、生命周期画像、价值画像、营销漏斗画像、情景画像、兴趣画像、语义画像、知识画像、实时意图画像等，从而实现更全面、更灵活的召回策略。例如，了解到用户的多种画像是"女性、25岁、时尚、美妆、新用户、高消费金额、低消费频率、短消费时长、高消费稳定性、认知阶段、周末、家里、下雨、无聊、娱乐、想买一本关于人工智能的书"，就可以根据这些画像设计召回策略，召回一些综合满足用户各方面需求和期望的候选项，如《人工智能简史》《人工智能导论》《人工智能的未来》等，并且提供一些额外的信息和服务，如时尚美妆的书签、下雨天发放优惠券、音乐播放等。这样，召回的相关性和准确性就会提高，从而提高推荐的效果和效率。基于特征工程的人工智能大模型召回模型的应用流程如图5.23所示。

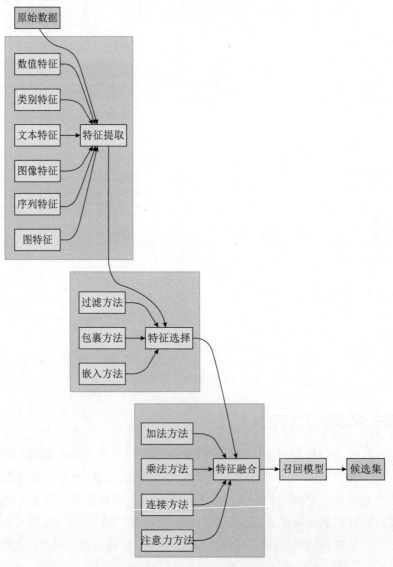

图5.23 基于特征工程的人工智能大模型召回模型的应用流程

基于深度学习的召回策略可以分为两种，即基于用户深度学习的召回策略和基于项目深度学习的召回策略。

5.3.12 多路召回策略

多路召回策略，是指同时使用多种召回策略，先从不同的角度和维度，筛选出多个候选项集合，然后将这些候选项集合进行融合和排序，从而得到最终的候选项列表的方法。多路召回可以帮助我们充分利用用户的多样性和复杂性，从而为用户提供更全面、更多样的产品或服务。

例如，知道用户有多种不同的需求和期望，如想要了解人工智能的知识、想要购买人工智能的书籍、想要体验人工智能的应用等，就可以利用多路召回，为用户提供多种不同的候选项，如人工智能的文章、人工智能的书籍、人工智能的软件等，从而满足用户的多种需求和期望。

多路召回的策略就是利用人工智能大模型来实现的多种召回策略。首先，根据用户的不同画像，如用户画像、行为画像、生命周期画像、价值画像、营销漏斗画像、情景画像、兴趣画像、语义画像、知识画像、实时意图画像等，实现不同的召回策略，得到多个候选项集合。然后，利用人工智能大模型来实现多路召回的融合和排序。多路召回模型的应用流程如图5.24所示。

例如，了解到用户的综合画像是"女性、25岁、时尚、美妆、新用户、高消费金额、低消费频率、短消费时长、高消费稳定性、认知阶段、周末、家里、下雨、无聊、娱乐、想买一本关于人工智能的书"，就可以根据这个综合画像和候选项的多种特征，对多个候选项集合进行融合和排序，从而得到最终的候选项列表，如《人工智能简史》《人工智能导论》《人工智能的未来》《人工智能与时尚美妆的结合》《人工智能与娱乐的结合》《人工智能与生活的结合》等。

为了实现多路召回的策略，我们需要利用人工智能大模型来实现多种召回策略，并实现多路召回的融合和排序。人工智能大模型可以根据用户的多种数据，如用户的基本信息、行为日志、上下文信息、语言表达、内容浏览等，提取和学习用户的多种画像，从而生成和更新用户的综合画像。人工智能大模型还可以利用神经网络、注意力机制、变换器等技术，来处理用户的多层数据、多头数据、多任务数据等，从而优化用户的综合画像。例如，可以利用GPT-4模型，根据用户的多种数据，提取和学习用户的多种画像，从而构建用户的综合画像；可以利用BERT模型，利用神经网络、注意力机制、变换器等技术，处理用户的多层数据、多头数据、多任务数据等，从而优化用户的综合画像。

人工智能大模型(如GPT-4、BERT)还可以利用多种召回策略，如基于用户画像的召回、基于历史行为的召回、基于用户生命周期的召回、基于价值模型的召回、基于营销漏斗的召回、基于情景的召回、基于兴趣的召回、基于语义的召回、基于知识图谱的召回、基于实时意图的召回等策略，为用户召回多个候选项集合。

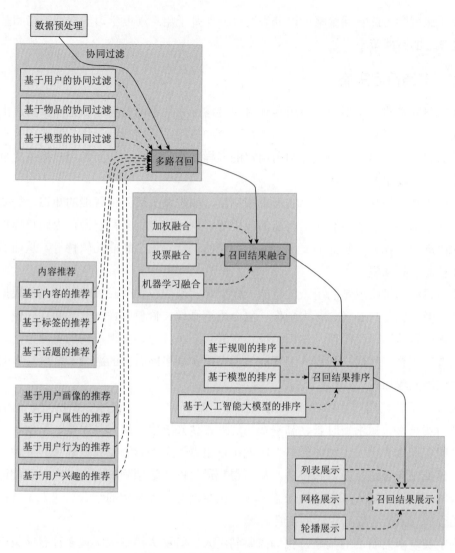

图 5.24 多路召回模型的应用流程

人工智能大模型还可以利用多路召回的融合和排序,根据用户的综合画像,同时根据候选项的多种特征,如候选项的相关性、质量、价值、多样性等,对多个候选项集合进行融合和排序,从而得到最终的候选项列表。

通过利用人工智能大模型来实现多路召回的策略,可以为用户提供更全面、更多样的候选项,从而提高推荐的效果和效率。

5.4 人工智能大模型召回模型在数字化营销业务中的应用与优势

数字化营销业务包括广告业务、电商业务、用户增长业务等多种形式,这些业务都面临着一个共同的问题,那就是如何从海量的候选项中,精准地找出最符合用户需求和偏好的那一部分信息。召回模型很好地解决了这一问题。

召回模型是数字化营销业务的核心模型之一,它直接影响着用户的体验和满意度,以及业务的转化率和收入。召回模型的效果取决于两点：一是召回的候选项的数量；二是召回的候选项的质量。数量和质量之间存在一个平衡点：如果召回的候选项太多，会造成用户的选择困难和信息过载；如果召回的候选项太少，会造成用户的选择空间和信息缺失。因此，召回模型需要在数量和质量之间找到一个最优的平衡点，这个平衡点既能满足用户的多样性和个性化的需求，又能提高业务的效率和效果。

本节介绍人工智能大模型召回模型在广告业务、电商业务、用户增长业务中的应用场景，分析人工智能大模型召回模型的优势，展示人工智能大模型召回模型的效果对比，讨论人工智能大模型召回模型的挑战及其解决方案。

5.4.1 人工智能大模型召回模型在广告业务中的应用

在广告业务中，召回模型是非常重要的，因为广告业务的本质是将广告主的商品或服务，通过合适的渠道和形式展示给有潜在需求或兴趣的用户，从而实现广告主的推广目的和用户的满足。广告业务中有很多种类的广告，如信息流广告、搜索广告、推荐广告等。

1. 人工智能大模型召回模型在信息流广告中的应用

信息流广告，是指根据用户的兴趣和行为，在用户浏览的信息流中，插入与信息流内容相似或相关广告的一种形式。对于广告业务下的信息流广告，其用户有主动的、自然的、持续的、多样的需求。信息流广告的召回模型需要根据用户的兴趣和行为，从海量的广告库中，召回最符合用户兴趣和行为的广告，以提高信息流广告的曝光率和点击率。人工智能大模型召回模型可以利用用户的兴趣和行为的数据，同时利用广告的内容和效果的数据，来构建更精准、更细致的用户兴趣和行为的画像，以及广告内容和效果的画像，从而提高信息流广告的召回质量和效果。例如，人工智能大模型召回模型可以通过深度学习的方法，学习用户的兴趣和行为的特征和规律，学习广告的内容和效果的特征及规律，从而生成一个高维的向量空间，将用户和广告都映射到这个向量空间，然后根据向量之间的距离或相似度，来召回最接近或最相似的广告，从而提高信息流广告的召回准确性。

2. 人工智能大模型召回模型在搜索广告中的应用

搜索广告，是指根据用户的搜索词，在用户的搜索结果页面中，展示与搜索词相关广告的一种形式。对于广告业务下的搜索广告，其用户有明确的、具体的、短暂的、单一的需求。搜索广告的召回模型需要根据用户的搜索词，从海量的广告库中，召回最符合用户搜索词的广告,以提高搜索广告的曝光率和点击率。人工智能大模型召回模型可以利用用户的搜索词的数据,同时利用广告的内容和效果的数据,来构建更精确、更全面的用户搜索词的语义,从而提高搜索广告的召回质量和效果。例如,人工智能大模型召回模型可以通过自然语言处理的方法,理解搜索词的含义,理解广告的主题及关键词,从而生成一个语义的向量空间,将用户的搜索词和广告都映射到这个向量空间,然后根据向量之间的距离或相似度,来召回最接近或最相似的广告,从而提高搜索广告的召回准确性。人工智能大模型召回模型在搜索广告中的应用如图5.25所示。

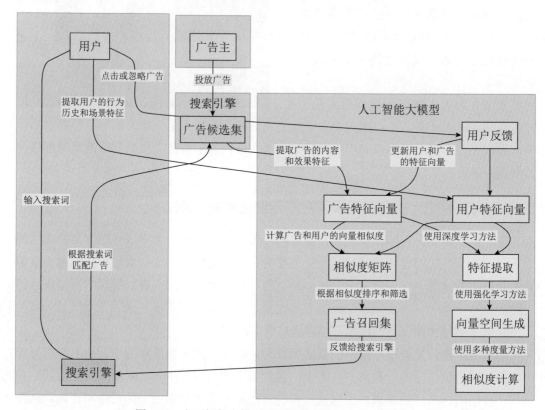

图 5.25　人工智能大模型召回模型在搜索广告中的应用

3. 人工智能大模型召回模型在推荐广告的应用

推荐广告,是指根据用户的历史和场景特征,在用户的推荐页面中,展示与用户行为历史和场景特征相关广告的一种形式。对于广告业务下的推荐广告,其用户没有明确的、具体的需求。推荐广告的召回模型需要根据用户的行为历史和场景特征,发现用户的潜在需求和兴趣,从海量的广告库中,召回最符合用户行为历史和场景特征的广告,以提高推荐广告的曝光率和点击率。人工智能大模型召回模型可以利用用户的历史和场景特征的数据,同时利用广告的内容和效果的数据,来构建更灵活、更全面的符合用户历史和场景特征的画像,从而提高推荐广告的召回质量和效果。例如,人工智能大模型召回模型可以通过强化学习的方法,学习用户的行为历史和场景的特征及变化,从而生成一个动态的向量空间,将用户的历史特征和广告都映射到这个向量空间,然后根据向量之间的距离或相似度,来召回最接近或最相似的广告,从而提高推荐广告的召回灵活性。

5.4.2　人工智能大模型召回模型在电商业务中的应用

电商业务，是指利用互联网、移动设备、社交媒体等数字技术和平台，向用户提供商品或服务的在线交易和交付的业务。电商业务包括电商平台、电商店铺、电商商品、电商服务等多种形式，涉及用户的需求、选择、购买、评价等多个环节。

在电商业务中，召回模型是非常重要的，因为电商业务的本质是将商品或服务通过合适的渠道和形式，展示给有潜在需求或兴趣的用户，从而实现商品或服务的销售和用户的满足。电商业务中有很多种类的召回模型，如商品搜索、商品推荐、商品排名等召回模型。

1. 人工智能大模型召回模型在商品搜索中的应用

商品搜索，是指根据用户的搜索词，展示与搜索词相关商品的一种召回模型。因为用户搜索商品时有明确的、具体的、短暂的、单一的需求，所以商品搜索的召回模型需要根据用户的搜索词，从海量的商品库中，召回最符合用户搜索词的商品。人工智能大模型召回模型可以利用用户的搜索词的数据，同时利用商品数据，构建更精确、更全面的用户搜索词和商品内容的语义，从而提高商品搜索的召回质量和效果。例如，人工智能大模型召回模型可以通过自然语言处理的方法，理解用户的搜索词的意图和含义，理解商品的主题及关键词，从而生成一个语义的向量空间，将用户的搜索词和商品都映射到这个向量空间，然后根据向量之间的距离或相似度，来召回最接近或最相似的商品，从而提高商品搜索的召回准确性。

2. 人工智能大模型召回模型在商品推荐中的应用

商品推荐，是指根据用户的历史和场景特征，展示与用户历史和场景特征相关商品的一种召回模型。因为用户没有明确的、具体的需求，所以商品推荐的召回模型需要根据用户的历史和场景特征，发现用户的潜在需求和兴趣，从海量的商品库中，召回最符合用户历史和场景特征的商品。人工智能大模型召回模型可以利用用户的历史和场景特征的数据，同时利用商品数据，构建符合用户历史和场景特征的更灵活、更全面的画像，构建更灵活、更全面的商品内容画像，从而提高商品推荐的召回质量和效果。例如，人工智能大模型召回模型可以通过强化学习的方法，学习用户的历史和场景的特征及变化，学习商品的内容特征及变化，从而生成一个动态的向量空间，将用户的历史特征和商品都映射到这个向量空间，然后根据向量之间的距离或相似度，来召回最接近或最相似的商品，从而提高商品推荐的召回灵活性。

3. 人工智能大模型召回模型在商品排名中的应用

商品排名，是指根据用户的需求和偏好，对召回的商品进行排序和展示的一种召回模型。因为用户的需求和偏好是多样的、个性化的、动态的、隐性的，所以商品排名的召回模型需要根据用户的需求和偏好，从海量的商品库中，召回最符合用户需求和偏好的商品。人工智能大模型召回模型可以利用用户的需求和偏好的数据，同时利用商品数据，构建符合用户需求和偏好的更灵活、更全面的画像，构建更灵活、更全面的商品内容画像，从而提高商品排名的召回质量和效果。例如，人工智能大模型召回模型可以通过多任务学习的方法，学习用户的需求和偏好的多个维度，学习商品内容的多个维度，从而生成一个多维的向量空间，将用户的需求和商品都映射到这个向量空间，然后根据向量之间的距离或相似度，来召回最接近或最相似的商品，从而提高商品排名的召回灵活性。在电商平台中应用人工智能大模型优化召回模型如图5.26所示。

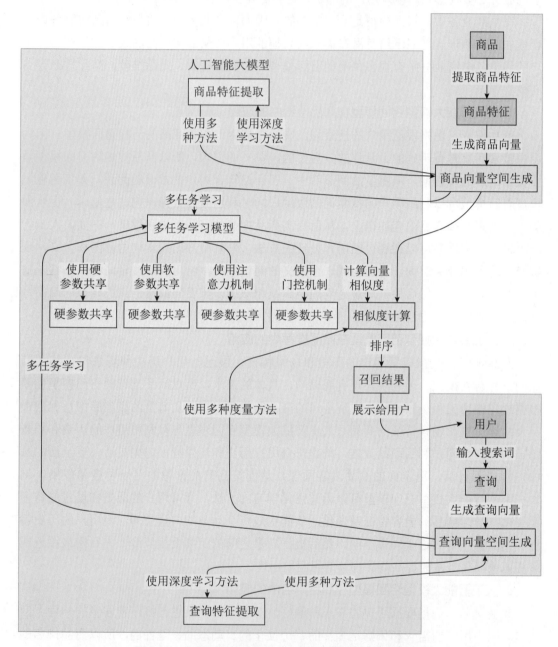

图 5.26　在电商平台中应用人工智能大模型优化召回模型

5.4.3　人工智能大模型召回模型在用户增长业务中的应用

用户增长业务，是指利用数字技术和平台，通过互联网、移动设备、社交媒体等渠道，向用户提供有价值的信息和服务，从而实现用户的注册、登录、留存等目的的业务。用户增长业务包括用户获取、用户激活、用户留存、用户收入、用户推荐等多个环节，涉及用户的需求、选择、行为、评价等多个环节。

在用户增长业务中，召回模型是非常重要的，因为用户增长业务的本质是将信息或服务通过合适的渠道和形式，展示给有潜在需求或兴趣的用户，从而实现用户的增长和满足。用户增长业务中有很多种类的召回模型，如用户注册、用户登录、用户留存等召回模型。

1. 人工智能大模型召回模型在用户注册中的应用

因为用户注册时有明确的、具体的、短暂的、单一的需求，所以用户注册的召回模型需要根据用户的需求，从海量的信息或服务库中，召回最符合用户需求的信息或服务。人工智能大模型召回模型可以利用用户需求的数据，同时利用信息或服务的内容数据，构建更精确、更全面的用户需求语义，构建信息或服务语义，从而提高用户注册的召回质量和效果。例如，人工智能大模型召回模型可以通过自然语言处理的方法，理解用户需求的意图，理解信息或服务的主题及关键词，从而生成一个语义的向量空间，将用户的需求和信息或服务都映射到这个向量空间，然后根据向量之间的距离或相似度，来召回最接近或最相似的信息或服务，从而提高用户注册的召回准确性。

2. 人工智能大模型召回模型在用户登录中的应用

因为用户登录时有明确的、具体的、短暂的、单一的需求，所以用户登录的召回模型需要根据用户的需求，从海量的信息或服务库中，召回最符合用户需求的信息或服务。人工智能大模型召回模型可以利用用户需求的数据，同时利用信息或服务的数据，构建更精确、更全面的用户需求语义，构建信息或服务语义，从而提高用户登录的召回质量和效果。例如，人工智能大模型召回模型可以通过自然语言处理的方法，理解用户的需求的意图和含义，理解信息或服务的主题及关键词，从而生成一个语义的向量空间，将用户的需求和信息或服务都映射到这个向量空间，然后根据向量之间的距离或相似度，来召回最接近或最相似的信息或服务，从而提高用户登录的召回准确性。

3. 人工智能大模型召回模型在用户留存中的应用

用户留存的召回模型需要根据用户的历史和场景特征，从海量的信息或服务库中，召回最符合用户历史和场景特征的信息或服务，以提高用户留存的转化率和满意度。人工智能大模型召回模型可以利用用户的历史和场景特征的数据，同时利用信息或服务数据，构建符合用户历史和场景特征的更灵活、更全面的画像，构建信息或服务的画像，从而提高用户留存的召回质量和效果。例如，人工智能大模型召回模型可以通过强化学习的方法，学习用户的历史和场景的特征及变化，学习信息或服务的特征及变化，从而生成一个动态的向量空间，将用户的历史特征和信息或服务都映射到这个向量空间，然后根据向量之间的距离或相似度，来召回最接近或最相似的信息或服务，从而提高用户留存的召回灵活性。在社交媒体平台中人工智能大模型进行内容推荐召回的流程如图5.27所示。

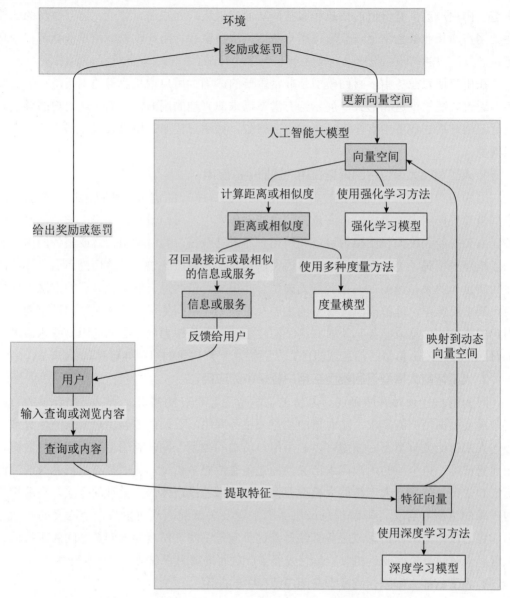

图 5.27　在社交媒体平台中人工智能大模型进行内容推荐召回的流程

5.4.4　人工智能大模型召回模型在应用场景中的优势

人工智能大模型召回模型在广告业务、电商业务、用户增长业务中具有强大的学习能力、计算能力、预测能力和可解释性。人工智能大模型召回模型可以利用大量的数据，包括用户的特征、行为、历史、场景等数据，以及广告、商品、服务等的特征、内容、效果等数据，构建更全面、更细致的用户画像和候选项画像，从而提高召回模型的输入质量和丰富度。人工智能大模型召回模型也可以利用复杂的算法，包括深度的网络结构、先进的优化方法、创新的损失函数等，提高召回模型的学习的能力和效果，从而提高召回模型的输出准确性和优化性。人工智能大模型召回模型还可以利用大规模的计算,包括分布式的计算资源、高效的计算框架、快速的计算平台等,提高召回模型的运行的速度和稳定性,从而提高召回模型的输出实时性和可靠性。人工智能大模型召回模型还可以利用可解释性的技术,包括注意力机制、可视化工具、逻辑推理等,提高召回模型的解释的能力和效果,从而提高召回模型的输出可信性和可控性。

1. 强大的学习能力

人工智能大模型召回模型可以使用深度学习、自然语言处理、强化学习、多任务学习等算法,来学习用户和候选项的特征及规律,从而生成一个高维的、语义的、动态的向量空间,将用户和候选项都映射到这个向量空间,然后根据用户和候选项的向量之间的距离或相似度,来召回最接近或最相似的候选项。

具有强大学习能力的人工智能大模型召回模型可以帮助产品经理和运营人员提高工作效率和业务效果,具体表现为以下几方面。

- 降低了工作难度。产品经理和运营人员不需要手动地定义和维护用户和候选项的特征及规则,而是交给人工智能大模型召回模型来学习和更新,从而节省了时间和精力,降低了工作难度。
- 提高了工作质量。产品经理和运营人员不需要担心特征、规则的准确性和完整性,而是依赖人工智能大模型召回模型来提供更精准、更细致的用户画像和候选项画像,从而提高了召回模型的输入质量和丰富度,提高了工作质量。
- 增加了工作价值。产品经理和运营人员不需要关注用户和候选项的特征和规则的效果和优化,而是利用人工智能大模型召回模型来提供更准确和优化的召回结果,从而提高了召回模型的输出准确性,增加了工作价值。

2. 强大的计算能力

人工智能大模型召回模型可以使用并行化、分布式、异步等算法,加速和优化人工智能大模型的训练及推理,从而提高召回模型的运行的速度和稳定性。

具有强大计算能力的人工智能大模型召回模型可以帮助产品经理和运营人员提高工作效率和业务效果,具体表现为以下几个方面。

- 节省了成本和资源。产品经理和运营人员不需要投入大量的资金和资源来购买、维护昂贵的硬件及软件,而是借助人工智能大模型召回模型来提供高效的计算服务,从而节省了成本和资源。
- 提高了工作效率和响应速度。产品经理和运营人员获取和更新召回结果不需要长时间等待,而是利用人工智能大模型召回模型快速地获取和更新召回结果,从而提高了工作效率和响应速度。
- 增加了数据运行稳定性。产品经理和运营人员不需要担心计算过程的错误和中断,而是依赖人工智能大模型召回模型来提供更准确、更优化的召回结果,从而提高召回模型的输出实时性和可靠性,增加了数据运行稳定性。

3. 强大的预测能力

具有强大预测能力的人工智能大模型召回模型可以帮助产品经理和运营人员提高工

作效率和业务效果,具体表现为以下几方面。

- 提高了用户满意度。产品经理和运营人员可以通过人工智能大模型召回模型的输出,为用户提供更个性化和精准的推荐,从而提高了用户满意度。例如,在电商业务中,人工智能大模型召回模型可以根据用户的购物历史、偏好、场景等数据,召回最符合用户需求和期望的商品;在广告业务中,人工智能大模型召回模型可以根据用户的浏览历史、兴趣、行为等数据,召回最符合用户口味和喜好的广告;在用户增长业务中,人工智能大模型召回模型可以根据用户的注册历史、活跃度、社交关系等数据,召回最具有潜力的用户。
- 提高了业务效率。产品经理和运营人员可以通过人工智能大模型召回模型的输出,节省人力和时间的成本,从而提高了业务效率。例如,在电商业务中,人工智能大模型召回模型可以自动地更新商品的库存及价格;在广告业务中,人工智能大模型召回模型可以自动地优化广告的投放及展示;在用户增长业务中,人工智能大模型召回模型可以自动地生成和发送用户的邀请及奖励。
- 增强了业务创新。产品经理和运营人员可以通过人工智能大模型召回模型的输出,挖掘新的机会和价值,从而提高业务创新。例如,在电商业务中,人工智能大模型召回模型可以推荐新的商品和品类;在广告业务中,人工智能大模型召回模型可以推荐新的广告和渠道;在用户增长业务中,人工智能大模型召回模型可以推荐新的用户和市场。

4. 强大的可解释性

人工智能大模型召回模型可以使用注意力机制、可视化工具、逻辑推理等技术,来解释用户和候选项的向量之间的关系和原因,从而提高召回模型的输出可信性和可控性。注意力机制可以显示用户和候选项的向量之间的权重和贡献,从而说明召回的依据和重要性;可视化工具可以显示用户和候选项的向量之间的距离或相似度,从而说明召回的匹配和优化;逻辑推理可以显示用户和候选项的向量之间的逻辑和规则,从而说明召回的原理和过程。

具有强大的可解释性的人工智能大模型可以帮助产品经理和运营人员提高工作效率和业务效果,具体表现为以下几方面。

- 提高了工作信任度。产品经理和运营人员不需要盲目地相信人工智能大模型召回模型的输出,而是通过人工智能大模型召回模型的解释来验证召回结果的合理性和有效性,从而提高了工作信任度。
- 提高了工作灵活度和创新性。产品经理和运营人员不需要固定地遵循人工智能大模型召回模型的输出,而是通过人工智能大模型召回模型的解释来调整召回结果的策略和参数,从而提高了工作灵活度和创新性。
- 提高了工作透明度和公信力。产品经理和运营人员不需要隐藏地使用人工智能大模型召回模型的输出,而是通过人工智能大模型召回模型的解释向用户和合作方展示召回结果的依据和逻辑,从而提高了工作透明度和公信力。

5.5 评估方法全解析：人工智能大模型如何让召回模型更优化

数字化营销的核心是用户，而数字化营销的关键环节之一是召回模型，召回模型可以从海量的候选项中筛选出用户可能感兴趣的项目，指导电商平台的商品推荐、广告平台的广告投放、社交平台的内容分发。召回模型的效果直接影响了用户体验和业务效率，因此，评估召回模型的效果是数字化营销中的重要任务。

本节将从评估指标、评估方法、评估结果分析及优化三个方面，详细讲解如何使用人工智能大模型来优化召回模型的效果，以及产品经理和运营人员在其中所起的作用。

5.5.1 评估指标

人工智能大模型优化召回模型有两类评估指标，即离线评估指标和在线评估指标。这两类分别反映了模型在模拟环境和真实环境中的性能及效果。这两类指标各有优缺点，需要根据不同的场景和目的来选择。

1. 离线评估指标

离线评估指标是指在模拟环境中，使用历史数据或人工标注的数据评估模型性能的指标。离线评估指标主要衡量模型的准确性，即模型能否正确地从候选项中召回用户感兴趣的项目。常用的离线评估指标有准确率、召回率和F1值。

- 准确率(precision)，指模型召回的项目中，用户真正感兴趣的项目的比例。准确率越高，说明模型越能避免召回无关的项目，越能提高用户的满意度。准确率的计算公式为

$$\text{precision} = \frac{\text{true positive}}{\text{true positive} + \text{false positive}\text{true positive}}$$

式中，true positive表示模型召回的项目中，用户真正感兴趣的项目的数量；false positive表示模型召回的项目中，用户不感兴趣的项目的数量。

- 召回率(recall)，指模型能够召回的用户感兴趣的项目的比例。召回率越高，说明模型越能覆盖用户的需求，越能提高用户的忠诚度。召回率的计算公式为

$$\text{recall} = \frac{\text{true positive}}{\text{true positive} + \text{false negative}}$$

式中，false negative表示模型未能召回的用户感兴趣的项目的数量。

- F1值(F1-score)，指准确率和召回率的调和平均值，综合反映了模型的准确性和覆盖性。F1值越高，说明模型越能平衡召回的质量和数量，越能提高用户的体验。F1值的计算公式为

$$\text{F1-score} = \frac{2 \times \text{precision} \times \text{recall}}{\text{precision} + \text{recall}}$$

2. 在线评估指标

在线评估指标是指在真实环境中，使用实时数据评估模型效果的指标。在线评估指标主要衡量模型的有效性，即模型能否带来用户的行为改变，从而实现业务的目标。常用的在线评估指标有点击率、转化率和留存率。

- 点击率(click-through rate，CTR)，指用户点击模型召回的项目的比例。点击率越高，说明模型越能吸引用户的注意。点击率的计算公式为

$$\text{CTR} = \frac{\text{clicks}}{\text{impressions}}$$

式中，clicks表示用户点击的项目的数量；impressions表示模型展示给用户的项目的数量。

- 转化率(conversion rate，CVR)，指用户在点击模型召回的项目后，完成某种目标行为的比例。转化率越高，说明模型越能满足用户的需求。转化率的计算公式为

$$\text{CVR} = \frac{\text{conversions}}{\text{clicks}}$$

式中，conversions表示用户完成的目标行为(如购买、注册、订阅等)的数量；clicks表示用户点击的项目的数量。

- 留存率(retention rate，RR)，指用户在一定时间内，再次使用模型召回的项目的比例。留存率越高，说明模型越能保持用户的兴趣。留存率的计算公式为

$$\text{RR} = \frac{\text{retained users}}{\text{active users}}$$

式中，retained users表示在一定时间内，再次使用模型召回的项目的用户的数量；active users表示在一定时间内，使用模型召回的项目的用户的数量。

如何选择合适的指标是人工智能大模型优化召回模型评估的关键。一般来说，选择指标的原则有以下几个。

- 指标要与业务的目标一致,要反映业务的收益和成本。
- 指标能够有效地衡量模型的性能和效果,能够反映模型的准确性和覆盖性。
- 指标要灵活地适应不同的场景和目的,能够反映模型的优势和不足,分析影响模型效果的因素,如数据的质量、特征的选择、参数的调整等。

具体来说,选择指标的方法有以下几个。

- 根据业务的特点和需求,确定评估的目的和范围,如提高模型的性能、比较模型的版本、优化模型的配置等。
- 根据评估的目的和范围,选择合适的评估指标,如离线评估指标、在线评估指标或者两者结合等。
- 根据评估指标的特点和要求,设计合理的评估方案,如数据的划分、实验的设计、指标的计算等。
- 根据评估方案的执行和结果,分析和优化评估指标,如检验指标的有效性、稳定性、敏感性等。

5.5.2 评估方法

1. 离线评估方法

离线评估方法,是指使用离线评估指标,通过划分数据集来评估模型的性能。召回模型离线评估方法的流程如图5.28所示。

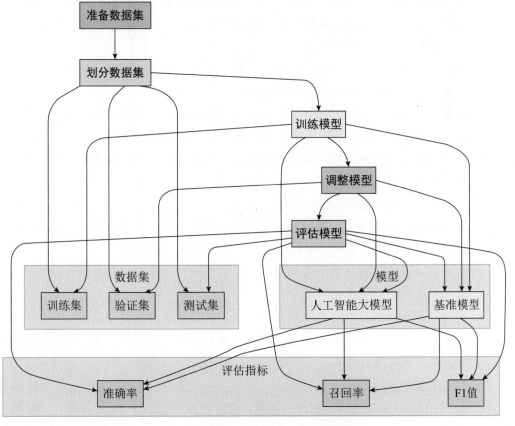

图 5.28 召回模型离线评估方法的流程

- 第一步，准备数据集。数据集是指用于评估模型的数据，通常是历史数据或者人工标注的数据。数据集应该包含模型的输入和输出，即候选项和用户感兴趣的项目。数据集应该尽可能地反映真实的用户和业务情况，如数据的分布、用户的偏好、项目的属性等。
- 第二步，划分数据集。数据集应该被划分为三个部分，即训练集、验证集和测试集。训练集是指用于训练模型的数据，验证集是指用于调整模型参数的数据，测试集是指用于评估模型性能的数据。划分数据集时，要保证三个部分的数据是相互独立的，以避免数据的泄露或者过拟合。数据集的划分比例应该根据数据的规模和特点来确定，一般来说，训练集占数据集的60%～80%，验证集占数据集的10%～20%，测试集占数据集的10%～20%。
- 第三步，训练模型。模型是指用于从候选项中召回用户感兴趣的项目的算法，如人工智能大模型。一般使用训练集的数据来学习和优化模型的参数，以提高模型的性能。模型训练要按照一定的方法，如学习率、批次大小、迭代次数、正则化等。
- 第四步，调整模型。调整模型即调整模型参数，模型参数是影响模型性能的变量，如人工智能大模型的层数、隐藏单元数、激活函数等。一般基于网格搜索、随机搜索、贝叶斯优化等方法，使用验证集的数据来调整模型参数。
- 第五步，评估模型。评估模型即评估模型性能，模型性能是模型在完成召回任务时的表现，如准确率、召回率、F1值等。一般基于混淆矩阵、ROC曲线、PR曲线等方法，使用测试集的数据来评估模型性能。

离线评估方法的优点如下所述。
- 离线评估方法可以快速地评估模型的性能，不需要等待用户的反馈，也不需要考虑用户的行为变化和外部的干扰因素。
- 离线评估方法可以方便地比较不同的模型或者模型的不同版本，比较不同的特征或者参数的影响，从而选择最优的模型或者模型的配置。
- 离线评估方法可以节省数据和计算资源，不需要对用户进行实验，也不需要收集和处理大量的实时数据。

离线评估方法的缺点如下所述。
- 离线评估方法不能完全反映模型在真实环境中的效果，因为模拟环境和真实环境可能存在很大的差异，如数据分布、用户偏好、竞争情况等。
- 离线评估方法不能直接衡量模型对业务的影响，因为模型的性能目标与业务的目标并不一定完全一致。
- 离线评估方法的计算依赖于数据的质量和标注的准确性，如果数据存在噪声、偏差或者错误，或者标注存在主观性、不一致性或者不完整性，那么离线评估方法的结果可能会失真。

2. 在线评估法

在线评估方法，是指使用在线评估指标，通过设计实验评估模型的效果。召回模型在线评估方法的流程如图5.29所示。

- 第一步，设计实验。实验是用于评估模型效果一种方法，通过对用户进行分组，给不同的用户展示不同的模型或者模型的版本，然后观察用户的反馈和行为，进而比较模型的效果。实验的设计要遵循一定的原则，如随机性、平衡性、可控性、可重复性等。
- 第二步，执行实验。执行实验是指将实验的设计付诸实践，通过对用户进行分流，给不同的用户展示不同的模型或者模型的版本，然后收集和处理用户的数据，如点击、转化、留存等。实验的执行要保证实验各环节的有效性和稳定性，如实验的规模、时间、频率、监控等。
- 第三步，分析实验。分析实验是指对实验的结果进行统计和解释，通过对用户的数据进行比较，如比较点击率、转化率、留存率等，进而评估模型的效果。实验分析要使用一定的技术和工具，如假设检验、置信区间、效应量等。

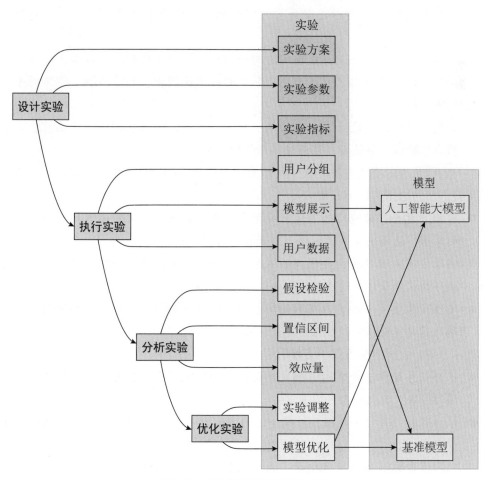

图 5.29　召回模型的在线评估方法

- 第四步，优化实验。优化实验是指根据实验的分析对实验的设计或者模型的效果进行改进，如调整实验的方案、参数、指标等，或者优化模型的性能、效果、配置等。实验的优化要使用一定的技术或工具，如动态调整、A/B测试、多臂老虎机、强化学习等。

在线评估方法的优点如下所述。
- 在线评估方法可以准确地反映模型在真实的环境中的效果，因为在线评估方法是基于真实的用户反馈和行为，而不是基于模拟的数据或者人工的标注。
- 在线评估方法可以直接衡量模型对业务的影响，因为在线评估方法可以直接反映模型对业务的收益和成本的贡献。
- 在线评估方法可以动态地评估模型的效果，因为在线评估方法是随着用户的行为和环境的变化而变化的，可以及时地发现模型的优势和不足，以及影响模型效果的因素，如数据的质量、特征的选择、参数的调整等。

在线评估方法的缺点如下所述。
- 在线评估方法需要花费更多的数据和计算资源，因为在线评估方法需要对用户进行实验，收集和处理大量的实时数据，以及进行复杂的统计分析和假设检验。
- 在线评估方法需要花费更多的时间和精力，因为在线评估方法需要等待用户的反馈，以及考虑用户的行为变化和外部的干扰因素，如季节性、竞争对手、政策变化等。
- 在线评估方法可能存在一定的风险和不确定性，因为在线评估方法可能会影响用户体验和业务稳定，可能造成用户的流失、业务的损失等。

如何设计合理的实验方案是人工智能大模型优化召回模型评估的关键。一般来说，设计实验方案的原则有以下几个。
- 实验方案要有效地比较不同的模型或者模型的版本，比较不同的特征或者参数的影响，从而选择最优的模型或者模型的配置。
- 实验方案要准确地衡量模型的效果，衡量模型对业务的影响，从而反映模型对业务的收益和成本的贡献。
- 实验方案要灵活地适应不同的场景和目的，适应用户的行为和环境的变化，从而及时地发现模型的优势和不足，发现影响模型效果的因素。

具体来说，设计实验方案的方法有以下几个。
- 根据业务的特点和需求，确定实验的目的和范围，如提高模型的效果、比较模型的版本、优化模型的配置等。
- 根据实验的目的和范围，选择合适的实验方法，如A/B测试、多臂老虎机、强化学习等。
- 根据实验方法的特点和要求，设计实验的细节，如用户的分组、模型的展示、指标的计算、结果的分析等。

5.5.3 评估结果分析及优化

评估结果分析及优化的目的有两个：一是找出模型的优势和不足，找出影响模型效果的因素，如数据质量、特征工程、模型结构、超参数等；二是提高模型的效果，满足业务的需求，如增加数据量、改进特征选择、调整模型参数、优化目标函数等。评估结果分析及优化的流程如下所述。

- 第一步，总结评估结果，即总结评估模型的性能和效果的数据及指标，如准确率、召回率、F1值、点击率、转化率、留存率等。总结评估结果应该使用一定的工具，如表格、图表、报告等。
- 第二步，分析评估结果，即对评估结果进行解释和评价，分析模型的优势和不足，分析影响模型效果的因素。分析评估结果应该使用一定的方法，如相关性分析、因果分析、敏感性分析等。
- 第三步，优化评估结果，即根据评估结果分析对模型的性能和效果进行改进，满足业务需求。优化评估结果应该使用一定的方法，如数据增强、特征选择、参数调整、目标函数优化等。

为了更好地说明评估结果分析及优化的过程，我们以一个具体的实例来进行演示。假设我们要评估一个人工智能大模型优化的召回模型，该模型的任务是从海量的商品中召回用户可能感兴趣的商品，该模型的业务目标是提高用户的点击率和转化率。

1. 总结评估结果

我们使用了离线评估方法和在线评估方法，分别得到了如表5.2所示的评估结果。

表5.2 召回模型评估结果

模型	准确率	召回率	F1值	点击率	转化率
基准模型	0.8	0.6	0.68	0.1	0.02
人工智能大模型	0.9	0.7	0.78	0.15	0.03

从评估结果可以看出，人工智能大模型相比于基准模型，在离线评估指标和在线评估指标上都有一定的提升，说明人工智能大模型能够更准确地召回用户感兴趣的商品，也能够更有效地吸引用户的点击和转化。但是，也可以看出，人工智能大模型的提升幅度并不是很大，说明人工智能大模型还有上升空间，需要进一步分析和优化。

2. 分析评估结果

分析人工智能大模型的优势和不足，以及影响模型效果的因素时，可以使用相关性分析、因果分析、敏感性分析等方法。

- 相关性分析，是指分析模型的输入和输出之间的关系，以及模型的输出和业务目标之间的关系。相关性分析可以帮助我们理解模型的逻辑和机制，以及模型的重要性和贡献。在进行相关性分析时，我们可以使用一些统计量和图形，如相关系数、散点图、热力图等。例如，可以使用相关系数来分析商品的特征和用户的点击率之间的关系，如表5.3所示。

表5.3 点击率相关系数分析

特征	相关系数
价格	−0.2
评分	0.4
评论数	0.3
销量	0.2
类别	0.1

由表5.3可以看出，商品的评分和评论数与用户的点击率有较强的正相关，说明用户更倾向于点击评分高和评论多的商品；商品的价格与用户的点击率有较弱的负相关，说明用户更倾向于点击价格低的商品；商品的销量和类别与用户的点击率有较弱的正相关，说明销量和类别与用户的关联不是很大。这些相关性分析可以帮助我们了解用户的偏好和需求，以及商品的重要性和影响力。

- 因果分析，是指分析模型的输入和输出之间的因果关系，以及模型的输出和业务目标之间的因果关系。在进行因果分析时，我们可以使用一些技术和工具，如因果图、因果推断、因果效应等。例如，我们可以使用因果图来分析商品的特征和用户的点击率之间的因果关系：商品的特征可以通过影响用户的感知和偏好，来影响用户的点击率；用户的点击率可以通过影响用户的满意度和忠诚度，来影响用户的转化率；用户的转化率可以通过影响业务的收入和成本，来影响业务的利润。这些因果关系可以帮助我们确定模型的作用和效果，以及模型的优化方向和优化策略。

- 敏感性分析，是指分析模型的参数和结构对模型的性能及效果的影响。敏感性分析可以帮助我们找出模型的关键因素和潜在问题，以及模型的改进空间和改进方法。在进行敏感性分析时，我们可以使用一些技术和方法，如参数扫描、结构比较、变量重要性等。例如，我们可以使用参数扫描来分析人工智能大模型的层数和隐藏单元数对模型的F1值的影响。我们从参数扫描可以得到类似这样的信息："人工智能大模型的层数和隐藏单元数对模型的F1值有一定的影响，当层数为3，隐藏单元数为256时，模型的F1值达到最大，为0.78；当层数或隐藏单元数过大或过小时，模型的F1值会下降，说明模型存在过拟合或者欠拟合的问题，需要对模型的参数进行适当的调整，以达到最佳的效果。"

3. 优化评估结果

优化评估结果可数据增强、特征选择、参数调整、目标函数优化等方法。

- 数据增强，是指通过对数据进行扩充、变换、合成等操作，增加数据的数量和多样性，从而提高模型的泛化能力和稳定性。数据增强的方法有以下几个。
  - 对数据进行随机的裁剪、旋转、缩放、翻转、平移等几何变换，增加数据的视觉多样性。
  - 对数据进行随机的亮度、对比度、饱和度、色调等颜色变换，增加数据的色彩多样性。

- 对数据进行随机的噪声、模糊、锐化、滤波等图像处理，增加数据的质量多样性。
- 对数据进行随机的合成、拼接、混合、遮挡等图像合成，增加数据的场景多样性。
● 特征选择，是指通过对特征进行筛选、降维、提取等操作，减少特征的数量和冗余，从而提高模型的效率和准确性。特征选择的方法有以下几个。
  - 对特征进行统计分析，使用方差、相关系数、信息增益等方法，筛选出与目标变量相关性高的特征，去除与目标变量相关性低的特征。
  - 对特征进行降维，使用主成分分析、线性判别分析、自编码器等方法，将高维的特征转换为低维的特征，去除特征的冗余和噪声。
  - 对特征进行提取，使用卷积神经网络、注意力机制、变分自编码器等方法，从原始的特征中学习和生成新的特征，提取特征的本质和结构。
● 参数调整，是指通过对模型的参数进行优化、搜索、更新等操作，提高模型的性能和效果。参数调整的方法有以下几个。
  - 对模型的参数进行优化，使用梯度下降、牛顿法、共轭梯度法等方法，寻找模型的最优参数，使模型的损失函数达到最小或者目标函数达到最大。
  - 对模型的参数进行搜索，使用网格搜索、随机搜索、贝叶斯优化等方法，寻找模型的最佳参数，使模型的评估指标达到最优或者业务目标达到最优。
  - 对模型的参数进行更新，使用动量法、自适应学习率、批标准化等方法，加速模型的收敛，避免模型的过拟合或者欠拟合。
● 目标函数优化，是指通过对模型的目标函数进行修改、组合、平衡等操作，提高模型的性能和效果。目标函数优化的方法有以下几个。
  - 对模型的目标函数进行修改，使用交叉熵、均方误差、对比损失等方法，适应不同的任务和数据，提高模型的适应性和鲁棒性。
  - 对模型的目标函数进行组合，使用多任务学习、知识蒸馏、对抗生成等方法，利用不同的任务和数据，提高模型的泛化能力和创新能力。
  - 对模型的目标函数进行平衡，使用正则化、惩罚项、拉格朗日乘子等方法，平衡模型的复杂度和性能，提高模型的简洁性和准确性。

在评估结果分析及优化的过程中，可能会遇到以下问题。
● 评估结果不稳定或者不可靠，如评估结果随着数据的变化或者实验的重复而波动，又如评估结果与预期的结果或者理论的结果不一致。
● 评估结果不理想或者不满意，如评估结果低于业务的要求或者目标，又如评估结果与其他的模型相比没有优势。
● 评估结果不明确或者不清晰，如评估结果无法解释，又如评估结果无法区分。

针对这些问题和困难，我们可以采取以下解决方案。
● 检查数据的质量和完整性，如数据是否存在噪声、偏差、错误、缺失等，以及数据是否能够反映真实的用户和业务情况；如果有问题，就进行数据的清洗、补全、修正等操作。
- 检查模型的适应性和鲁棒性，如模型是否能够适应不同的任务和数据，以及模型是否能够抵抗不同的干扰和攻击；如果有问题，就进行模型的调整、改进、防御等操作。
- 检查评估的有效性和稳定性，如评估是否能够有效地衡量模型的性能和效果，以及评估是否能够稳定地反映模型的优势和不足；如果有问题，就进行评估的修改、优化、重复等操作。

结语

希望本章内容对你有所启示和帮助，如果你想要深入学习更多内容，请关注作者个人公众号"产品经理独孤虾"。在那里，你可以找到更多的案例。

第6章
打造坚实盾牌：如何应用人工智能优化过滤模型

在数字化营销业务中，我们经常会遇到各种各样的风险，比如欺诈、滥用、侵权、违规等。这些风险不仅会损害我们的品牌形象，还会导致经济损失和法律责任。因此，我们需要有一套有效的风控过滤模型，识别和拦截这些风险，保护我们的业务和用户。

但是，风控过滤模型并不是一成不变的。随着业务的发展和变化，风险的类型和规模也会不断变化。传统的风控过滤模型往往基于固定的规则和阈值，不仅缺乏灵活性和适应性，无法应对复杂和多变的风险场景，而且需要大量的人工干预和维护，耗费时间和资源，降低效率。

那么，有没有一种方法，可以让我们的风控过滤模型更加智能、自动和高效呢？答案是肯定的。那就是人工智能大模型。

在本章中，我们将从产品经理的视角，探讨如何应用人工智能大模型优化我们的风控过滤模型。

6.1 风控过滤模型：数字化营销业务的安全保障

数字化营销业务包括电商、广告营销、用户增长等领域，它们都有一个共同的特点，就是需要在海量的数据中，快速地找到最适合用户的候选项，提高用户的转化率。这个过程通常涉及两个重要的环节，即召回和过滤。

召回是指在候选集合中，根据用户的特征和行为，通过一些策略或算法，抽取出一部分与用户相关的候选项，从而缩小候选范围，提高效率的过程。过滤是指在召回的候选项中，通过一些规则或算法，剔除那些可能存在风险或违规的项，从而提高安全性和合规性的过程。过滤模型就是用来实现过滤功能的一种方法，而风控过滤模型是针对数字化营销业务中的各种风险和违规问题而专门设计的一种的过滤模型。

风险和违规问题是数字化营销业务中不可避免的挑战，它们可能来自外部的恶意攻击，也可能来自内部的失误或疏忽，它们可能导致用户的权益受损，企业的声誉受损，甚至引发法律的纠纷。因此，风控过滤模型是数字化营销业务中不可或缺的一环，它可以有效地保障业务的正常运行，提升用户的信任度和满意度，降低企业的法律和道德风险。

那么，什么是风控过滤模型？它和召回模型有什么区别和联系？它在数字化营销业务中有什么重要作用？本节将为你一一解答。

6.1.1 什么是风控过滤模型

风控过滤模型是在数字化营销业务中，专门用来实现过滤功能的一种方法，它是针对数字化营销业务中的各种风险和违规问题而设计的一种专门的过滤模型。

风控过滤模型的核心思想是在召回的候选项中，通过一系列的规则或算法，对每一个候选项进行评估，判断它是否存在风险或违规。如果存在，就将它从候选集合中剔除；如果不存在，就将它保留，从而得到一个经过过滤的候选集合，供后续的排序或推荐使用。风控过滤模型的规则或算法可以有多种形式，如基于人工审核的规则、基于机器学习的模型、基于知识图谱的推理等。风控过滤模型的规则或算法需要根据不同的业务场景和需求进行定制，以达到最佳的效果。

6.1.2 过滤模型和召回模型的区别

过滤模型和召回模型是数字化营销业务中两个重要的环节，它们都能在海量的数据中，快速地找到最适合用户的候选项，但它们也有很多不同点，包括目标、方法、指标、优缺点等。下面我们来对比一下过滤模型和召回模型的区别。

- 过滤模型和召回模型的目标是不同的。过滤模型的目标是在召回的候选项中，剔除那些可能存在风险或违规的项，从而提高业务的安全性和合规性。召回模型的目标是在候选集合中，抽取出一部分与用户相关的候选项，从而缩小候选范围，提高效率。过滤模型和召回模型的目标是互补的，过滤模型的目标是在召回模型的基础上，进一步优化候选项的质量，召回模型的目标是为过滤模型提供一个合理的候选范围。
- 过滤模型和召回模型的方法是不同的。过滤模型通过一系列规则或算法，对每一个候选项进行评估，判断它是否存在风险或违规。召回模型通过一些策略或算法，根据用户的特征和行为，从候选集合中抽取出一部分与用户相关的候选项。过滤模型和召回模型的方法是有区别的，过滤的过程是一个删减的过程，召回的过程是一个抽取的过程；过滤的过程是一个有监督的过程，召回的过程是一个无监督或半监督的过程。
- 过滤模型和召回模型的指标是不同的。过滤模型的指标是过滤率、过滤准确率、过滤召回率、过滤效率等，它们反映了过滤模型的性能。例如，过滤率表示过滤掉的候选项占召回的候选项的比例，过滤准确率表示过滤掉的候选项中真正存在风险或违规的比例，过滤召回率表示真正存在风险或违规的候选项中被过滤掉的比例，过滤效率表示过滤模型的运行时间或资源消耗。召回模型的指标是召回率、召回准确率、召回覆盖率、召回效率等，它们反映了召回模型的性能和效果。例如，召回率表示召回的候选项占候选集合的比例，召回准确率表示召回的候选项中真正与用户相关的比例，召回覆盖率表示候选集合中真正与用户相关的候选项中被召回的比例，召回效率表示召回模型的运行时间或资源消耗。
- 过滤模型和召回模型的优点是不同的。过滤模型的优点是可以有效地保障业务的正常运行，提升用户的信任度和满意度，降低企业的法律和道德风险。召回模型的优点是可以有效地缩小候选范围，提高效率，降低计算和存储的成本，增加候选项的质量和多样性。过滤模型和召回模型的优点是互补的，过滤模型是能够提高候选项的安全性和合规性，召回模型能够提高候选项的相关性和多样性。
- 过滤模型和召回模型的缺点是不同的。过滤模型的缺点是可能会过滤掉一些本身没有风险或违规，但被误判的候选项，从而降低候选项的数量和多样性，影响用户的体验和转化率。召回模型的缺点是可能会召回一些本身存在风险或违规，但被漏判的候选项，从而增加业务的风险，影响用户的权益和企业的声誉。过滤模型和召回模型的缺点是相互制约的，过滤模型有利于避免召回模型的缺点，召回模型有利于避免过滤模型的缺点。

6.1.3 过滤模型和召回模型的关系

过滤模型和召回模型是数字化营销业务中的两个重要环节，它们不仅有区别，也有联系，它们相互协同，相互平衡，相互优化。下面我们用一张图来展示过滤模型和召回模型的关系，同时用一些具体的场景进行解释，如图6.1所示。

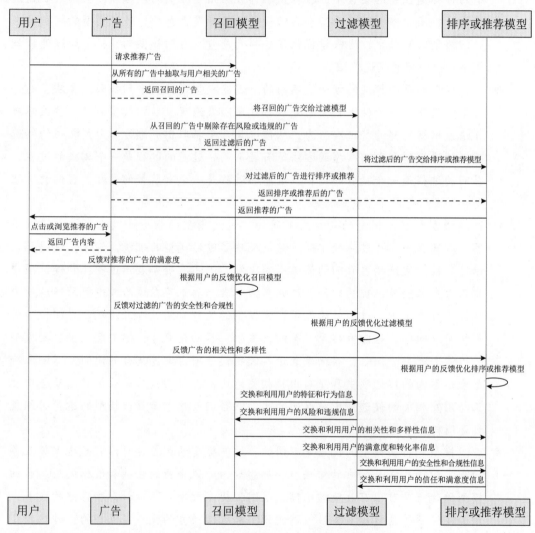

图 6.1 过滤模型和召回模型的关系

由图6.1可知，过滤模型和召回模型的关系主要有以下几个。
- 协同。过滤模型和召回模型是协同工作的，它们共同完成一个目标，即在海量的数据中，快速地找到最适合用户的候选项。过滤模型在召回模型的基础上，进一步优化候选项的质量，召回模型为过滤模型提供一个合理的候选范围。过滤模型和召回模型协同作业，可以提高业务的质量，提升用户的体验和转化率。例如，在广告营销业务中，我们要给用户推荐一些广告，首先要从所有的广告中，召回一些与用户相关的广告，这就是召回模型的作用。然后，我们要从召回的广告中，过滤掉一些可能存在风险或违规的广告，如含欺诈、色情、暴力等元素的广告，这就是过滤模型的作用。最后，我们要对过滤后的广告进行排序或推荐，给用户展示最合适的广告，从而提高点击率。

- 平衡。过滤模型和召回模型是平衡的，它们需要在不同的维度上，找到一个合适的平衡点，以达到最佳的效果。过滤模型和召回模型需要在安全性和合规性、相关性和多样性之间，找到一个平衡点，既要保证候选项的安全性和合规性，又要保证候选项的相关性和多样性。过滤模型和召回模型也需要在精确性和覆盖率之间，找到一个平衡点，既要保证候选项的精确性(即过滤掉的候选项都是真正存在风险或违规的，召回的候选项都是真正与用户相关的)，又要保证候选项的覆盖率(即真正存在风险或违规的候选项中被过滤掉的比例，真正与用户相关的候选项中被召回的比例)。过滤模型和召回模型还需要在效率和成本之间，找到一个平衡点，既要保证候选项的效率(即过滤模型和召回模型的运行时间和资源消耗尽可能低)，又要保证候选项的成本(即过滤模型和召回模型的设计和维护的成本尽可能低)。

- 优化。过滤模型和召回模型可以通过持续学习和更新，提高自身的性能，同时也可以通过相互的反馈，提高彼此的性能。过滤模型和召回模型可以通过不断地收集和分析数据，优化自身的规则或算法，提高自身的准确率、召回率、效率等指标。过滤模型和召回模型也可以通过不断地交换和利用信息，优化彼此的策略或参数，提高彼此的性能。例如，在用户增长业务中，我们要给用户推荐一些好友，我们首先要从所有的用户中，召回一些与用户相似的用户，这就是召回模型的作用。然后，我们要从召回的用户中，过滤掉一些可能存在风险或违规的用户，如机器人、骗子等。最后，我们要对过滤后的用户进行排序或推荐，给用户展示最合适的好友，从而提高用户的互动率和留存率。过滤模型和召回模型可以通过不断地收集和分析用户的行为及反馈，优化自身的模型，提高自身的性能。过滤模型和召回模型也可以通过交换和利用用户的特征和偏好，优化彼此的模型，提高彼此的性能。

6.1.4 风控过滤模型的重要作用

风控过滤模型在数字化营销业务中具有重要作用，如保障业务的正常运行、提升用户的信任度和满意度、降低企业的法律和道德风险等。下面，分别从电商、广告营销和用户增长三个业务领域进行具体的分析。

1. 保障业务的正常运行

风控过滤模型可以保障数字化营销业务的正常运行。数字化营销业务是一种高度依赖数据和技术的业务模式，它需要在海量的数据中，快速地找到最适合用户的候选项，从而实现企业的营销目标。然而，在这个过程中，也存在各种各样的风险和违规问题，如数据的质量、完整性、安全性、技术的稳定性、可靠性、可扩展性、业务的合法性、合规性、合理性。如果这些风险和违规问题没有得到及时和有效的处理，就可能导致业务的中断、失效、崩溃等严重的后果，从而影响企业的收入、利润、竞争力。因此，风控过滤模型是一种可以有效地预防和解决这些风险和违规问题的方法，它可以在召回的候选项中，剔除那些可能存在风险或违规的项，从而保障业务的正常运行。

例如，在电商业务中，我们要给用户推荐一些商品，但是，在这些商品中，可能存在一些假货、违禁品、低质量品等，这类商品不仅会损害用户的权益，也会损害平台的信誉，甚至会引发法律的纠纷。因此，我们需要使用风控过滤模型对召回的商品进行过滤，剔除那些可能存在风险或违规的商品，从而保障电商业务的正常运行。使用风控过滤模型，可以有效地降低假货的比例，从而提高用户的满意度和复购率，同时也可以降低平台的投诉率和退货率，从而提高平台的收入和利润。

2. 提升用户的信任度和满意度

风控过滤模型可以提升用户的信任度和满意度。用户是数字化营销业务的核心，用户的需求和期望是数字化营销业务的驱动力，用户的体验和转化率是数字化营销业务的衡量标准。因此，提升用户的信任和满意度是数字化营销业务的重要目标。而风控过滤模型可以有效地帮助我们实现这个目标，它可以在召回的候选项中，剔除那些可能存在风险或违规的项，从而提升用户的信任度和满意度。

例如，在广告营销业务中，我们要给用户推荐一些广告，但是，在这些广告中，可能有一些存在风险或违规的广告，如涉及欺诈、色情、暴力等，这些广告不仅会损害用户的权益，也会损害平台的信誉，甚至会引发法律的纠纷。因此，我们需要使用风控过滤模型对召回的广告进行过滤，剔除那些可能存在风险或违规的广告，从而提升用户的信任度和满意度。使用风控过滤模型，可以有效地降低广告的风险和违规率，从而提高点击率和收益；同时可以降低平台的投诉率和惩罚率，从而提高平台的声誉和竞争力。

3. 降低企业的法律和道德风险

风控过滤模型可以降低企业的法律和道德风险。企业是数字化营销业务的主体，企业的目标是数字化营销业务的导向，企业的责任和义务是数字化营销业务的约束。因此，降低企业的法律和道德风险是数字化营销业务的重要任务。风控过滤模型可以有效地帮助我们完成这个任务，它可以在召回的候选项中，剔除那些可能存在风险或违规的项，从而降低企业的法律和道德风险。

在电商、广告营销和用户增长等业务领域，风控过滤模型都有着广泛的应用，它可以帮助我们在海量的数据中，快速地找到最适合用户的候选项，从而实现企业的营销目标。

6.2 从数据收集到模型部署，人工智能大模型优化风控过滤模型的全过程

数字化营销业务是当今互联网行业的重要领域，涵盖了电商、广告、用户增长等多个方面。数字化营销业务的特点是数据量大、交易频繁、用户多样，因此也面临着各种各样的风险，例如欺诈、洗钱等。这些风险不仅会给企业带来经济损失，还会影响企业的声誉和用户的信任。因此，有效地识别和防范这些风险是数字化营销业务的重要课题。

风控过滤模型是一种利用数据和算法来检测和过滤风险的技术手段，它可以帮助企业提高业务的安全性。人工智能大模型的出现和发展，为风控过滤模型的构建和优化提供了新的思路和工具。人工智能大模型可以帮助企业从海量的数据中提取有价值的信息，可以帮助企业构建更精准、更高效的风控过滤模型，可以帮助企业评估和优化风控过滤模型的性能，可以帮助企业部署和应用风控过滤模型，提升用户体验和业务价值。人工智能大模型在风控过滤模型中的应用方法，是产品经理和运营人员需要了解和学习的前沿知识。

本节将从产品经理的视角，详细介绍如何应用人工智能大模型优化风控过滤模型，包括数据收集与预处理、模型构建、模型评估与优化、模型部署与应用，如图6.2所示。

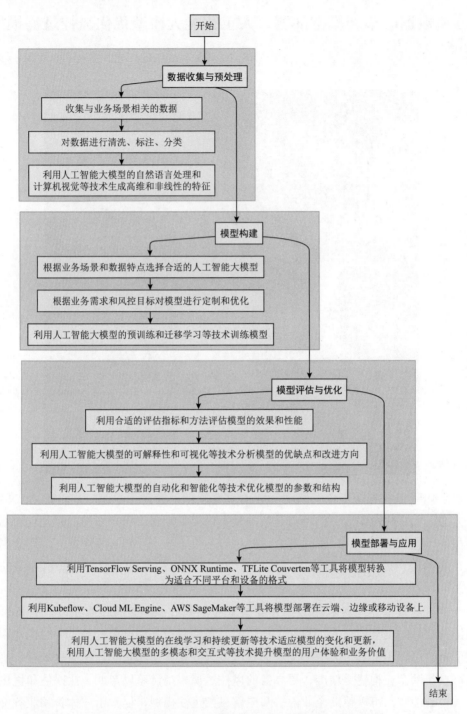

图 6.2　应用人工智能大模型优化风控过滤模型的步骤

6.2.1 数据收集与预处理

数据是风控过滤模型的基础，没有数据就没有模型。数据的质量和数量直接影响模型的性能。因此，数据收集与预处理是风控过滤模型的第一步，也是最重要的一步。数据收集及预处理的过程如图6.3所示。

第6章 打造坚实盾牌：如何应用人工智能优化过滤模型

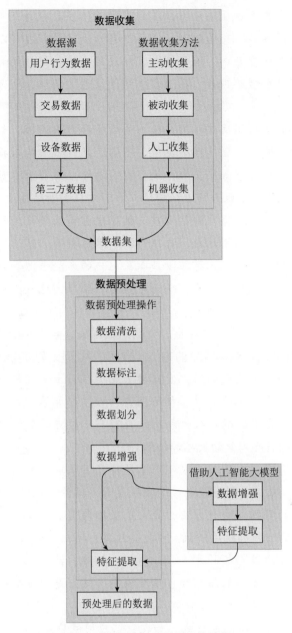

图 6.3　数据收集及预处理的过程

1. 数据收集

首先，我们需要从多个数据源收集数据，以覆盖风控过滤模型所涉及的各个维度。数据源可以分为以下几类。

- 用户行为数据。这类数据反映了用户在数字化营销业务中的行为和习惯，例如浏览、点击、搜索、购买、评论、分享等。用户行为数据可以帮助我们了解用户的兴趣、偏好、需求、意图、风险倾向。用户行为数据可以从网站、手机应用程序(App)、微信小程序等平台上获取，也可以从社交媒体、论坛、博客等渠道上获取。

- 交易数据。这类数据反映了用户在数字化营销业务中的交易和支付情况，如订单金额、交易方式、交易时间、交易状态等。交易数据可以帮助我们了解用户的消费能力、消费频率、消费模式，以及用户的信用状况和风险程度。交易数据可以从支付平台、银行、第三方机构等渠道上获取，也可以从企业自身的数据库中获取。
- 设备数据。这类数据反映了用户使用的设备和网络情况，如设备型号、操作系统、浏览器、地理位置、网络类型、网络速度等。设备数据可以帮助我们了解用户的设备特征、设备安全性、设备稳定性等。设备数据可以从用户的设备上获取，也可以从网络服务商、运营商、第三方机构等渠道上获取。
- 第三方数据。这类数据反映了用户在数字化营销业务之外的其他信息，如个人信息、社会关系、信用记录、法律纠纷、黑名单等。第三方数据可以帮助我们了解用户的背景、身份、信誉等，以及用户的风险来源和风险程度。第三方数据可以从政府、机构、企业、个人等渠道上获取，也可以从公开的数据集和数据平台上获取。

以上四类数据源可以组成一个完整、全面的数据集。数据集的规模和质量取决于数据源的数量和可靠性，以及数据收集的方法和技术。数据收集的方法包括以下几种。

- 主动收集，即通过主动向用户发出请求或提供激励，获取用户的数据。例如，通过注册、登录、填写表单、参与调查、领取奖励等方式收集用户的数据。这种方法的优点是数据的准确性和有效性较高；缺点是数据的覆盖面较小，响应率较低，可能引起用户的反感和抵触。
- 被动收集，即在用户不知情或不介意的情况下获取用户的数据。例如，通过在网页、App、微信小程序等平台上嵌入代码、插件、软件开发工具包(SDK)等工具收集用户的数据。这种方法的优点是数据的覆盖面较广，响应率较高，缺点是数据的准确性和有效性较低，可能引起用户的担忧和投诉。
- 人工收集，即通过人工的方式，如电话、邮件、面谈等，获取用户的数据。这种方法的优点是数据的质量和可信度较高，缺点是数据的成本和效率较低，可能打扰用户的正常生活和工作。
- 机器收集，即通过机器的方式，如爬虫、应用程序接口(API)、SDK等，获取用户的数据。这种方法的优点是数据的成本和效率较高；缺点是数据的合法性和合规性较低，可能侵犯用户的隐私和权益。

我们要根据数据源的特点和数据收集的目的来选择数据收集方法，以达到最佳的数据收集效果。

2. 数据预处理

我们需要对收集到的数据进行预处理，去除数据中的噪音、异常、重复、缺失等问题，为后续的模型构建做好准备。数据预处理包括以下几个操作。

- 数据清洗。这个操作是指对数据进行检查和修正，以消除数据中的错误和不一致。例如，对数据进行格式化、规范化、去重、去噪、纠错、补全等操作，以提高数据的质量和一致性。
- 数据标注。这个操作是指对数据进行分类和标记，以赋予数据含义和价值。例如，对数据进行标记、打分、评级等操作，以表示数据的属性、类别、等级、风险等信息。
- 数据划分。这个操作是指对数据进行分割和分配，以便于数据的管理和使用。例如，对数据进行分层、分组、分区、分桶等操作，以划分数据的层次、组别、区域、范围等维度。
- 数据增强。这个操作是指对数据进行扩充和变换，以增加数据的多样性和丰富性。例如，对数据进行采样、合成、变换、扰动、增噪等操作，以生成更多的数据样本和数据变体。
- 特征提取。这个操作是指对数据进行分析和抽取，以提取数据的特征和关系。例如，对数据进行统计、聚类、降维、编码、嵌入等操作，以表示数据的特征向量和特征空间。

我们需要根据数据的特点及模型的目标来进行数据预处理的操作，以达到最佳的数据预处理效果。

3. 借助人工智能大模型

最后，我们需要利用人工智能大模型来辅助数据的收集和预处理，以提高工作效率。人工智能大模型是一种利用大量的数据和计算资源来训练的复杂的人工智能模型，它可以在多个领域和场景中展现出强大的智能和性能。人工智能大模型可以帮助我们在数据收集和预处理中实现以下几个目标。

- 数据增强。人工智能大模型可以利用其强大的生成能力，生成更多的数据样本和数据变体，以增加数据的多样性和丰富性。例如，我们可以使用人工智能大模型生成一些虚构的用户行为数据、交易数据、设备数据等，模拟一些真实的风险场景和案例，以增强数据的代表性和覆盖面；我们也可以使用人工智能大模型对一些真实的数据进行一些变换，生成一些不同的数据样本和数据变体，以增强数据的稳健性和泛化性。数据增强可以帮助我们扩大数据的规模和质量，以提高模型的性能和效果。
- 特征提取。人工智能大模型可以利用其强大的表达能力，提取数据的特征和关系，以降低数据的维度和复杂度。例如，我们可以使用人工智能大模型对一些高维、稀疏、非结构化的数据进行降维、编码、嵌入等操作，提取数据的低维、稠密、结构化的特征向量和特征空间，以表示数据的本质和含义；我们也可以使用人工智能大模型对一些多源、多模态、多视角的数据进行聚合、融合、对齐等操作，提取数据的共性和差异，以表示数据的关联和关系。特征提取可以帮助我们简化数据的形式和内容，以提高模型的效率。

6.2.2 模型构建

模型是风控过滤模型的核心,决定了模型的能力和性能。模型的构建需要考虑业务场景和数据特点,以及模型的复杂度和可解释性。模型构建过程如图6.4所示。

1. 选择人工智能大模型

首先,我们需要选择合适的人工智能大模型,以适应风控过滤模型的任务和目标。人工智能大模型是一种利用大量的数据和计算资源来训练的人工智能模型,它可以在多个领域和场景中展现出强大的智能和性能。选择人工智能大模型时需要考虑风控过滤模型的输入和输出,以及风控过滤模型的难度和复杂度。人工智能大模型可以分为以下几类。

- 深度神经网络人工智能大模型。这类模型是指利用多层的神经元和连接来构建的人工智能模型,它可以对数据进行非线性的变换和抽象,以实现复杂的功能和任务。深度神经网络包括多种类型,如多层感知器、卷积神经网络、循环神经网络、长短期记忆网络、门控循环单元、自编码器、生成对抗网络、变分自编码器、残差网络、注意力机制、Transformer等。深度神经网络可以处理多种形式的数据,如数值、文本、图像、音频、视频等,也可以处理多种类型的任务,如分类、回归、聚类、生成、翻译、摘要、问答等。深度神经网络的优点是表达能力和泛化能力强;缺点是计算量和参数量大,可解释性和可优化性差。

- 图神经网络人工智能大模型。这类模型是指利用图结构和图算法来构建的人工智能模型,它可以对数据进行结构化的表示和分析,以实现复杂的功能和任务。图神经网络包括多种类型,如图卷积网络、图注意力网络、图自编码器、图生成对抗网络、图变分自编码器、图神经关系网络、图神经逻辑网络、图神经符号网络等。图神经网络络可以处理多种形式的数据,如关系、网络、知识图谱、社交图谱、交易图谱等,也可以处理多种类型的任务,如链接预测、节点分类、图分类、图生成、图推理、图匹配等。图神经网络的优点是结构性和关系性强;缺点是计算复杂

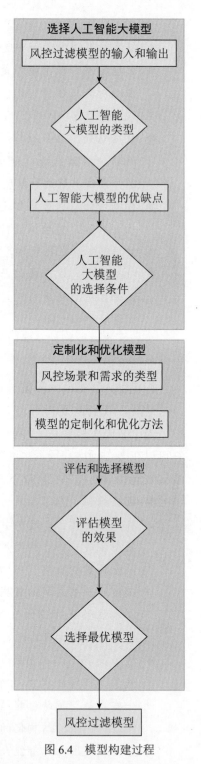

图 6.4 模型构建过程

度和存储复杂度高，可扩展性和可并行性差。
- 自然语言处理人工智能大模型。这类模型是指利用自然语言理解和自然语言生成来构建的人工智能模型，它可以对文本数据进行理解和表达，以实现复杂的功能和任务。自然语言处理包括多种类型，如词嵌入、词袋、词向量、词典、语法树、语义角色、语义网、语言模型、词法分析、句法分析、语义分析、情感分析、文本分类、文本生成、文本摘要、文本翻译、文本问答、文本对话等。自然语言处理可以处理多种类型的文本数据，如新闻、文章、评论、邮件、聊天、对话、命令、指令等，也可以处理多种类型的任务，如信息检索、信息抽取、信息推荐、信息过滤、信息融合、信息对比等。自然语言处理的优点是语义性和交互性强；缺点是语言的多样性和复杂性高，语言的歧义性和隐喻性大。
- 计算机视觉人工智能大模型。这类模型是指利用图像处理和图像分析来构建的人工智能模型，它可以对图像数据进行识别和理解，以实现复杂的功能和任务。计算机视觉包括多种类型，如图像特征、图像滤波、图像变换、图像分割、图像配准、图像匹配、图像检测、图像识别、图像分类、图像生成、图像复原、图像增强、图像描述、图像翻译、图像问答、图像对话等。计算机视觉可以处理多种形式的图像数据，如照片、视频、绘画、卡通、漫画、图标、符号等，也可以处理多种类型的任务，如人脸识别、人体姿态识别、物体识别、场景识别、动作识别、表情识别、手势识别、文字识别、图形识别、图像搜索、图像编辑、图像合成等。计算机视觉的优点是视觉性和感知性强；缺点是图像的噪音和变化大，图像的遮挡和失真多。

我们可以根据不同的风控场景和需求来选择人工智能大模型，以形成一个适合的风控过滤模型。选择风控过滤模型时需要考虑模型的输入和输出，以及模型的难度和复杂度。模型的评估和选择可以参考以下几个方面。

- 输入和输出的类型。不同的人工智能大模型可以处理不同的数据类型，如数值、文本、图像、音频、视频等，以及一维、二维、三维、多维等。我们需要根据风控过滤模型的输入和输出的类型，选择合适的人工智能大模型，以保证模型输入和输出的一致性、兼容性。
- 输入和输出的规模及质量。不同的人工智能大模型可以处理不同规模和质量的数据，例如小规模、中规模、大规模等，以及高质量、中质量、低质量等。我们需要根据风控过滤模型输入和输出的规模及质量来选择合适的人工智能大模型，以保证模型输入和输出的适应性、稳定性。
- 输入和输出的难度及复杂度。不同的人工智能大模型可以处理不同难度及复杂度的数据，例如简单、中等、困难等，以及线性、非线性、结构化、非结构化等。我们需要根据风控过滤模型输入和输出的难度及复杂度选择合适的人工智能大模型，以保证模型输入和输出的准确性、有效性。

2. 定制和优化模型

我们需要根据业务场景、数据特点进行模型的定制和优化,以适应不同的风控场景和需求。风控场景包括以下几类。

- 欺诈检测。欺诈检测是指识别和防范用户的欺诈行为,如刷单、刷评、刷积分、刷流量、刷广告等。这就要求模型具有高准确率、高召回率、高实时性和高可解释性。为了满足这类需求,我们可以对模型进行以下定制和优化。
  - ◆ 使用图神经网络来构建欺诈检测模型,利用用户交易的关系和结构信息,以及用户交易的历史和实时信息,提高模型的识别和防范能力。
  - ◆ 使用自然语言处理来构建欺诈检测模型,利用用户交易的文本信息,如评论、反馈、投诉等,提高模型的理解和判断能力。
  - ◆ 使用计算机视觉来构建欺诈检测模型,利用用户交易的图像信息,如照片、视频、截图等,提高模型的识别和验证能力。
  - ◆ 使用预训练和迁移学习来构建欺诈检测模型,利用大规模的公开数据和领域知识,提高模型的效率,以快速适应新的数据和场景。

- 信用评估。信用评估是指评估和授予用户信用额度和信用等级,如贷款、分期、租赁、保险等。这就要求模型具有高精度、高稳定性、高可信性和高可解释性。为了满足这类需求,我们可以对模型进行以下定制和优化。
  - ◆ 使用深度神经网络构建信用评估模型,利用用户交易的多维和非线性的特征和关系,提高模型的评估能力。
  - ◆ 使用图神经网络构建信用评估模型,利用用户交易的社会关系和信任网络,利用用户交易的历史和实时信息,提高模型的评估能力。
  - ◆ 使用自然语言处理构建信用评估模型,利用用户交易的文本信息,如个人信息、社会信息、信用记录、法律纠纷等,提高模型的评估能力。
  - ◆ 使用预训练和迁移学习构建信用评估模型,利用大规模的公开数据和领域知识,提高模型的效率,使其快速适应新的数据和场景。

- 反洗钱。反洗钱是指识别和防范用户在数字化营销业务中的洗钱行为,与洗钱行为相关的信息包括资金的来源、流向、用途、频率、规模等。这就要求模型具有高准确率、高召回率、高实时性和高合规性。为了满足这类需求,我们可以对模型进行以下定制和优化。
  - ◆ 使用图神经网络构建反洗钱模型,利用用户交易的关系和结构信息,利用用户交易的历史和实时信息,提高模型的识别和防范能力。
  - ◆ 使用自然语言处理构建反洗钱模型,利用用户交易的文本信息,如交易的描述、目的、证明等,提高模型的理解和判断能力。
  - ◆ 使用计算机视觉构建反洗钱模型,利用用户交易的图像信息,如身份证、银行卡、发票、合同等,提高模型的识别和验证能力。
  - ◆ 使用预训练和迁移学习来构建反洗钱模型,利用大规模的公开数据和领域知识,提高模型的效率,使其快速适应新的数据和场景。

6.2.3 模型评估与优化

模型的评估与优化是风控过滤模型的第三步,也是关键一步。模型评估与优化的过程如图6.5所示。模型的评估与优化需要考虑模型的效果、性能、可解释性、可优化性。

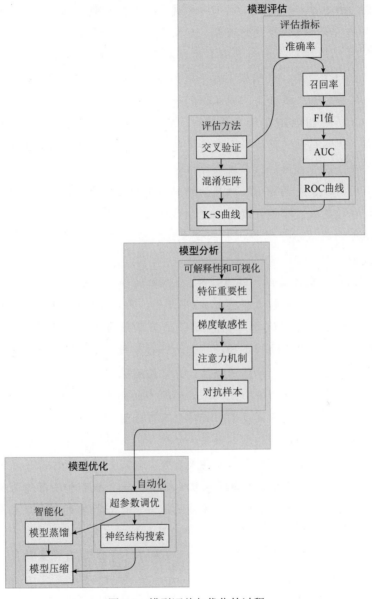

图 6.5 模型评估与优化的过程

1. 模型评估

首先,我们需要使用合适的评估指标和方法来评估模型的效果及性能,以判断模型是否达到了预期的目标。评估指标和方法可以反映模型的优劣、差异,也可以反映模型的适应性、稳定性。

- 评估指标包括准确率、召回率、F1值、AUC、ROC曲线等。

- 准确率，是指模型正确预测的样本数占总样本数的比例，它反映了模型的准确性和可信度。准确率越高，说明模型越准确和可信。准确率适用于二分类或多分类的任务，如欺诈检测、信用评估等。
- 召回率，是指模型正确预测的正样本数占实际正样本数的比例，它反映了模型的敏感性和完备度。召回率越高，说明模型越敏感和完备。召回率适用于正样本较少或较重要的任务，如反洗钱、异常检测等。
- F1值，是指准确率和召回率的调和平均值，它反映了模型的平衡性和综合性。F1值越高，说明模型越平衡和综合。F1值适用于准确率和召回率都重要的任务，如文本分类、图像识别等。
- AUC，是指ROC曲线下的面积，它反映了模型的区分性和鲁棒性。AUC越高，说明模型的区分性和鲁棒性越好。AUC适用于正负样本不平衡或有噪音的任务，如信用评估、风险评估等。
- ROC曲线，是指以假阳性率为横轴、真阳性率为纵轴绘制的曲线，它反映了模型的灵敏度和特异度。ROC曲线越靠近左上角，说明模型越灵敏和特异。ROC曲线适用于需要调整阈值或比较多个模型的任务，如欺诈检测、反洗钱等。

● 评估方法包括交叉验证、混淆矩阵、K-S曲线等。
- 交叉验证，是指将数据集分为k个子集，每次用k-1个子集作为训练集，剩下一个子集作为测试集，重复k次，然后取平均值来评估模型的效果和性能。交叉验证可以反映模型的泛化能力和稳定性。交叉验证适用于数据集较小或较不均匀的任务，如信用评估、异常检测等。
- 混淆矩阵，是指用一个矩阵来表示模型的预测结果和实际结果的对应关系，矩阵的行表示实际的类别，矩阵的列表示预测的类别，矩阵的元素表示样本的数量，从而评估模型的效果和性能。混淆矩阵可以反映模型的准确性和完备性。混淆矩阵适用于二分类或多分类的任务，如欺诈检测、文本分类等。
- K-S曲线，是指用一条曲线来表示模型的预测概率和实际结果的差异程度，曲线的横轴表示预测概率，曲线的纵轴表示正样本的累积比例和负样本的累积比例的差值，从而评估模型的效果和性能。K-S曲线可以反映模型的区分能力和鲁棒性。K-S曲线适用于正负样本不平衡或有噪音的任务，如信用评估、风险评估等。

我们需要根据模型的特点、需求、目标来选择评估指标、评估方法，以达到最佳的评估效果。

2. 模型分析

其次，我们需要利用人工智能大模型的可解释性和可视化技术来分析模型的优缺点及改进方向，以提高模型的可理解性和可改进性。可解释性和对应的可视化技术包括以下几种。

● 特征重要性，是指用一些指标或图形来衡量模型的输入特征对模型的输出结果的影响程度，以理解模型的特征选择和特征组合。特征重要性可以帮助我们提高模型的简洁性和有效性，以及发现模型的冗余和缺失。特征重要性的可视化指标包括信息增益、基尼指数、卡方检验、方差分析、相关系数、偏相关系数等，其可视化图形包括散点图、箱线图、直方图等。

- 梯度敏感性，是指用一些指标或图形来衡量模型的输入特征对模型的输出结果的梯度变化的影响程度，以理解模型的特征响应和特征贡献。梯度敏感性可以帮助我们提高模型的灵敏度和特异度，以及发现模型的强项和弱点。梯度敏感性的可视化指标包括梯度、偏导数等，其可视化图形包括雅可比矩阵、海森矩阵、梯度图、梯度均值图、梯度方差图、梯度直方图等。

- 注意力机制，是指用一些权重或分数来衡量模型的输入特征对模型的输出结果的关注程度，以理解模型的特征关注和特征选择。注意力机制可以帮助我们提高模型的关注度和选择度，以及发现模型的重点和难点。注意力机制包括自注意力、交叉注意力、多头注意力、局部注意力、全局注意力、自适应注意力、注意力矩阵、注意力热图等。

- 对抗样本，是指用一些扰动或变换来改变模型的输入特征，以观察模型的输出结果的变化情况，以理解模型的特征稳定性和特征鲁棒性。对抗样本可以帮助我们提高模型的稳定性和鲁棒性，发现模型的漏洞和缺陷。对抗样本的扰动或变换包括添加噪音、改变颜色、旋转角度、裁剪尺寸、遮挡部分、插入水印、对抗攻击、对抗防御等。

我们需要根据模型的特点、需求、目标来选择这些技术，以达到最佳的模型分析效果。

3. 模型优化

最后，我们需要利用人工智能大模型的自动化和智能化技术来优化模型的参数和结构，以提高模型的效率。自动化和智能化技术可以分为以下几类。

- 超参数调优，是指利用一些算法和工具来自动地搜索和选择模型的超参数，以优化模型的效果和性能。超参数，是指影响模型的训练和测试的一些参数，如学习率、批次大小、迭代次数、正则化系数、优化器等。超参数调优可以帮助我们提高模型的效果和性能，节省模型的时间和资源。超参数调优的算法和工具包括网格搜索、随机搜索、贝叶斯优化、遗传算法、强化学习、AutoML等。

- 神经结构搜索，是指利用一些算法和工具来自动地搜索和选择模型的结构，以优化模型的性能。结构，是指影响模型的功能和任务的一些参数，如层数、节点数、连接方式、激活函数、损失函数等。神经结构搜索可以帮助我们提高模型的效果和性能，节省模型的时间和资源。神经结构搜索的算法和工具包括进化算法、强化学习、NAS、DARTS、ENAS等。

- 模型蒸馏，即利用一些方法和工具来将一个大型的复杂的模型(教师模型)的知识和能力转移给一个小型的简单的模型(学生模型)，以优化模型的效率。模型蒸馏可以帮助我们提高模型的效率，降低模型的计算量和存储量。模型蒸馏包括知识蒸馏、软标签、温度缩放、注意力蒸馏、BERT等方法。
- 模型压缩，即利用一些方法和工具来减少模型的参数和计算量，以优化模型的效率。模型压缩可以帮助我们提高模型的效率，降低模型的计算量和存储量。模型压缩包括剪枝、量化、低秩近似、知识蒸馏、模型分解等方法。

我们需要根据模型的特点、需求、目标来选择这些技术，以达到最佳的模型优化效果。

6.2.4 模型部署与应用

模型的部署与应用是风控过滤模型的第四步，也是最后的一步。模型的部署与应用需要考虑模型的稳定性和可靠性，也要考虑模型的变化和更新，还要考虑用户体验和业务价值。模型部署与应用的过程如图6.6所示。

1. 模型迁移

首先，我们需要将模型从开发环境迁移到生产环境，以使模型能够在真实的业务场景中运行和服务。模型的迁移包括模型导出和模型转换。

- 模型的导出，是指将模型的参数和结构保存为一个文件或一组文件，以便于模型的转换和部署。模型的导出需要考虑模型的格式和大小，以及模型的兼容性和可移植性。模型的导出可以使用以下格式。
    ◆ TensorFlow SavedModel格式，是TensorFlow框架的一种模型保存和加载的标准格式。利用这个格式可以将模型的参数、结构、签名、资产等信息保存为一个目录，以便模型的转换和部署。TensorFlow SavedModel格式的优点是兼容性和可移植性强，缺点是复杂度大。TensorFlow SavedModel格式可以使用TensorFlow框架的tf.saved_model.save和tf.saved_model.load等函数来导出和加载。
    ◆ ONNX格式，是一种开放的神经网络交换格式。利用这个格式可以将不同框架的模型转换为一种通用的格式，以便模型的转换和部署。ONNX格式的优点是兼容性和可移植性强，缺点是支持的模型和操作有

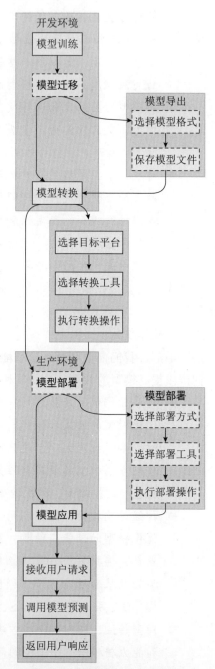

图 6.6 模型部署与应用的过程

限。ONNX格式可以使用ONNX工具的onnx.save和onnx.load等函数来导出和加载，也可以使用ONNX Runtime工具来运行。
- ◆ TFLite格式，是TensorFlow Lite框架的一种模型保存和加载的轻量级格式。利用这个格式可以将模型的参数和结构压缩为一个文件，以便于模型的转换和部署。TFLite格式的优点是效率高，缺点是兼容性和可移植性差。TFLite格式可以使用TensorFlow Lite框架的tf.lite.TFLiteConverter和tf.lite.Interpreter等类来导出和加载，也可以使用TensorFlow Lite工具来运行。
- 模型的转换，是指将模型的格式和结构进行一些变换和优化，以适应不同的平台和设备，例如云端设备、边缘节点、移动设备等。在进行模型转换时需要考虑模型的效率、效果、稳定性和可靠性。模型转换时可以使用以下几种工具。
    - ◆ TensorFlow Serving。使用TensorFlow Serving工具能够将TensorFlow SavedModel格式的模型转换为一种可以在云端或边缘服务的格式，以提高模型的效率。TensorFlow Serving的优点是性能和可扩展性高，缺点是部署和维护复杂。TensorFlow Serving可以使用TensorFlow Serving工具的tensorflow_model_server和tensorflow_serving_client等命令来转换。
    - ◆ ONNX Runtime。使用ONNX Runtime工具能够将ONNX格式的模型转换为一种可以在不同平台和设备运行的格式，以提高模型的效率。ONNX Runtime的优点是兼容性和可移植性高，缺点是支持的模型和操作有限。ONNX Runtime可以使用ONNX Runtime工具的onnxruntime和onnxruntime.InferenceSession等命令来转换和运行。
    - ◆ TFLite Converter。使用TFLite Converter工具能够将TensorFlow SavedModel或ONNX格式的模型转换为TFLite格式的模型，以适应移动设备的限制，以提高模型的效率。TFLite Converter的优点是效率高，缺点是兼容性和可移植性差。TFLite Converter可以使用TFLite Converter工具的tflite_convert和tf.lite.TFLite Converter等命令来转换。

2. 模型部署

接着，进行模型的部署。这个操作是指将模型的文件或目录上传到目标的平台或设备，以使模型能够在该平台或设备上(如云端设备、边缘节点、移动设备)运行和服务。进行模型部署时需要考虑模型的安全性、可靠性、可维护性和可更新性。
- 云端部署，即将模型部署在云端的服务器或容器上，以利用云端的计算资源和网络资源，以提高模型的性能和可扩展性。云端部署的优点是性能和可扩展性高，缺点是成本高和安全性低。云端部署可以使用以下几种工具。
    - ◆ Kubeflow。作为一个基于Kubernetes的机器学习平台，Kubeflow可以将模型部署在云端的容器中，以利用容器的隔离性和可移植性，提高模型的性能和可扩展性。Kubeflow的优点是隔离性和可移植性高，缺点是部署和维护复杂。Kubeflow可以使用Kubeflow工具的kfctl和kubeflow-client等命令来部署和管理。
    - ◆ Cloud ML Engine。作为一个基于Google Cloud Platform的机器学习平台，

Cloud ML Engine可以将模型部署在云端的服务器上，以利用Google Cloud Platform的计算资源和网络资源，提高模型的性能和可扩展性。Cloud ML Engine的优点是性能和可扩展性高，缺点是成本和安全性低。Cloud ML Engine可以使用Cloud ML Engine工具的gcloud和googleapiclient等命令来部署和管理。

- ◆ AWS SageMaker。作为一个基于Amazon Web Services的机器学习平台，AWS SageMaker可以将模型部署在云端的服务器上，以利用Amazon Web Services的计算资源和网络资源，提高模型的性能和可扩展性。AWS SageMaker的优点是性能和可扩展性高，缺点是成本和安全性低。AWS SageMaker可以使用AWS SageMaker工具的aws和boto3等命令来部署和管理。

- 边缘部署，即将模型部署在边缘的设备上，如路由器、网关、摄像头等，以利用边缘的计算资源和网络资源，提高模型的实时性和可靠性。边缘部署的优点是实时性和可靠性高，缺点是性能和可扩展性低。边缘部署可以使用以下几种工具。

  - ◆ TensorFlow Serving。使用TensorFlow Serving工具能够将TensorFlow SavedModel格式的模型部署在边缘的设备上，以利用TensorFlow Serving的性能和可扩展性，提高模型的实时性和可靠性。TensorFlow Serving的优点是性能和可扩展性高，缺点是部署和维护复杂。TensorFlow Serving可以使用TensorFlow Serving工具的tensorflow_model_server和tensorflow_serving_client等命令来部署。

  - ◆ ONNX Runtime。使用ONNX Runtime工具能够将ONNX格式的模型部署在边缘的设备上，以利用ONNX Runtime的兼容性和可移植性，提高模型的实时性和可靠性。ONNX Runtime的优点是兼容性和可移植性高，缺点是支持的模型和操作有限。ONNX Runtime可以使用ONNX Runtime工具的onnxruntime和onnxruntime.InferenceSession等命令来部署和运行。

  - ◆ TFLite Interpreter。使用TFLite Interpreter工具能够将TFLite格式的模型部署在边缘的设备上，以利用TFLite Interpreter的效率，提高模型的实时性和可靠性。TFLite Interpreter的优点是效率高，缺点是兼容性和可移植性差。TFLite Interpreter可以使用TFLite Interpreter工具的tf.lite.Interpreter和tf.lite.Interpreter.allocate_tensors等命令来部署和运行。

- 移动部署，即将模型部署在移动的设备上，如手机、平板电脑、手表等，以利用移动的计算资源和网络资源，提高模型的便捷性和普及性。移动部署的优点是便捷性和普及性高，缺点是性能和可扩展性低。移动部署可以使用以下几种工具。

  - ◆ TFLite Interpreter。使用TFLite Interpreter工具能够将TFLite格式的模型部署在移动的设备上，以利用TFLite Interpreter的效率，提高模型的便捷性和普及性。TFLite Interpreter的优点是效率高，缺点是兼容性和可移植性差。TFLite Interpreter可以使用TFLite Interpreter工具的tf.lite.Interpreter和tf.lite.Interpreter.allocate_tensors等命令来部署和运行。

- Core ML。作为一个基于iOS和macOS的机器学习平台，Core ML可以将模型部署在苹果的设备上，以利用苹果的计算资源和网络资源，提高模型的便捷性和普及性。Core ML的优点是性能和可扩展性高，缺点是兼容性和可移植性低。Core ML可以使用Core ML工具的coremltools和MLModel等命令来部署和运行。
- ML Kit。作为一个基于Android和Firebase的机器学习平台，ML Kit可以将模型部署在安卓的设备上，以利用安卓的计算资源和网络资源，提高模型的便捷性和普及性。ML Kit的优点是兼容性和可移植性高，缺点是性能和可扩展性低。ML Kit可以使用ML Kit工具的com.google.firebase.ml和com.google.firebase.ml.custom等命令来部署和运行。

3. 模型应用

在完成模型的部署之后，过滤模型正式进入应用阶段。在应用阶段，大模型主要执行以下任务。

- 接收用户请求。大模型接收来自用户的访问请求，其中包含用户的个人信息、访问信息、上下文信息、订单信息等。
- 调用模型预测。使用前述所构建的过滤模型对用户的请求信息进行处理，预测其风险程度。
- 返回用户响应。根据预测的风险程度决定处理方法，对用户请求进行相应的处理。

6.3 智能风控：AI 助力常见过滤策略

在数字化营销业务中，风控过滤模型是一种重要的工具，它可以帮助我们识别和防范各种风险，如欺诈、违规等，从而保证公司利益和用户体验。风控过滤模型的主要功能有两个：一是通过对风险事件的判断和过滤，减少损失和风险，提高收益和效率；二是通过对风险事件的分析和反馈，提升产品经理和运营人员的风险管理和预防能力，优化业务流程和策略。

人工智能大模型是一种基于深度学习的人工智能模型，它具有以下特点：一是使用大量的数据和计算资源训练庞大的神经网络,使其拥有强大的学习和推理能力;二是可以跨越多个领域和任务,实现泛化和迁移的能力,可以适应多种场景和需求;三是可以生成和理解多种形式的内容,具有多模态和多维度的能力,可以提供多样和丰富的服务。人工智能大模型在风控过滤模型中的价值是显而易见的,它可以帮助我们提升风控过滤模型的创新性,例如,它可以提供更多的数据和特征,优化更多的算法和模型,增加更多的关联和融合等。

在本节中,我们将详细介绍常见的风控过滤模型,包括基于规则、内容、用户风险评估、上下文和机器学习的5种模型。这5种类型的风控过滤模型各有其优缺点和适用场景,我们需要根据业务需求和风险特点选择合适的模型,或者融合多种模型,形成一个综合的风控过滤模型。

6.3.1 基于规则的过滤模型

1. 基于规则的过滤模型的基本原理和实现方式

基于规则的过滤模型是一种最简单、最直观的风控过滤模型,其通过预设的条件、逻辑来判断和过滤风险事件。基于规则的过滤模型的过滤流程如图6.7所示。

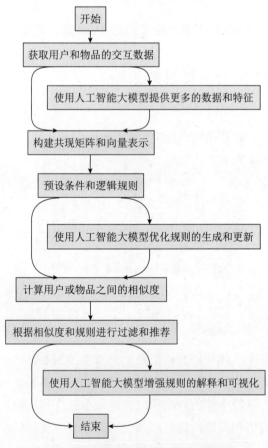

图 6.7　基于规则的过滤模型的过滤流程

2. 基于规则的过滤模型的特点

基于规则的过滤模型很简单，只需要定义一些明确、具体的条件和逻辑，就可以实现风控过滤的功能；基于规则的过滤模型很直观，可以直观反映我们对业务需求和风险认知，也可以方便地进行调整和修改；基于规则的过滤模型易于理解和控制，我们可以清楚地知道风控过滤的原因和结果，也可以根据实际情况进行干预和优化。

基于规则的过滤模型很僵化，不能自动地适应复杂和变化的风险环境，需要我们不断地更新和维护规则库，否则会导致漏洞和误报；基于规则的过滤模型很低效，不能高效地处理大量和多样的风险事件，需要我们投入大量的人力和时间，否则会导致延迟和堵塞；基于规则的过滤模型很不灵活，不能灵敏地响应新的和未知的风险事件，需要我们有足够的经验，否则会导致失效。

3. 基于规则的过滤模型的应用

- 在电商业务中，我们可以使用基于规则的过滤模型来进行订单审核，以防止欺诈和违规的订单。我们可以根据订单的金额、时间、地点、商品、用户等信息，设置一些规则，判断订单是否存在欺诈的风险。如果订单存在欺诈风险，就拒绝或者由人工审核该订单。我们可以设置以下规则：如果订单的金额超过1000元，就进行人工审核；如果订单的时间在凌晨或者深夜，就进行人工审核；如果订单的地点和用户的常用地点不一致，就进行人工审核；如果订单的商品是高风险或者高价值的商品，如手机、电脑、珠宝等，就进行人工审核；如果订单的用户是新用户或者异常用户，如注册时间短、购买频率高、评价差等，就进行人工审核。

- 在广告营销业务中，我们可以使用基于规则的过滤模型来进行广告投放，以保证广告的合规和有效。我们可以根据广告的内容、形式、来源、受众、效果等信息，设置一些规则，判断广告是否符合我们的要求和规范。如果广告不符合要求和规范，就拒绝或者修改该广告。我们可以设置以下规则：如果广告的内容包含违法、违规、色情、暴力、欺诈等信息，就拒绝该广告；如果广告的形式(如尺寸、格式、时长等)不符合平台和渠道的要求，就修改或者拒绝该广告；如果广告主是不可信的，如有过投诉、违约、欠款等记录，就拒绝该广告；如果广告的受众的年龄、性别、地域、兴趣等，与平台受众不匹配，就拒绝或者调整该广告；如果广告的效果不达标，如点击率、转化率、收益率等低于预期，就拒绝或者优化该广告。

- 在用户增长业务中，我们可以使用基于规则的过滤模型来进行用户注册，以防止虚假和恶意的用户。我们可以根据用户的姓名、手机号、邮箱、密码、验证码等信息，设置一些规则，从而判断用户是否真实和合法。如果用户不真实或不合法，就拒绝或者对该用户进行验证。我们可以设置以下规则：如果用户的姓名是空的或者包含特殊字符，就拒绝该用户；如果用户的手机号是无效的或者重复的，就拒绝该用户；如果用户的邮箱是无效的或者重复的，就拒绝该用户；如果用户的密码是过于简单或者常见的，如123456、password等，就拒绝该用户；如果用户的验证码是错误的或者过期的，就拒绝该用户。

4. 人工智能大模型在基于规则的过滤模型中的作用

人工智能大模型可以通过其强大的学习和推理能力，从海量的数据中提取有用的特征，如用户的行为、偏好、情绪、社交关系等，从而为规则提供更多的依据；人工智能大模型可以通过其泛化和迁移的能力，从多个领域学习更多有效的规则，如从电商业务中学习欺诈检测的规则，从广告业务中学习合规审核的规则，从用户业务中学习真实验证的规则等，从而为我们的规则提供更多的借鉴；人工智能大模型可以通过其多模态和多维度的能力，以更丰富的形式来表示规则，如使用自然语言、图形、表格等，从而使我们规则的可视化水平更高。

6.3.2 基于内容的过滤模型

1. 基于内容的过滤模型的基本原理和实现方式

基于内容的过滤模型是一种比较准确、有效的风控过滤模型，其通过比较风险事件的内容属性和特征来判断、过滤风险事件。基于内容的过滤模型的过滤流程如图6.8所示。

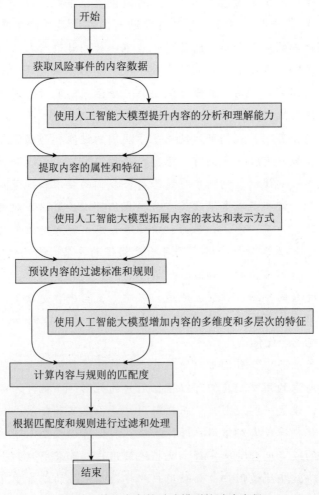

图 6.8 基于内容的过滤模型的过滤流程

2. 基于内容的过滤模型的特点

基于内容的过滤模型很准确，可以通过对内容的深入分析和细致比较，捕捉风险事件的本质和细节，从而做出正确的判断和过滤；基于内容的过滤模型很有效，可以通过对内容的快速处理和高效比较，处理大量和多样的风险事件，从而提高风控过滤的效率和效果；基于内容的过滤模型很灵敏，可以通过对内容的实时监测和动态比较，响应新的和未知的风险事件，从而增强风控过滤的灵活性和敏感性。

基于内容的过滤模型依赖于内容的质量和完整性，如果内容是不完整、不清晰、不真实、不相关的，就会影响内容比较的准确性和有效性，从而导致风控过滤的失误和失效；基于内容的过滤模型难以处理多样和动态的内容形式，如果内容是多种多样、不断变化、不易识别、不易比较的，就会增加内容比较的难度，从而导致风控过滤的延迟；基于内容的过滤模型容易受到内容的干扰，如果内容被有意或者无意地干扰、伪装、模仿、篡改，就会对内容比较产生误导，从而导致风控过滤的误报。

3. 基于内容的过滤模型的应用

- 在电商业务中，我们可以使用基于内容的过滤模型来进行商品评价的审核，以防止虚假和恶意的商品评价。我们可以根据商品评价的文本、图片、视频等内容，提取和比较其中的情感、观点、质量、真实性等属性及特征，来判断商品评价是否存在虚假、恶意、低质等风险。如果评价存在风险，就删除或者降低该商品评价等级。我们可以使用以下方法：如果商品评价的文本是空的或者包含特殊字符，就删除该商品评价；如果商品评价的文本是复制的或者重复的，就删除或者降低该商品评价等级；如果商品评价的文本是负面的或者不相关的，就删除或者降低该商品评价等级；如果商品评价的图片是模糊的或者不清晰的，就删除或者降低该商品评价等级；如果商品评价的图片是假的或者盗用的，就删除或者降低该商品评价等级；如果商品评价的视频是短的或者无声的，就删除或者降低该商品评价等级；如果商品评价的视频是假的或者盗用的，就删除或者降低该商品评价等级。

- 在广告营销业务中，我们可以使用基于内容的过滤模型来进行广告素材的审核，以保证广告素材的合规和有效。我们可以根据广告素材的文本、图片、视频等内容，提取和比较其中的主题、风格、效果、合规性等特征，判断广告素材是否符合我们的要求和规范。如果广告素材不符合要求和规范，就修改或者拒绝该广告素材。我们可以使用以下方法：如果广告素材的文本是空的或者包含特殊字符，就修改或者拒绝该广告素材；如果广告素材的文本包含色情、暴力、欺诈等违法信息，就修改或者拒绝该广告素材；如果广告素材的文本的长度、语言、风格不符合平台和渠道的要求，就修改或者拒绝该广告素材；如果广告素材的图片是模糊的或者不清晰的，就修改或者拒绝该广告素材；如果广告素材的图片包含色情、暴力、欺诈等信息，就修改或者拒绝该广告素材；如果广告素材的图片的尺寸、格式、质量等，不符合平台和渠道的要求，就修改或者拒绝该广告素材；如果广告素材的视频是短的或者无声的，就修改或者拒绝该广告素材；如果广告素材的视频包含色情、暴力、欺诈等信息，就修改或者拒绝该广告素材；如果广告素材的视频的时长、格式、质量等，不符合平台和渠道的要求，就修改或者拒绝该广告素材。

- 在用户增长业务中，我们可以使用基于内容的过滤模型来进行用户评论的审核，以防止负面和敏感的用户评论。我们可以根据用户评论的文本、图片、视频等内容，提取和比较其中的情感、观点、态度、影响力等特征，判断用户评论是否存在负面、敏感、有害等风险。如果用户评论存在风险，就删除或者屏蔽该用户评论。我们可以使用以下方法：如果用户评论的文本是空的或者包含特殊字符，就删除该用户评论；如果用户评论的文本是负面的或者不相关的，就删除或者屏蔽该用户评论；如果用户评论的文本包含敏感的或者有害的话题，如涉及政治、宗教、种族、性别等话题，就删除或者屏蔽该用户评论；如果用户评论的图片是模糊的或者不清晰的，就删除或者屏蔽该用户评论；如果用户评论的图片是负面的或者不相关的，如展示暴力、血腥、恶心等场景，就删除或者屏蔽该用户评论；如果用户评论的图片包含敏感的或者有害的标志，如涉及政治、宗教、种族、性别等标志，就删除或者屏蔽该用户评论；如果用户评论的视频是短的或者无声的，就删除或者屏蔽该用户评论；如果用户评论的视频是负面的或者不相关的，如展示暴力、血腥、恶心等场景，就删除或者屏蔽该用户评论；如果用户评论的视频包含敏感的或者有害的标志，如涉及政治、宗教、种族、性别等标志，就删除或者屏蔽该用户评论。

4. 人工智能大模型在基于内容的过滤模型中的作用

人工智能大模型可以提升内容的分析和理解能力，拓展内容的表示方式，增加内容的多维度和多层次的特征，从而提升基于内容的过滤模型的性能。例如，人工智能大模型可以通过其强大的学习和推理能力，从海量的内容中提取更多的有用的特征，如内容的主题、风格、效果、合规性等，从而为内容比较提供更多的支持；人工智能大模型可以通过其泛化和迁移的能力，从多个领域和任务中学习更多有效的内容比较的方法和技巧，如从自然语言处理中学习文本比较的方法，从计算机视觉中学习图片比较的方法，从多媒体处理中学习视频比较的方法等，从而为内容比较提供更多的借鉴；人工智能大模型可以通过其多模态和多维度的能力，以更多的形式来表示内容，如使用自然语言、图形、表格、声音等，从而提高内容比较的可视化水平。

6.3.3 基于用户风险评估的过滤模型

1. 基于用户风险评估的过滤模型的基本原理和实现方式

基于用户风险评估的过滤模型是一种个性化和动态化的风控过滤模型，其通过评估用户的风险等级、分析用户的行为模式来判断和过滤风险事件。基于用户风险评估的过滤模型的过滤流程如图6.9所示。

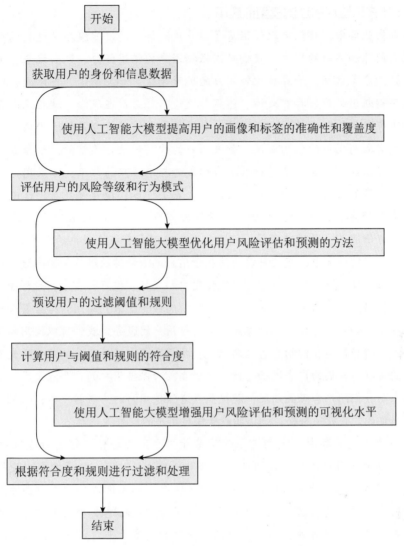

图 6.9 基于用户风险评估的过滤模型的过滤过程

2. 基于用户风险评估的过滤模型的特点

基于用户风险评估的过滤模型具有个性化的特点,可以根据不同用户的信息和特征,给予不同的风险评估,从而更好地满足用户的需求和体验;基于用户风险评估的过滤模型具有动态化的特点,可以根据用户的行为,实时地调整风险评估方法,从而更好地适应用户和环境;基于用户风险评估的过滤模型具有综合化的特点,可以根据每个用户的历史和未来的风险倾向,综合地进行风险评估和过滤,从而更好地保护用户的利益。

但是,基于用户风险评估的过滤模型依赖于用户信息的真实性和完备性,如果用户的身份是虚假的或者信息是缺失的,就会影响用户风险评估和过滤的准确性,从而导致风控过滤的失误和失效;基于用户风险评估的过滤模型难以处理用户的变化,如果用户的行为是突变的或者异常的,就会影响用户风险评估和过滤的稳定性及可靠性;基于用户风险评估的过滤模型容易受到用户的欺诈,如果用户有意或者无意地伪装、模仿、篡改信息,就会对用户的风险评估和过滤产生误导。

3. 基于用户风险评估过滤模型的应用

- 在电商业务中，我们可以使用基于用户风险评估的过滤模型来进行信用评分，以判断欺诈和违规的用户。我们可以根据用户的信用评分、购买记录、浏览行为、反馈意见等信息，计算和比较用户的风险等级，如高风险、中风险、低风险等，从而判断用户是否存在欺诈、违规等风险。如果存在风险，就拒绝或者限制对用户服务。我们可以使用以下方法：如果用户的信用评分是低于平均水平的，就降低或者取消用户的信用额度；如果用户的购买记录是异常的，如金额过大、频率过高、商品过多等，就进行人工审核或者拒绝用户的订单；如果用户的浏览行为是不正常的或者可疑的，如跳转过快、点击过多、搜索过乱等，就进行人工验证或者拒绝用户的访问；如果用户的反馈意见是负面的或者不合理的，如投诉过多、评价过差、退货过多等，就进行人工处理或者拒绝用户的服务。

- 在广告营销业务中，我们可以使用基于用户风险评估的过滤模型来进行广告定向，以保证广告的有效性。我们可以根据用户的兴趣、偏好、需求、目标等信息，分析和比较用户的行为模式，如活跃、沉默、忠诚等，来判断用户是否符合我们的要求和期望。如果不符合，就调整或者优化对用户的服务。我们可以使用以下方法：如果用户的兴趣与我们的广告主题相关，就提高或者保持用户的广告曝光率；如果用户的偏好与我们的广告风格一致，就提高或者保持用户的广告点击率；如果用户的需求与我们的广告产品匹配，就提高或者保持用户的广告转化率；如果用户的目标与我们的广告效果符合，就提高或者保持用户的广告收益率。

- 在用户增长业务中，我们可以使用基于用户风险评估的过滤模型来进行用户分群，以防止用户流失。我们可以根据用户的注册时间、登录频率、使用时长、消费金额等信息，计算和比较用户的价值等级，如高价值、中价值、低价值等，来判断用户是否存在流失风险。如果存在风险，就拒绝或者优化对用户的服务。我们可以使用以下方法：如果用户的注册时长是多于平均水平的，就提高或者保持用户的服务质量；如果用户的登录频率高于平均水平，就提高或者保持用户的服务活跃度；如果用户的使用时长高于平均水平，就提高或者保持用户的服务满意度；如果用户的消费金额高于平均水平，就提高或者保持用户的服务忠诚度。

4. 人工智能大模型在基于用户风险评估的过滤模型中的作用

人工智能大模型可以通过其强大的学习和推理能力，从海量的用户信息中提取和生成更多的有用的画像和标签，如用户的兴趣、偏好、需求、目标等，从而为用户风险评估和过滤提供更多的支持；人工智能大模型可以通过其泛化和迁移的能力，从多个领域和任务中学习更多有效的用户风险评估的方法和技巧，如从信用评分中学习信用风险评估的方法，从广告定向中学习广告效果评估的方法，从用户分群中学习价值评估的方法等，从而为用户风险评估和过滤提供更多的借鉴；人工智能大模型可以通过其多模态和多维度的能力，以更丰富的形式来表示风险等级及行为模式，如使用自然语言、图形、表格、声音等，从而提高风险评估和过滤的可视化水平。

6.3.4 基于上下文的过滤模型

1. 基于上下文的过滤模型的基本原理和实现方式

基于上下文的过滤模型是一种比较全面的风控过滤模型,其通过分析、比较风险事件发生的时间、地点、环境和影响等上下文因素来判断和过滤风险事件。基于上下文的过滤模型的过滤流程如图6.10所示。

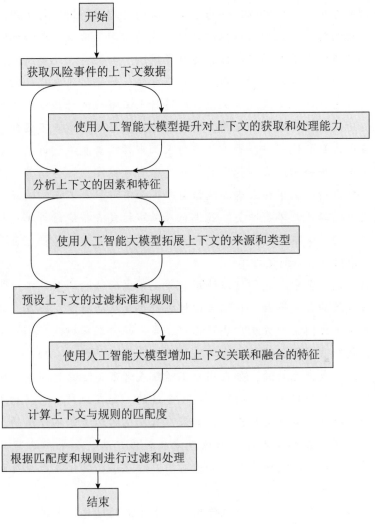

图 6.10　基于上下文的过滤模型的过滤流程

2. 基于上下文的过滤模型的特点

基于上下文的过滤模型具有全面性,可以从多个角度考察风险事件发生的原因和结果,从而更好地理解风险事件的影响;基于上下文的过滤模型具有深入性,可以从多个维度来分析风险事件发生的过程和机制,从而更好地掌握风险事件的本质;基于上下文的过滤模型具有灵活性,可以根据不同的场景和需求来调整上下文因素的权重,从而更好地适应风险事件的变化。

基于上下文的过滤模型依赖于上下文获取和处理的质量及效率,如果上下文的获取和处理是不准确、不及时、不完整、不相关的，就会影响上下文分析和比较的准确性，从而导致风控过滤的失误和失效；基于上下文的过滤模型难以处理复杂和多样的上下文，如果上下文过于复杂，就会增加上下文分析的难度，从而导致风控过滤的延迟；基于上下文的过滤模型容易受到上下文的干扰和误导，如果上下文被有意或者无意地干扰、误导、模仿、篡改，就会对上下文的分析和比较产生误导，从而导致风控过滤的误报。

3. 基于上下文的过滤模型的应用

- 在电商业务中，我们可以使用基于上下文的过滤模型进行订单跟踪，以判断欺诈和违规的订单。我们可以根据订单发生的时间、地点、环境和影响等上下文因素，分析订单是否存在欺诈、违规等风险。如果存在此类风险，就拒绝或者由人工审核该订单。我们可以使用以下方法：如果订单发生的时间是不合理的或者异常的，如在凌晨或者深夜，就进行人工审核或者拒绝该订单；如果订单发生的地点是可疑的，如与用户的常用地点或者收货地点不匹配、与商品的发货地点或者目的地不符等，就进行人工审核或者拒绝该订单；如果订单发生的环境是不安全的或者不稳定的，如处于自然灾害、社会动荡、网络攻击等情况下，就进行人工审核或者拒绝该订单；如果订单是不正常的或者不合理的，如与用户的其他订单有冲突，就进行人工审核或者拒绝该订单；如果订单的影响是不良的或者不利的，如对商品的销量、评价、排名等产生负面影响，就进行人工审核或者拒绝该订单。

- 在广告营销业务中，我们可以使用基于上下文的过滤模型进行广告投放，以保证广告投放的合适场景。我们可以根据广告发生的时间、地点、环境、关联和影响等上下文因素，分析广告是否符合我们的要求和规范。如果不符合要求和规范，就修改或者拒绝该广告。我们可以使用以下方法：如果广告发生的时间是不合适的或者无效的，如在用户不活跃或者不关注的时间段，就修改或者拒绝该广告；如果广告发生的地点是不合适的，如在用户不感兴趣或者不匹配的地域，就修改或者拒绝该广告；如果广告发生的环境是不合适的，如在用户不喜欢或者不适应的平台，就修改或者拒绝该广告；如果广告与其他广告有冲突，就修改或者拒绝该广告；如果对用户的点击、转化等产生负面影响，就修改或者拒绝该广告。

- 在用户增长业务中，我们可以使用基于上下文的过滤模型进行用户留存，以防止用户流失。我们可以根据用户发生的时间、地点、环境、关联和影响等上下文因素，分析用户是否符合我们的要求和期望。如果不符合我们的要求和期望，就调整或者优化对用户的服务。我们可以使用以下方法：如果用户发生的时间是不合适的或者无效的，如在用户不活跃或者不关注的时间段，就调整或者优化服务时间；如果用户发生的地点是不合适的，如在用户不感兴趣或者不匹配的地域，就调整或者优化服务地点；如果用户发生的环境是不合适的，如在用户不喜欢或者不适应的平台，就调整或者优化服务环境；如果用户发生的关联与其他用户的内容有冲突、重复、矛盾等，就调整或者优化服务关联；如果对用户留存、活跃、忠诚等产生负面影响，就调整或者优化服务影响。

4. 人工智能大模型在基于上下文的过滤模型中的作用

人工智能大模型可以提升上下文的获取和处理能力，拓展上下文的来源和类型，增加上下文关联和融合的特征，从而提升基于上下文的过滤模型的性能。例如，人工智能大模型可以通过其强大的学习和推理能力，从海量的上下文信息中提取和生成更多的有用的上下文因素，如上下文的时间、地点、环境、影响等，从而为上下文分析和比较提供更多的支持；人工智能大模型可以通过其泛化和迁移的能力，从多个领域和任务中学习更多有效的上下文分析和比较的技巧，如从时间序列分析中学习时间因素分析和比较的方法，从地理信息系统中学习地点因素分析和比较的方法，从社会网络分析中学习环境因素分析和比较的方法，从关联规则挖掘中学习关联因素分析和比较的方法，从影响力分析中学习影响因素分析和比较的方法，从而为上下文分析和比较提供更多的参考；人工智能大模型可以通过其多模态和多维度的能力，以更丰富的形式来表示上下文的因素，如使用自然语言、图形、表格、声音等，从而提高上下文比较可视化水平。

6.3.5 基于机器学习的过滤模型

1. 基于机器学习的过滤模型的基本原理和实现方式

基于机器学习的过滤模型是一种智能和高效的风控过滤模型，其使用机器学习的算法自动地优化对风险事件的判断和过滤规则。基于机器学习的过滤模型的过滤流程如图6.11所示。

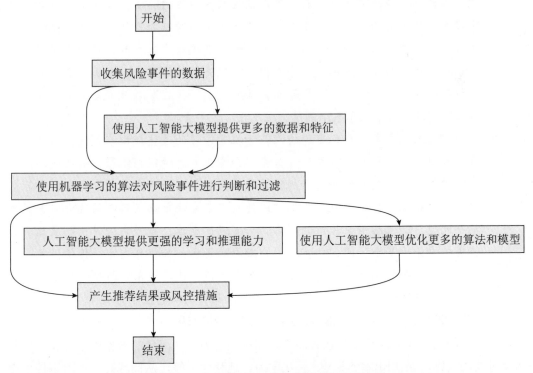

图 6.11　基于机器学习的过滤模型的过滤流程

2. 基于机器学习的过滤模型的特点

基于机器学习的过滤模型很智能,可以自动地判断和过滤风险事件,从而减少人工的干预和误差,提高风控过滤的准确性和可信度;基于机器学习的过滤模型很高效,可以快速地处理和分析大量数据,从而提高风控过滤的效率;基于机器学习的过滤模型具有自适应性,可以动态地调整判断及过滤的规则,从而适应风险事件的变化。

基于机器学习的过滤模型依赖于数据的质量和数量,如果数据是不准确、不完整、不具有代表性的,就会影响机器学习模型的优化质量,从而导致风控过滤的失误和失效;基于机器学习的过滤模型难以解释和验证,这会影响对风险事件的判断,从而导致风控模型的不透明和不可控;如果数据被有意或者无意地污染、篡改,就会影响机器学习模型的正确性和安全性。

3. 基于机器学习的过滤模型的应用

- 在电商业务中,我们可以使用基于机器学习的过滤模型来进行欺诈检测,以判断欺诈和违规的订单。我们可以使用机器学习的算法和模型,如逻辑回归或者神经网络等,从历史的订单数据中学习欺诈订单的特征和规律,然后根据新的订单数据来判断订单是不是欺诈,最后根据判断的结果来过滤欺诈订单。我们可以使用以下方法:如果预测的欺诈概率高于某个阈值,就拒绝该订单;如果预测的欺诈概率介于某个区间,就进行人工审核;如果预测的欺诈概率低于某个阈值,就通过该订单。

- 在广告营销业务中,我们可以使用基于机器学习的过滤模型进行广告点击率预测,以保证广告的有效性。我们可以使用机器学习的算法,如决策树或者深度学习等,从历史的广告数据中学习广告点击率的特征和规律,然后根据新的广告来预测广告的点击率,最后根据预测的结果投放广告。我们可以使用以下方法:如果预测的点击率高于某个阈值,就优先投放该广告;如果预测的点击率介于某个区间,就根据其他因素(如广告的成本、收益等)决定是否投放该广告;如果预测的点击率低于某个阈值,就不投放该广告。

- 在用户增长业务中,我们可以使用基于机器学习的过滤模型来预防用户流失。我们可以使用机器学习的算法,如支持向量机或者神经网络等,从历史的用户数据中学习用户流失的特征和规律,然后预测和判断用户是否会流失,最后根据预测的结果来挽留用户。我们可以使用以下方法:如果预测的流失概率高于某个阈值,就实施用户挽留的策略,如发送优惠券、赠送积分等;如果预测的流失概率介于某个区间,就实施用户激励的策略,如推荐内容、提供服务、增加互动等;如果预测的流失概率低于某个阈值,就实施用户维持的策略,如保持联系、提供反馈、奖励忠诚等,从而增加用户的满意度和忠诚度。

4. 人工智能大模型在基于机器学习的过滤模型中的作用

人工智能大模型可以通过其强大的学习和推理能力,从海量的数据中学习和优化判断及过滤的规则,如使用深度学习、强化学习、迁移学习等,从而提高对风险事件预测的准确性和可信度;人工智能大模型可以通过其泛化和迁移的能力,从多个领域和任务中学习更多有效的机器学习的算法，如逻辑回归、决策树、支持向量机、神经网络等，从而提高对风险事件的预测效率；人工智能大模型可以通过其多模态和多维度的能力，以更丰富的形式来表示数据特征，如使用自然语言、图形、表格、声音等，从而提高预测和判断的可解释性。

6.4 风控过滤模型的应用案例：人工智能大模型的魔力和挑战

风险是任何活动不可避免的伴生物，尤其是在数字时代，随着数据的爆炸性增长、业务的多元化发展、用户的多样化需求以及竞争的加剧，风险的种类、程度、影响也随之增加。如何有效地识别和防范各种风险，是每一个行业的产品经理和运营人员必须面对和解决的问题。风控过滤模型是一种用于识别和防范各种风险的模型。然而，传统的风控过滤模型往往存在一些局限性，如无法处理大规模、复杂、动态、多源的数据，无法学习深层次的特征和规律，无法生成高质量的输出，无法适应风险的变化和发展，缺乏可解释性和可信性等。这些局限性可能导致风控过滤模型的性能不佳，甚至出现误判、漏判、延迟、失效等问题，给企业和用户带来不必要的风险。因此，如何优化风控过滤模型，提升其效率，是产品经理和运营人员的迫切需求。

人工智能技术是一种可以帮助产品经理和运营人员优化风控过滤模型的技术，它可以利用大数据、机器学习、深度学习等方法提高风控过滤模型的水平。特别是近年来，人工智能技术出现了一种新的发展趋势，即人工智能大模型。人工智能大模型是一种基于深度学习的模型，具有大量的参数、层次和能力，可以处理大规模的数据，学习复杂的特征和规律,生成高质量的输出。人工智能大模型已经在自然语言处理、计算机视觉、语音识别等领域取得了令人瞩目的成果,也开始在风控过滤模型中发挥作用,为产品经理和运营人员提供了一种新的思路和工具。

6.4.1 案例一:金融行业

【案例背景】

1. 金融行业的特点

金融行业是一个高度竞争、高度监管、高风险的行业,涉及大量的资金、信息和用户。金融行业具有以下特点。

- 业务的多元化。金融行业涵盖银行、证券、保险、基金等多个领域,开展存款、贷款、投资、保险、转账、结算等多种业务,可满足不同类型用户的不同需求。
- 业务的复杂性。金融行业的业务涉及多个主体、多个环节、多个因素、多个规则,需要考虑市场的变化、用户的行为、产品的设计、服务的质量、风险的控制等多个方面,需要协调和平衡多种利益。
- 业务的动态性。金融行业的业务随着时间、地点、条件的变化而变化,需要适应各种不确定性的情况,如市场的波动、用户的需求、竞争的压力、政策的调整、事件的发生等,都具有不确定性。
- 业务的创新性。金融行业需要不断地进行创新,引入新的技术、新的模式、新的产品、新的服务,以提高业务的效率、质量、价值和竞争力,满足用户的期待和需求。

2. 金融行业面临的风险

金融行业面临的风险包括以下几种。

- 欺诈风险,是指金融机构或用户通过欺骗、伪造、隐瞒等手段,获取不正当的利益或造成他人损失的风险,如身份盗用、信用卡盗刷、虚假交易、恶意退款等。
- 信用风险,是指金融机构或用户因为借贷方的违约、拖欠、破产等,导致债权无法收回或不能完全收回的风险,如信用卡逾期、贷款违约、担保违约等。
- 市场风险,是指金融机构或用户因为市场价格、利率、汇率、指数等的波动,导致资产或负债的价值发生变化的风险,如股票下跌、债券贬值、外汇亏损等。
- 流动性风险,是指金融机构或用户因为资金的供需不平衡,导致无法按时兑付或融资的风险,如银行挤兑、资金断裂、现金流紧张等。
- 操作风险,是指金融机构或用户因为内部或外部的操作不当,导致业务的执行或管理出现失误、延误、中断或失败的风险,如系统故障、人员失误、程序错误、黑客攻击等。

- 合规风险，是指金融机构或用户因为违反或不遵守相关的法律、法规、规范、标准等，导致受到处罚、制裁的风险，如非法集资、违规交易、违反合同、侵犯隐私等。

这些风险可能导致金融机构或用户遭受经济损失、信誉损害、监管处罚等。在经济损失方面，金融机构或用户因为风险的发生，导致资产减少、负债增加、收入降低、成本上升等，影响财务状况和经营效益；在信誉损害方面，金融机构或用户因为风险的发生，导致信用等级下降、信任度降低、口碑恶化、形象损坏等，影响市场地位和竞争力；在监管处罚方面，金融机构或用户因为风险的发生，受到罚款、警告、限制等处罚，影响监管合规和业务正常。

3. 金融行业风险管理的目标

金融行业的风险管理目标是在保证业务的安全性、合规性、效率性和创新性的前提下，实现业务的可持续发展和价值创造，具体如下所述。

- 保证业务的安全性，是指通过有效的风控过滤模型，及时地识别、评估、控制和防范各种风险，避免或减少风险的发生和影响，保护金融机构和用户的利益，维护业务的正常运行和信誉。
- 保证业务的合规性，是指通过有效的风控过滤模型，严格地遵守和执行相关的法律、法规、规范、标准等，避免或减少违法、违规、违约等行为的发生，保护金融机构和用户的权益，维护业务的合法性和合理性。
- 保证业务的效率性，是指通过有效的风控过滤模型，高效地处理各种风险，避免或减少失误、延误、中断等问题，提高金融机构和用户的满意度，维护业务的流畅性和便捷性。
- 保证业务的创新性，是指通过有效的风控过滤模型，不断地进行创新和改进，引入新的技术、新的模式、新的产品、新的服务，满足市场的变化、用户的需求、政策的调整等，提高业务的价值和竞争力。

为了达到这些目标，金融行业需要建立和完善风控过滤模型，有效识别、评估、控制和防范各种风险。金融行业的人工智能风控过滤模型是一种用于识别和防范各种风险的模型，它可以根据不同的风险，采用不同的策略，对数据进行分析、判断、处理等，从而保护金融机构和用户的利益，维护业务的正常运行。

【案例分析】

下面，我们通过一个模拟的案例说明人工智能大模型在金融行业风控过滤模型中的应用。例如，一家知名的互联网金融平台提供多种金融产品和服务，如借贷、理财、支付、转账等，有数千万用户和数百亿元交易额。该平台的风控过滤模型的需求是识别和防范欺诈风险与信用风险，保证平台的资金安全。该平台风控过滤模型的应用过程和应用效果如图6.12所示。

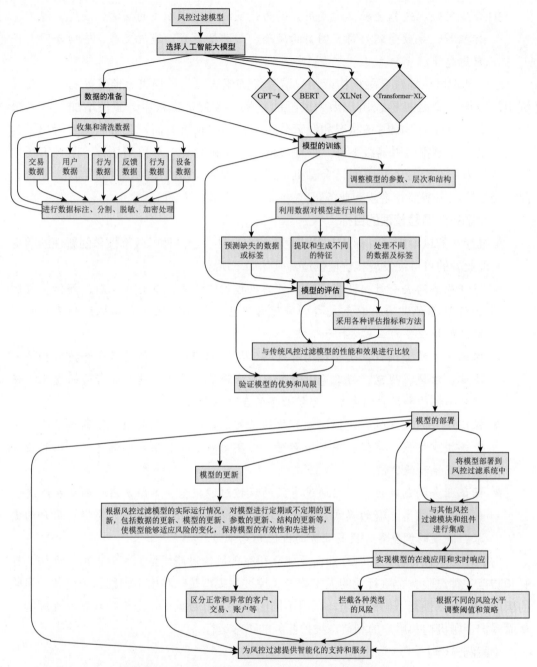

图 6.12 风控过滤模型在金融行业的应用过程和应用效果

1. 选择人工智能大模型

第一步，根据欺诈风险和信用风险的类型、特点和场景，该平台选择GPT-4作为人工智能大模型，以其优化风控过滤模型。GPT-4是一种基于自然语言处理的模型，具有1750亿个参数，可以处理结构化和非结构化的数据，学习语义和逻辑，生成文本和预测等。GPT-4的优势如下所述。

● 可以处理多种类型的数据，如文本、数字、图像、音频、视频等，可以从多个维度分析风险的特征和规律。
- 可以利用大量的预训练数据，如维基百科、新闻、社交媒体等，可以学习到丰富的知识和信息，可以提高风控过滤模型的普适性和鲁棒性。
- 可以利用自回归的方式，根据已有的数据和上下文，生成下一个数据，可以提高风控过滤模型的准确性和灵敏性。
- 可以利用注意力机制，根据不同的任务和目标，分配不同的权重，可以提高风控过滤模型的灵活性和可解释性。

2. 数据的准备

第二步，为了训练GPT-4，该平台收集并清洗了与欺诈风险和信用风险相关的数据。

- 交易数据，包括交易的时间、地点、金额、方式、状态、结果等，也包括交易相关方的信息，用于分析交易的合法性、合理性、异常性等。
- 用户数据，包括用户的基本信息、注册信息、认证信息、信用信息、偏好信息等，也包括用户相关方的信息，用于分析用户的身份、信用、行为、意图等。
- 行为数据，包括用户在平台上的点击、浏览、搜索、评论等行为，也包括行为的时间、频率、顺序等特征，用于分析用户的习惯、喜好、需求、满意度等。
- 反馈数据，包括用户对平台的评价、投诉、建议、举报等反馈，也包括反馈的内容、情感、态度、影响等特征，用于分析用户的感受、诉求等。

除此之外，根据实际业务还需要准备其他相关数据，如银行数据、网络数据、社交数据、设备数据、第三方征信数据等。

该平台对数据进行了标注、分割、脱敏、加密等处理，保证了数据的完整性、安全性和合规性。

- 标注，即对数据进行了人工或自动的标注，给数据打上了不同的标签，如风险等级、风险类型、风险原因、风险结果等，训练和评估GPT-4的性能和效果。
- 分割，即对数据进行了人工或自动的分割，将数据划分为训练集、验证集和测试集，用于训练、验证和测试GPT-4的性能及效果。
- 脱敏，即对数据进行了人工或自动的脱敏，去除或替换了数据中的敏感信息，如姓名、身份证号、手机号、银行卡号等，保护用户的隐私。
- 加密，即对数据进行了人工或自动的加密，使用了不同的算法、密钥、证书等，保护数据的安全和完整。

3. 模型的训练

第三步，利用数据对GPT-4进行训练。该平台调整了GPT-4的参数、层次和结构，使GPT-4能够识别欺诈风险和信用风险，提高GPT-4的准确性、灵敏性、稳定性和可解释性。

- 调整参数。该平台调整了GPT-4的学习率、批次大小、迭代次数、正则化系数、优化器等参数，使GPT-4能够在合理的时间和资源内，预测缺失的数据或标签最优的训练效果，避免过拟合或欠拟合等问题。

- 调整层次。该平台调整了GPT-4的层次，增加或减少了GPT-4的编码器、解码器、注意力、前馈等层，使GPT-4能够根据不同的任务和目标，提取和生成不同的特征，提高GPT-4的灵活性和泛化性。
- 调整结构。该平台调整了GPT-4的结构，添加或删除了GPT-4的输入、输出、连接、激活等结构，使GPT-4能够根据不同的数据和场景，处理不同的数据，提高GPT-4的适应性和可靠性。

4. 模型的评估

第四步，利用测试数据对GPT-4进行评估。该平台采用了各种评估指标和方法，如准确率、召回率、F1值、ROC曲线、AUC值等，比较了GPT-4与传统的风控过滤模型的性能，验证了GPT-4的优势和局限。

- 准确率，是指GPT-4正确识别和防范风险的比例，反映了GPT-4的准确性和可信性。该平台发现，GPT-4的准确率高达98%，远高于传统的风控过滤模型的85%，说明GPT-4可以有效地区分正常和异常的数据等，避免出现误判和漏判等问题。
- 召回率，是指GPT-4正确识别和防范风险的覆盖范围，反映了GPT-4的灵敏性和及时性。该平台发现，GPT-4的召回率高达95%，远高于传统的风控过滤模型的80%，说明GPT-4可以有效地捕捉和拦截各种类型的风险，避免延迟和失效。例如，GPT-4可以及时地识别出使用虚假身份、伪造证件、篡改信息等欺诈手段，也可以识别出逾期、拖欠、破产等风险，从而及时地拒绝或限制交易，避免给平台和其他用户带来损失。
- F1值，是指GPT-4正确识别和防范风险的综合指标，反映了GPT-4的平衡性和优化性。该平台发现，GPT-4的F1值高达96%，远高于传统的风控过滤模型的82%，说明GPT-4可以有效地平衡准确率和召回率，避免发生牺牲一个指标来提高另一个指标的情况。
- ROC曲线，是指GPT-4正确识别和防范风险的曲线图，反映了GPT-4的灵活性和可调性。该平台发现，GPT-4的ROC曲线呈现接近左上角的形状，远高于传统的风控过滤模型的对角线，说明GPT-4可以有效地根据不同的风险水平和容忍度，调整GPT-4的阈值和策略，避免出现过于保守或过于激进的情况。
- AUC值，是指GPT-4正确识别和防范风险的曲线下面积，反映了GPT-4的全面性和稳定性。该平台发现，GPT-4的AUC值高达99%，远高于传统的风控过滤模型的90%，说明GPT-4可以在各种情况下保持高性能，避免出现波动和偏差等问题。

通过以上评估指标，该平台体现了GPT-4在金融行业风控过滤模型中的优势和局限。GPT-4的优势如下所述。

- 可以处理大规模、复杂、动态、多源的数据，提高风控过滤模型的数据覆盖率和数据质量。
- 可以学习深层次的特征和规律，丰富风控过滤模型的特征提取和特征表示方法。

- 可以生成高质量的输出和预测，提高风控过滤模型的输出质量。
- 可以适应风险的变化，提高风控过滤模型的适应性和可靠性。

GPT-4的局限如下所述。

- 需要大量的计算资源和存储空间，增加了风控过滤模型的成本和复杂度。
- 需要大量的预训练数据和标注数据，增加了风控过滤模型数据获取和数据处理的难度及风险。
- 需要合理的参数调整和结构设计，增加了风控过滤模型训练和优化的难度及风险。
- 需要有效的评估指标和方法，增加了风控过滤模型评估和验证的难度及风险。

6.4.2 案例二：电商行业

【案例背景】

1. 电商行业的特点

电商行业是一个快速发展、高度竞争、高度创新的行业，涉及大量的商品、订单和用户，以及各种各样的平台、渠道和服务。电商行业具有以下几个特点。

- 业务的多样化。电商行业涵盖服装、鞋包、美妆、家居、数码产品、图书等多个品类，提供购物、直播、社交等多种功能，可满足不同类型用户的不同需求和偏好。
- 业务的便捷性。电商行业利用了互联网、物流等技术，提供线上、线下等多种渠道，实现了商品的快速展示、交易和配送，提高了用户的购物效率和满意度。
- 业务的动态性。电商行业随着时间、地点、条件的变化而变化，需要适应各种不确定性的情况，如季节性促销、节日性促销等。
- 业务的创新性。电商行业需要不断地进行创新，引入新的技术、新的模式、新的产品、新的服务，以提高业务的效率、质量、价值和竞争力，满足用户的期待和需求。

2. 电商行业面临的风险

电商行业面临的风险包括以下几种。

- 欺诈风险，是指用户通过欺骗、伪造、隐瞒等手段获取不正当的利益或造成他人损失的风险，如虚假注册、虚假订单、虚假支付、虚假退款等。
- 假货风险，是指电商平台因为销售仿冒品、劣质品等，导致信誉受损的风险。
- 退货风险，是指用户因为商品的质量、数量、颜色、尺寸等不符合预期而退换或退款的风险。
- 评价风险，是指电商平台因为评价不真实、不客观、不公正等，影响商品或服务的口碑的风险，如刷单、刷评、差评、恶评等。
- 营销风险，是指电商平台因为营销活动不合理、不合法、不合规等，导致商品或服务的价格、销量、利润等受到影响的风险，如虚假宣传、虚假优惠、虚假数据等。

这些风险可能导致电商平台遭受经济损失、信誉损害、用户流失。在经济损失方面，电商平台因为风险的发生，导致资金流失、商品损失、利润降低、成本上升，影响财务状况和经营效益；在信誉损害方面，电商平台因为风险的发生，导致信用等级下降、信任度降低、口碑恶化、形象损坏，影响市场地位和竞争力；在用户流失方面，电商平台因为风险的发生，导致用户的满意度、忠诚度、留存率、转化率等下降，影响用户的数量和质量。

3. 电商行业风险管理的目标

电商行业风险管理的目标是在保证业务的安全性、合规性、效率和用户体验的前提下，实现业务的可持续发展和价值创造，具体如下所述。

- 保证业务的安全性，是指通过有效的风控过滤模型，及时地识别、评估、控制和防范各种风险，避免或减少风险的发生和影响，保护电商平台和用户的利益，维护业务的正常运行。
- 保证业务的合规性，是指风控过滤模型严格地遵守和执行相关的法律、法规、规范、标准等，避免或减少违法、违规、违约等行为的发生，保护电商平台和用户的权益，维护业务的合法性和合理性。
- 保证业务的效率，是指风控过滤模型高效地处理各种风险，避免或减少失误、延误、中断等问题，提高电商平台和用户的满意度，维护业务的流畅性和便捷性。
- 保证业务的用户体验，是指风控过滤模型需要不断地创新和改进，从而提供更好的商品和服务，满足用户的期待和需求，提高用户的参与度和忠诚度，提升业务的吸引力和竞争力。

为了达到这些目标，电商行业需要建立和完善风控过滤模型，有效识别、评估、控制和防范各种风险。电商行业的人工智能风控过滤模型是一种用于识别和防范各种风险的模型，它可以根据不同的风险类型采用不同的策略，对商品、用户等进行分析，从而保护电商平台和用户的利益，维护业务的正常运行。

【案例分析】

下面，我们通过一个模拟的案例说明人工智能大模型在电商行业风控过滤模型中的应用。例如，一家知名的电商平台提供多种电商产品和服务，如购物、拼团、秒杀、团购、直播、社交等，有数亿用户和数万亿元交易额。该平台的风控过滤模型的需求是识别和防范欺诈风险与假货风险，保证平台的商品质量。该平台风控过滤模型的应用过程和应用效果如图6.13所示。

第 6 章　打造坚实盾牌：如何应用人工智能优化过滤模型

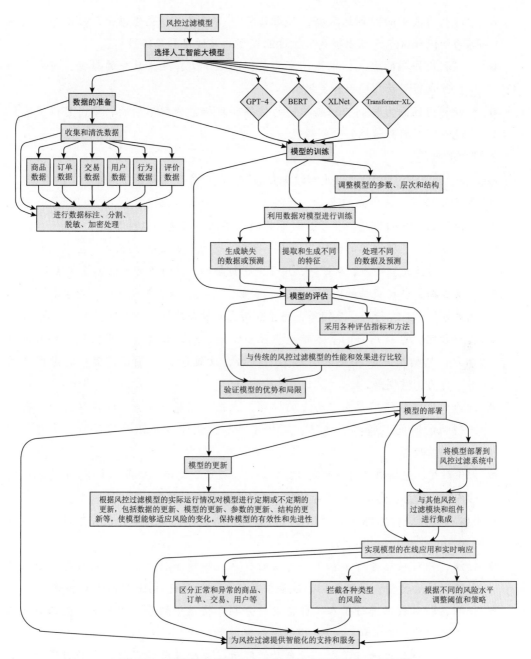

图 6.13　风控过滤模型在电商行业的应用过程和应用效果

1. 选择人工智能大模型

第一步，根据欺诈风险和假货风险的类型、特点和场景，该平台选择BERT作为人工智能大模型，以其优化风控过滤模型。BERT是一种基于自然语言处理的模型，具有10亿个参数，可以处理结构化和非结构化的数据，学习语义和逻辑，生成文本和预测等。BERT的优势如下所述。

- 可以处理双向的数据，即可以同时考虑数据的前后文，可以从多个角度分析风险的特征和规律。

- 可以利用大量的预训练数据，如维基百科、新闻、社交媒体等，可以学习到丰富的知识和信息，可以提高风控过滤模型的普适性和鲁棒性。
- 可以利用掩码的方式，根据已有的数据和上下文，生成缺失的数据，可以提高风控过滤模型的准确性和灵敏性。
- 可以利用注意力机制，根据不同的任务和目标，分配不同的权重，可以提高风控过滤模型的灵活性和可解释性。

2. 数据的准备

第二步，为了训练BERT，该平台收集并清洗了与欺诈风险和假货风险相关的数据。

- 商品数据，包括商品的名称、类别、品牌、价格、描述、图片、视频等，也包括商品相关方的信息，用于分析商品的真实性、质量、口碑等。
- 订单数据，包括订单的时间、地点、金额、方式、状态、结果等，也包括订单的相关方的信息、行为、反馈等，用于分析订单的合法性、合理性、异常性等。
- 交易数据，包括交易的时间、地点、金额、方式、状态、结果等，也包括交易的相关方的信息、行为、反馈等，用于分析交易的合法性、合理性、异常性等。
- 用户数据，包括用户的基本信息、注册信息、认证信息、信用信息、偏好信息等，也包括用户的相关方的信息、行为、反馈等，用于分析用户的身份、信用、行为、意图等。
- 行为数据，包括用户在平台上的操作、点击、浏览、搜索、评论等行为，也包括行为的时间、频率、持续、顺序等特征，用于分析用户的习惯、喜好、需求、满意度等。
- 评价数据，包括用户对商品或服务的评价、投诉、建议、举报等反馈，也包括反馈的内容、情感、态度、影响等特征，用于分析用户的感受、诉求、问题、改进等。

该平台对数据进行了标注、分割、脱敏、加密等处理，保证数据的完整性、安全性和合规性。

- 标注，即对数据进行了人工或自动的标注，给数据打上了不同的标签，如风险等级、风险类型、风险原因、风险结果等，训练和评估BERT的性能和效果。
- 分割，即对数据进行了人工或自动的分割，将数据划分为训练集、验证集和测试集，训练、验证和测试BERT的性能及效果。
- 脱敏，即对数据进行了人工或自动的脱敏，去除或替换了数据中的敏感信息，如姓名、身份证号、手机号、银行卡号等，保护用户的隐私。
- 加密，即对数据进行了人工或自动的加密，使用了不同的算法、密钥、证书等，保护数据的安全和完整。

3. 模型的训练

第三步，利用数据对BERT进行训练。该平台调整了BERT的参数、层次和结构，使BERT能够识别欺诈风险和假货风险，提高BERT的准确性、灵敏性、稳定性和可解释性。

- 调整参数。该平台调整了BERT的学习率、批次大小、迭代次数、正则化系数、优化器等参数，使BERT能够在合理的时间和资源内，生成缺失的数据或预测最优的训练效果，避免过拟合或欠拟合等问题。
- 调整层次。该平台调整了BERT的层次，增加或减少了BERT的编码器、解码器、注意力、前馈等层，使BERT能够根据不同的任务和目标，提取和生成不同的特征，提高BERT的灵活性和泛化性。
- 调整结构。该平台调整了BERT的结构，添加或删除了BERT的输入、输出、连接、激活等结构，使BERT能够根据不同的数据和场景，处理不同的数据及预测，提高BERT的适应性和可靠性。

4. 模型的评估

第四步，利用测试数据对BERT进行评估。该平台采用了各种评估指标和方法，如准确率、召回率、F1值、ROC曲线、AUC值等，比较了BERT与传统的风控过滤模型的性能，验证了BERT的优势和局限。

- 准确率，是指BERT正确识别和防范风险的比例，反映了BERT的准确性和可信性。该平台发现，BERT的准确率高达97%，远高于传统的风控过滤模型的83%，说明BERT可以有效地区分正常和异常的商品、订单、交易、用户等，避免出现误判和漏判等问题。
- 召回率，是指BERT正确识别和防范风险的覆盖范围，反映了BERT的灵敏性和及时性。该平台发现，BERT的召回率高达94%，远高于传统的风控过滤模型的79%，说明BERT可以有效地捕捉和拦截各种类型的风险，避免出现延迟和失效等问题。
- F1值，是指BERT正确识别和防范风险的综合指标，反映了BERT的平衡性和优化性。该平台发现，BERT的F1值高达95%，远高于传统的风控过滤模型的81%，说明BERT可以有效地平衡准确率和召回率，避免发生牺牲一个指标来提高另一个指标的情况。
- ROC曲线，是指BERT正确识别和防范风险的曲线图，反映了BERT的灵活性和可调性。该平台发现，BERT的ROC曲线呈现接近左上角的形状，远高于传统的风控过滤模型的对角线，说明BERT可以有效地根据不同的风险水平和容忍度，调整BERT的阈值和策略，避免出现过于保守或过于激进的情况。
- AUC值，是指BERT正确识别和防范风险的曲线下面积，反映了BERT的全面性和稳定性。该平台发现，BERT的AUC值高达98%，远高于传统的风控过滤模型的88%，说明BERT可以在各种情况下保持高性能，避免出现波动和偏差等问题。

通过以上评估指标，该平台体现了BERT在电商行业风控过滤模型中的优势和局限。BERT的优势如下所述。

- 可以处理大规模、复杂、动态、多源的数据，提高风控过滤模型的数据覆盖率和数据质量。
- 可以学习深层次的特征和规律，丰富风控过滤模型的特征提取和特征表示方法。
- 可以生成高质量的输出和预测，提高风控过滤模型的输出质量和输出效果。
- 可以适应风险的变化，提高风控过滤模型的适应性和可靠性。

BERT的局限如下所述。
- 需要大量的计算资源和存储空间，增加了风控过滤模型的成本和复杂度。
- 需要大量的预训练数据和标注数据，增加了风控过滤模型数据获取和数据处理的难度及风险。
- 需要合理的参数调整和结构设计，增加了风控过滤模型训练和优化的难度及风险。
- 需要有效的评估指标和方法，增加了风控过滤模型评估和验证的难度及风险。

结语

希望本章内容对你有所启示和帮助，如果你想要深入学习更多内容，请关注作者个人公众号"产品经理独孤虾"。在那里，你可以找到更多的案例。

第7章
让排序更智能：人工智能优化排序模型的方法与实践

排序模型在数字化营销业务中无处不在，比如电商平台的商品推荐、搜索引擎的搜索结果、社交媒体的信息流、视频平台的视频推荐、广告平台的广告投放等。排序模型的好坏直接影响用户的满意度、留存率、转化率、点击率、收入等重要指标。因此，优化排序模型对数字化营销业务至关重要。

那么，如何优化排序模型呢？传统的方法是基于人工设定的规则或者简单的机器学习算法，对排序模型进行调整和优化。但是，这些方法存在很多局限性，比如规则过于死板，不能适应复杂的场景和用户需求；机器学习算法过于简单，不能充分利用海量的数据和特征，不能捕捉深层的规律和关系；优化过程过于依赖人工的经验和判断，不能快速迭代和验证。这些局限性导致排序模型的效果往往不尽如人意，甚至出现一些严重的问题，比如信息茧房、用户流失、收入下降等。

人工智能大模型可应用于数字化营销业务中，进而优化排序模型，提升用户体验和业务效果。

7.1 排序模型：数字化营销业务的核心武器

在数字化营销业务中，我们会经常遇到这样的问题：如何从海量的商品、信息、广告等候选项中，为每个用户提供最合适、最有价值、最能满足其需求和偏好的内容？这个问题并不简单。因为每个用户都是独一无二的，他们的需求和偏好也是多变的，而候选项的数量和质量也是不断变化的。如果我们只是简单地按照一些固定的规则或指标进行排序，很可能会导致用户的满意率、转化率、留存率低，甚至对品牌造成负面影响。那么，有没有一种更智能、更高效、更有价值的方法，可以帮助我们解决这个问题呢？答案是肯定的，那就是排序模型。

排序模型在数字化营销业务中有广泛的应用，例如电商平台的商品推荐、搜索引擎的结果排序、广告系统的广告投放等。作为产品经理和运营人员，我们有必要了解和掌握排序模型的原理、应用和优化方法，以便在我们的业务场景中更好地利用排序模型，提升业务的价值。

7.1.1 排序模型概述

在数字化营销业务中，我们经常需要对一组候选项进行排序，以便为每个用户提供最合适、最有价值、最能满足其需求和偏好的内容。例如，在电商平台中，我们需要对商品进行排序，以便为用户推荐最适合他们的商品；在搜索引擎中，我们需要对搜索结果进行排序，以便为用户展示相关的信息；在广告系统中，我们需要对广告进行排序，以便投放最有效的广告。这些排序的过程都可以用一种被称为排序模型的机器学习模型来实现。

1. 排序模型的定义

排序模型是一种利用机器学习算法，根据用户的偏好、行为、特征等数据，对一组候选项进行打分或排序的模型。排序模型的输入是一组候选项和一个用户，输出是一个排序后的候选项列表。排序模型能够让用户在候选项中找到最满意的内容，从而改善用户的体验。

2. 排序模型的分类

排序模型可以分为两大类：点评排序模型和成对排序模型。

- 点评排序模型是指对每个候选项单独打分，然后按照分数进行排序的模型。点评排序模型的优点是简单直观，易于实现和理解。点评排序模型的缺点是忽略了候选项之间的相互影响以及用户的个性化偏好。点评排序模型的典型例子是协同过滤推荐算法，其根据用户的历史评分或行为，预测用户对未知商品的评分，然后按照评分高低进行推荐。点评排序流程如图7.1所示。

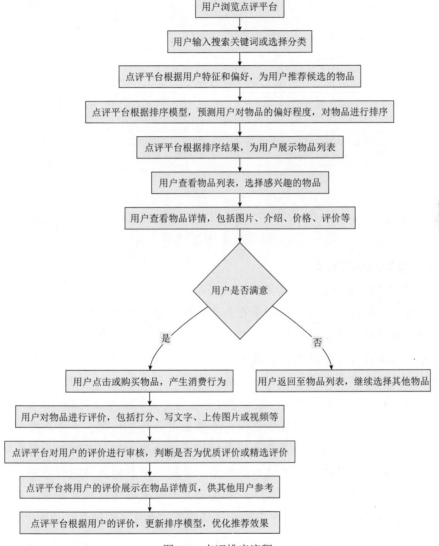

图 7.1　点评排序流程

- 成对排序模型是指对每一对候选项进行比较，然后根据比较结果进行排序的模型。成对排序模型的优点是考虑了候选项之间的相对关系以及用户的个性化偏好。成对排序模型的缺点是复杂度较高，需要更多的数据和计算资源。成对排序模型的典型例子是排序学习算法，其根据用户的历史点击或反馈，学习用户对不同候选项的偏好程度，然后按照偏好程度进行排序。成对排序模型流程如图7.2所示。

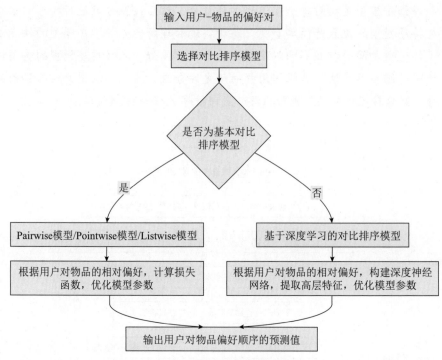

图 7.2 成对排序流程

3. 排序模型的应用场景

排序模型在数字化营销业务中有广泛的应用,如下所述。

- 电商平台的商品推荐。电商平台需要根据用户的兴趣、购买历史、搜索关键词等,为用户推荐最适合他们的商品。排序模型可以帮助电商平台从海量的商品中筛选出最有可能被用户购买的商品,并按照用户的偏好进行排序,从而提高用户的满意度和转化率。例如,淘宝的商品推荐系统就使用了多种排序模型,包括协同过滤、排序学习、深度学习等,为用户提供个性化的商品推荐。
- 搜索引擎的结果排序。搜索引擎需要根据用户的查询词、点击历史、地理位置等,为用户展示相关性最高的搜索结果。排序模型可以帮助搜索引擎从海量的网页中筛选出最符合用户需求的网页,并按照用户的偏好进行排序,从而提高用户的满意度和留存率。例如,百度的搜索结果排序系统就使用了多种排序模型,包括排序学习、深度学习、知识图谱等,为用户提供最优的搜索结果。
- 广告系统的广告投放。广告系统需要根据用户的特征、行为、兴趣等,为用户展示最有效的广告。排序模型可以帮助广告系统从海量的广告中筛选出最有可能被用户点击或购买的广告,并按照用户的偏好进行排序,从而提高广告的点击率和转化率。例如,今日头条的广告投放系统就使用了多种排序模型,包括排序学习、深度学习、强化学习等,从而投放最合适的广告。

7.1.2 排序模型的重要性

排序模型不仅是一种机器学习模型,还是一种数字化营销业务的核心武器。排序模型可以帮助产品经理和运营人员实现以下几个目标。

- 提高用户满意度和忠诚度。用户是数字化营销业务的根本，用户的满意度和忠诚度是衡量业务成功与否的重要指标。排序模型通过为用户提供最合适、最有价值、最能满足其需求和偏好的内容，可以提高用户的满意度和忠诚度。用户的满意度和忠诚度会反映在用户的评价、分享、推荐、复购等行为上，从而增强用户的信任。例如，在一个电商平台的用户评价页面，用户对商品的评价分为五星、四星、三星、二星和一星，还可以发表文字评论。用户对商品的评价不仅反映了用户对商品的满意度和忠诚度，也反映了用户对平台的满意度和忠诚度。如果我们使用排序模型为用户推荐他们喜欢的商品，那么用户的评价会更加积极，从而提高用户的满意度和忠诚度。
- 增加用户转化率和留存率。用户的转化率和留存率是衡量业务效果和价值的重要指标。排序模型通过为用户提供最合适、最有价值、最能满足其需求和偏好的内容，可以增加用户的转化率和留存率。用户的转化率和留存率会反映在用户的点击、购买、注册、订阅等行为上，从而增加业务的收入和利润。例如，在一个搜索引擎的结果页面，用户输入了一个查询词，搜索引擎返回了一些相关的网页。用户对搜索结果的点击不仅反映了搜索结果的转化率，也反映了用户对搜索引擎的留存率。如果我们使用排序模型为用户展示与他们最相关的网页，那么用户的使用会更加频繁和持久，从而提高用户的转化率和留存率。
- 优化资源利用率和收益率。资源是数字化营销业务的基础，资源的利用率和收益率是衡量业务效率的重要指标。排序模型通过为用户提供最合适、最有价值、最能满足其需求和偏好的内容，可以优化资源的利用率和收益率。资源的利用率和收益率受资源的消耗、分配、回收等方面影响。例如，在一个广告系统的广告投放页面，用户浏览了一个网页，广告系统展示了一些相关的广告。用户的点击或购买不仅反映了广告的收益率，也反映了广告系统对资源的利用率。如果我们使用排序模型为用户展示他们最感兴趣的广告，那么用户的点击率或购买率会更高，从而优化资源的利用率和收益率。
- 提升品牌形象和口碑。品牌是数字化营销业务的灵魂，品牌的形象和口碑是衡量业务影响力和竞争力的重要指标。排序模型通过为用户提供最合适、最有价值、最能满足其需求和偏好的内容，可以提升品牌的形象和口碑。品牌的形象和口碑反映在用户的认知、情感、态度等方面，能够增加业务的吸引力和品牌的忠诚度。例如，在一个社交媒体的信息流页面，用户浏览了一些不同品牌的内容。用户对内容进行点赞、评论、转发，不仅反映了用户对内容的印象，也反映了用户对社交媒体的印象。如果我们使用排序模型为用户展示他们最感兴趣的内容，那么用户的点赞、评论、转发会更加积极和正面，从而提升品牌的形象和口碑。

7.1.3 排序模型的三个主要阶段

在数字化营销业务中，我们通常需要从海量的候选项中，为每个用户提供最优的内容。然而，如果我们直接对所有的候选项进行排序，不仅会消耗大量的计算资源和时间，而且会降低排序的效果和质量。因此，我们需要采用一种分阶段的排序方法，即粗排、精排和重排，如图7.3所示。

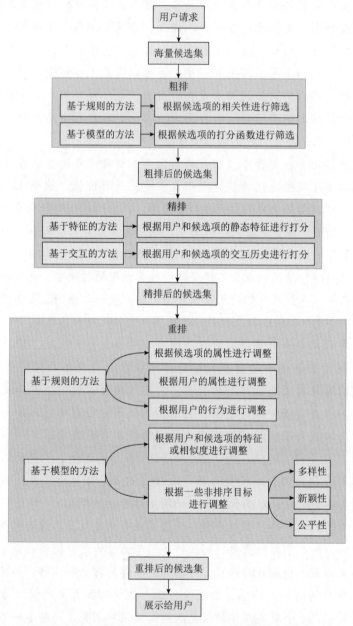

图 7.3 排序模型的三个主要阶段——粗排、精排与重排

1. 粗排

粗排是指从海量的候选项中，根据一些简单的规则或指标，快速地筛选出一小部分候选项的过程。粗排的目的是减少计算量和提高效率。粗排的规则或指标通常是一些容易获取和计算的数据，例如候选项的热度、新鲜度、相关度、召回率等。粗排后，会得到一个较小的候选项集合，例如几百或几千个候选项。粗排的方法有很多，如基于规则

的过滤、基于统计的过滤、基于索引的过滤等。粗排的优点是简单快速,可以大大缩减候选项的范围,为后续的排序提供基础。粗排的缺点是过于粗糙,可能会丢失一些有价值的候选项,或者保留一些无用的候选项,影响排序的效果和质量。图7.4展示了一个基于规则的粗排过程,其根据候选项的热度和新鲜度,从10 000个候选项中筛选出1000个候选项,作为粗排的结果。我们可以看到,这种方法可以快速地缩减候选项的数量,但也可能会过滤掉一些用户感兴趣的候选项,或者保留一些用户不感兴趣的候选项。

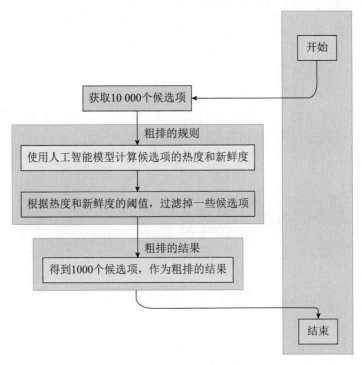

图7.4 基于规则的粗排过程

2. 精排

精排是指对粗排后的候选项,根据一些复杂的模型或算法精细地打分或排序的过程。精排的目的是提高准确度和个性化。精排的规则或指标通常是一些难以获取和计算的数据,例如候选项的特征、用户的特征、用户的行为、用户的偏好等。精排后,会得到一个排序的候选项列表,例如前十或前百个候选项。精排的方法有很多,如基于机器学习的排序、基于深度学习的排序、基于强化学习的排序等。精排的优点是精确个性化,可以根据用户的需求和偏好,为用户提供最优的内容,提高用户的满意度和转化率。精排的缺点是复杂耗时,需要更多的数据和计算资源、更高的技术水平来实现和优化排序模型。图7.5展示了一个基于机器学习的精排方法,其根据候选项的特征和用户的特征,对1000个候选项进行打分和排序,得到前10个候选项,作为精排的结果。我们可以看到,这种方法可以根据用户的个性化需求,为用户提供最优的内容,但也需要更多的数据和计算资源、更高的技术水平来实现。

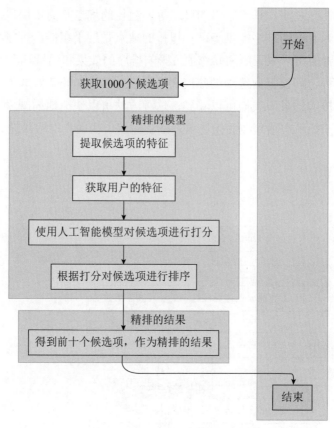

图 7.5　基于机器学习的精排过程

3. 重排

重排是指对精排后的候选项，根据一些额外的因素或目标，重新调整或优化排序的过程。重排的目的是增加多样性和公平性。重排的规则或指标通常是一些与用户或业务相关的数据，如用户的情境、心理、反馈等，或者业务的策略、规则、目标等。重排后，会得到一个调整后的候选项列表，例如在原有的排序基础上，增加一些新颖的、惊喜的、探索性的内容，或者增加一些长尾的、冷门的、多元的内容。重排的方法有很多，如基于多目标的优化、基于多臂赌博机的优化、基于多样性的优化等。重排的优点是多样公平，可以根据用户或业务的额外需求和目标为用户提供更丰富的内容，提高用户的留存率和忠诚度。重排的缺点是难以平衡各因素或目标，这就需要在不同的因素或目标之间找到一个合适的平衡点，避免影响排序的效果和质量。图7.6展示了一个基于多样性的重排过程，其根据用户的反馈，对前十个候选项进行重新排序，增加一些用户未曾接触过的内容，作为重排的结果。我们可以看到，这种方法可以为用户提供更多的选择和探索的机会，但也需要在多样性和准确性之间找到一个合适的平衡点，避免影响用户的满意度和转化率。

第 7 章　让排序更智能：人工智能优化排序模型的方法与实践

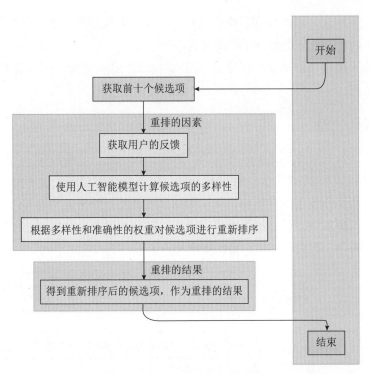

图 7.6　基于多样性的重排过程

7.2　排序模型优化的方法：人工智能大模型的魔法

排序模型的优化是指通过一些技术或方法来提高排序模型的性能和效果，例如数

据预处理、模型构建、模型训练和模型部署等。排序模型的优化是一个复杂和动态的过程，需要根据数据和业务的特点不断地改进。

人工智能大模型在排序模型优化中的应用与实践，是一个新兴和前沿的领域，有着广阔的发展空间。

7.2.1 数据预处理

数据预处理是指对原始数据进行清洗、转换、归一化、降维等操作，以便于后续的模型构建和训练，如图7.7所示。数据预处理是优化排序模型的关键步骤，因为数据的质量和格式直接影响模型的性能和效果。数据预处理的目的是提高数据的可用性、一致性、完整性和可解释性，以及减少数据的噪声、冗余和偏差。数据预处理的方法包括数据清洗、数据转换、数据归一化、数据降维等。

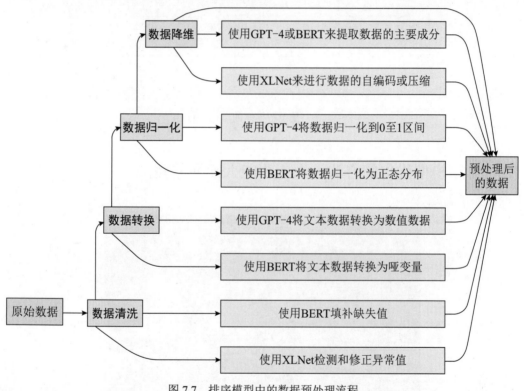

图7.7 排序模型中的数据预处理流程

1. 数据清洗

数据清洗是指删除或修正数据中错误、缺失、重复或异常的值。数据清洗的目的是提高数据的准确性和完整性、减少数据的噪声和偏差。数据清洗的步骤如下所述。

- 识别数据中错误、缺失、重复或异常的值，例如使用统计分析、可视化分析、规则检验等方法，发现数据中异常或不一致的情况。
- 删除或修正数据中错误、缺失、重复或异常的值，例如使用删除、替换、插值、估计等方法，处理数据中的问题。删除，是指直接删除数据中的问题值，如删除数据中的重复记录或异常值。替换，是指用其他的值来替换数据中的问题值，如用平均值或中位数来替换数据中的缺失值或异常值。插值，是指用相邻的值来填补数据中的问题值，如用前后值的平均值来填补数据中的缺失值。估计，是指用模型或算法来预测数据中的问题值，如用线性回归或KNN等方法来估计数据中的缺失值或异常值。
- 验证数据清洗的结果，例如使用统计分析、可视化分析、规则检验等方法，检查数据清洗后的数据是否符合预期的质量和格式。

使用人工智能大模型进行数据清洗的优点是可以利用模型的强大的学习和预测能力，自动识别和修正数据中的问题，从而提高数据清洗的效果和效率。使用人工智能大模型进行数据清洗的挑战是如何选择合适的模型和参数、如何合理定义模型的复杂性和可解释性。例如，我们可以使用GPT-4来生成缺失的文本数据，或者使用BERT来预测缺失的类别数据；我们可以使用BERT识别和纠正文本数据中的拼写错误，或者使用XLNet识别和剔除文本数据中的无关或垃圾信息。我们需要根据数据和业务的特点选择合适的人工智能大模型，并调整模型的参数和超参数，力求达到最佳的数据清洗效果。我们也需要注意模型的可解释性和可信度、模型的稳定性和安全性，避免模型产生错误或不合理的结果，避免泄露隐私或敏感信息。

2. 数据转换

数据转换是指将数据从一种格式或类型转换为另一种，例如，将文本数据转换为数值数据，或者将类别数据转换为哑变量。数据转换的目的是提高数据的一致性和可用性，以适应模型的输入和输出要求。数据转换的步骤如下所述。

- 识别数据的格式或类型(如文本、数值、类别、日期等)。例如，使用数据的元数据、描述性统计、数据类型检测等方法确定数据的格式或类型。
- 转换数据的格式或类型。例如，使用编码、解码、映射、规范化等方法，将数据从一种格式或类型转换为另一种。编码，是指将数据从一种格式或类型转换为另一种，例如将文本数据转换为数值数据，或者将类别数据转换为哑变量。解码，是指将数据从一种格式或类型转换为原来的格式或类型，例如将数值数据转换为文本数据，或者将哑变量转换为类别数据。映射，是指将数据从一种范围或分布转换为另一种，例如将数据从[0，100]区间转换为[0，1]区间，或者将数据从非正态分布转换为正态分布。规范化，是指将数据的格式或类型统一为标准或规范的形式，例如将文本数据的大小写、空格、标点等统一为一致的形式，或者将类别数据的命名、编码等统一为一致的形式。
- 验证数据转换的结果。例如，使用数据的元数据、描述性统计、数据类型检测等方法，检查数据转换后的数据是否符合预期的格式或类型。

例如，我们可以使用GPT-4将文本数据转换为数值数据，或者使用BERT将文本数据转换为哑变量；我们可以使用BERT将文本数据的大小写、空格、标点等统一为一致的形式，或者将类别数据的命名、编码等统一为一致的形式。

3. 数据归一化

数据归一化是指将数据的范围或分布调整为一致或标准的形式，例如将数据缩放到

[0，1]区间，或者将数据转换为正态分布。数据归一化的目的是提高数据的可比较性和可分析性，减少数据的偏差和方差。数据归一化的步骤如下所述。

- 识别数据的范围或分布。例如，使用描述性统计、可视化分析、假设检验等方法确定数据的范围或分布。这些方法包括最大值、最小值、平均值、标准差、中位数、四分位数、偏度、峰度、直方图、箱线图、散点图、QQ图、KS检验、Shapiro-Wilk检验等。
- 转换数据的范围或分布。例如，使用缩放、标准化、正则化、对数化、指数化、平方根化、Box-Cox变换等方法，将数据的范围或分布调整为一致或标准的形式。缩放，是指将数据的范围调整为一个固定的区间，例如将数据缩放到[0，1]区间，或者将数据缩放到[-1，1]区间。标准化，是指将数据的分布调整为均值为0、标准差为1的正态分布，例如使用Z-score标准化，或者使用MinMax标准化。正则化，是指将数据的分布调整为单位范数，例如使用L1正则化，或者使用L2正则化。对数化，是指将数据的分布调整为对数分布，例如使用自然对数，或者使用常用对数。指数化，是指将数据的分布调整为指数分布，例如使用自然指数，或者使用常用指数。平方根化，是指将数据的分布调整为平方根分布，例如使用平方根，或者使用开方。Box-Cox变换，是指将数据的分布调整为接近正态分布的形式，通过使用一个参数来控制数据的变换方式，例如使用Box-Cox变换，或者使用Yeo-Johnson变换。
- 验证数据归一化的结果。例如，使用描述性统计、可视化分析、假设检验等方法，检查数据归一化后的数据是否符合预期的范围或分布。

例如，我们可以使用GPT-4将数据缩放到[0，1]区间，或者使用BERT将数据转换为正态分布；我们可以使用BERT进行数据的正则化，或者使用XLNet进行数据的对数化或指数化。

4. 数据降维

数据降维是指减少数据的维度或特征数量，以降低数据的复杂度和冗余性，提高数据的可视化和解释性。数据降维的目的是提高数据的可分析性和可用性，减少数据的噪声和偏差。数据降维的步骤如下所述。

- 识别数据的维度或特征数量。例如，使用数据的元数据、描述性统计、相关性分析、方差分析等方法，确定数据的行数、列数、特征数、特征类型等维度或特征数量。
- 减少数据的维度或特征数量。例如，使用特征选择、特征提取、特征组合等方法，减少数据的维度或特征数量，使用过滤法、包装法、嵌入法等方法选择数据的重要或相关特征，使用主成分分析(principal component analysis，PCA)或奇异值分解(singular value decomposition，SVD)等方法来提取数据的主要成分或特征向量，使用因子分析(factor analysis，FA)或独立成分分析(independent component analysis，ICA)等方法来组合数据的相关或独立特征。
- 验证数据降维的结果。例如，使用数据的元数据、描述性统计、相关性分析、方差分析等方法，检查数据降维后的数据是否符合预期的维度或特征数量。

例如，我们可以使用GPT-4或BERT提取数据的主要成分或特征向量，或者使用XLNet进行数据的自编码或压缩。

7.2.2 模型构建

模型构建是指根据数据和业务需求选择或设计合适的算法和结构来建立数学或逻辑上的模型，以实现数据的分析和预测，如图7.8所示。模型构建是优化排序模型的主要步骤，因为模型的选择或设计直接决定了模型的性能和效果。模型构建的目的是找到最适合数据和业务的模型，以提高准确性、效率和可扩展性。

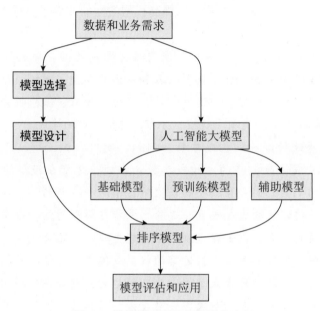

图 7.8 排序模型中的模型构建流程

1. 模型选择

模型选择是指从已有的算法或框架中选择最适合数据和业务的模型，例如线性回归、逻辑回归、支持向量机、决策树、随机森林、神经网络等。模型选择的目的是找到最符合数据和业务特点和需求的模型，以实现数据的分析和预测。模型选择的步骤如下所述。

- 识别数据和业务的特点。例如，使用数据的元数据、描述性统计、相关性分析、方差分析等方法，确定数据的类型、规模、分布、特征、标签等；使用业务的目标、场景、指标、约束等方法，确定业务的需求、难度、风险、价值等。
- 比较和评估不同的模型。例如，使用理论分析、实验分析、案例分析等方法，比较和评估不同模型的优缺点、适用和不适用的场景、性能和效果等，从而比较模型的准确性、效率、可扩展性、可解释性、可维护性等。
- 选择最适合的模型。例如，使用多标准决策分析、成本效益分析、敏感性分析等方法，综合考虑不同模型的优劣和适用性以及数据和业务的特点，选择最适合的模型，如线性回归、逻辑回归、支持向量机、决策树、随机森林、神经网络等。

例如，我们可以使用GPT-4或XLNet在不同的数据或标签上，进行相同的排序任务，与其他的模型进行比较，评估模型的泛化能力和可扩展性，我们可以使用GPT-4或XLNet生成一些人工或专家的排序结果，与其他模型的排序结果进行比较，来评估模型的可信度和可解释性。

2. 模型设计

模型设计，是指根据数据和业务的特点，自定义或修改模型的结构或参数，例如增加或减少模型的层次或节点，或者调整模型的激活函数、损失函数、优化器等。模型设计的目的是优化模型的结构或参数，以提高模型的性能或效果。模型设计的步骤如下所述。

- 分析模型的结构或参数。例如，使用数据的元数据、描述性统计、相关性分析、方差分析等方法，确定模型输入和输出的类型、规模、分布、特征、标签等；使用模型的元数据、描述性统计、可视化分析、敏感性分析等方法，确定模型的结构或参数的类型、规模、分布、特征、影响等。
- 自定义或修改模型的结构或参数。例如，使用添加、删除、替换、调整等方法，自定义或修改模型的结构或参数。添加，是指在模型的结构或参数中增加一些新的元素，例如在模型的层次中，增加一些新的层，或者在模型的参数中，增加一些新的权重或偏置。删除，是指在模型的结构或参数中，去掉一些多余或无用的元素，例如在模型的层次中去掉一些冗余或无效的层，或者在模型的参数中，去掉一些零或接近零的权重或偏置。替换，是指在模型的结构或参数中，用一些新的元素来替换一些旧的元素，例如在模型的层次中，用一些新的层次来替换一些旧的层次，或者在模型的参数中，用一些新的权重或偏置来替换一些旧的权重或偏置。调整，是指在模型的结构或参数中，改变一些元素的值或大小，例如在模型的层次中，改变一些层的顺序或位置，或者在模型的参数中，改变一些权重或偏置的值或范围。
- 验证模型设计的结果。例如，使用数据的元数据、描述性统计、相关性分析、方差分析等方法，检查设计后的模型是否符合预期的输入和输出的类型、规模、分布、特征、标签等，使用模型的元数据、描述性统计、可视化分析、敏感性分析等方法，检查设计后的模型的结构或参数是否符合预期的类型、规模、分布、特征、影响等。

例如，我们可以使用GPT-4或BERT增加或减少模型的层次或节点，或者调整模型的激活函数、损失函数、优化器等；我们可以使用XLNet进行模型的自编码或压缩，或者使用GPT-4或BERT进行模型的生成或变换。

7.2.3 模型训练

模型训练，是指通过给模型输入数据和标签，让模型学习数据的规律和特征，从而调整模型的参数,使模型能够达到预期的目标。模型训练是优化排序模型的关键步骤,因为模型的训练直接影响模型的性能和效果。模型训练的目的是找到最优的模型参数,以提高模型的准确性、效率和可扩展性。模型训练的流程包括数据划分、模型初始化、模型更新和模型验证等,如图7.9所示。

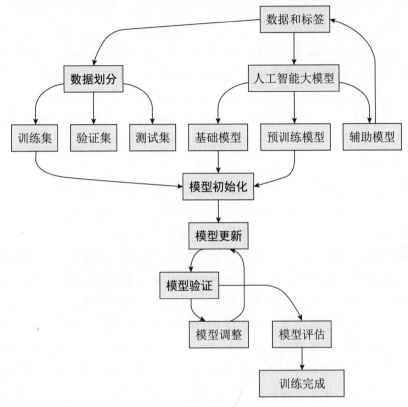

图 7.9 排序模型中的模型训练流程

1. 数据划分

数据划分是指将数据分为训练集、验证集和测试集,以便于模型的训练、调优和评估。数据划分的目的是保证模型的训练、验证和测试的数据是独立的,具有代表性,以避免数据的泄露和偏差。数据划分的步骤如下所述。

- 选择数据划分的方法。例如,使用随机划分、分层划分、分组划分、时间划分等方法,根据数据的特点和业务的需求来划分数据。随机划分,是指按照一定的比例,随机地将数据划分为训练集、验证集和测试集,例如按照6∶2∶2的比例,将数据划分为60%的训练集、20%的验证集和20%的测试集。分层划分,是指按照数据的标签或类别,保持数据的分布一致,将数据划分为训练集、验证集和测试集,例如按照数据的标签的比例,将数据划分为训练集、验证集和测试集。分组划分,是指按照数据的分组或关联,保持数据的独立性,将数据划分为训练集、验证集和测试集,例如按照数据的用户或产品,将数据划分为训练集、验证集和测试集。时间划分,是指按照数据的时间顺序,保持数据的时序性，将数据划分为训练集、验证集和测试集，例如按照数据的时间先后，将数据划分为训练集、验证集和测试集。
- 执行数据划分的操作。使用编程语言或工具，根据选择的方法，将数据划分为训练集、验证集和测试集。例如使用Python或R，根据随机划分、分层划分、分组划分、时间划分等方法，将数据划分为训练集、验证集和测试集。
- 验证数据划分的结果。例如使用数据的元数据、描述性统计、相关性分析、方差分析等方法，检查数据划分后的训练集、验证集和测试集是否符合预期的比例、分布、特征、标签等，是否保持了数据的独立性和代表性。

例如，我们可以使用GPT-4或XLNet，根据数据的特点和业务的需求，生成一些合理的数据划分的方法，然后根据这些方法划分数据；我们可以使用GPT-4或XLNet，根据数据的标签或类别，生成一些合理的数据划分的比例，然后根据这些比例划分数据。

2. 模型初始化

模型初始化，是指给模型的参数赋予一些初始的值，以便于模型的更新和收敛。模型初始化的目的是为模型的训练提供一个合理的起点，以避免模型的更新遇到局部最优、梯度消失、爆炸等问题。模型初始化的步骤如下所述。

- 选择模型初始化的方法。例如，使用随机初始化、零初始化、常数初始化、正交初始化、Xavier初始化、He初始化等方法，根据模型的结构或参数的类型、规模、分布、特征、影响等，初始化模型的参数。随机初始化，是指使用随机数来初始化模型的参数，例如使用均匀分布或正态分布初始化模型的权重或偏置。零初始化，是指使用零值来初始化模型的参数，例如使用零值初始化模型的偏置。常数初始化，是指使用常数值来初始化模型的参数，例如使用1或-1初始化模型的权重或偏置。正交初始化，是指使用正交矩阵来初始化模型的参数，例如使用正交矩阵初始化模型的权重。Xavier初始化，是指使用均匀分布或正态分布初始化模型的参数，但是根据模型的输入和输出的节点数调整分布的范围或方差，以保持模型的方差一致。He初始化，是指使用均匀分布或正态分布初始化模型的参数，但是根据模型的输入的节点数调整分布的范围或方差，以保持模型的方差一致。
- 执行模型初始化的操作，即使用编程语言或工具，根据选择的方法，给模型的参数赋予一些初始的值。例如使用Python或R，根据随机初始化、零初始化、常数初始化、正交初始化、Xavier初始化、He初始化等方法，初始化模型的参数。
- 验证模型初始化的结果。例如，使用模型的元数据、描述性统计、可视化分析、敏感性分析等方法，检查初始化后的模型的参数是否符合预期的类型、规模、分布、特征、影响等，是否有利于模型的更新和收敛。

例如，我们可以使用GPT-4或BERT，根据模型的结构或参数的类型、规模、分布、特征、影响等，生成一些合理的模型初始化的方法，然后根据这些方法，初始化模型的参数；我们可以使用GPT-4或BERT并根据模型的输入和输出的类型、规模、分布、特征、标签等，生成一些合理的模型初始化的值，然后根据这些值，初始化模型的参数。

3. 模型更新

模型更新，是指根据模型的损失函数和优化器计算模型的梯度，并根据梯度的方向和大小，更新模型的参数。模型更新的目的是使模型的参数逐渐接近最优的值，以最小化模型的损失或最大化模型的收益。模型更新的步骤如下所述。

- 选择模型更新的方法。例如，使用批量梯度下降、随机梯度下降、小批量梯度下降、动量法、Nesterov动量法、AdaGrad、RMSProp、Adam、Nadam等方法，根据模型的损失函数和优化器，计算模型的梯度，并根据梯度的方向和大小更新模型参数。批量梯度下降，是指使用所有的数据计算模型的梯度，并根据梯度的方向和大小，更新模型的参数。随机梯度下降，是指使用单个的数据计算模型的梯度，并根据梯度的方向和大小更新模型参数。小批量梯度下降，是指使用一小部分数据计算模型的梯度，并根据梯度的方向和大小更新模型的参数。动量法，是指使用一个动量参数累积模型的梯度，并根据梯度的方向和大小，更新模型的参数。Nesterov动量法，是指使用一个动量参数，预测模型的参数的下一步的位置，并根据梯度的方向和大小，更新模型的参数。AdaGrad，是指使用一个自适应的学习率，根据模型参数的历史梯度，调整模型的参数的更新速度。RMSProp，是指使用一个指数衰减的平均梯度，根据模型的参数的历史梯度，调整模型参数的更新速度。Adam结合了动量法和RMSProp的优点，使用一个动量参数和一个自适应的学习率，根据模型参数的历史梯度，调整模型参数的更新速度。Nadam结合Nesterov动量法和Adam的优点，使用一个动量参数和一个自适应的学习率，根据模型的参数的历史梯度调整模型参数的更新速度。
- 执行模型更新的操作，即使用编程语言或工具，根据选择的方法，计算模型的梯度，并根据梯度的方向和大小更新模型的参数。例如使用Python或R，根据批量梯度下降、随机梯度下降、小批量梯度下降、动量法、Nesterov动量法、AdaGrad、RMSProp、Adam、Nadam等方法，计算模型的梯度，并根据梯度的方向和大小更新模型的参数。
- 验证模型更新的结果。例如，使用模型的元数据、描述性统计、可视化分析、敏感性分析等方法，检查模型更新后的模型参数是否符合预期的类型、规模、分布、特征、影响等，是否有利于模型的收敛和优化。

例如，我们可以使用GPT-4或BERT并根据模型的损失函数和优化器，生成一些合理的模型更新的方法，然后根据这些方法，更新模型的参数；我们可以使用GPT-4或BERT并根据模型的输入和输出的类型、规模、分布、特征、标签等，生成一些合理的模型更新的值，然后根据这些值，更新模型的参数。

4. 模型验证

模型验证，是指在验证集上检测模型的性能和效果，检测是否出现过拟合或欠拟合的现象，并根据验证结果调整模型的参数或结构。模型验证的目的是优化模型的性能或效果，以提高模型的准确性、效率和可扩展性。模型验证的步骤如下所述。

- 选择模型验证的方法。例如，使用准确率、精确率、召回率、F1值、AUC值、

MSE值、MAE值、R2值等方法，根据数据和业务的特点和需求，评估模型的性能和效果；使用准确率、精确率、召回率、F1值等方法，评估分类模型的性能和效果；使用AUC值、MSE值、MAE值、R2值等方法，评估回归模型的性能和效果。

- 执行模型验证的操作，即使用编程语言或工具，根据选择的方法，计算模型在验证集上的性能和效果。例如，使用Python或R，根据准确率、精确率、召回率、F1值、AUC值、MSE值、MAE值、R2值等方法，计算模型在验证集上的性能和效果。
- 验证模型验证的结果。例如，使用模型的元数据、描述性统计、可视化分析、敏感性分析等方法，检查验证后的模型的性能和效果是否符合预期的目标、指标、约束等，是否出现过拟合或欠拟合的现象，并根据验证结果，调整模型的参数或结构。

例如，我们可以使用GPT-4或BERT并根据数据和业务的特点和需求，生成一些合理的模型验证的方法，然后根据这些方法，验证模型的性能和效果；我们可以使用GPT-4或BERT并根据模型的性能和效果，生成一些合理的模型验证的结果，然后根据这些结果，调整模型的参数或结构。

7.2.4 模型评估

模型评估，是指通过给模型输入测试集，让模型输出预测结果，然后与真实结果进行比较，以评估模型的性能和效果。模型评估是优化排序模型的关键步骤，因为模型的评估结果直接反映模型的优劣和改进方向。模型评估的目的是找到最合适的模型评估指标和方法，以准确地衡量模型的性能和效果。排序模型中的模型评估流程如图7.10所示。

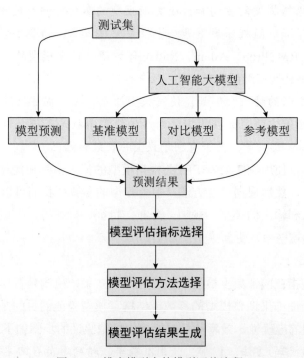

图 7.10 排序模型中的模型评估流程

1. 模型评估指标选择

模型评估指标，是指用来衡量模型的性能和效果的数值或图形，如准确率、召回率、F1值、AUC值、NDCG值、MRR值等。模型评估指标能够为模型的评估提供一个客观和量化的标准，以便于模型的比较和优化。模型评估指标选择的步骤如下所述。

- 识别数据和业务的特点和需求。例如，使用数据的元数据、描述性统计、相关性分析、方差分析等方法，确定数据的类型、规模、分布、特征、标签等；使用业务的目标、场景、指标、约束等方法，确定业务的需求、难度、风险、价值等。
- 比较和评估不同的模型评估指标的可靠性、敏感性、稳定性、可解释性、可维护性等，例如使用理论分析、实验分析、案例分析等方法，比较和评估不同模型评估指标的优缺点、适用和不适用的场景、性能和效果等。
- 选择最适合的模型评估指标，例如使用多标准决策分析、成本效益分析、敏感性分析等方法，综合考虑不同模型评估指标的优劣和适用性，同时考虑数据和业务的特点及需求，选择最适合的模型评估指标，如选择准确率、召回率、F1值、AUC值、NDCG值、MRR值等。

例如，我们可以使用GPT-4或XLNet并根据数据和业务的特点，生成一些合理的模型评估指标，然后根据这些指标，评估模型的性能和效果；我们可以使用GPT-4或XLNet并根据模型的性能和效果，生成一些合理的模型评估指标的结果，然后根据这些结果，选择最适合的模型评估指标。

2. 模型评估方法选择

模型评估方法，是指用来进行模型评估的技术或流程，例如交叉验证、留一法、自助法、A/B测试等。模型评估方法能够为模型的评估提供一个有效和可靠的方式，以便于模型的比较和优化。模型评估方法选择的步骤与评估指标选择的步骤相同。

例如，我们可以使用GPT-4或XLNet并根据数据和业务的特点，生成一些合理的模型评估方法，然后根据这些方法，评估模型的性能和效果；我们可以使用GPT-4或XLNet并根据模型的性能和效果，生成一些合理的模型评估方法的结果，然后根据这些结果，选择最适合的模型评估方法。

3. 模型评估结果生成

模型评估结果，是指根据模型评估指标和方法得到的关于模型性能和效果的报告或分析，例如模型的优缺点、适用和不适用的场景、模型的改进和优化的建议等。模型评估结果能够为模型的优化和应用提供一个依据，以便于模型的比较和选择。模型评估结果生成的步骤如下所述。

- 收集和整理模型评估的数据，即使用编程语言或工具，根据模型评估指标和方法计算模型在测试集上的性能和效果以及模型的预测结果和真实结果。例如，使用Python或R，根据准确率、召回率、F1值、AUC值、NDCG值、MRR值等指标，根据交叉验证、留一法、自助法、A/B测试等方法，计算模型在测试集上的性能和效果以及模型的预测结果和真实结果。
- 分析和解释模型评估的结果，即使用数据的元数据、描述性统计、可视化分析、敏感性分析等方法，分析和解释模型评估的结果。例如，使用数据的类型、规模、分布、特征、标签等，分析和解释模型的性能、效果以及优缺点；使用数据的相关性、方差、偏差等，分析和解释模型的预测结果和真实结果以及适用和不适用的场景。
- 生成和展示模型评估的报告，即使用文本、图表、代码等方法，生成和展示模型评估的报告。例如，使用文本总结和归纳模型评估的结果，提出模型改进和优化的建议；使用图表、代码等展示和说明模型评估的结果，以及模型的性能和效果的对比及差异。

7.2.5 模型部署

模型部署，是指将模型从开发环境转移到生产环境，使模型能够在真实的数据和业务场景中提供服务。模型部署是优化排序模型的关键步骤，因为模型的部署直接决定了模型的可用性和可靠性。模型部署的目的是找到最合适的模型部署平台和方式，以保证模型的性能和效果。排序模型中的模型部署流程如图7.11所示。

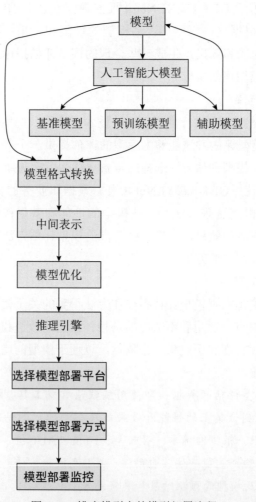

图 7.11　排序模型中的模型部署流程

1. 选择模型部署平台

模型部署平台，是指用来存储、运行和管理模型的硬件或软件，如云计算、边缘计算、容器、服务器等。模型部署平台能够为模型的部署提供一个稳定和高效的环境，以保证模型的性能和效果。部署模型平台的步骤如下所述。

- 识别数据和业务的特点和需求。例如，使用数据的元数据、描述性统计、相关性分析、方差分析等方法，确定数据的类型、规模、分布、特征、标签等；使用业务的目标、场景、指标、约束等方法，确定业务的需求、难度、风险、价值等。
- 比较和评估不同的模型部署平台的可用性、可靠性、可扩展性、可维护性、可监控性等。例如，使用理论分析、实验分析、案例分析等方法，比较和评估不同模型部署平台的优缺点、适用和不适用的场景、性能和效果等。
- 选择最适合的模型部署平台。例如，使用多标准决策分析、成本效益分析、敏感性分析等方法，综合考虑不同模型部署平台的优劣和适用性，以及数据和业务的特点及需求，选择最适合的模型部署平台。

2. 选择模型部署方式

模型部署方式，是指将模型从开发环境转移到生产环境的技术或流程，如在线部署、离线部署、增量部署、回滚部署等。模型部署方式能够为模型的部署提供一个灵活和可控的方式，以保证模型的性能和效果。选择模型部署方式的步骤如下所述。

- 识别数据和业务的特点及需求。例如，使用数据的元数据、描述性统计、相关性分析、方差分析等方法，确定数据的类型、规模、分布、特征、标签等；使用业务的目标、场景、指标、约束等方法，确定业务的需求、难度、风险、价值等。
- 比较和评估不同的模型部署方式的可用性、可靠性、可扩展性、可维护性、可监控性等，例如使用理论分析、实验分析、案例分析等方法，比较和评估不同模型部署方式的优缺点、适用和不适用的场景、性能和效果等。
- 选择最适合的模型部署方式。例如，使用多标准决策分析、成本效益分析、敏感性分析等方法，综合考虑不同模型部署方式的优劣和适用性，同时考虑数据和业务的特点及需求，选择最适合的模型部署方式，如在线部署、离线部署、增量部署、回滚部署等。

3. 模型部署监控

模型部署监控，是指用来检测和评估模型在生产环境中的状态和表现的技术或方法，例如日志、指标、报警、反馈等。模型部署监控的目的是为模型的部署提供一个持续和及时的反馈，以保证模型的性能和效果。模型部署监控的步骤如下所述。

- 识别数据和业务的特点和需求。例如，使用数据的元数据、描述性统计、相关性分析、方差分析等方法，确定数据的类型、规模、分布、特征、标签等；使用业务的目标、场景、指标、约束等方法，确定业务的需求、难度、风险、价值等。
- 比较和评估不同的模型部署监控方法的可用性、可靠性、可扩展性、可维护性、可监控性等，例如使用理论分析、实验分析、案例分析等方法，比较和评估不同模型部署监控方法的优缺点、适用和不适用的场景、性能和效果等。

- 选择最适合的模型部署监控方法。例如，使用多标准决策分析、成本效益分析、敏感性分析等方法，综合考虑不同模型部署监控方法的优劣和适用性，同时考虑数据和业务的特点和需求，选择最适合的模型部署监控方法，如选择日志、指标、报警、反馈等。

例如，我们可以使用GPT-4或XLNet并根据数据和业务的特点及需求，生成一些合理的模型部署监控方法，然后根据这些方法，监控模型在生产环境中的状态和表现；我们可以使用GPT-4或XLNet并根据模型在生产环境中的状态和表现，生成一些合理的模型部署监控的结果，然后根据这些结果，评估模型的性能和效果。

7.3　AI赋能数字营销：常见的排序模型及其优化策略

排序模型是指根据一定的标准或规则，对一组产品或内容进行排序的方法。排序模型在数字化营销业务中有着广泛的应用，如电商平台的商品推荐、广告平台的广告投放、内容平台的内容展示、社交平台的信息流等。排序模型能够提高用户的满意度和转化率，从而增加平台的收入和用户留存率。

排序模型的设计和实现涉及多个方面的因素，如产品或内容的属性、用户的行为和偏好、业务的目标和约束、数据的质量和数量、算法的效率和效果等。不同的业务场景和需求可能需要不同的排序模型，或者对同一个排序模型有不同的优化策略。因此，产品经理和运营人员需要了解排序模型的原理和应用方法，以便能够合理地设计排序模型。

随着人工智能技术的发展，特别是深度学习和大数据技术的进步，人工智能大模型开始在排序模型中发挥重要的作用。

7.3.1 基于规则的排序

根据一些预先定义的规则或公式，对产品或内容进行排序，即为基于规则的排序。人工智能大模型能够从海量的数据中学习到丰富的特征和知识，从而提高用户行为数据的表达能力和语义理解能力。例如，我们可以根据产品的价格、销量、评分、库存等因素，计算出一个综合得分，然后按照得分从高到低进行排序。或者，我们可以根据内容的发布时间、点击量、评论数、收藏数等因素，计算出一个热度指数，然后按照热度从高到低进行排序。基于规则的排序流程如图7.12所示。

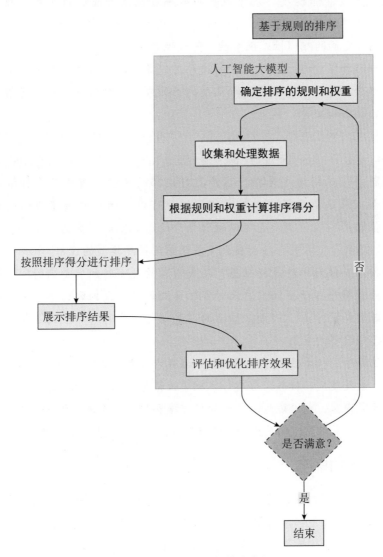

图 7.12 基于规则的排序流程

基于规则的排序是最简单、直观的排序方法，它有以下几个优点。
- 易于理解和实现。基于规则的排序不需要复杂的算法和数据，只需要根据业务逻辑来制定并执行排序规则。
- 可控和可调。基于规则的排序可以根据业务需求和用户反馈来灵活地调整排序规则，以达到预期的效果。
- 具有可解释性和可信性。基于规则的排序可以清楚地说明排序的依据和原因，从而提高用户的信任度和满意度。

然而，基于规则的排序也有以下几个缺点。
- 缺乏个性化和动态性。基于规则的排序对所有的用户/产品/内容都采用相同的排序规则，无法考虑用户的个性化需求和偏好，也无法及时反映产品或内容的变化和更新。
- 缺乏灵敏度和精确度。基于规则的排序可能无法捕捉到一些细微和重要的因素，如用户的情感、兴趣、意图等，也无法处理一些复杂和隐含的关系，如产品或内容之间的相似性、互补性、替代性等。
- 缺乏创新和多样性。基于规则的排序可能导致一些过于常见和平庸的产品或内容被过分推荐，而一些新颖和优质的产品或内容被忽略，从而降低用户探索和发现的机会和兴趣。

基于规则的排序模型在产品推荐和内容展示中有着广泛的应用，我们可以根据不同的业务场景和目标，选择不同的排序规则。以下是一些常用的基于规则的排序模型的应用实例。
- 热门排序。热门排序是指根据产品或内容的热度、流行度进行排序的方法，如销量、点击量、评论数等。热门排序可以帮助用户快速找到最受欢迎和最有价值的产品或内容，也可以增加平台的曝光率和影响力。例如，淘宝的"热卖""爆款""人气"等标签就是基于热门排序模型的应用。
- 最新排序。最新排序是指根据产品或内容的发布时间、更新时间进行排序的方法。最新排序可以帮助用户及时获取最新的产品或内容信息，也可以增加平台的活跃度和竞争力。例如，微博的"最新""实时""热门"等标签就是基于最新排序模型的应用。
- 相关性排序。相关性排序是指根据产品或内容与用户需求的匹配程度进行排序的方法，如关键词、标签、分类等。相关性排序可以帮助用户准确地找到自己想要的产品或内容，也可以增加平台的转化率和用户留存率。例如，百度的"相关搜索""相关资讯""相关视频"等标签就是基于相关性排序模型的应用。

7.3.2 基于内容的排序

根据产品或内容的属性或特征进行排序，即基于内容的排序。例如，我们可以根据产品的品牌、类型、颜色、尺寸等属性，或者内容的标题、摘要、标签、主题等特征进行排序。基于内容的排序模型能够提高产品或内容与用户的匹配度，从而增加用户的满意度和转化率。

基于内容的排序模型的流程如图7.13所示。
- 首先，我们需要提取产品或内容的特征，即从产品或内容中抽取一些有意义的信息，如文本、图像、音频等。特征提取的方法有很多，如分词、词向量、主题模型、图像识别、语音识别等。

- 其次，我们需要对用户的偏好进行分析，即从用户的行为或反馈中获取用户的喜好及需求，如点击、收藏、评价等。偏好分析的方法有很多，如用户画像、用户分群、用户兴趣模型等。
- 最后，我们需要对产品或内容进行排序，即根据产品或内容的特征，根据用户的偏好，计算出一个匹配度或偏好度的分数，然后按照分数从高到低进行排序。排序的方法有很多，如余弦相似度、欧氏距离、皮尔逊相关系数等。

基于内容的排序模型可以利用人工智能大模型提取和表示内容特征，从而提高排序模型的性能和效果。例如，我们可以使用BERT模型提取文本的语义特征，或者使用GPT模型生成文本的摘要或标签。

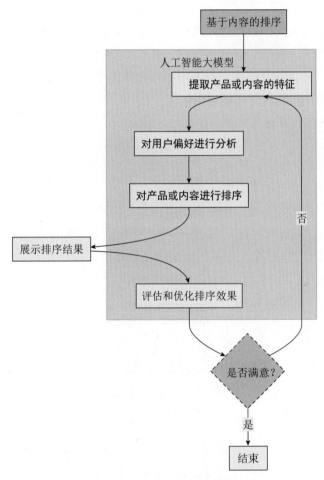

图7.13 基于内容的排序流程

基于内容的排序模型在产品推荐和内容展示中有着广泛的应用，我们可以根据不同的业务场景和目标，选择不同的排序方法。以下是一些基于内容的排序模型的应用实例。

- 基于标签的排序。基于标签的排序是指根据产品或内容的标签来进行排序的方法，如分类、关键词、话题等。基于标签的排序可以帮助用户快速找到自己感兴趣的产品或内容，也可以增加平台的覆盖度和多样性。例如，知乎的"热榜""话题""专栏"等标签就是基于标签的排序模型的应用。

- 基于主题的排序。基于主题的排序是指根据产品或内容的主题进行排序的方法，如新闻、教育、娱乐等。基于主题的排序可以帮助用户找到自己想要的产品或内容类型，也可以增加平台的针对性和专业性。例如，今日头条的"推荐""视频""问答"等标签就是基于主题的排序模型的应用。
- 基于情感的排序。基于情感的排序是指根据产品或内容的情感来进行排序的方法，如正面、负面、中性等。基于情感的排序可以帮助用户找到自己喜欢或讨厌的产品或内容，也可以增加平台的人性化和互动性。例如，豆瓣的"评分""短评""影评"等标签就是基于情感的排序模型的应用。

7.3.3 基于用户行为的排序

根据用户的行为或反馈数据进行排序，即基于用户行为的排序。例如，我们可以根据用户的点击、购买、收藏、评价等数据，推断用户的喜好和需求，然后根据用户的喜好和需求对产品或内容进行排序。基于用户行为的排序模型能够提高排序的个性化和动态化，从而增加用户的满意度和转化率。

基于用户行为的排序流程如图7.14所示。

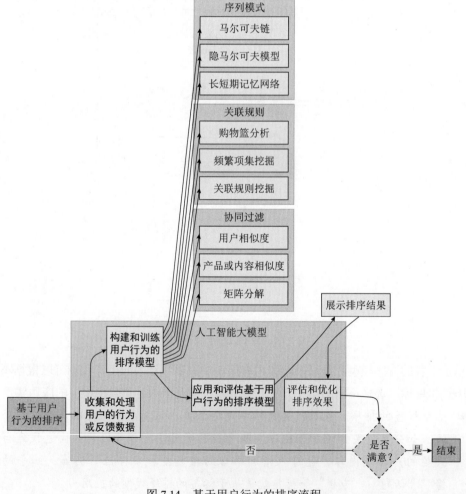

图 7.14　基于用户行为的排序流程

- 首先，我们需要收集和处理用户的行为或反馈数据，即从用户的操作或评价中获取用户的行为或反馈信息，如点击、购买、收藏、评价等。收集和处理数据的方法有很多，如日志记录、数据清洗、数据标准化等。
- 其次，我们需要构建和训练基于用户行为的排序模型，即根据用户的行为或反馈数据来建立和优化排序模型。基于用户行为的排序模型的方法有很多，如协同过滤、关联规则、序列模式等。
    - ◆ 协同过滤是指根据用户与产品或内容之间的相似性、相关性来进行排序的方法，如用户相似度、产品或内容相似度、矩阵分解等。协同过滤可以帮助用户发现与自己有相似喜好的其他用户，发现其他产品或内容，也可以增加平台的多样性和新颖性。
    - ◆ 关联规则是指根据用户的行为或反馈数据中的频繁模式、规律来进行排序的方法，如购物篮分析、频繁项集挖掘、关联规则挖掘等。关联规则可以帮助用户找到与自己的行为或反馈相关的其他产品或内容，也可以增加平台的互补性和替代性。
    - ◆ 序列模式是指根据用户的行为或反馈数据中的时序关系、顺序关系来进行排序的方法，如马尔可夫链、隐马尔可夫模型、长短期记忆网络等。序列模式可以帮助用户找到与自己的行为或反馈有先后关系、因果关系的其他产品或内容，也可以增加平台的动态性和预测性。
- 最后，我们需要评估基于用户行为的排序模型，即根据用户行为的排序模型来对产品或内容进行排序，并根据用户的行为或反馈数据来评估排序模型的效果。评估的方法有很多，如A/B测试、在线学习、多臂老虎机等。

基于用户行为的排序模型可以利用人工智能大模型处理和分析用户行为数据，从而提高排序模型的性能和效果。例如，我们可以使用GPT模型生成用户的行为或反馈数据，或者使用XLNet模型预测用户的行为或反馈数据。

基于用户行为的排序模型在产品推荐和内容展示中有着广泛的应用，我们可以根据不同的业务场景和目标，选择不同的排序模型。以下是一些基于用户行为的排序模型的应用实例。

- 个性化排序。个性化排序是指根据用户的个人喜好和需求进行排序的方法，如用户画像、用户分群、用户兴趣模型等。个性化排序可以帮助用户找到最符合自己需要的产品或内容，也可以增加用户的忠诚度和留存率。例如，网易云音乐的"私人FM""每日推荐""歌单推荐"等标签就是个性化排序模型的应用。
- 动态排序。动态排序是指根据用户的实时行为或反馈进行排序的方法，如实时点击、实时评价、实时反馈等。动态排序可以帮助用户及时获取最新的产品或内容信息，也可以增加平台的活跃度和竞争力。例如，抖音的"推荐""热搜""话题"等标签就是动态排序模型的应用。
- 多样化排序。多样化排序是指在保证产品或内容的相关性和质量的同时，增加产品或内容的多样性和新颖性的方法，如多样性度量、多样性优化、多样性增强等。多样化排序可以帮助用户发现更多的产品或内容，也可以增加平台的覆盖度和探索度。例如，京东的"为你推荐""发现好货""品牌精选"等标签就是多样化排序模型的应用。

7.3.4 基于机器学习的排序

机器学习是指让计算机从数据中自动学习和优化的技术，它可以帮助我们处理和分析大量的数据，它能构建复杂的推荐算法。机器学习在排序模型中有着重要的作用，它可以提高排序模型的灵敏度和精确度。

基于机器学习的排序流程如图7.15所示。

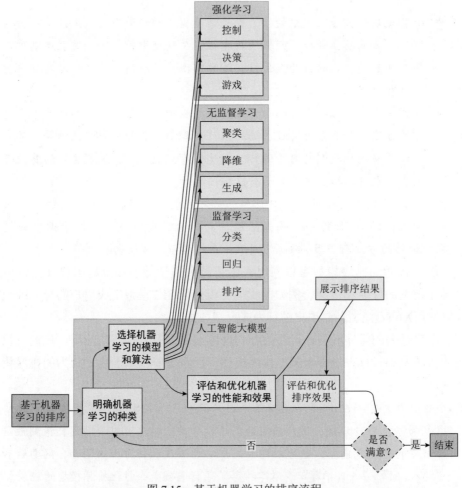

图7.15　基于机器学习的排序流程

- 首先，我们需要明确机器学习的种类。机器学习可以分为三大类，分别是监督学习、无监督学习和强化学习。
  - ◆ 监督学习是指根据已知的输入和输出的对应关系来训练机器学习模型的方法，如分类、回归、排序等。监督学习的目标是让机器学习模型能够准确地预测未知的输入的输出，如预测用户的点击率、评分等。

- ◆ 无监督学习是指根据未知的输入来训练机器学习模型的方法，如聚类、降维、生成等。无监督学习的目标是让机器学习模型能够发现输入的内在结构和规律，如发现用户的兴趣、产品的特征等。
- ◆ 强化学习是指根据机器学习模型的行为和环境的反馈来训练机器学习模型的方法，如控制、决策、游戏等。强化学习的目标是让机器学习模型能够通过不断的尝试和学习，找到最优的行为策略，如找到最优的推荐策略、排序策略等。
- 其次，我们需要选择机器学习的模型和算法，即选择让机器学习用什么样的数学模型和计算方法来实现目标。机器学习的模型和算法有很多，如线性回归、逻辑回归、支持向量机、决策树、随机森林、神经网络、梯度下降、随机梯度下降、期望最大化等。
- 最后，我们需要评估和优化机器学习的性能及效果，即评估机器学习做得有多好，以及如何让机器学习做得更好。机器学习的评估和优化的方法有很多，如准确率、召回率、F1值、均方误差、交叉熵、准确率-覆盖率曲线、学习曲线、过拟合、欠拟合、正则化、超参数调整等。

机器学习可以利用人工智能大模型构建和训练机器学习模型，从而提高排序模型的性能和效果。例如，我们可以使用人工智能大模型进行预训练、微调和迁移学习，从而提高机器学习模型的效果和效率。

机器学习在排序模型中有着广泛的应用，我们可以根据不同的业务场景和目标，选择不同的机器学习方法。以下是一些基于机器学习的排序模型的应用场景。

- 搜索排序。搜索排序是指根据用户的查询与产品或内容的相关性进行排序的方法，适用于搜索引擎、电商平台、内容平台等。搜索排序可以帮助用户快速找到自己想要的产品或内容，也可以增加平台的流量和收入。搜索排序是一个典型的监督学习任务，我们可以使用机器学习模型预测用户的点击率、购买率等指标，然后根据这些指标进行排序。例如，我们可以使用人工智能大模型提取用户查询的特征，然后使用逻辑回归或神经网络预测点击率或购买率，最后按照预测值从高到低进行排序。
- 广告排序。广告排序是指根据用户的兴趣和广告的效果进行排序的方法，适用于广告平台、社交平台、视频平台等。广告排序可以帮助用户找到自己感兴趣的广告，也可以增加平台的收益。广告排序是一个典型的强化学习任务，我们可以使用机器学习模型并根据用户的行为和反馈来不断优化排序策略，从而使平台的收益最大化。例如，我们可以使用人工智能大模型提取用户的兴趣和广告的特征，然后使用多臂老虎机或深度Q网络来对广告进行选择和排序，最后根据用户的点击或购买等反馈来调整排序策略。
- 社交排序。社交排序是根据用户的社交关系和社交内容的质量来进行排序的方法，适用于微博、微信、抖音等。社交排序可以帮助用户找到自己关注和喜欢的内容，也可以增加平台的活跃度和影响力。社交排序是一个典型的无监督学习任务，我们可以使用机器学习模型发现及表示用户的社交关系和社交内容的质量，然后根据这些信息进行排序。例如，我们可以使用人工智能大模型提取用户的社交网络和社交内容的特征，然后使用聚类或降维等方法来发现用户的社交群体和社交内容的主题，最后根据用户的社交距离和社交热度进行排序。

7.3.5 基于深度学习的排序

深度学习是一种使用多层神经网络来学习和表示数据的复杂特征及关系的技术，它可以帮助我们处理和分析高维度、非线性和非结构化的数据，它能构建高性能的推荐算法。深度学习在排序模型中有着重要的作用，它可以帮助我们实现排序模型的实时反馈和个性化推荐，从而增加用户的满意度和转化率。

基于深度学习的排序流程如图7.16所示。

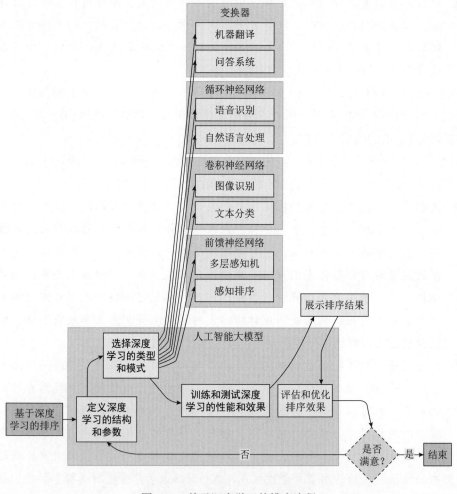

图 7.16 基于深度学习的排序流程

- 首先，我们需要定义深度学习的结构和参数，即确定让深度学习用什么样的神经网络和计算单元来实现目标。深度学习的结构和参数有很多，如全连接层、卷积层、池化层、激活函数、损失函数、优化器等。
- 其次，我们需要选择深度学习的类型和模式，即选择让深度学习用什么样的数据流、计算流来处理和分析我们的数据。深度学习的类型和模式有很多，如前馈神经网络、卷积神经网络、循环神经网络、变换器等。

- ◆ 前馈神经网络是指将数据从输入层经过一系列的隐藏层传递到输出层的神经网络，如多层感知机、感知排序等。前馈神经网络可以帮助我们学习和表示数据的基本特征及关系，如用户的属性、产品或内容的属性等。
- ◆ 卷积神经网络是指使用卷积操作来提取数据的局部特征和全局特征的神经网络，如图像识别、文本分类等。卷积神经网络可以帮助我们学习和表示数据的空间特征及结构特征，如用户的行为序列、产品或内容的图像特征等。
- ◆ 循环神经网络是指使用循环单元来处理和记忆数据的时序特征及上下文特征的神经网络，如语音识别、自然语言处理等。循环神经网络可以帮助我们学习和表示数据的动态特征及语义特征，如用户的行为历史、产品或内容的文本特征等。
- ◆ 变换器是指使用自注意力机制来捕捉数据的长距离依赖和多维度关注的神经网络，如机器翻译、问答系统等。变换器可以帮助我们学习和表示数据的复杂特征及关系，如用户的兴趣、产品或内容的主题等。
- 最后，我们需要训练和测试深度学习的性能及效果，即评估深度学习做得有多好，以及如何让深度学习做得更好。训练和测试的方法有很多，如数据集划分、批量训练、梯度下降、反向传播、交叉验证、早停等。

深度学习可以利用人工智能大模型设计深度学习模型，从而提高排序模型的性能和效果。例如，我们可以使用人工智能大模型进行预训练、微调和迁移学习，从而提高深度学习模型的效果和效率。

深度学习在排序模型中有着广泛的应用，我们可以根据不同的业务场景和目标，选择不同的深度学习类型和模式。以下是一些基于深度学习的排序模型的应用实例。

- 语义排序。语义排序是指根据产品/内容的语义相似度进行排序的方法，如搜索引擎、问答系统、对话系统等。语义排序可以帮助用户找到最符合自己的语义需求的产品/内容，也可以增加平台的准确度和可信度。语义排序是一个典型的前馈神经网络任务，我们可以使用人工智能大模型来提取用户的语义特征，然后使用全连接层或卷积层来计算语义相似度，最后按照相似度从高到低进行排序。
- 多模态排序。多模态排序是指根据产品/内容的多种模态特征进行排序的方法，如图文搜索、视频推荐、音乐推荐等。多模态排序可以帮助用户找到最符合自己多种感官需求的产品/内容，也可以增加平台的丰富度和趣味度。多模态排序是一个典型的卷积神经网络任务，我们可以使用人工智能大模型来提取产品/内容的多种模态特征，如文本、图像、音频等，然后使用卷积层或池化层来融合多种模态特征，最后按照融合特征的得分从高到低进行排序。
- 生成式排序。生成式排序是指根据产品/内容的生成概率进行排序的方法，如摘要生成、标题生成、评论生成等。生成式排序可以帮助用户找到最符合自己需求的产品/内容,也可以增加平台的创新度和多样性。生成式排序是一个典型的循环神经网络任务,我们可以使用人工智能大模型来提取产品/内容的特征,然后使用循环神经网络或变换器来生成产品/内容的摘要、标题、评论等,最后按照生成概率从高到低进行排序。

7.3.6 基于多目标的排序

多目标排序是指在排序过程中考虑多个目标和约束的方法,如效率、公平性、可解释性等。多目标排序可以帮助我们在满足用户的个性化和动态化需求的同时,兼顾平台的利益和社会的责任,从而实现排序的优化和平衡。

基于多目标的排序流程如图7.17所示。

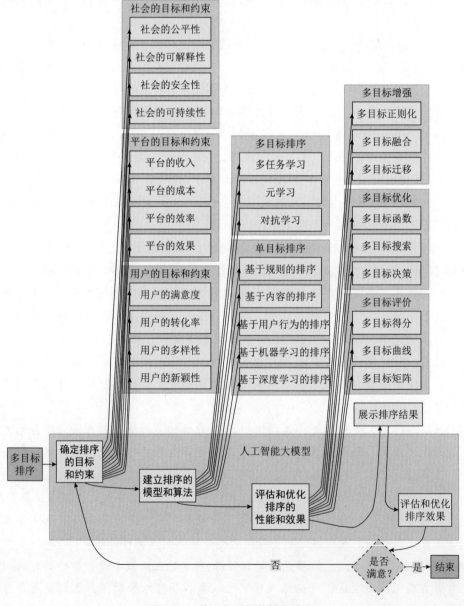

图7.17 基于多目标的排序流程

- 首先，我们需要确定排序的目标和约束，即确定在排序过程中优化和平衡的指标。排序的目标和约束可以分为三大类，分别是用户的目标和约束、平台的目标和约束、社会的目标和约束。
  - 用户的目标和约束是指用户在排序过程中期望和限制的指标，如用户的满意度、转化率、多样性、新颖性等。用户的目标和约束可以通过用户的行为或反馈数据来获取和度量，如点击、购买、收藏、评价等。
  - 平台的目标和约束是指平台在排序过程中期望和限制的指标，如平台的收入、成本、效率、效果等。平台的目标和约束可以通过平台的业务或运营数据来获取和度量，如销量、利润、流量、曝光等。
  - 社会的目标和约束是指社会在排序过程中期望和限制的指标，如社会的公平性、可解释性、安全性、可持续性等。社会的目标和约束可以通过社会的法律或道德数据来获取和度量，如隐私、版权、规范、伦理等。
- 其次，我们需要建立排序的模型和算法，即如何处理和分析数据，以及如何根据目标和约束进行排序。排序的模型和算法可以分为两大类，分别是单目标排序和多目标排序。
  - 单目标排序是指只考虑一个目标或约束来进行排序的方法，如基于规则的排序、基于内容的排序、基于用户行为的排序、基于机器学习的排序、基于深度学习的排序等。单目标排序可以帮助我们简化问题，但也可能忽略其他的目标或约束。
  - 多目标排序是指同时考虑多个目标或约束来进行排序的方法，如多任务学习、元学习、对抗学习等。多目标排序可以帮助我们平衡排序的问题，但也可能增加排序的复杂度和难度。
- 最后，我们需要评估和优化排序的结果，即评估排序做得有多好，以及如何让排序做得更好。评估和优化的方法有很多，如多目标评价、多目标优化、多目标增强等。
  - 多目标评价是指根据多个目标或约束来评估排序的方法，如多目标得分、多目标曲线、多目标矩阵等。多目标评价可以帮助我们全面和客观地衡量排序的效果，但也可能存在不同的评价标准和权重。
  - 多目标优化是指根据多个目标或约束来优化排序的方法，如多目标函数、多目标搜索、多目标决策等。多目标优化可以帮助我们有效和灵活地调整排序的策略，但也可能存在不同的优化目标和方法。
  - 多目标增强是指根据多个目标或约束来增强排序的方法，如多目标正则化、多目标融合、多目标迁移等。多目标增强可以帮助我们提高排序的性能，但也可能存在不同的增强技术和效果。

多目标排序模型可以利用人工智能大模型实现，从而提高排序模型的性能和效果。例如，我们可以使用人工智能大模型进行多任务学习、元学习和对抗学习，从而实现多目标排序。

多目标排序在排序模型中有着广泛的应用，我们可以根据不同的业务场景，选择不同的目标。以下是一些多目标排序的应用场景。

- 多方利益平衡。多方利益平衡是指在排序过程中考虑用户、平台和社会的多方利益及需求的方法，如电商平台、广告平台、内容平台等。多方利益平衡可以帮助我们实现排序的公平性和可持续性，从而增加多方的满意度和信任度。例如，我们可以使用多目标排序来综合考虑用户的转化率、平台的收入、社会的公益等指标，然后根据这些指标进行排序。
- 多维度评价。多维度评价是指在排序过程中考虑用户的多维度的评价和反馈的方法，如评分、评论、收藏等。多维度评价可以帮助我们提高排序的精确度和可解释性，从而增加用户的信任度和忠诚度。例如，我们可以使用多目标排序综合考虑用户的评分、评论、收藏等数据，然后根据这些数据进行排序。
- 多层次推荐。多层次推荐是指在排序过程中考虑用户的多层次的兴趣和需求的方法，如长期兴趣、短期兴趣、潜在兴趣等。多层次推荐可以帮助我们实现排序的动态性和多样性，从而增加用户的兴趣。例如，我们可以使用多目标排序来综合考虑用户的长期兴趣、短期兴趣、潜在兴趣等数据，然后根据这些数据进行排序。

7.4 排序模型的应用案例：大模型在数字化营销业务中的魔力

排序模型是一种根据一定的规则或标准，对一组对象进行排序的数学模型。排序模型的发展经历了从简单的规则排序到基于机器学习的排序，再到基于深度学习的排序的演进过程。随着数据量的增加和算力的提升，排序模型的效果不断提高。

排序模型充分利用了大模型强大的表达能力、泛化能力和迁移能力，实现了更精准、更个性化、更动态的排序，为数字化营销业务带来更大的价值。

7.4.1 案例一：电商推荐系统中排序模型的应用

电商推荐系统能根据用户的历史购买行为、当前浏览行为和未来购买需求，为用户推荐合适的商品。电商推荐系统中的排序模型，是指根据用户和商品的特征，计算用户对商品的偏好或评分，从而对商品进行排序的模型。电商推荐系统中的排序模型能够提高用户的购买转化率，即浏览商品用户与购买商品用户的比例。排序模型的效果取决于两点：一是推荐的商品是否符合用户的需求和喜好；二是推荐的商品是否能够吸引用户的注意和兴趣。

大模型在电商推荐系统中的应用可以通过以下几个方面来实现。

- 在电商推荐系统中，大模型可以利用预训练和微调的能力，提高排序模型的数据利用效率和泛化能力。首先，大模型可以在电商平台的海量的用户和商品数据基础上进行预训练，学习到用户和商品的通用特征和关系，从而提高排序模型的基础能力。其次，大模型可以根据不同的业务场景和目标，如首页推荐、热销推荐、个性化推荐等，进行微调，调整排序模型的参数和结构，从而提高排序模型的针对性和灵活性。这样，大模型可以在电商推荐系统中，实现更准确和更广泛的推荐，提高用户的购买转化率。

为了说明大模型在电商推荐系统中的应用效果，我们可以举一个实例，如图7.18所示。这是一个电商平台的首页推荐流程，展示了排序模型根据用户和商品的特征生成推荐结果的过程。依此推荐的商品不仅符合用户的需求和喜好，还符合用户的风格和品位。此外，被推荐的商品还具有一定的新颖性和多样性，如不同的品牌、颜色、款式等，从而增加了用户购买的可能性。

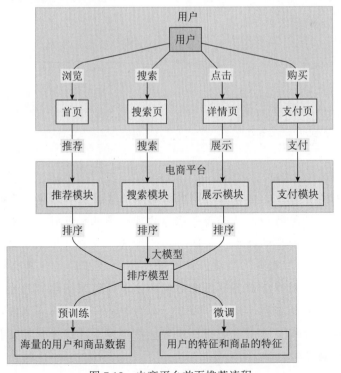

图 7.18　电商平台首页推荐流程

- 在电商推荐系统中,大模型可以利用多任务学习和迁移学习的能力,实现跨领域和跨平台的推荐。首先,大模型可以在不同的电商平台和领域,如服装、美妆、家居等,进行多任务学习,学习到不同用户和商品的特征,从而提高排序模型的多样性和丰富性。其次,大模型可以根据用户的历史购买行为和当前浏览行为,进行迁移学习,推荐用户可能感兴趣的其他平台或领域的商品。这样,大模型可以在电商推荐系统中实现更多样和更新颖的推荐,提高用户的购买转化率。

为了说明大模型在电商推荐系统中的应用效果,我们可以举一个实例,如图7.19所示。这是一个电商平台的个性化推荐流程,展示了排序模型根据用户的历史购买行为和当前浏览行为生成推荐结果的过程。被推荐的商品不仅来自用户已经购买或浏览过的平台或领域,还来自用户可能感兴趣的其他平台或领域。

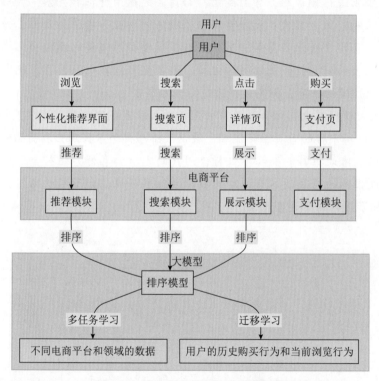

图 7.19　电商平台的个性化推荐流程

- 在电商推荐系统中,大模型可以利用自然语言处理和图像处理的能力,提取商品的文本和图像特征,从而提高推荐的可解释性和吸引力。首先,大模型可以通过自然语言处理的技术,提取商品的标题、描述、评论等文本信息,从而获取商品的主题、风格、品质、评价等特征,从而提高推荐的可解释性和信任度。其次,大模型可以通过图像处理的技术,提取商品的图片、视频等图像信息,获取商品的颜色、形状、细节、动态等特征,从而提高推荐的吸引力和美感。这样,大模型可以在电商推荐系统中实现更可解释和更吸引人的推荐,提高用户的购买转化率。

为了说明大模型在电商推荐系统中的应用效果，我们可以举一个实例，如图7.20所示。这是一个电商平台的热销推荐流程，展示了排序模型根据商品的文本和图像特征生成推荐结果的流程。这样的推荐结果具有标题、描述、评论等文本信息，能让用户一目了然地了解商品的特点和优势，提高了用户的点击率和转化率，也提高了可解释性和吸引力。

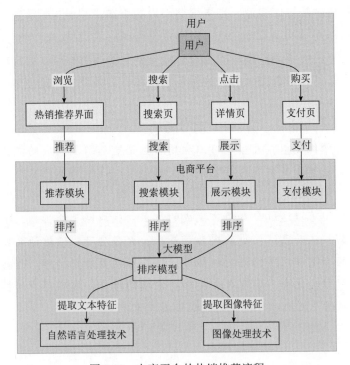

图 7.20 电商平台的热销推荐流程

大模型在电商推荐系统中的应用效果可以通过以下几个指标来评估。

- 一是点击率，即用户点击推荐商品的比例，反映了推荐的相关性和吸引力。
- 二是转化率，即用户购买推荐商品的比例，反映了推荐的有效性和满意度。
- 三是留存率，即用户再次访问或购买推荐商品的比例，反映了推荐的持续性和忠诚度。

这些指标可以通过数据分析和用户调研的方式来获取。例如，我们可以通过电商平台的后台数据来统计用户的点击、购买和再次访问或购买的行为，从而计算出点击率、转化率和留存率；我们还可以通过用户问卷、访谈、评论等方式来收集用户对推荐商品的满意度、信任度、喜好度等反馈，从而衡量推荐的效果和价值。通过这些指标，我们可以了解大模型在电商推荐系统中的应用效果。

产品经理和运营人员在电商推荐系统的排序模型应用中，需要承担以下几方面职责。

- 一是明确业务目标和用户需求，如提高用户的点击率、转化率和留存率，制定排序模型的设计方案和优化策略。
- 二是协调数据、算法和开发团队，确保排序模型的数据质量、算法效果和系统稳定性。

- 三是监测和分析排序模型的应用效果，收集和反馈用户的意见和建议，不断优化排序模型。

7.4.2 案例二：搜索引擎优化中排序模型的应用

搜索引擎优化是根据用户的搜索意图和查询条件，为用户提供相关搜索结果的技术。搜索引擎优化中的排序模型，是指根据用户的查询，并根据网页的内容、质量和权威性，计算用户对网页的满意度，从而对网页进行排序的模型。搜索引擎优化中的排序模型能够提高用户的搜索满意度，即用户对搜索结果的满意程度。排序模型的效果取决于两点：一是搜索结果是否符合用户的搜索意图和查询条件；二是搜索结果是否能够满足用户的信息需求和兴趣。

大模型在搜索引擎优化中的应用，可以通过以下几个方面来实现。

- 在搜索引擎优化中，大模型可以利用自然语言理解和生成的能力，提高排序模型的语义理解和匹配能力。首先，大模型可以通过自然语言理解的技术，提取用户查询的意图、主题、关键词等语义信息，从而理解用户的搜索需求。其次，大模型可以通过自然语言生成的技术，生成网页的标题、摘要、关键词等语义信息，从而表达网页的内容。最后，大模型可以通过语义匹配的技术，计算用户的查询和网页的语义相似度，从而对网页进行排序。这样，大模型可以在搜索引擎优化中，实现更相关和更准确的搜索，提高用户的搜索满意度。大模型利用语义匹配进行排序的过程如图7.21所示。

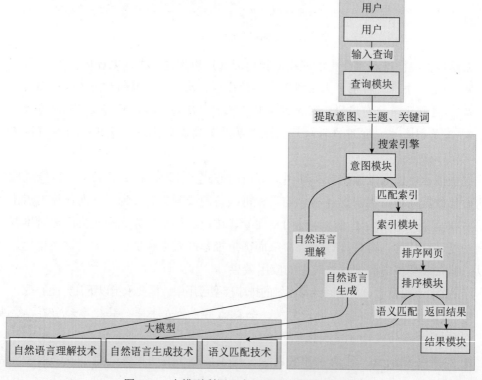

图7.21 大模型利用语义匹配进行排序的过程

- 在搜索引擎优化中，大模型可以利用知识图谱和常识推理的能力，提高排序模型的知识获取和融合能力。首先，大模型可以通过知识图谱技术，提取用户的查询和网页内容中的知识实体，如人物、地点、事件等，从而获取知识的属性和关系，如出生日期、所属国家、发生时间等。其次，大模型可以通过常识推理的技术，根据用户的查询和网页内容中的知识实体，推理出知识的逻辑和规律，如因果、条件、假设等。最后，大模型可以通过知识融合的技术，将用户的查询和网页内容中的知识实体、属性、关系和逻辑，融合成一个完整的知识图谱，从而对网页进行排序。这样，大模型可以在搜索引擎优化中实现更丰富和更完整的搜索，提高用户的搜索满意度。大模型利用知识图谱技术进行排序的过程如图7.22所示。

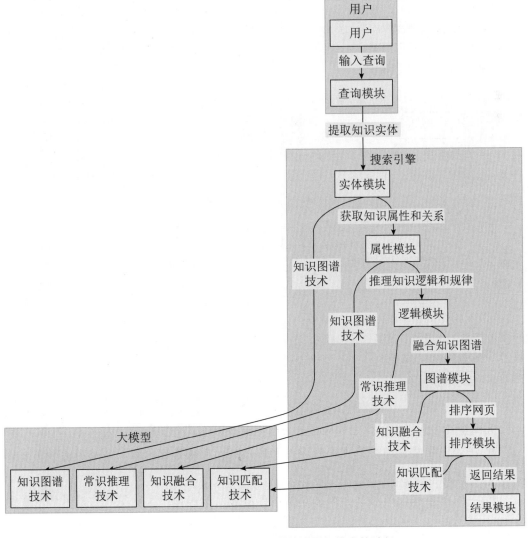

图 7.22 大模型利用知识图谱技术进行排序的过程

- 在搜索引擎优化中，大模型可以利用对话和交互的能力，提高排序模型的反馈和适应能力。首先，大模型可以通过对话的技术，与用户进行自然的对话，获取用户对搜索结果的评价和意见，如满意、不满意、有用、无用等。其次，大模型可以通过交互的技术，根据用户的反馈和建议，生成用户可能感兴趣的其他搜索结果，如相关、补充、扩展等。最后，大模型可以通过反馈和适应的技术，根据对话和交互的历史，更新排序模型的参数和结构，从而对网页进行排序，如图7.23所示。这样，大模型可以在搜索引擎优化中，实现更动态和更个性化的搜索，提高用户的搜索满意度。

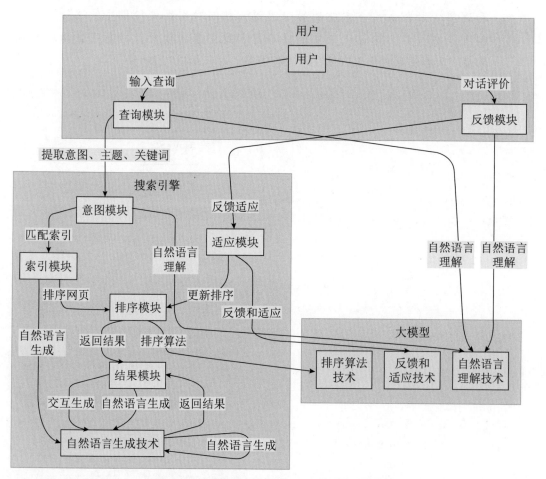

图 7.23 大模型利用反馈技术进行排序的过程

大模型在搜索引擎优化中的应用效果可以通过以下几个指标来评估。
- 一是点击率，即用户点击搜索结果的比例，反映了搜索结果的吸引力和用户的满意度。
- 二是跳出率，即用户在浏览搜索结果后离开的比例，反映了搜索结果的质量和适用度。
- 三是收藏率，即用户收藏搜索结果的比例，反映了搜索结果的价值和信任度。

这些指标可以通过数据分析和用户调研的方式来获取。例如，我们可以通过搜索引擎的后台数据来统计用户的点击、跳出和收藏的行为，从而计算出点击率、跳出率和收藏率；我们还可以通过用户问卷、访谈、评论等方式来收集用户对搜索结果的满意度、信任度、喜好度等反馈，从而衡量搜索结果的效果和价值。通过这些指标，我们可以了解大模型在搜索引擎优化中的应用效果以及用户对搜索结果的感受。

产品经理和运营人员在搜索引擎优化的排序模型的应用中，需要承担以下几方面职责。

- 一是明确用户的搜索意图和查询条件，如提供用户的信息获取和兴趣探索的需求，制定排序模型的设计方案和优化策略。
- 二是协调数据、算法和开发团队，确保排序模型的数据质量、算法效果和系统稳定性。
- 三是监测和分析排序模型的应用效果，收集和反馈用户的意见和建议，不断优化排序模型。

7.4.3 案例三：社交媒体内容推荐中排序模型的应用

社交媒体内容推荐是根据用户的社交行为、兴趣和偏好，为用户推荐合适内容的系统。社交媒体内容推荐中的排序模型，是指根据用户的特征和内容的特征，计算用户对内容的喜好或评分，从而对内容进行排序的模型。社交媒体内容推荐中的排序模型能够提高用户的参与度，即用户对内容的浏览、点赞和分享的行为。排序模型的效果取决于两点：一是推荐的内容是否符合用户的兴趣和偏好；二是推荐的内容是否能够激发用户的情感和行动。

大模型在社交媒体内容推荐中的应用，可以通过以下几个方面来实现。

- 在社交媒体内容推荐中，大模型可以利用多模态和多媒体的能力，提高排序模型的内容理解和匹配能力。首先，大模型可以通过多模态的技术，提取用户的特征和内容的特征，如文本、图像、音频、视频等，从而获取用户和内容的语义和视觉信息，如主题、风格、情感、动态等。其次，大模型可以通过多媒体技术，生成用户的特征和内容的特征，如文本、图像、音频、视频等，从而表达用户和内容的语义和视觉信息，如主题、风格、情感、动态等。最后，大模型可以通过多模态匹配的技术，计算用户的特征和内容特征的相似度，从而对内容进行排序。这样，大模型可以在社交媒体内容推荐中，实现更相关和更准确的推荐，提高用户的参与度。

为了说明大模型在社交媒体内容推荐中的应用，我们可以举一个实例，如图7.24所示。这是一个社交媒体平台的内容推荐流程，展示了大模型根据用户和内容的特征生成的推荐结果的过程。这样的推荐内容不仅符合用户的兴趣和偏好，如旅游、美食、音乐等，还符合用户的情感，如欢乐、惊喜、赞赏等。此外，推荐的内容还具有一定的多样性和多媒体性，如不同的类型、格式、风格等，从而增加了用户的选择。这样的推荐，不仅提高了用户的浏览率和点赞率，也提高了用户的分享率和参与度。

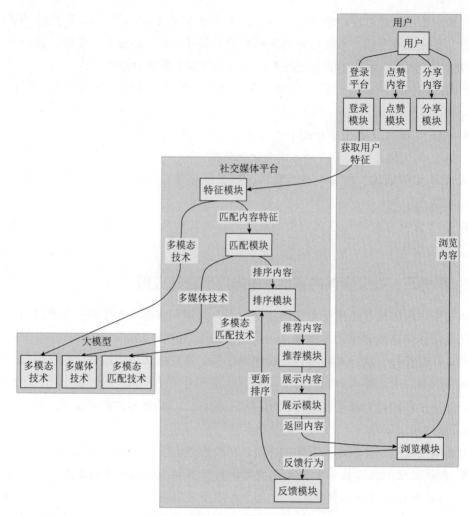

图 7.24 社交媒体平台的内容推荐过程

- 在社交媒体内容推荐中,大模型可以利用生成和创造的能力,提高排序模型的内容多样化能力。首先,大模型可以通过生成的技术,生成用户可能感兴趣的内容,如新闻、故事、视频等,从而提高推荐的新颖性和惊喜性。其次,大模型可以通过创造的技术,创造用户可能喜欢的新形式,如诗歌、歌曲、漫画等,从而提高推荐的丰富性和美感。最后,大模型可以通过生成和创造的技术,生成和创造用户可能参与的活动,如问答、投票、挑战等,从而提高推荐的互动性和趣味性。这样,大模型可以在社交媒体内容推荐中,实现更新颖和更丰富的推荐,提高用户的参与度。

为了说明大模型在社交媒体内容推荐中的应用,我们可以举一个实例,如图7.25所示。这是一个社交媒体平台的内容推荐流程,展示了大模型根据用户和内容的特征生成的推荐结果的流程。这样的推荐不仅包括已经存在的内容,如图片、文字、音频等,还包括可能不存在的内容,如诗歌、歌曲、漫画等。这样的推荐不仅提高了用户的浏览率和点赞率,也提高了用户的分享率和参与度。

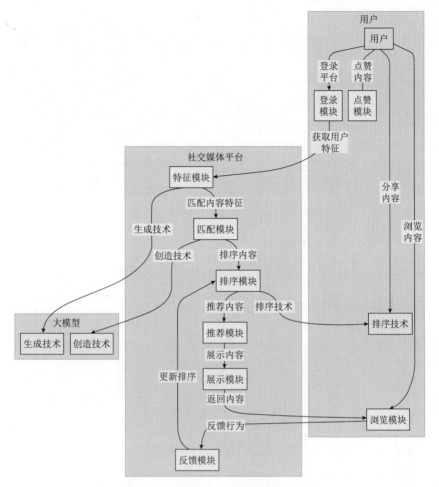

图 7.25　社交媒体平台的内容推荐过程

- 在社交媒体内容推荐中，大模型可以利用强化学习和自适应的能力，提高排序模型的内容优化和动态调整能力。首先，大模型可以通过强化学习的技术，根据用户的反馈和行为，如点击、点赞、分享等，优化和调整排序模型的奖励和惩罚，从而提高排序模型的内容优化能力。其次，大模型可以通过自适应的技术，根据用户的变化和需求，如兴趣、偏好、情绪等，优化和调整排序模型的参数和策略，从而提高排序模型的动态调整能力。最后，大模型可以通过强化学习和自适应的技术，根据内容的变化和质量，如更新、删除、举报等，优化和调整排序模型的参数和策略，从而提高排序模型的动态调整能力。这样，大模型可以在社交媒体内容推荐中，实现更高效和更有效的推荐，提高用户的参与度。

为了说明大模型在社交媒体内容推荐中的应用，我们可以举一个实例，如图7.26所示。这是一个社交媒体平台的内容推荐流程，展示了大模型根据用户的反馈和变化生成推荐结果的过程。这样的推荐不仅根据用户的反馈和行为，如点击、点赞、分享等，进行了内容优化，提高了优质内容的排名，降低了劣质内容的排名，还根据用户的变化和需求，如兴趣、偏好、情绪等，进行了动态调整，增加了用户感兴趣的内容，减少了用户不感兴趣的内容，提高了用户的浏览率和点赞率，提高了用户的分享率和参与度。

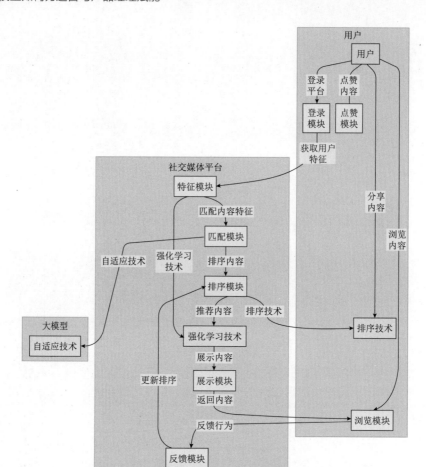

图 7.26 社交媒体平台的内容推荐过程

大模型在社交媒体内容推荐中的应用效果可以通过以下几个指标来评估。
- 一是浏览率，即用户浏览推荐内容的比例，反映了推荐的吸引力和满足度。
- 二是点赞率，即用户点赞推荐内容的比例，反映了推荐的质量和价值。
- 三是分享率，即用户分享推荐内容的比例，反映了推荐的影响力和传播力。

产品经理和运营人员在社交媒体内容推荐的排序模型的应用中，需要承担以下几方面职责。
- 一是明确用户的社交行为、兴趣和偏好，制定排序模型的设计方案和优化策略。
- 二是协调数据、算法和开发团队，确保排序模型的数据质量、算法效果和系统稳定性。
- 三是监测和分析排序模型的应用效果，收集和反馈用户的意见和建议，不断优化排序模型。

结语

希望本章内容对你有所启示和帮助，如果你想要深入学习更多内容，请关注作者个人公众号"产品经理独孤虾"。在那里，你可以找到更多的案例。

第 8 章
出色的广告创意让用户目不转睛：AI 大模型优化创意之路

广告创意是数字化营销中最重要的因素之一，它直接影响着用户的注意力、兴趣和行为。一个好的广告创意，可以提高广告的点击率、转化率和回报率，从而增加品牌的知名度、好感度和忠诚度。然而，广告创意的制作和优化是一个复杂而耗时的过程，它需要考虑到用户的需求、偏好和心理，以及市场的竞争和变化。传统的广告创意制作和优化往往依赖于人工的经验、直觉和测试，这不仅效率低下，还容易受到主观因素的影响，具有局限性。

那么，有没有一种方法，可以让我们快速、高效、客观地生成广告创意呢？答案是肯定的，那就是利用人工智能大模型。

在这一章中，我们将详细地介绍人工智能大模型在创意优化方面的应用和实践，以及产品经理和运营人员在其中的职责。希望通过这一章的学习，你能够掌握如何用人工智能大模型设计出色的广告。

8.1 如何利用人工智能大模型激发无限创意

创意生成是指根据营销的目标和需求，设计出吸引用户的文案、图片、视频等内容，并通过广告推送、社交媒体等渠道传播，以提升关注度和转化率。创意生成的好坏直接影响营销的效果和用户的体验。

人工智能大模型在创意生成方面有着显著优势。人工智能大模型可以生成多样化的创意，满足不同的营销目的和用户偏好；人工智能大模型可以提升创意的质量，提高内容的准确性、可信度和逻辑性；人工智能大模型可以节省创意生成的时间，减少人力的投入和成本。

8.1.1 创意的重要性

在数字化营销业务中，创意生成是一个非常重要的环节。创意不仅影响营销的效果，也影响用户的体验。创意的重要性可以从以下三个方面来理解。

- 创意是营销成功的关键。在数字化营销业务中，创意是指用于吸引用户的文案、图片、视频等内容。创意可以激发用户的需求和欲望，可以促进用户产生购买行为。创意的好坏直接决定了营销的成功与否。根据一项研究，创意是影响营销回报率的最重要因素，其影响力占到52%，远高于其他因素，如媒体选择、品牌知名度、价格等。另一项研究也表明，创意可以提高营销的收益，每提高一个创意质量的标准差，就可以提高营销收益的0.13个标准差。因此，创意是营销成功的关键，是产品经理和运营人员必须重视的环节。

- 创意可以提升广告效果。在数字化营销业务中，广告是一种常见的营销手段，它可以帮助产品提升知名度、影响力和销量。然而，广告行业面临着很多挑战，如用户的广告疲劳、广告的同质化、广告的屏蔽等。此时，创意就显得尤为重要。创意可以提升广告的吸引力和说服力，从而提高广告的点击率、观看率和转化率。根据一项研究，创意是影响广告效果的最重要因素，其影响力占到75%，远高于其他因素，如目标受众、媒体平台、广告时长等。另一项研究也表明，创意可以提高广告的投资回报，每提高一个创意质量的标准差，就可以提高广告投资回报的0.11个标准差。因此，创意可以提升广告效果，是产品经理和运营人员必须关注的环节。

- 创意可以吸引用户注意力。在数字化营销业务中，用户注意力是一种稀缺的资源，它决定着用户是否会对产品产生好感，也决定着用户是否会对营销内容进行分享。然而，由于信息的过载、内容的碎片化、用户的多任务环境，用户的注意力越来越难被吸引。创意可以提升内容的新颖性、有趣性和情感性，从而吸引用户注意力。根据一项研究，创意是影响内容传播的最重要因素，其影响力占到37%，高于其他因素，如内容的实用性、正面性、互动性等。另一项研究也表明，创意可以提高用户的参与度，每提高一个创意质量的标准差，就可以提高内容的点赞数、评论数和转发数的0.08个标准差。因此，创意可以吸引用户注意力，是产品经理和运营人员必须把握和提升的环节。

8.1.2 人工智能大模型在创意生成中的作用

1. 大模型可以生成多样化的创意

在创意生成过程中,大模型可以生成不同的内容,以满足不同的营销目的和用户偏好。例如,我们对一个电商平台的商品进行推广,需要生成文本、图片、视频等内容,以适应不同的用户群体、媒体平台、广告形式等。人工智能大模型可以帮助我们实现这个目标,因为它们可以利用大量的数据,学习不同内容的特征和规律,并且根据输入的关键词和需求,生成不同的内容。例如,输入"女士手表、时尚、优惠",人工智能大模型可以生成以下内容。

文本:女士手表,时尚优雅,品质保证,现在下单,享受8折优惠,赶快行动吧!

图片:一位穿着时尚的女士佩戴一款精致的手表,如图8.1所示。

图 8.1 人工智能生成手表广告的图片

视频:展示不同款式和颜色的女士手表,视频配音:"女士手表,时尚与品质的完美结合,无论你是上班族,还是学生族,都能找到适合你的那一款。现在下单,还有惊喜优惠,数量有限,先到先得,快来选购吧!"

2. 大模型可以提升创意的质量

大模型可以提高内容的准确性、可信度和逻辑性,以增强内容的吸引力和说服力。例如,我们为一个教育平台的课程进行推广,需要生成文本、图片、视频等内容,以介绍课程的特点、优势和效果,从而吸引用户的兴趣和获取用户的信任。人工智能大模型可以帮助我们实现这个目标,因为它们可以利用大量的数据,学习不同内容的语法和语义,并且根据输入的信息,生成准确、可信和有逻辑的内容。例如,输入"英语口语课程、专业、实用、高效",人工智能大模型可以生成以下内容。

文本:你想要提高你的英语口语水平吗?你想要在工作和生活中更自信地使用英语吗?你想要在短时间内学习到最实用的英语口语技巧吗?如果你的答案是肯定的,那么你一定不能错过我们的英语口语课程。我们的英语口语课程是由专业的英语教师和外籍教师共同设计和授课的，它可以帮助你提高你的发音、语法、词汇和表达能力，让你能够流利地和不同的人进行各种话题的交流；我们的英语口语课程还是非常实用的，它可以让你学习到常用的英语口语场景和表达方式，让你能够在工作、旅行、社交等方面更加自如地使用英语；我们的英语口语课程还是非常高效的，它可以让你在短时间内看到明显的进步，让你的英语口语水平达到一个新的高度。我们的英语口语课程，专业、实用、高效，是你学习英语口语的最佳选择，快来报名吧！

图片：一位外籍教师在教室里给一群学生授课，如图8.2所示。

图 8.2　人工智能大模型生成授课图片

视频：展示学生对课程的反馈，并展示教学成果，视频配音："我们的英语口语课程是由专业的英语教师和外籍教师共同设计和授课的，它可以帮助你提高你的英语口语水平，让你能够在不同的场合和人群中自信地使用英语。听听我们的学员们是怎么说的吧！"

3. 大模型可以节省创意生成的时间

大模型可以节省创意生成的时间，即减少人力的投入和成本，以提高创意生成的效率和效果。例如，我们对一个游戏平台的游戏进行推广，需要生成文本、图片、视频等内容，以展示游戏的画面、玩法和特色。这些内容的生成可能需要花费很多时间和精力，而且可能需要多次修改和调整。人工智能大模型可以帮助我们完成这个任务，因为它们可以利用大量的数据，学习不同内容的风格和规范，并且根据输入的信息，快速地生成符合要求的内容。例如，输入"植物大战僵尸、策略、趣味、刺激"，人工智能大模型可以生成以下内容。

文本：植物大战僵尸是一款经典的策略游戏，它可以让你体验到植物和僵尸之间的激烈对抗。你可以在不同的场景中，使用不同的植物来阻止僵尸的入侵，保护你的家园。你还可以在游戏中收集各种道具和奖励，来增强植物的战斗力和游戏的趣味性。植物大战僵尸是一款充满策略和趣味的游戏，它可以让你感受到刺激和挑战，也可以让你得到放松和愉悦。快来下载植物大战僵尸，和植物一起对抗僵尸吧！

图片：一些植物和僵尸在草坪上战斗，如图8.3所示。

图 8.3　大模型生成游戏图片

视频：展示植物大战僵尸的游戏画面和玩法的视频，并播放文本。

从以上三个方面，我们可以看出，人工智能大模型在创意生成方面有着巨大优势和作用，可以帮助产品经理和运营人员提高创意生成的效率和效果，提升用户的满意度和忠诚度。

然而，人工智能大模型也不是完美的，也有一些局限。例如，人工智能大模型可能会生成一些不符合事实、不符合道德、不符合法律的内容，从而造成误导、冒犯或者侵权的后果；人工智能大模型也可能生成一些重复、无意义或者无趣的内容，从而降低内容的创新性、有效性或者趣味性；人工智能大模型还可能受到一些恶意的攻击或者操纵，从而影响内容的安全性、可靠性或者公正性。因此，人工智能大模型在创意生成方面需要一些监督和调节，以保证内容的质量。

8.1.3　如何使用人工智能大模型进行创意生成

下面将从四个方面来阐述如何使用人工智能大模型进行创意生成，分别是输入关键词和需求、选择合适的大模型、生成创意并筛选、优化和调整创意。

1. 输入关键词和需求

在使用人工智能大模型进行创意生成之前，我们需要确定创意生成的目标和需求，即我们想要生成什么样的内容，我们想要达到什么样的效果。这就要求我们输入一些关键词和需求，告诉人工智能大模型我们的意图。关键词和需求的输入有以下几种方式。

- 文本输入。我们可以直接输入一些文本来描述创意生成的目标和需求，例如"女士手表、时尚、优惠""英语口语课程、专业、实用、高效""植物大战僵尸、策略、趣味、刺激"等。文本输入的优点是简单、直接、灵活，缺点是不够清晰、不够准确、不够完整。

- 图片输入。我们可以上传一些图片来展示创意生成的目标和需求,例如一些商品的图片、课程的图片、游戏的图片等。图片输入的优点是直观、具体、生动,缺点是不够抽象、不够通用、不够多样。
- 表单输入。我们可以填写一些表单来指定创意生成的目标和需求,例如类型、风格、语言、长度、场景、目的等。表单输入的优点是结构化、标准化、完善,缺点是不够灵活、不够自由、不够创新。

无论我们选择哪种方式输入关键词和需求,都需要注意以下几点。

- 输入的关键词和需求要尽可能地明确、具体,以便人工智能大模型能够准确地理解我们的期望,从而生成符合我们要求的内容。
- 输入的关键词和需求要尽可能地简洁、精练,以便人工智能大模型能够快速地处理我们的信息,从而生成高效的内容。
- 输入的关键词和需求要尽可能地多样、有趣,以便人工智能大模型能够利用其强大的学习和生成能力,生成有吸引力和差异化的内容。

图8.4是一个示例,展示了使用文本输入的方式进行创意生成的流程。

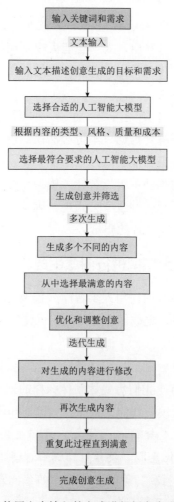

图 8.4 使用文本输入的方式进行创意生成的流程

2. 选择合适的大模型

在输入了关键词和需求之后，我们需要选择合适的人工智能大模型进行创意生成。选择合适的人工智能大模型是一个非常重要的步骤，因为不同的人工智能大模型有不同的功能、特点和优势，也有不同的局限性。为了选择合适的人工智能大模型，我们需要考虑以下几个方面。

- 内容的类型。我们需要根据内容的类型选择合适的人工智能大模型。例如，想要生成文本内容，我们可以选择GPT-4等基于自然语言处理的人工智能大模型；想要生成图片内容，我们可以选择DALL-E等基于计算机视觉的人工智能大模型；想要生成视频内容，我们可以选择VQGAN等基于视频生成的人工智能大模型。不同的人工智能大模型对不同的内容类型有不同的表现。

- 内容的风格。我们需要根据内容的风格选择合适的人工智能大模型。例如，想要生成正式的内容，我们可以选择BERT等基于预训练的人工智能大模型；想要生成幽默的内容，我们可以选择JokeR等基于笑话生成的人工智能大模型；想要生成诗歌，我们可以选择PoemR等基于诗歌生成的人工智能大模型。不同的人工智能大模型对不同的内容风格有不同的输出。

- 内容的质量。我们需要根据内容的质量选择合适的人工智能大模型。例如，想要生成高质量的内容，我们可以选择XLNet等基于自回归的人工智能大模型；想要生成低质量的内容，我们可以选择TextGAN等基于生成对抗的人工智能大模型；想要生成中等质量的内容，我们可以选择T5等基于编码-解码的人工智能大模型。不同的人工智能大模型对内容的质量有不同的保证。

- 内容的成本。我们需要根据内容的成本选择合适的人工智能大模型。例如，想要生成低成本的内容，我们可以选择ALBERT等基于参数共享的人工智能大模型；想要生成高成本的内容，我们可以选择GPT-4等基于巨量参数的人工智能大模型；想要生成中等成本的内容，我们可以选择BART等基于参数平衡的人工智能大模型。不同的人工智能大模型对内容的成本有不同的投入。

无论我们选择哪种人工智能大模型，都需要注意以下几点。

- 人工智能大模型要尽可能地符合创意生成的目标和需求，以便生成最适合的内容。我们可以根据内容的类型、风格、质量和成本选择合适的人工智能大模型，或者根据业务场景选择专门针对某一类内容或行业的人工智能大模型。例如，想要生成新闻内容，我们可以选择NewsR等基于新闻生成的人工智能大模型；想要生成医疗内容，我们可以选择MedR等基于医疗生成的人工智能大模型。不同的人工智能大模型对不同的内容或行业有不同的适应性。

- 人工智能大模型要尽可能地具有较高的性能和可靠性，以便生成高质量和高效率的内容。我们可以根据人工智能大模型的参数量、数据量、训练时间、生成时间、准确率、稳定性等指标，评估和比较人工智能大模型的性能和可靠性。例如，想要生成高质量的内容，我们可以选择参数量较大、数据量较多、训练时间较长、生成时间较短、准确率较高、稳定性较好的人工智能大模型；想要生成高效率的内容，我们可以选择参数量较小、数据量较少、训练时间较短、生成时间较快、准确率较低、稳定性较差的人工智能大模型。不同的人工智能大模型对内容的质量和效率有不同的影响。

图8.5是一个示例，展示了使用表单输入的方式进行创意生成的过程。

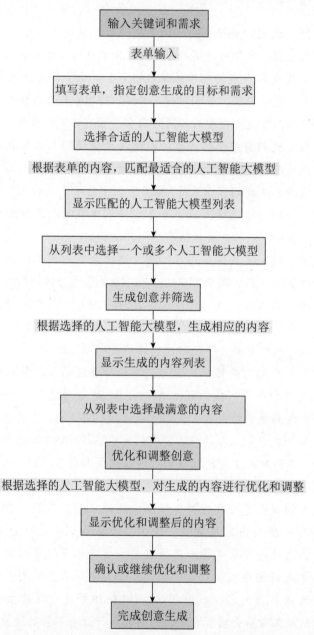

图 8.5 使用表单输入的方式进行创意生成的过程

3. 生成创意并筛选

在选择了合适的人工智能大模型之后，我们就可以生成创意了。生成创意的过程是人工智能大模型根据我们输入的关键词和需求，自动地生成不同内容的过程。生成创意有多种方式。
- 单次生成。首先，人工智能大模型根据我们输入的关键词和需求，生成内容。然后，我们查看这个内容，看看它是否符合要求。单次生成的优点是简单、快速、直接，缺点是不够多样、难以优化。
- 多次生成。首先，人工智能大模型根据我们输入的关键词和需求，多次生成内容。然后，我们比较这些内容，看看哪些内容更符合要求。多次生成的优点是多样、容易优化，缺点是不够简单、不够快速、不够直接。
- 迭代生成。首先，人工智能大模型根据我们输入的关键词和需求，生成内容。然后，我们对这个内容进行修改，让人工智能大模型根据我们的反馈再次生成内容。人工智能大模型可以重复这个过程，直到我们对内容满意为止。迭代生成的优点是精确、完美，缺点是不够简单、不够快速、不够直接。

无论我们选择哪种方式生成创意，都需要注意以下几点。
- 创意要尽可能地符合创意生成的目标和需求，以便生成最适合的内容。
- 创意要尽可能地具有较高的质量和效果，以便生成高质量和高效率的内容。
- 创意要尽可能地具有较高的多样性和创新性，以便生成有吸引力和差异化的内容。

图8.6是一个示例，展示了使用多次生成的方式进行创意生成的过程。

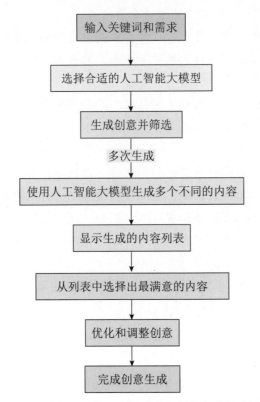

图 8.6　使用多次生成的方式进行创意生成的过程

4. 优化和调整创意

在创意生成之后,我们还要对创意进行优化和调整,以提升创意的质量。优化和调整创意的过程是人工智能大模型根据我们的创意生成的目标和需求,对生成的内容进行修改和完善的过程。优化和调整创意的方式有多种,如下所述。

- 人工优化,即根据专业知识、市场洞察和用户理解,我们手动地对内容的语法、语义、逻辑、风格等方面进行修改和完善。人工优化的优点是专业、精准,缺点是不够快速、不够简单。
- 机器优化,即人工智能大模型对生成的内容进行优化和调整,并根据反馈和评价对内容的语法、语义、逻辑、风格等方面进行修改和完善。机器优化的优点是快速、简单,缺点是不够专业、不够精准。
- 混合优化,即人工优化和机器优化相结合,对生成的内容进行优化和调整。

无论我们选择哪种方式优化和调整创意,都需要注意以下几点。

- 要尽可能地符合目标和需求,以便生成最适合的内容。我们可以根据营销目的和用户偏好,对内容进行修改和完善,以提高内容的相关性、个性化、差异化、吸引力和说服力。例如,我们要及时修改不符合产品特点和优势的信息;我们要及时替换不符合目标受众需求的信息;我们要及时调整不符合媒体平台规范、形式或趋势的信息。通过这样的优化和调整,我们可以让生成的创意更加贴合目标和需求,从而生成最适合的内容。
- 要尽可能地提升内容的质量,以便生成高质量和高效率的内容。我们可以根据内容的语法、语义、逻辑、风格等方面,对内容进行完善,以提高内容的准确性、可信度、逻辑性、吸引力和说服力。例如,我们要及时纠正拼写、标点、语法等方面的错误,我们要及时替换不符合事实、不符合道德、不符合法律的信息,我们要及时修改不连贯、不一致、不完整的地方,我们要及时调整不符合目标受众的风格。
- 要尽可能地保留内容的多样性和创新性,以便生成有吸引力和差异化的内容。我们可以根据内容的新颖性、有趣性、情感性,对内容进行修改和完善,以提高内容的创新性、有效性和有趣性。例如,我们要及时更新陈旧、平淡、无聊的内容,我们要及时修改无趣、无味的内容,我们要及时增加有效、有趣的内容。

图8.7是一个示例,展示了使用迭代生成的方式进行创意生成的过程。

第 8 章 出色的广告创意让用户目不转睛：AI 大模型优化创意之路

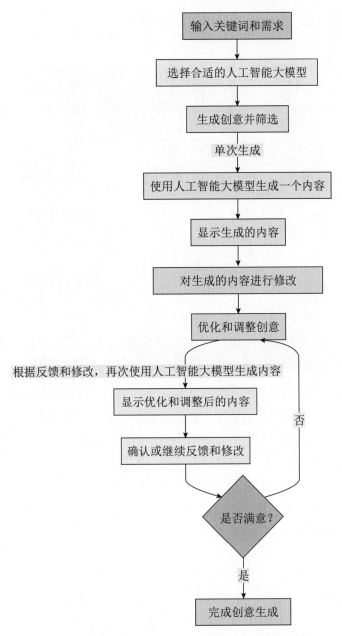

图 8.7 使用迭代生成的方式进行创意生成的过程

以上就是我们使用人工智能大模型进行创意生成的方法，希望读者通过学习，掌握一些实用的技巧和工具，以便在自己的业务场景中应用人工智能大模型进行创意生成。

8.2 AI 洞察：数字化营销中的创意评估

广告和市场营销是数字化时代的重要驱动力，它们可以帮助企业提升知名度，增加销量，扩大用户群，建立客户忠诚度。然而，要想在竞争激烈的市场中脱颖而出，仅仅依靠传统的广告方法是远远不够的，需要有创新的思维和手段。这就是创意，创意是广告和市场营销的灵魂，是区别于竞争对手的核心竞争力。

创意的定义并不统一，不同的人对创意有不同的理解。但是，一般来说，创意是指一种新颖、有趣、有意义、有价值的想法或表现形式，能够引起人们的赞赏、信任等正向反应。创意可以体现在广告的文案、图片、视频、音乐等各个方面，构成一个完整的广告创意。

创意的优劣往往决定了广告的成功与否。一个好的创意可以提高广告的点击率、转化率、收益率等指标，增加用户的参与度、满意度、忠诚度，从而达到广告的目的。因此，对创意进行评估是广告和市场营销中的重要环节，它可以帮助我们判断创意的优劣，找出创意的优缺点，进而对创意进行优化，提升广告的效果。

8.2.1 创意评估的重要性

创意评估是指对广告和市场营销创意的质量、效果进行分析及评价的过程。创意评估可以帮助我们了解创意的优缺点以及创意对用户的影响。创意评估是数字化营销中的重要一环，它可以直接影响广告的有效性和用户的参与度。创意评估的重要性可以从以下三个方面来理解。

- 创意评估可以提高广告的有效性。广告的有效性是指广告能够达到预期的目标，比如提高品牌知名度、增加销量、扩大用户群等。广告的有效性很大程度上取决于创意的质量，表现为创意能否吸引用户的注意力、激发用户的兴趣、传递有效的信息、促进用户的购买等。创意评估可以帮助我们判断创意的质量和效果，通过反馈，评估创意对用户的各种影响，比如点击率、转化率、收益率等。通过创意评估，我们可以了解创意的优劣，找出创意的亮点和问题，进而对创意进行优化，提高广告的有效性。

- 创意评估可以提高用户的参与度。用户的参与度是指用户对广告关注的程度，它反映了用户对广告的态度。用户的参与度很大程度上取决于创意的质量和效果，表现为创意能否引起用户的好奇、赞赏、信任。创意评估可以帮助我们了解用户，通过反馈，评估创意对用户的各种影响，比如满意度、忠诚度、口碑等。通过创意评估，我们可以了解用户的需求和喜好，找出创意的优势和不足，进而对创意进行完善，提高用户的参与度。
- 创意评估可以提高创意的创新性。创意的创新性是指创意的新颖、有趣等程度，它反映了创意的独特性和竞争力。创意评估可以帮助我们了解创意的新颖度和有趣度，了解市场的趋势和用户的期待，找到机会，进而对创意进行创新，提高创意的创新性。

创意评估不仅可以帮助我们了解创意的现状，还可以帮助我们改进创意。创意评估是一个持续的过程，需要我们不断地收集数据、分析数据、评估数据、优化数据，以适应市场的变化和用户的需求；创意评估是一个有价值的过程，可以为我们带来更多的机会和收益；创意评估是一个有趣的过程，可以激发我们的创造力和想象力；创意评估是一个有意义的过程，可以体现我们的品牌理念和价值观。

8.2.2 人工智能大模型在创意评估中的作用

人工智能大模型在创意评估中的作用可以从以下几个方面来理解。

- 人工智能大模型可以分析大量数据，提供客观的评估结果。数据是创意评估的基础，它可以反映创意的效果和用户的行为。然而，数字时代的数据的量和质往往超出人类的处理能力，导致数据的浪费。而人工智能大模型可以克服这个问题，它可以快速地收集、整理、分析大量的数据，从中提取有用的信息，比如创意的特征、用户的特征、创意和用户的匹配度、创意的影响力等。通过这些信息，人工智能大模型可以给出客观的评估结果，比如创意的评分、排名、分类、标签等。这些评估结果可以帮助我们了解创意的优劣，找出创意的亮点和问题，进而对创意进行优化。
- 人工智能大模型可以学习历史创意数据，提高评估准确性和效率。历史创意数据是创意评估的参考，它可以反映创意的历史表现和效果。然而，历史创意数据的量和质往往难以被我们有效地利用，导致数据经常被遗忘。人工智能大模型可以克服这个问题，它可以不断地学习历史创意数据，从中获取有用的知识，比如创意的规律、用户的规律、创意和用户的关系、创意的趋势等。通过这些知识，人工智能大模型可以提高评估的准确性，比如预测创意的未来表现、推荐创意的最佳方案、生成创意优化的建议等。这些评估可以帮助我们提高创意的创新性，找到机会，进而对创意进行创新。

- 人工智能大模型可以优化创意，提高创意的质量。优化创意时需要考虑多种因素，比如创意的特点、用户的需求、市场的变化、竞争的情况等，是一个特别复杂的过程。而人工智能大模型可以根据评估的结果，自动地优化创意，比如修改创意的文案、图片、视频、音乐等，以提高创意的吸引力。这些优化的创意可以帮助我们提高广告的有效性和用户的参与度，从而实现广告的目标。

8.2.3 创意评估的流程

创意评估涉及多个环节，我们需要使用合适的方法和工具，以保证评估的质量和效率。人工智能大模型是一种强大的工具，它可以帮助我们实现创意评估的目的。那么，如何使用人工智能大模型进行创意评估呢？本部分将为你提供一个详细的指南，说明从创意数据收集到模型训练，再到评估和优化，最后完成创意评估的过程。

人工智能大模型创意评估分为以下4个阶段，如图8.8所示。

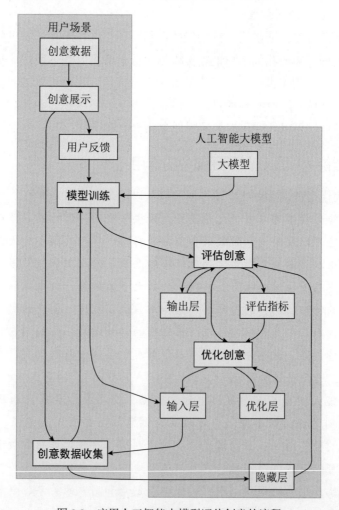

图 8.8　应用人工智能大模型评估创意的流程

- 数据创意收集。这是创意评估的第一个阶段，是指收集和整理与创意相关的数据，包括创意本身的数据，以及用户和市场的数据。数据的类型有很多种，如文本、图片、视频、音频等，可来自社交媒体、搜索引擎、电商平台等渠道。数据的量和质决定了创意评估的基础和范围，因此，我们需要尽可能地收集全面、准确、有效、有代表性的数据，以便于后续的分析和评估。数据收集的方法有很多种，比如爬虫、问卷、监测、采样等，可使用Excel、SPSS、Python等工具。数据收集时可以根据创意的类型，以及用户和市场的特点，进行定制和调整，以保证数据的适用性。

- 模型训练。这是创意评估的第二个阶段，是指使用人工智能大模型对收集到的数据进行处理和学习，以生成评估所需的输出。人工智能大模型有很多种，比如GPT-4、BERT、ResNet、TensorFlow、PyTorch、Keras等。人工智能大模型的训练需要考虑很多因素，比如数据的格式、质量、规模等，以及模型的结构、参数、目标、指标等。人工智能大模型的训练方法有很多种，比如预处理、清洗、标注、划分、梯度下降、正则化、批量归一化、迁移学习等。人工智能大模型进行训练时可以根据创意的特点、评估的标准以及用户和市场的规律进行调整，以保证模型的准确性和效率。

- 评估创意。这是创意评估的第三个阶段，是指使用人工智能大模型对创意进行分析和评价，以得出评估的结果。评价方面有很多，比如评分、排名、分类、标签、建议、点击率、转化率、收益率、满意度、忠诚度、口碑等。评价方法有很多种，比如回归、分类、聚类、关联、推荐、准确率、召回率、F1值、AUC值、NDCG值等。可以根据创意的目标和效果，以及用户和市场的反馈，进行定制和调整，以保证评估的客观性和有效性。

- 优化创意。这是创意评估的第四个阶段，是指使用人工智能大模型对创意进行修改，以提高创意的质量。人工智能大模型可以修改创意的文案、图片、视频、音乐等，以提高创意的吸引力。修改方法有很多种，比如生成、变换、融合、增强、对抗、BLEU值、ROUGE值、METEOR值、CIDEr值等。可以根据创意的优势和不足，以及用户的需求和喜好，进行定制和调整，以保证优化的创新性和适应性。

8.3 用人工智能大模型做营销创意测试,轻松提升广告效果

8.3.1 创意测试的重要性

广告创意是数字化营销的核心要素,直接决定了广告的效果。成功的广告创意可以吸引消费者的注意力,切入消费群体内心,从而促进消费者的行为转化,如点击、浏览、收藏、购买、评论等。而不成功的广告创意,不仅无法吸引消费者,甚至可能引起消费者的反感。因此,如何设计优秀的广告是数字化营销的一个难题。为了解决这个问题,我们需要进行创意测试,即在广告投放前,对不同的广告创意进行对比和评估,以了解消费者对广告创意的反应,从而选择最优的创意方案。创意测试的目的是优化广告创意,降低广告成本,增加广告收益。

创意测试对于数字化营销业务非常重要,因为在数字化营销的环境下,消费者的需求和喜好是多样化的、不断变化的,广告创意需要不断地创新,才能吸引消费者的注意力,促进消费者的行为转化。如果我们不进行创意测试,就可能导致以下问题。

- 广告创意与消费者的需求和喜好不匹配,无法引起消费者的兴趣,甚至可能引起消费者的反感,从而降低广告的效果。
- 广告创意与市场变化不同步,无法突出自身优势,甚至可能被竞争对手的创意超越,从而失去广告的竞争力。
- 广告创意与自身的目标不一致,无法达到预期的效果,甚至可能造成资源的浪

费，从而影响广告的投资回报率。

通过创意测试，我们可以避免这些问题，实现以下好处。
- 广告创意与消费者的需求和喜好更加匹配，能够更好地吸引消费者的注意力，促进购买行为的转化，从而提高广告的效益。
- 广告创意与市场变化更加同步，能够更好地突出自身优势，从而增强广告的竞争力。
- 广告创意与自身的目标更加一致，能够更好地达到预期的效果，从而提高广告的投资回报率。

8.3.2 人工智能大模型在创意测试中的应用

在创意测试中，我们需要借助人工智能大模型的能力，利用人工智能大模型提升创意测试的效率。人工智能大模型在创意测试中的应用主要有以下三个方面。

1. 快速生成大量创意

人工智能大模型可以根据给定的主题、风格、目标等条件，自动地生成多种形式的广告创意，如文案、图片、视频、音频等，从而为创意测试提供更多的选择。这样，我们就不需要花费大量的时间和精力，手工地设计和制作广告，也不需要担心创意的数量不足，而是可以利用人工智能大模型，快速地获取大量的创意，优化和调整已有的创意。例如，我们可以利用GPT-4，根据目标和条件，使其自动地生成多种形式的广告文案，如下所述。

目标：推广一款智能手表。

条件：文案要突出智能手表的功能和优势，风格要活泼、时尚，不超过100个字。

生成的文案：

(1) 这款智能手表不仅是你的时间管理者，还是你的健康伙伴，让你随时随地掌握你的身体状况，享受智能生活。

(2) 你还在用普通的手表吗？赶快换上这款智能手表，它可以帮你监测你的心率、血压、睡眠质量等，还可以与你的手机、电脑、平板等设备连接，让你随时随地享受智能科技带来的便利。

(3) 想要一款既时尚又实用的手表吗？那就来试试这款智能手表吧！它拥有多种款式和颜色，还有多种功能和优势，可以让你的生活更加便捷。

2. 分析消费者行为数据

人工智能大模型可以利用海量的消费者行为数据，如点击、浏览、收藏、购买、评论等，通过深度分析和挖掘，提供个性化的创意建议，如最佳的创意组合、最合适的创意风格、最有效的创意元素等，从而为创意测试提供更精准的指导。这样，我们就不需要依靠直觉和经验，盲目地选择和评估广告创意，也不需要担心数据的质量，而是可以利用人工智能大模型，自动地收集和分析大量的数据，提取和呈现有价值的数据。例如，我们可以利用人工智能大模型，根据数据，使其自动地给出一些创意建议，如下所述。

我们对两种不同的广告创意进行了A/B测试，其中A是一段视频，B是一张图片。测试的结果：A的展示量为10 000次，点击率为2%，转化率为0.5%；B的展示量为10 000次，点击率为5%，转化率为1.5%。

根据数据，我们可以得出以下结论。

- B的创意效果明显优于A，说明图片比视频更能吸引消费者，建议在后续的广告投放中，优先使用图片形式的创意。
- B的创意中，有一个明显的"立即购买"按钮，而A的创意中没有，这可能是导致B的转化率高于A的一个重要因素。建议在后续的广告创意中，增加一个明确的行动呼吁，如"立即购买""马上领取"等，以促进消费者的行为转化。
- B的创意中，使用了一种鲜艳的红色作为背景色，而A的创意中，使用了一种暗淡的灰色作为背景色，这可能是导致B的点击率高于A的一个重要因素。建议在后续的广告创意中，使用一些能够引起消费者注意的颜色，如红色、黄色、绿色等，以提高广告的吸引力和影响力。

3. 实时调整创意

人工智能大模型可以根据创意测试的实时反馈，如展示量、点击率、转化率等，动态地调整广告创意的内容和形式，如增加或减少创意元素、改变创意风格、优化创意布局等。这样，我们不需要等待创意测试的结束，就能知道广告创意的效果和问题，也不需要手动地优化广告创意，而是可以利用人工智能大模型，实时地调整创意，有针对性地调整创意。例如，我们可以利用人工智能大模型，根据反馈，使其自动地调整广告创意，如下所述。

我们对一段视频进行了创意测试，视频内容是一位年轻女孩，穿着一件白色的连衣裙，手拿一束鲜花，走在一条绿草如茵的小路上，视频的背景音乐是一首轻松愉快的歌曲，视频的结尾是某电商的Logo和一个"双十一狂欢节，全场五折"的口号。测试的结果：展示量为10 000次，点击率为3%，转化率为0.8%。

消费者的评论主要有以下几种：视频很美，女孩很可爱，但是和"双十一"活动没有关系，感觉不够吸引人；视频太长，没有耐心看完，感觉浪费时间，建议缩短视频的时间，突出重点；视频的音乐很好听，但是和视频的内容不太搭配，感觉不够协调。

根据反馈，我们可以做出以下调整。

- 增加视频与"双十一"活动的关联性，例如在视频中加入一些和"双十一"活动相关的元素，如购物车、优惠券、红包等，或者在视频的开头或中间加入一些和"双十一"活动相关的文案，如"双十一来了，你准备好了吗？""××电商为你带来全场五折的超级优惠"等，以提高视频的吸引力和影响力。
- 缩短视频的时间，去掉一些不必要的画面，保留一些关键画面。
- 换一首与视频氛围相协调的音乐，例如将轻松愉快的歌曲换成更有节奏感的歌曲，以提高视频的协调性。

这些只是人工智能大模型给出的一部分建议，我们可以根据需要，进行更多的、更有针对性的调整。这样，我们就可以利用人工智能大模型，实时地调整创意，提升创意测试的效果，获得收益。

8.3.3 创意测试的实施步骤

下面，我们将详细介绍创意测试的实施步骤，包括确定测试目标、生成创意、选择测试方法、收集和分析数据、调整创意5个步骤(见图8.9)。我们将分别说明每个步骤的具体内容和方法，以及人工智能大模型在每个步骤中的作用。

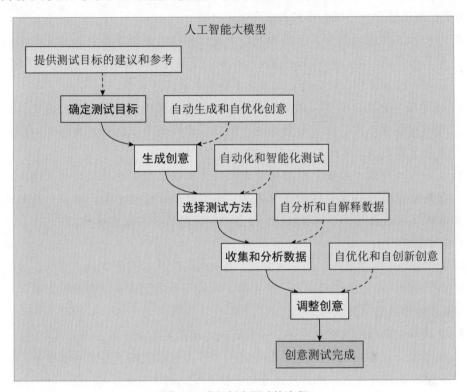

图8.9 进行创意测试的流程

1. 确定测试目标

测试目标，是指创意测试的期望结果，如提高点击率、增加转化率、降低成本等。确定测试目标可以帮助明确创意测试的方向，明确评估创意效果的标准。确定测试目标的方法有以下几种。

- 根据广告的目的(如品牌推广、产品销售、用户增长等)确定相应的测试目标，如提高品牌知名度、增加产品销量、提升用户黏性等。
- 根据广告的投放平台和渠道(如网站、应用程序、社交媒体等)确定相应的测试目标，如提高网站流量、增加应用程序下载、扩大社交影响等。
- 根据广告的投放对象和人群特征(如年龄、性别、地域、兴趣等)确定相应的测试目标，如提高目标人群的覆盖率、增加目标人群的参与度、提升目标人群的满意度等。
- 根据广告的投放时间和周期(如季节、节日等)确定相应的测试目标，如提高季节性的销售额、增加节日的促销效果等。

- 根据广告的投放预算和成本(如广告费用、人力资源、时间资源等)确定相应的测试目标,如降低广告的成本、提高广告的投资回报率、优化广告的时间分配等。

2. 生成创意

生成创意,是指根据测试目标和条件,设计和制作不同的广告创意,如文案、图片、视频、音频等。生成创意时可以利用人工智能大模型,快速地生成大量的创意,优化和调整已有的创意。生成创意的方法有以下几种。

- 利用人工智能大模型,根据给定的主题、风格、目标等条件,自动地生成多种形式的广告创意,如文案、图片、视频、音频等。例如,我们可以利用GPT-4,根据目标和条件,使其自动地生成多种形式的广告文案。
- 利用人工智能大模型,根据已有的广告创意,提供优化和调整的建议,如增加或减少创意元素、改变创意风格、优化创意布局等。例如,我们可以利用人工智能大模型,根据反馈,使其自动地调整广告创意。
- 利用人工智能大模型,根据消费者的行为数据,提供个性化的创意建议,如最佳的创意组合、最合适的创意风格、最有效的创意元素等。例如,我们可以利用人工智能大模型,根据数据,使其自动地给出一些创意建议。

3. 选择测试方法

测试方法,是指创意测试的具体方式,如A/B测试、多因素测试、多臂老虎机测试等。可以根据测试目标、创意数量、数据量、时间限制等因素来选择测试方法,以保证测试的有效性和效率。测试方法有以下几种。

- 根据测试目标选择测试方法。如果测试目标是提高点击率,那么可以选择A/B测试方法;如果测试目标是提高转化率,那么可以选择多因素测试方法;如果测试目标是提高收益,那么可以选择多臂老虎机测试方法。
- 根据创意数量选择测试方法。如果创意数量较少,那么可以选择A/B测试方法;如果创意数量较多,那么可以选择多因素测试方法;如果创意数量不确定,那么可以选择多臂老虎机测试方法。
- 根据数据量选择测试方法。如果数据量较大,那么可以选择A/B测试方法;如果数据量较小,那么可以选择多因素测试方法;如果数据量不足,那么可以选择多臂老虎机测试方法。
- 根据时间限制选择测试方法。如果时间较充裕,那么可以选择A/B测试方法;如果时间较紧张,那么可以选择多因素测试方法;如果时间不确定,那么可以选择多臂老虎机测试方法。

4. 收集和分析数据

收集和分析数据,是指通过创意测试,获取和处理消费者对广告创意的反馈,如展示量、点击率、转化率等。收集和分析数据可以利用人工智能大模型,自动地收集和分析大量的数据,提取和呈现有价值的数据。收集和分析数据的方法有以下几种。

第8章 出色的广告创意让用户目不转睛：AI大模型优化创意之路

- 利用人工智能大模型，根据测试方法，自动地收集和分析消费者对广告创意的反馈数据，如展示量、点击率、转化率等。例如，我们可以利用人工智能大模型，根据A/B测试的方法，自动地收集和分析两种不同的广告创意的反馈数据。
- 利用人工智能大模型，根据数据的结果，提供数据的解释和评价，如数据的意义、数据的差异、数据的优劣等。
- 利用人工智能大模型，根据数据的结果，提供数据的可视化呈现，如数据图表、数据报告、数据总结等。例如，我们可以利用人工智能大模型，根据数据的结果(见表8.1)，进行数据的可视化呈现。

表8.1 创意测试结果

创意	展示量/次	点击率	转化率
A	10 000	2%	0.5%
B	10 000	5%	1.5%

◆ 数据图表：显示广告创意的点击率、转化率的柱状图，上面有一个"创意测试的结果"字样，下面有一个"创意A"和"创意B"的标签，柱状图的颜色分别是蓝色和红色，柱状图的高度分别表示点击率、转化率的数值，如图8.10所示。

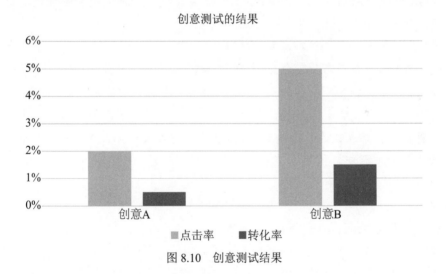

图8.10 创意测试结果

◆ 数据报告：显示广告创意的数据分析和评价的文本，上面有一个"创意测试的报告"字样的标题，下面有"创意A"和"创意B"两个小标题，文本的内容是对两种创意的评价。生成结果如下所示。

> **创意测试的报告**
>
> **创意A：** 创意A的展示量为10 000次，点击率为2%，转化率为0.5%。这些数据意味着创意A的吸引力、影响力都比较弱，只有200人点击了创意A，其中只有10人完成了转化。创意A与创意B相比，两者展示量相同，但是创意A的点击率和转化率都明显低于创意B，说明创意A的内容和形式没有创意B的吸引人。创意A的优点是视频的画面比较

美,女孩很可爱,风格比较温馨和浪漫。创意A的缺点是视频的时间太长,没有突出与"双十一"活动的关联性,音乐和视频的内容不太搭配,创意的口号和Logo不够突出。

创意B: 创意B的展示量为10 000次,点击率为5%,转化率为1.5%。这些数据意味着创意B的吸引力、影响力都比较强,有500人点击了创意B,其中有75人完成了转化。创意B与创意A相比,两者展示量相同,但是创意B的点击率和转化率都明显高于创意A,说明创意B的内容和形式比创意A的更能吸引人。创意B的优点是图片的背景色鲜艳,能够引起消费者的注意,创意中有一个明显的"立即购买"按钮,能够促进消费者的行动,创意的口号和Logo都很突出,能够增强创意的影响力。创意B的缺点是图片的内容比较单一,没有展示产品的多样性和特色,风格比较寡淡,没有体现出"双十一"活动的氛围。

- ◆ 数据总结:显示广告创意的总结和建议,上面有一个"创意测试的总结"字样的标题,下面有"总结"和"建议"两个小标题,文本的内容是对两种创意的总结和建议。生成内容如下所示。

创意测试的总结

总结

根据创意测试的结果,我们可以得出以下结论。

创意B的创意效果明显优于创意A,说明图片比视频更能吸引和影响消费者,建议在后续的广告投放中,优先使用图片形式的创意。

创意B的创意中,有一个明显的"立即购买"按钮,而创意A的创意中没有,这可能是导致创意B的转化率高于创意A的一个重要因素。建议在后续的广告创意中,增加一个明确的行动呼吁,如"立即购买""马上领取"等,以促进消费者的行为转化。

创意B的创意中,使用了鲜艳的红色作为背景色,而创意A的创意中,使用了一种暗淡的灰色作为背景色,这可能是导致创意B的点击率高于创意A的一个重要因素。建议在后续的广告创意中,使用一些能够引起消费者注意的颜色,如红色、黄色、绿色等,以提高广告的吸引力和影响力。

建议

根据创意测试的结论,可以给出以下建议。

在后续的广告投放中,优先使用图片形式的创意,尽量避免使用视频形式的创意,或者将视频的时间缩短到15秒以内,突出与"双十一"活动的关联性。

在后续的广告创意中,增加一个明确的行动呼吁,如"立即购买""马上领取"等,以促进消费者的行为转化,同时也要注意不要过于强硬和频繁地呼吁,以免引起消费者的反感。

在后续的广告创意中,使用一些能够引起消费者注意的颜色,如红色、黄色、绿色等,以提高广告的吸引力和影响力,同时也要注意不要使用过于刺眼和花哨的颜色,以免影响广告的美观。

8.4 优化的艺术：AI 在创意中的作用

在数字时代，营销已经成为一个高度竞争的领域。随着互联网、移动设备、社交媒体等技术的发展，消费者的需求不断变化，对营销创意提出了更高的要求。

8.4.1 创意优化概述

营销创意，是指营销活动中用于吸引和影响消费者的创造性的内容，如广告文案、图片、视频、音乐、游戏等。营销创意优化，是指通过对营销创意进行测试、分析、调整，提高创意在各个指标上的表现，如点击率、转化率、满意度等。

创意优化在提升营销效果和用户体验方面具有重要的意义。

- 创意优化可以帮助产品经理和运营人员更好地了解消费者的需求和喜好，从而提供更符合消费者期望的内容，增强消费者的信任，影响消费者的决策。
- 创意优化可以帮助产品经理和运营人员更有效地利用资源和时间，从而提高创意的投入产出比，降低创意的风险和成本，提升创意的竞争力和优势。

然而，创意优化也面临着许多挑战。为了应对这些挑战，人工智能大模型作为一种新兴的技术，为创意优化提供了机会。人工智能大模型在创意优化中的作用，主要体现在以下几个方面。

- 提高创意质量。人工智能大模型可以利用其强大的数据处理和分析能力，对创意内容进行评估和优化，如测试、分析、调整等，从而提高创意的质量，优化创意策略和方案。
- 提高创意效率。人工智能大模型可以利用其强大的数据生成和表达能力，生成创意内容，如文案、图片、视频等，从而降低人工成本，提高创意数量和多样性，激发创意灵感。
- 实现创意个性化。人工智能大模型可以利用其强大的数据理解和适应能力，对创意内容进行细分和定制，如目标、渠道、方案等，从而增强创意的针对性和合理性，提升创意的价值。

8.4.2 利用大模型优化创意的方法

利用AI大模型进行创意优化的方法主要有三种，分别是生成式、评估式和知识增强式。下面我们将分别介绍这三种方法的定义、步骤，并分析其在实际应用中的优势。

1. 生成式创意优化

生成式创意优化是指利用AI大模型自动生成创意内容的方法。这些创意内容包括文案、图片、视频等。这种方法可以降低人工成本，增加创意数量和多样性，激发创意灵感。生成式创意优化的流程如图8.11所示。

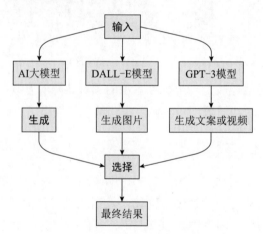

图 8.11 生成式创意优化的流程

- 输入，即在AI大模型中，输入一个创意的主题、目标、风格等信息。
- 生成，即AI大模型根据输入的信息，利用其强大的数据生成和表达能力，自动生成一个或多个创意内容，如文案、图片、视频等，将其作为输出。
- 选择，即从AI大模型生成的创意内容中，选择一个或多个符合要求的创意内容，作为最终结果。

【生成式创意优化案例：利用DALL-E模型生成图片创意】DALL-E是一个基于GPT-3的AI大模型，可以根据文本描述生成对应的图片。例如，给DALL-E输入"一个穿着西装的章鱼在弹钢琴"，它就可以生成如图8.12所示的图片。

第 8 章　出色的广告创意让用户目不转睛：AI 大模型优化创意之路

图 8.12　一个穿着西装的章鱼在弹钢琴

生成式创意优化的优势如下所述。
- 生成式创意优化可以生成高质量、高多样性、高创新性的创意内容，满足不同的创意需求和场景，提高创意的吸引力和转化率。
- 生成式创意优化可以节省人工时间和精力，提高创意的效率，激发创意的灵感，拓展创意的边界。

2. 评估式创意优化

评估式创意优化是指利用AI大模型对创意内容进行评估和优化的方法，如测试、分析、调整等。这种方法可以提高创意质量，优化创意策略和方案。评估式创意优化的流程如图8.13所示。

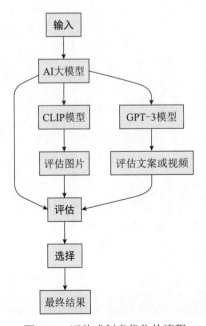

图 8.13　评估式创意优化的流程

- 输入，即在AI大模型中，输入一个或多个创意内容，如文案、图片、视频等。
- 评估，即AI大模型根据输入的创意内容，利用其强大的数据处理和分析能力，对创意内容进行评估和优化，如测试、分析、调整等，并将这些测试、分析、调整作为输出。
- 选择，即从AI大模型评估和优化的创意内容中，选择一个或多个最优的创意内容，作为最终结果。

【评估式创意优化案例：利用CLIP模型评估图片创意】CLIP是一个基于GPT-3的AI大模型，可以根据文本描述评估图片的相关性、美观度和合理性。例如，给CLIP输入"一张展示冬季美景的图片"，它就可以对图8.14进行评估，评估结论如下。

- 相关性。这张图片完美地展示了冬季的美景，图片中的雪山、树木和光线都与"一张展示冬季美景的图片"这一主题高度相关。
- 美观度。图片中的光线、色彩和构图都处理得很好，呈现一种宁静而壮丽的冬日景象。
- 合理性。图片中的景物和环境都是真实存在的，没有出现任何不符合自然规律或逻辑的现象。图片中也没有明显的错误，没有影响图片的整体质量。

评估式创意优化的优势如下所述。

- 评估式创意优化可以评估和优化创意内容的质量，如相关性、清晰度、美观度、合理度等，提高创意的普适性。
- 评估式创意优化可以节省人工试错和反馈的成本，提高创意的准确性和可靠性，指导创意方案的判定，提升创意的竞争力和优势。

图8.14 一张展示冬季美景的图片

3. 知识增强式创意优化

知识增强式创意优化是指利用AI大模型为创意内容提供知识支持(如数据、信息、建议等)的方法。这种方法可以增强创意的针对性和合理性，提升创意的价值。知识增强式创意优化的流程如图8.15所示。

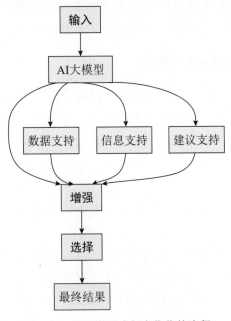

图 8.15 知识增强式创意优化的流程

- 输入，即在AI大模型中，输入一个或多个创意内容，如文案、图片、视频等。
- 增强，即AI大模型根据输入的创意内容，利用其强大的数据理解能力，为创意内容提供知识支持，如数据、信息、建议等，并将这些数据、信息、建议作为输出。
- 选择，即从AI大模型提供的知识支持中，选择一个或多个有用的知识支持，作为最终结果。

【知识增强式创意优化案例：利用GPT-3模型提供文案创意的知识支持】GPT-3是一个基于深度学习的AI大模型，可以根据文本输入生成各种类型的文本输出，如摘要、翻译、问答等。例如，给GPT-3输入"一段推广冬季旅游的文案"，它就可以提供如下的知识支持。

- 数据。根据最新的旅游数据，冬季旅游的需求在近年来呈现上升趋势，尤其是在北方地区，冬季旅游市场占全年旅游市场的比例超过了30%，显示出冬季旅游的潜力和吸引力。
- 信息。根据最新的旅游信息，冬季旅游活动有很多种，如滑雪、泡温泉、观赏雪景和冰雕等，可以满足不同的旅游需求和喜好，展现出冬季旅游的多样性和魅力。
- 建议。根据最新的旅游建议，需要提前做好冬季旅游计划，以避免高峰期的拥挤,同时要注意保暖和安全,以保证冬季旅游的舒适和愉快。

知识增强式创意优化的优势如下所述。

- 知识增强式创意优化可以增强创意内容的针对性和合理性,提高消费者对创意的信任,促进做出决策。
- 知识增强式创意优化可以节省人工搜索和整理的时间,提高创意的质量和深度,增加创意的价值和意义,提升创意的影响力和优势。

8.4.3 利用大模型优化创意的案例

为了更直观地展示AI大模型在创意优化方面的应用,下面给出三个不同领域的实际案例,分别是广告创意优化、营销策略优化和产品设计优化。这些案例都是真实的,但为了保护隐私和商业秘密,我们将对一些细节进行修改。我们将从以下几个方面介绍每个案例:背景、挑战、解决方案、结果和启示。

1. 广告创意优化

利用AI大模型可生成或优化广告的创意内容,如文案、图片、视频等,以提高广告的吸引力和转化率。以下是一个广告创意优化的案例。

【背景】某电商平台想要推广其冬季促销活动,吸引更多的消费者购买其商品,如服装、鞋子、保暖用品等。该平台有一个广告创意团队,负责设计和制作广告,如文案、图片、视频等,然后将广告投放到各种渠道,如网站、手机应用程序、社交媒体等。

【挑战】该平台的广告创意团队面临着以下几个挑战。

- 创意疲劳。由于冬季促销活动的时间较长,需要持续投放广告,而且市场上有很多类似的广告,消费者产生审美疲劳,甚至产生厌烦情绪,从而影响广告的效果。因此,广告创意团队需要不断地更新广告的创意,以保持消费者对产品或服务的新鲜感和好奇心。
- 用户多样性。由于消费者的背景、特征、需求、喜好等各方面存在差异,不同的消费者对同一或相似的广告内容,会产生不同的反应。因此,广告创意团队需要根据不同的消费者进行广告创意内容的细分和定制,以适应消费者的个性化和差异化。
- 竞争压力。由于市场上的众多竞争对手提供相同或类似的产品或服务,消费者面临着多种诱惑,从而降低广告的吸引力。因此,广告创意团队需要充分地考察和分析竞争环境,以突出广告的特色和优势,以区别于竞争对手。
- 资源限制。由于广告创意团队的人员和时间有限,不能满足广告创意内容的数量和质量的要求,从而影响广告的效率和规模。因此,广告创意团队需要寻找更有效和便捷的方法,以提高广告创意内容的生成和优化的能力。

【解决方案】为了应对这些挑战,该平台的广告创意团队决定采用AI大模型的生成式和评估式创意优化,生成和优化广告的创意内容。

- 生成式创意优化。该平台的广告创意团队利用DALL-E模型和GPT-3模型,生成广告的图片和文案。DALL-E模型是一个基于GPT-3的AI大模型，可以根据文本描述生成对应的图片；GPT-3模型是一个基于深度学习的AI大模型，可以根据文本输入生成各种类型的文本输出。该平台的广告创意团队给这两个模型提供一些创意的主题、目标、风格等信息，将其作为输入；然后从这两个模型生成的图片和文案中，选择一些符合要求的内容，将其作为输出。
- 评估式创意优化。该平台的广告创意团队利用CLIP模型和GPT-3模型，评估和优化广告的图片和文案。CLIP模型是一个基于GPT-3的AI大模型，可以根据文本描述评估图片的相关性和质量；GPT-3模型也可以根据文本输入评估文本的相关性和质量。该平台的广告创意团队给这两个模型提供一些广告的图片和文案，将其作为输入；然后从这两个模型评估的图片和文案中，选择一些最优的内容，将其作为输出。

【结果】该平台的广告创意团队利用AI大模型的生成式和评估式创意优化，成功地生成和优化了广告的创意内容。这些创意内容具有高质量、高多样性、高创新性、高适应性、高普适性、高吸引力、高转化率等特点，从而提高了广告的价值。以下是利用AI大模型生成的广告创意内容。

广告文案：冬季促销，温暖你的心！快来选购我们的冬季商品，让你的冬天更加舒适和美好！

广告图片：AI生成的，穿着得体、端着咖啡的女孩图片如图8.16所示。

图8.16　AI生成的，穿着得体、端着咖啡的女孩

【启示】
- AI大模型可以作为广告创意团队的强大助手，帮助他们生成和优化广告的创意内容，提高广告的价值。

- AI大模型可以提供多种形式的创意内容，如文案、图片、视频等，满足不同的需求和场景，提高创意的多样性。
- AI大模型可以根据不同的创意主题、目标、风格等信息，生成和优化创意内容，提高创意的质量，优化创意方案。
- AI大模型可以根据不同的消费者进行创意内容细分和定制，提高创意的普适性，提升消费者对创意的信任，促使消费者做出决策。

2. 营销策略优化

利用AI大模型可生成或优化营销的策略，如目标、渠道、方案等，以提高营销的效率。以下是一个营销策略优化的案例。

【背景】某教育机构想要推广其在线英语课程，吸引更多的学习者报名，提高其收入和口碑。该机构有一个营销策略团队，负责设计营销策略，如目标、渠道、方案等，然后监控营销的过程和结果。

【挑战】该机构的营销策略团队面临着以下几个挑战。

- 目标模糊。由于在线英语课程的市场较大，涉及不同年龄、水平的群体，该机构的营销策略团队不清楚应该针对哪些具体的目标人群，以及应该设定什么样的营销目标，如报名人数、转化率、满意度等。
- 渠道复杂。由于在线英语课程的宣传和推广有很多种方式，如网站、手机应用程序、社交媒体、邮件、短信等，该机构的营销策略团队不确定应该选择哪些合适的渠道，以及应该分配多少资源和预算，如投放时间、频次、费用等。
- 方案单一。由于在线英语课程的形式较为固定，如视频、音频、文本等，该机构的营销策略团队缺乏创意，只能提供一些简单的营销方案，如优惠券、试听课、抽奖等，难以吸引和留住消费者。

【解决方案】为了应对这些挑战，该机构的营销策略团队决定采用AI大模型的生成式和知识增强式创意优化，生成和优化营销的策略，如目标、渠道、方案等。

- 生成式创意优化。该机构的营销策略团队利用GPT-3模型，生成营销的目标和方案。GPT-3模型是一个基于深度学习的AI大模型，可以根据文本输入生成各种类型的文本输出，如摘要、翻译、问答等。该机构的营销策略团队给GPT-3模型提供一些营销的主题、背景、要求等信息，将其作为输入；然后从GPT-3模型生成的目标和方案中，选择一些符合要求的内容，将其作为输出。
- 知识增强式创意优化。该机构的营销策略团队利用GPT-3模型，提供营销的渠道和数据。GPT-3模型可以根据文本输入提供各种类型的知识支持，如数据、信息、建议等。该机构的营销策略团队给GPT-3模型提供一些营销的目标和方案，将其作为输入；然后从GPT-3模型提供的渠道和数据中，选择一些有用的内容，将其作为输出。

【结果】该机构的营销策略团队利用AI大模型的生成式和知识增强式创意优化，成功地生成和优化了营销的策略内容，如目标、渠道、方案等。这些策略内容具有高质量、高多样性、高创新性、高针对性、高合理性、高效率、高效果等特点，从而提高了营销的价值。以下是利用AI大模型生成和优化营销策略的示例。
- 营销目标。该机构的营销目标是在冬季促销期间，吸引10 000名新学员购买在线英语课程，达到10%的转化率，达到90%的满意度。
- 营销渠道。该机构的营销渠道是通过网站、手机应用程序、微信、微博、抖音等平台，利用投放广告、推送消息、发布内容、互动评论等方式，宣传和推广在线英语课程。
- 营销方案。
  - 第一步，利用DALL-E模型生成一些有趣和吸引人的图片，如一个穿着毛衣的猫在学英语、一个用英语说话的雪人等，将生成的图片作为广告的创意内容，投放到各个渠道，引起消费者的好奇和点击。
  - 第二步，利用GPT-3模型生成一些简单和有用的文案，如："想要学好英语，就来我们的在线英语课程吧！我们有专业的老师、优质的内容、灵活的时间，适合不同年龄、水平的学习者。现在报名，还可以享受冬季促销的优惠，赶快行动吧！"将这段文案作为广告投放到各个渠道，引起消费者的兴趣，促使其报名。
  - 第三步，利用GPT-3模型生成一些个性化和差异化的文案，如："你是一个喜欢旅游的人吗？你想要去其他国家看看吗？那就来我们的在线英语课程吧！我们可以帮助你提高你的英语水平，让你在旅行中更加自信和愉快。我们有针对旅游的专门课程，教你如何用英语交流、购物、问路等，让你的旅行更加顺利和有趣。现在报名，还可以获得一本免费的英语旅游指南，赶快行动吧！"根据不同消费者的特征、需求、喜好等，对策略内容进行细分和定制，将承载营销策略的各类信息投放到各个渠道，增强消费者的信任，促使消费者做出决策。

【启示】
- AI大模型可以作为营销策略团队的强大助手，帮助他们生成和优化营销的策略内容，提高营销的效率和效果。
- AI大模型可以提供多种类型和形式的策略内容，如目标、渠道、方案等，满足不同的营销需求和场景，提高策略的多样性。
- AI大模型可以根据不同的营销主题、背景、要求等信息，生成和优化策略内容，提高策略的质量，优化策略方案。
- AI大模型可以根据不同的消费者进行策略内容细分和定制，提高策略的针对性和合理性，提升消费者对策略的信任，促使消费者做出决策。

3. 产品设计优化

利用AI大模型可生成或优化产品的设计内容，如功能、界面、体验等，以提高产品的质量和满意度。以下是一个产品设计优化的案例。

【背景】某游戏公司想要开发一款新的角色扮演游戏(role-playing game，RPG)，吸引更多的玩家来体验，从而提高其收入。该公司有一个产品设计团队，负责设计和制作游戏的具体内容，如功能、界面、体验等，然后进行测试和迭代。

【挑战】该公司的产品设计团队面临着以下几个挑战。

- 缺乏创意。由于RPG游戏的市场饱和，有很多类似的游戏，玩家对游戏的热情降低，客户流失严重。因此，产品设计团队需要不断地变化游戏的内容，以保持玩家对产品的新鲜感和好奇心。
- 用户多样性。由于玩家的背景、特征、需求、喜好等各方面存在差异，不同的玩家对同一或相似的游戏内容，会产生不同的反应。因此，产品设计团队需要根据不同的玩家进行游戏内容的细分和定制，以适应玩家的个性化和差异化。
- 竞争压力。由于市场上存在众多的竞争对手，提供相同或类似的游戏，玩家面临着多种诱惑，从而降低游戏的吸引力。因此，产品设计团队需要充分地考察和分析竞争环境，以突出游戏的特色和优势，以区别于竞争对手。
- 资源限制。由于产品设计团队的人员和时间有限，不能满足游戏设计内容的数量和质量的要求，从而影响游戏的体验。因此，产品设计团队需要寻找更有效和便捷的方法，以提高游戏设计的能力和水平。

【解决方案】为了应对这些挑战，该公司的产品设计团队决定采用AI大模型的生成式和评估式创意优化，生成和优化游戏的设计内容。

- 生成式创意优化。该公司的产品设计团队利用DALL-E模型和GPT-3模型，生成游戏的界面和功能。DALL-E模型是一个基于GPT-3的AI大模型，可以根据文本描述生成对应的图片；GPT-3模型是一个基于深度学习的AI大模型，可以根据文本输入生成各种类型的文本输出。该公司的产品设计团队给这两个模型提供一些游戏的主题、背景、要求等信息，将其作为输入；然后从这两个模型生成的界面和功能中，选择一些符合要求的内容，将其作为输出。
- 评估式创意优化。该公司的产品设计团队利用CLIP模型和GPT-3模型，评估和优化游戏的界面和功能。CLIP模型是一个基于GPT-3的AI大模型，可以根据文本描述评估图片的相关性和质量；GPT-3模型也可以根据文本输入评估文本的相关性和质量。该公司的产品设计团队给这两个模型提供一些游戏的界面和功能，将其作为输入；然后从这两个模型评估的界面和功能中，选择一些最优的内容，将其作为输出。

【结果】该公司的产品设计团队利用AI大模型的生成式方法和评估式方法，成功地生成和优化了游戏的设计内容，如功能、界面等。这些设计内容具有高质量、高多样性、高创新性、高适应性、高普适性、高吸引力、高满意度等特点，从而提高了游戏的价值。以下是利用AI大模型生成和优化的游戏设计。

- 游戏界面。该公司的游戏界面是由DALL-E模型根据文本描述生成的，如一个魔幻风格的城堡、一个科幻风格的太空站等，生成的图片逼真、美观，符合游戏的主题和背景。
- 游戏功能。该公司的游戏功能是由GPT-3模型根据文本输入生成的，如"玩家可以自由选择角色的性别、种族、职业、技能等""玩家可以与其他玩家进行交流、合作、竞争等",具有高度的灵活性和丰富性,符合玩家的需求和喜好。

【启示】
- AI大模型可以作为产品设计团队的强大助手,帮助他们生成和优化产品的设计内容,提高产品的质量和满意度。
- AI大模型可以提供多种类型的设计内容,如界面、功能等,满足不同的设计需求和场景,提高设计的多样性。
- AI大模型可以根据不同的设计主题、背景、要求等信息,生成和优化设计内容,提高设计的质量和效果,优化设计方案。
- AI大模型可以根据不同的玩家进行设计内容的细分和定制,提高设计的适应性和普适性,提升消费者对设计的信任,促使消费者做出决策。

后　记

亲爱的读者，您好！您是否曾经想过，如果您能够像人工智能大模型一样，拥有海量的数据和强大的计算能力，您的产品和业务会有多么出色？您是否曾经想过，如果您能够利用人工智能大模型的智慧和力量，您的数字化营销业务会有多么高效？如果您有这样的想法，那么恭喜您，您已经迈出了第一步，因为您已经意识到了人工智能大模型在数字化营销业务中的重要性和价值。而这本书，就是您走出迷茫的行动指南，让您更好地理解和应用人工智能大模型，提升您的产品和业务的价值。

我是这本书的作者，也是一名产品设计专家和业务专家。我在数字化营销领域有多年的从业经验，见证了人工智能大模型在这个领域的崛起。

本系列书籍共有三个部分，分别是基础策略篇、业务优化篇和营销系统篇。

- 基础策略篇，也就是您目前看到的这一本。在这一部分，我已经告诉您，人工智能大模型是如何帮助您构建用户画像、分析流量、提取商品属性、实现召回、过滤和排序等基础策略的，让您掌握数字化营销业务的核心要素和技巧。
- 业务优化篇。在这一部分，我会告诉您，人工智能大模型是如何帮助您优化定价、广告匹配、广告竞价、推荐、用户增长、营销活动和营销效果评估等业务的，让您提升数字化营销业务的效率和效益。它包含如下内容。
  - ◆ 轻松获得竞争优势：人工智能大模型定价策略应用实战
  - ◆ 如何让广告直击目标用户：广告匹配策略的AI优化指南
  - ◆ 智能竞价：如何应用人工智能提升广告效益
  - ◆ 如何让转化率翻番：应用大模型玩转智能推荐策略
  - ◆ AI增长黑客助力业务新突破：使用大模型开创用户扩展的新纪元
  - ◆ AI驱动营销活动好玩又有效：活动策略的大模型升级之道
  - ◆ AI大模型助力个性化内容展示：从数据分析到策略优化的全流程指南
  - ◆ 营销洞察：借助AI大模型的营销效果评估法
- 营销系统篇。在这一部分，我会告诉您，人工智能大模型是如何帮助您打造推荐系统、营销活动系统、用户维护平台和广告系统的，让您打造智能化的营销系统，提升用户的体验和忠诚度。它包含如下内容。
  - ◆ 业务平台智能和效率提升神器：低代码策略平台的智能化设计
  - ◆ 给用户带去最佳获得感：如何用人工智能打造优秀的推荐系统
  - ◆ 让参与用户欲罢不能：使用人工智能升级营销活动系统的方法
  - ◆ 给用户带去无微不至的关怀：用大模型打造客户关系维护系统

- ◆ 实现最佳投放：应用人工智能升级广告系统
- ◆ 个性化浏览体验：创造人工智能大模型加持的内容展现系统

当然，这本书并不能涵盖人工智能大模型在数字化营销业务中的所有应用和优化方法，如果您想要更深入地学习和了解人工智能大模型的相关知识和技能，可以关注我的个人公众号"产品经理独孤虾"，里面有本书的同名专栏，以及很多视频课程。

由于篇幅所限，今天您所看到的只是本系列书籍的第一部分，即基础策略篇，如果您对本书的内容感兴趣，并想继续阅读，敬请关注我们的后续出版动态，我们会尽快出版本系列图书的剩余两部分。

最后，我要感谢您对这本书的支持和信任，也要感谢我的团队和合作伙伴，他们在这本书的写作过程中给了我很多的帮助和建议。我希望这本书能够成为您在数字化营销业务中的好伙伴，与您共创美好未来！

方兵

2024年7月1日